JN418409

무역학개론

김기선 · 이양승 공저

불법복사는 지적재산을 훔치는 범죄행위입니다
저작권법 제97조의 5(권리의 침해죄)에 따라 위반자는 5년 이하의 징역
또는 5천만 원 이하의 벌금에 처하거나 이를 병과할 수 있습니다.

Preface

대학에 입학하여 처음으로 무역학을 접하는 학생들에게 가장 먼저 소개하는 내용은 무역학의 구성이다. 경제학이나 경영학, 또는 법학 등의 학문에 비해 역사가 깊지 않은 무역학은 이들 학문의 주요 부분을 공유하는 특징을 갖고 있다.

무역학은 무역이론을 중심으로 한 국제경제학 분야, 기업의 국제적 경영활동을 다루고 있는 국제경영학 분야 그리고 수출·수입을 중심으로 상인들의 거래행위와 관련한 무역실무 분야를 그 핵심으로 하고 있는 실천적 응용학문이다.

무역학의 이 같은 다양한 특징을 한 권의 책으로 출간한다는 일은 대단히 어려운 작업이 아닐 수 없다. 왜냐하면 지나치게 많은 내용을 포함시키게 되면 자칫 백과사전적 형태가 될 수도 있고, 또한 중요 내용만을 추려서 엮어낸다면 이 역시 의미없는 요약서가 되어버릴 수 있기 때문이다.

이러한 제반 여건을 감안하여 이 책은 크게 3편으로 나누어 제1편에서는 가장 기초적이자 핵심적인 국제무역이론을, 제2편에서는 기업의 해외진출 및 해외투자를 설명하는 국제경영이론을, 그리고 제3편에서는 기업의 수출·수입을 위해 필수적인 무역실무의 제반 영역을 다루고 있다.

본 저자의 「무역학원론」이 출간된 후 오랜 세월이 흐르면서 무역환경도 많은 변화가 있었다. 이러한 변화를 수용하여 이 책을 새롭게 출간하였으나 이 노력은 최종적인 것이 될 수는 없을 것이다. 타 학문에 비해 변화와 발전의 속도가 빠른 실천적 응용학문의 성격을 갖고 있는 무역학의 특성상 앞으로도 필요한 수정과 보완을 계속 할 것임을 독자 여러분께 약속드린다.

하루가 멀다 하고 쏟아져 나오는 무역관련 서적과 자료를 모두 소화하고 정리하는 것은 불가능한 일이다. 이 책은 주 독자층을 대학 1, 2학년생들뿐만 아니라 무역학 전반을 짧은 시간에 정리하고자 하는 독자들에게 두고 효율적으로 무역학 전반의 내용을 전달하기 위해 저자들의 전문 영역별로 가장 핵심적인 내용들을 수록하였다. 모쪼록 이 책이 무역학에 첫 발을 디딘 대학생 독자들에게 그리고 한 걸음 더 나아가 무역학을 정리하고자 하는 수험생 독자들에게 유익한 학문적 성취를 줄 수 있기를 기대한다.

끝으로 이 책의 출간을 위해 물심양면으로 지원해주신 도서출판 두남의 전두표 사장님과 이승구 상무님, 그리고 까다로운 편집작업을 맡아주신 박소희 과장님께 감사의 말씀을 전한다.

2018년 1월 31일
공저자 씀

Contents

제1장 무역이론

제2장 무역정책과 WTO

제3장 국제수지 및 국제금융

제4장 기업의 국제화과정과 해외투자이론

제5장 해외시장진출의 제 방법

제6장 다국적기업

제7장 국제경영전략

제8장 국제경영관리

제9장 무역의 형태별 구분

제12장 국제운송

제13장 해상 보험

제14장 무역대금결제

제15장 수출절차와 수입절차

제 1 장

무역이론

Ⅰ 고전이론과 신이론

대부분의 나라들은 무역을 한다. 왜 무역을 할까? 그 이유는 간단하다. 무역으로부터 얻는 이득이 있기 때문이다. 우리는 그것을 무역 이득(Trade Gain)이라고 한다. 이러한 무역 이득이 어떻게 발생하느냐를 두고 의견이 나뉜다. 의견 차이에 따라 고전적 무역이론(Classical Trade Theory)과 신무역이론(New Trade Theory)이 나뉜다.

고전적 무역이론의 근간을 이루는 개념은 비교우위(Comparative Advantage)이다. 데이비드 리카르도(David Ricardo)의 설명에 따르면 국가간에 기술격차로 인해 노동생산성의 차이가 발생하면서 어느 한 국가가 특정재화를 생산하는 데 있어 상대적으로 높은 노동생산성을 보이는 반면 다른 한 국가는 상대적으로 낮은 노동생산성을 보이게 되고 그 노동생산성 차이가 바로 비교우위를 결정한다고 본다. 따라서 무역이득은 비교우위(Comparative Advantage)에서 비롯된다.

비교우위 개념은 헥셔-올린 모형으로 이어져 단일 생산요소였던 노동에 자본이라는 추가적인 생산요소가 등장할 때 그 비교우위가 어떻게 발생할 수 있는지를 설명한다.

고전적 무역이론과 달리 신무역이론에선 기업의 역할을 중시한다. 즉 기업들이 대규모화되고 규모의 경제가 실현되면 생산량이 많아질수록 단위당 평균생산비가 낮아지기 때문에 넓은 시장 확보가 필수적이다.

이에 따라 기업들의 경쟁이 첨예해지고 그러한 가운데 생산성이 높은 기업들 중심으로 산업이 이끌어져간다. 그 생산성 높은 기업들은 무역을 통해 더 많은 수익을 얻을 수 있고 생산성 높은 기업들에 의해 품질이 향상되며 가격 또한 저렴해지므로 소비자들도 더불어 이득을 보게 된다.

고전적 무역이론과 신무역이론을 차례로 설명하기로 한다.

1 고전적 무역이론

(1) 절대우위론

최초로 무역 이득에 대해 체계적 설명을 시도한 사람은 국부론의 유명한 아담 스미스(Adam Smith)였다. 그의 설명에 따르면, 다른 나라에 비해 한 나라가 특정 재화 생산에 있어 우위에 있을 때 그 재화를 집중 생산해 다른 나라에 수출하고 반대로 열위에 있는 재화는 다른 나라로부터 수입하는 것이 모든 나라들에게 이익이 된다고 했다. 즉 자신의 분업론을 국제적으로 연장시킨 것이다. 각 나라들은 우위를 갖는 재화에 특화 생산하면 무역을 통해 세계 전체의 생산량이 증대되고 이 증가된 생산량이 각국에 배분됨으로써 무역 이득이 발생하는 것이다. 이것이 절대우위론(Absolute Advantage Theory) 또는 절대생산비설이다. 절대우위란 특정 재화를 생산하는데 있어 한 나라가 다른 나라에 비해 보다 낮은 생산비가 들어가는 상황이라고 설명하면 이해가 쉽다. 이런 시각에서 보면 다른 나라도 그 나라에 비해 낮은 생산비로 생산할 수 있는 재화가 있을 것이고 그 재화 생산에 특화하면 된다. 이 절대우위는 다음 장에서 설명할 비교우위와는 다르다. 절대우위론은 한계가 있다. 왜냐하면 무역을 하기 위해선 반드시 한 나라가 특정 재화 생산에 있어 절대우위 즉, 낮은 생산비를 통해 생산할 수있어야만 한다. 이는 현실 세계에서 일어나는 무역들 중의 많은 경우를 설명하지 못한다. 예를 들어 개발국은 개도국보다 거의 모든 재화 생산에 있어서 높은 생산성을 보이는 경우가 많다. 반면 대체로 생산성이 낮은 개도국은 절대우위에 있는 재화를 찾아보기 어렵다. 절대우위론에 따르면 개발국과 개도국간의 무역은 발생할 수 없다. 하지만 현실적으로 개발국과 개도국간에 무역이 많이 발생하고 있고 그 규모가 커지는 추세이다. 이러한 한계에 직면해 비교우위론이 등장했다.

(2) 비교우위론

생산비가 절대적으로 가장 낮은 곳에서 생산이 이루어져야 한다고 아담 스미스가 절대우위론을 통해 주장했다. 하지만 그의 제자 데이비드 리카르도는 생산요소가 국가간에 이동하지 않는다는 점에 주목하고 새로운 이론을 전개하였는데 그것이 바로 비교우위론이다. 그의 주장에 따르면 국제분업의 유불리는 아담 스미스가 주장한대로 절대적 생산비차(Absolute Cost Difference)에서만 기인하는 것이 아니라는 것이다. 실제 한 나라에서 어떤 상품 'X'를 외국보다 저렴하게 생산할 수 있다고 하더라도 그 나라 안에서 다른 상품 'Y'와 비교할 때 상대적으로 불리한 생산비차가(Comparative Cost Difference)가 존재하는 경우에는 그것을 국내에서 생산하지 않고 외국에서 수입하는 편이 유리하다는 것이다. 설명을 쉽게 하기 위해 기회비용이라는 개념을 활용할 수 있다. 한 나라에서 무엇인가를 생산할 때 반드시 기회비용이 발생한다. 왜냐하면 생산을 위해 어떤 원자재를 사용하기도 하고 노동력을 고용하기도 하며 시간이 소요되기 때문이다. 한 상품 'X' 생산을 위해 투입된 그 모든 것들이 다른 상품 'Y' 생산을 위해 사용될 수 있었다. 이는 'X'생산을 위해 'Y'생산 일정량을 포기한 것이 된다.

예를 들어 보자. 한 나라에서 노동자의 수는 한정되어 있다. 그 노동자들은 의류나 스마트폰만을 생산할 수 있다고 가정하자. 이때 스마트폰 생산의 기회비용은 스마트폰 생산을 위해 포기해야 했던 즉, 생산되지 못한 의류의 양으로 표시될 수 있다. 반면 의류 생산의 기회비용은 의류 생산을 위해 포기해야 했던 즉, 생산되지 못한 스마트폰의 양으로 표시되게 된다. 그 나라 전체적으로 볼 때 필요한 고민은 다음과 같다. 한정된 노동력으로 과연 얼마만큼의 스마트폰이나 의류를 생산해야 하는가이다. 구체적으로 한국과 베트남 두 나라를 생각해보면 상품들에 대한 생산 능력은 두 나라 간에 서로 다를 수밖에 없다. 한국에서 10만대의 스마트폰을 생산할 수 있는 자원으로 1,000만개의 의류를 생산할 수 있다고 하고 베트남에서는 스마트폰 2만대를 생산할 수 있는 자원으로 2000만개의 의류를 생산할 수 있다고 가정해보자.

▌표 1▐ 한국과 베트남의 생산력

	스마트폰	의류
한국	10만대	1000만개
베트남	2만대	2000만개

이는 다르게 표현하면, 베트남 근로자들은 스마트폰을 제작하는데 한국 노동자들보다 덜 생산적이지만 반면 의류 생산을 위해서는 한국 노동자들보다 더 생산적이라고 말할 수 있다. 우리는 여기에서 기회비용이란 개념을 생각해 볼 수 있다.

1) 기회비용

우리는 앞서 기회비용을 정의했다. 쉽게 표현하면 기회비용이란 한 재화를 생산하기 위해 포기해야 하는 다른 재화의 양이라고 표현할 수 있다. 한국과 베트남의 예에선 스마트폰 생산의 기회비용은 스마트폰 생산을 위해 포기해야 했던 즉, 생산되지 못한 의류의 양으로 표시될 수 있다. 이때 한국은 스마트폰 생산에 그리고 베트남은 의류 생산에 더 낮은 기회비용을 갖게 된다. 왜냐하면 한국은 1만대의 스마트폰 생산을 위해 1000개의 의류 생산을 포기하면 되기 때문이다. 반면, 베트남은 1만대의 스마트폰 생산을 위해 1,000만개의 의류 생산을 포기해야만 한다. 따라서 한국이 스마트폰 생산을 위한 기회비용이 더 낮다고 말할 수 있다. 의류를 중심으로 보면, 한국은 1000만개 의류 생산을 위해 10만대의 스마트폰 생산을 포기해야하는 반면 베트남은 1000만개 의류 생산을 위해 1만대의 스마트폰 생산만을 포기하면 된다. 따라서 의류 생산을 위한 기회비용은 한국보다 베트남에서 더 낮다고 말할 수 있다. 이렇듯 한 국가가 어느 한 재화를 생산하려 할 때 그 생산을 위한 기회비용이 다른 나라들 보다 더 낮으면, 그 국가는 그 재화의 생산에 있어 '비교우위'를 갖는다고 말한다. 정리해보면 한국은 스마트폰 생산에 비교우위를 갖는다. 그렇기에 한국은 다른 상품을 생산하는 것 보다 스마트폰 생산에 집중하면 자원을 보다 효율적으로 사용할 수 있게 된다. 베트남은 의류 생산에 비교우위를 갖는다. 따라서 베트남에서는 의류 생산에 집중하는 것이 그 나라의 자원을 보다 효율적으로 사용할 수 있게 된다. 한국이나 베트남에서 모두 스마트폰을 사용하고 의류가 필요하다고 하자. 한국에서는 스마트폰 생산에 집중하고 베트남에서는 의류 생산에 집중하면 두 나라는 후생 수준은 개선될 수 있을까?

2) 생산 전문화

이론적으로, 각 나라가 비교우위를 갖고 있는 재화 생산에 모든 자원을 투입하는 것을 생산 전문화라고 한다. 두 나라들이 모두 생산 전문화를 할 때 세계적으로 더 많은 재화가 생산이 되고 따라서 더 많이 소비될 수 있기에 세계적으로 후생이 증가할 수 있다. 한국이 기회비용이 큰 의류 생산을 포기하고 대신에 그 자원을 10만대의 스마트폰을 생산하는데 사용한다고 생각하자. 역시 베트남은 기회비용이 큰 스마트폰 생산을 포기하고 대신 그 자원을 2000만개 의류 생산을 위해 사용한다고 생각해보자. 그렇다면 한국에선 스마트폰 생산은 20만대가 되고 의류 생산은 0이 된다. 베트남에선 스마트폰 생산이 0이 되고 의류 생산은 4000만개가 된다.

3) 무역 이득

세계적 수준으로 그 생산량을 따져보자. 생산전문화를 하기 전에는 스마트폰 생산이 한국에서 10만대 그리고 베트남에서 2만대 총 12만대였고 의류 생산은 한국에서 1000만개 그리고 베트남에서 2000만개 총 3000만개였다. 생산전문화를 이룬 후에 세계적 생산량은 스마트폰이 한국에서만 생산되는데 그 양이 20만대에 달하고 의류는 베트남에서만 생산되는데 그 양이 4000만개에 달한다. 즉 생산전문화를 통해 세계적으로 스마트폰은 8만대가 더 생산되는 것이고 의류는 1000만개가 더 생산되는 것이다. 설명을 쉽게 하기 위해 무역을 통해 한국은 스마트폰 생산량 반절을 베트남으로 수출하고 베트남은 의류 생산량 반절을 한국으로 수출한다고 가정하자. 한국은 의류를 1000만개 더 소비할 수 있게 되고 베트남은 스마트폰을 8만대 더 소비할 수 있게 된다. 즉, 생산전문화를 통한 무역을 통해 각 나라들은 더 많은 양을 소비할 수 있는 것이다. 이게 바로 비교우위론에서 역설하는 무역이득이다.

4) 리카르도 모형 특징

이처럼 리카르도 모형을 통해 다음과 같은 사실들을 생각해볼 수 있다.

가) 비교우위는 오직 한 재화에서만 발생한다.

두가지 재화를 생산할 때 한 나라는 다른 나라에 비해 그 두가지 재화들 모두 더 저렴한 비용 즉, 효율적으로 생산할 수 있다. 하지만 비교 우위는 오직 한 재화 생산에서만 발생 가능하다. 그 두 재화들 생산에 있어 동시적으로 효율적일 때 그 국가는 두 재화들 생산에 있어 절대우위에 있다고 말한다. 하지만 비교우위는 상대적이기에 반드시 한 재화 생산에만 발생한다.

나) 모든 나라가 무역이득을 얻을 수 있다.

어떤 나라는 모든 재화 생산에 있어 동시적으로 비효율적이라 하더라도, 그 나라는 비교우위를 갖는 재화생산이 존재하기에 여전히 무역의 이득을 얻을 수 있다. 쉽게 설명하면, 모든 것에 대해 효율성이 부족하지만 상대적으로 그 부족함이 덜한 재화 생산이 존재하게 된다. 따라서 그 재화 생산을 위해 전문화를 한다면 국민들은 원하는 재화와 서비스를 보다 많이 소비할 수 있게 된다. 즉 무역이득이 발생할 수 있다. 생산전문화라란 자원을 가장 효율적으로 활용하는 방법인데 이는 비교우위를 갖는 재화를 특화 생산하는 것을 의미한다. 무역을 할 때 한 나라에서 가능한 생산 여력은 변함이 없지만 생산전문화를 통해 소비가능성은 확대될 수 있다.

5) 비교우위에 대한 오해와 평가

한 나라가 자유무역을 하려 할 때 다른 나라에 비해 모든 재화생산에 있어 우위에 있을 때에만 자유무역이 유리하다고 생각하는 경우가 많다. 이는 모든 재화생산이 동시에 열위에 있을 때에는 자유무역이 불리하다는 생각으로 이어지게 된다. 하지만 모든 재화 생산에 있어 동시적으로 열위에 있는 나라라 할지라도 생산성이 덜 취약한 재화 생산에 특화하면 역시 자유무역의 이득을 볼 수 있다. 자유무역을 통한 이득은 절대우위가 아니라 비교우위에 달려있다.

상대적으로 임금 수준이 낮은 나라들과의 자유무역은 상대적으로 임금 수준이 높은 나라들을 해롭게 한다는 주장이 최근 많이 제기된다. 하지만 무역은 산업에 따라 일부 근로자들의 임금을 감소시킬 수도 있고 나아가 국내 소득분배에 영향을 줄 수 있지만, 다른 근로자들의 임금을 증가시킬 수 있기 때문에 전체적으로 보면 자유무역이 그 나라의 국민소득을 증가시킨다. 또한 무역 때문에 임금 감소가 예상되는 근로자들 역시 그들이 소비하는 재화들이 더 저렴하게 공급된다는 측면에서 생각해보면 그들 역시 감소된 임금 일정 부분이 보상될 수 있다. 즉, 자유무역을 통해 저렴하게 구매할 수 있다는 것도 분명히 무역이득의 한 부분이 된다.

비교우위론은 무역현상을 폭넓게 설명할 수 있는 이론적 토대를 만들었다는데 그 의의가 크다. 기존 절대우위론의 한계를 극복하면서 모든 재화 생산에 있어 절대 열위에 있는 나라들 역시 자유무역을 통해 무역이득을 얻을 수 있다고 입증한 것은 자유무역의 역할을 크게 부각시켰다고 할 수 있다. 하지만 리카르도가 제시한 비교우위론역시 한계가 있다. 첫째, 비교우위론은 노동가치설에 기초하여 노동 투입량만으로 그 이론을 설명했다. 투입된 노동량이 같다고 해서 같은 생산을 기대할 순 없다. 즉, 노동력 자체가 국가간에 동질적이라고 말하기 어렵다. 둘째, 생산에서 노동 외에도 자본이나 자원 등 다양한 생산요소들이 있다. 셋째, 한 재화를 생산할 때 생산요소들의 투입비율도 많이 다를 수 있기 때문에 생산비용을 투입된 노동량에서만 찾는다는 것도 현실적이지 못하다. 이러한 점들 때문에 비교우위론은 여러 학자들에 의해 보완 수정되는 과정을 거치게 된다. 재화생산에서의 노동투입에 기초했던 생산비 개념을 자본투입을 고려해 재정립함으로써 이론적 문제점들이 많이 해소되게 되었다. 리카르도 이론의 또 하나의 문제점은 이 이론은 각 나라별 최초 생산비 차이가 존재한다는 것을 전제하고 있고 왜 그 생산비 차이 즉, 비교우위가 발생했는지에 대한 설명이 없다. 스마트폰 생산에서 왜 한국이 베트남보다 효율적이고 의류생산에서 왜 베트남이 한국보다 더 효율적인지에 대한 설명없이 그 상대적 효율성을 전제하고 있는 것이다. 이러한 약점들은 헥셔-올린 이론과 신무역이론을 통해서 보완되기 시작했다.

2 헥셔-올린 이론

국가 간의 노동생산성 차이에 의해 비교우위가 발생된다는 리카르드의 비교우위론과 다르게 헥셔-올린 이론은 그 비교우위가 요소부존량, 즉 그 국가들이 보유하고 있는 자원량의 차이에 의해 비교우위가 발생하고 그 비교우위에 의해 무역패턴이 결정된다고 설명한다. 헥셔-올린 이론에선 국가들 간에 자원부존량이 다르다는 점에 착안한다. 즉 노동, 노동기술, 지하자원, 자본 또는 다른 생산요소들의 부존량 차이가 존재하고 그 부존량 차이가 무역의 패턴을 결정하는 주된 이유라고 주장한다. 생산요소들의 상대적 풍부성 또는 부존량에 따라 상대적으로 노동이 풍부한 국가는 노동을 많이 사용해야 생산이 가능한 재화, 즉 노동집약재를 수출하고 그리고 상대적으로 자본이 풍부한 국가는 자본을 많이 사용해야 생산이 가능한 재화, 즉 자본집약재를 수출하여 두 국가간에 서로 무역이득을 얻을 수 있다고 설명한다. 재화들마다 생산을 위한 생산요소들의 상대적 집약도가 다르다는 것이 이 이론에서 핵심적 바탕이다. 두 개의 나라들과 두 개의 생산요소들을 가정하고 있는 헥셔-올린 이론은 그 두 나라의 소비자들이 같은 기호를 갖고 있다고 전제하고 또한 생산을 위해 같은 기술을 보유하고 있다고 가정한다. 생산요소들의 부존량이 국가간에 다르다고 가정한다. 이때 같은 기술을 보유하고 있는 두 국가들은 자국에 상대적으로 부존량이 많은 생산요소를 집약적으로 사용할 수 있는 재화 생산에 비교우위를 갖는다고 이 이론은 설명한다.

(1) 한국과 베트남

한국과 베트남을 다시 생각해보자. 한국은 상대적으로 자본이 풍부한 편이고 베트남은 상대적으로 노동이 풍부한 편이다. 즉, 이론적으로 보면 한국은 상대적 자본풍부국이 되고 베트남은 상대적 노동풍부국이라고 할 수 있다. 두 가지 재화를 가정했기 때문에, 리카르드 모형에서와 같이, 두 국가에서 공통적으로 스마트폰과 의류 만을 생산하다고 가정하자.

- 한국: 상대적 자본 풍부국
- 베트남: 상대적 노동 풍부국

의류 생산을 위해 상대적으로 노동이 자본보다 더 많이 투입되고 스마트폰 생산을 위해 상대적으로 자본이 더 투입된다는 것은 쉽게 생각해 볼 수 있다.

- 스마트폰: 자본집약재
- 의류: 노동집약재

이때 두 국가들 간에 자유무역이 시행되면, 노동집약재인 의류의 상대가격은 노동이 상대적으로 풍부한 국가인 베트남에서 상승하게 되고 노동이 상대적으로 희소한 국가인 한국에서는 하락하게 된다.

• 정리: 자유무역을 하면, 자본풍부국에선 자본집약재의 상대가격이 상승하게 되고 노동풍부국에선 노동집약재의 상대가격이 상승하게 된다.

이는 수출때문에 베트남 내에선 의류의 공급이 줄어들지만 한국에선 그러한 의류들을 수입하기 때문에 의류 공급이 늘어나기 때문이다. 반면 자유무역을 통해 자본집약재인 스마트폰의 상대가격은 자본이 상대적으로 풍부한 국가인 한국에서 상승하고 자본이 상대적으로 희소한 국가인 베트남에서는 하락하게 된다. 이는 수출때문에 한국내에선 스마트폰 공급이 줄어들지만 베트남에선 그러한 스마트폰들을 수입하기 때문에 스마트폰 공급이 늘어나기 때문이다. 자유무역을 통해 베트남에선 직물의 상대가격이 상승하는 반면 스마트폰의 상대가격은 하락하게 된다. 의류의 상대가격 상승은 의류의 상대적 소비 감소로 이어진다. 자유무역을 통해 한국에서 스마트폰의 상대가격은 상승하고 의류의 상대가격은 하락한다. 스마트폰의 상대가격 상승은 스마트폰의 상대적 소비 감소로 이어진다. 리카르도 모형과는 달리, 헥셔-올린 모형에서는 자유무역을 통해 두 재화의 상대가격이 균등화될 것으로 예상한다.

(2) 요소가격 균등화 정리

자유무역을 통해 두 재화의 상대가격이 균등화될 것이라고 예상하면서 이 상대가격 균등화가 생산요소 가격 또한 균등화 시킬 것이라고 쉽게 예상할 수 있다. 이론적으로 볼 때 한 재화의 가격은 생산 비용을 반영하는데 이 비용은 생산을 위해 투입된 생산요소들에 의해 결정된다. 따라서 직관적으로 보더라도 재화들의 가격이 두 국가간에 균등화 된다는 것은 그 재화들 생산을 위한 요소들의 가격역시 균등화되는 것을 의미한다. 자유무역을 하게 되면 노동풍부국에서 노동집약재 수출을 많이 하게 되고 이에 따라 노동집약재 생산이 늘어나게 된다. 노동집약재 생산은 노동 수요 증가로 이어지기 때문에 결국 생산요소 가격인 임금이 상승하게 되는 것이다. 반면 자본풍부국은 자본을 집약적으로 사용하는 자본집약재 생산 증가로 인해 수요가 자본의 요소가격인 임대료가 상승하게 된다.

(3) 스톨퍼-사뮤엘슨(Stolper-Samuelson)정리

만일 어느 한 재화의 상대가격이 상승하면 그 재화 생산을 위해 집약적으로 사용되는 생산요소의 가격, 임금 또는 임대료가 상승하는 반면, 다른 생산요소의 가격, 임금 또는 임대료는 하락하게 된다. 일반적으로, 자유무역에서 보호무역으로 전환될 때 부존량이 상대적으로 희귀한 생산요소의 가격이 높아지게 된다. 이는 그 생산요소 보유자가 상대적으로 이익을 본다는 것이 입증 가능하다. 자본풍부국에서는 보호무역을 실행하면 상대적으로 노동이 자본에 희귀하기 때문에 노동자가 이득을 보는 반면 노동풍부국에서는 상대적으로 자본이 희귀하기 때문에 자본가가 이득을 보게 된다. 왜냐하면 무역장벽이 재화의 상대가격 변화를 가져오기 때문이다. 스톨퍼-사뮤엘슨 정리는 헥셔-올린 정리를 역으로 생각해보면 쉽게 이해할 수 있다.

(4) 립진스키(Rybczynski)정리

만약 한 국가에서 특정 생산요소의 부존량이 변하면 무역 패턴은 어떻게 변하게 되는지에 대해 답을 주는 것이 립진스키 정리이다. 이 정리에 따르면, 어떤 한 생산요소의 부존량이 늘어날 때 생산물 가격이 일정하다면, 그 생산요소를 집약적으로 사용하는 재화의 공급은 상대적으로 증가하고 다른 재화의 공급은 상대적으로 감소한다. 예를 들어 국제 투자를 통해 자국내 해외에서 유입되는 자본의 양이 많아지면 자본집약재 생산이 상대적으로 늘어나고 노동집약재 생산이 상대적으로 줄어들어 한 국가에서 산업이 재편되는 효과까지 발생한다.

(5) 헥셔–올린 모형에 대한 비판

리카르도의 비교우위론을 보완하기 위해 정립되었고 실제 이론적으로 많은 강점을 갖고 있는 헥셔-올린 모형도 여러 비판에 부딪히게 되었다. 그 내용들은 다음과 같다.

첫째, 생산요소 가격 균등화가 현실적으로 발생하지 않는 경우가 많다. 즉, 실제 보면 자유무역을 통해 균등화될 것이라 믿어지는 생산요소들 가격이 국가 간에 큰 차이가 발생하는 경우가 있다.

둘째, 헥셔-올린 모형에서 국가들은 모두 같은 재화를 생산한다고 가정하고 있지만 실제 생산되는 재화들이 동질적이지 않는 경우가 많다.

셋째, 헥셔-올린 모형은 국가들이 서로 같은 기술을 보유하고 있다고 가정하지만 이는 비현실적이다. 사실 국가들 간에 기술 격차가 매우 크게 발생한다. 어느 누구도 개발국과 개도국간에 재화 생산을 위한 기술이 같다는데 동의하지 않을 것이다. 서로 다른 기술이 생산요소 생산성에 근본적 차이를 가져올 수도 있고 그 생산성 차이에 따라 생산요소들에 지불된 임금과 임대료 역시 차이가 발생할 수밖에 없다.

넷째, 헥셔-올린 모형은 무역비용 발생 가능성을 고려하지 않는다. 하지만 현실적으로 무역장벽이 존재하고 있고 아무리 자유무역을 가정한다 하더라도 수송비는 발생한다. 따라서 무역비용 발생이 전제되어야 한다. 수송비가 크지 않아서 무역패턴에 크게 영향을 주지 않을 수 있다고 생각할 수 있다. 그렇다 하더라도 세계적으로 무역장벽은 생각보다 견고한 경우가 많고 수송비 역시 지역에 따라 크게 발생하는 경우도 많다. 따라서 무역장벽이나 수송비는 국가간에 재화가격 균등화를 방해하게 되고 당연히 생산요소가격 균등화 역시 실현되지 못하도록 방해 할 것이다.

다섯째, 헥셔-올린 모형의 예측과는 다르게, 자유무역을 통해 생산요소들이 풍부한 생산요소를 집약적으로 사용할 수 있는 산업으로 이동하는 것이 현실적으로 쉽지 않을 수도 있다. 왜냐하면 이직이 쉽지 않을 수 있기 때문이다. 즉, 자유무역을 통해 의류산업이 경쟁력을 잃게 되면 의류산업 종사자가 경쟁력을 갖추게 되는 스마트폰 산업으로 이직을 쉽게 하리라고 예상하기 어렵다.

여섯째, 헥셔-올린 모형은 자유무역을 통해 상대적으로 풍부한 생산요소의 보유자들은 무역이득을 얻고 상대적으로 희소한 생산요소들의 보유자들은 무역으로 손해를 볼 것이라고 예측한다. 하지만 현실적으로 그렇지 않은 경우도 많다. 그 모형에 따르면 소득분배는 재화 가격의 변화를 통하여 일어난다고 하나 기술집약적 재화의 가격은 하락하지 않고 주로 상승한다.

일곱째, 헥셔-올린 모형에서 논의 되는 노동도 동질적이지 않다. 노동도 세부적으로 분류가 가능하다. 크게 고임금을 받는 숙련노동과 저임금을 받는 비숙련노동으로 나눌 수 있다. 따라서 비교우위를 따져보고 헥셔-올린 이론을 확장 적용해보면, 비숙련노동력이 풍부한 국가에서 자유무역을 통해 비숙련노동자들의 임금 수준이 상승해야 하지만 대부분 국가들의 경우 비숙련노동자의 임금이 상승하는 것 보다 숙련노동자의 임금이 상승하는 현상이 일어나는 경우도 많이 발견되었다. 실제로 멕시코에서 비숙련노동자들이 풍부하지만 숙련노동력의 임금은 비숙련노동력의 임금보다 더 빠르게 올랐다. 미국과 캐나다에 비해서 멕시코는 비숙련노동력이 풍부하기 때문에 북미자유무역협정(NAFTA)을 통해 멕시코에서는 비숙련노동자들이 수혜자가 되었어야 한다. 하지만 현실은 달랐다.

여덟째, 우리가 학습한 헥셔-올린 모형이 정확히 옳다고 하더라도, 무역에 비해 내수 비중이 높은 나라에 대해선 그 설명력이 부족할 수 있다. 예를 들어 미국은 내수 비중이 높고 한국은 무역의존도가 매우 높다. 따라서 자유무역이 미국의 재화가격과 임금에 주는 효과가 크지 않을 수도 있다.

아홉째, 소득분배는 자유무역을 통해서도 발생하지만 자국내 경제 환경 변화를 통해서도 발생 가능하다. 기술의 변화, 소비자들의 기호변화, 부존자원의 고갈과 새로운 자원 및 대체 에너지 발견 등 이 모든 것들이 한 국가 내 소득분배에 영향을 줄 수 있다. 따라서 자유무역을 통해 소득분배 현상이 관찰되었다 하더라도 그 소득분배 현상이 무역을 통해 나타난 것인지 아니면 그 국가내 특수한 상황에서 비롯된 것인지를 정확히 파악하기 어렵다.

(6) 레온티에프 역설(Leontief's Paradox)

레온티에프는 실제 미국의 수출입 통계 자료를 가지고 헥셔-올린 모형에 대해 검증을 시도했다. 헥셔-올린 정리에 따라 세계에서 가장 자본집약적인 미국이 자본집약재를 수출하고 노동집약재를 수입하는 것이 예상되었지만 레온티에프가 찾아낸 결과는 미국의 주된 수출품들이 수입품들보다 상대적으로 보다 노동집약적이다는 것이었다. 이는 헥셔-올린 모형의 예측과는 정반대의 결과여서 학계의 많은 관심을 끌어 모았다.

3 신무역이론

레온티에프의 역설 이후 헥셔-올린 이론이 현실과 잘 부합하지 않는다는 비판에 직면했다. 일차 산업 상품들 무역에 대해선 헥셔-올린 이론이 설명력을 갖추었지만 공산품 무역에 대해선 설명력이 미약했다. 그 이유는 공산품은 노동과 자본이라는 생산요소 이외에도 기술수준, 규모의 경제 그리고 품질 차별화 등 여러 요인들에 의해 무역 패턴이 좌우되기 때문이다. 공업화가 진전됨에 따라 시간이 갈수록 일차 산업의 무역비중이 줄어들고 공산품의 비중이 커지면서 헥셔-올린 이론의 설명력이 더 미약해지기 시작했다. 그리하여 현실을 보다 잘 반영할 수 있는 이론을 정립하려는 움직임이 일기 시작했는데 그 결과 새로운 무역이론들이 1960년대 이후 등장하게 되었다. 공산품 무역에 초점을 맞추고 헥셔-올린 이론적 단점을 극복하려 한 이론들은 신무역이론이라고 통칭해서 부르는데 이러한 이론들은 무역현상을 다양한 각도에서 설명한다. 기존 고전적 이론들은 일반균형분석에 의존하는 경향을 보이는 반면 신무역이론들은 대개 부분균형분석에 의존하는 경향을 보인다. 새로운 이론이 계속 등장할 것으로 예상된다.

(1) 규모의 경제

신무역이론의 근간을 이루는 개념은 생산방식의 진화이다. 즉 효율적 생산을 위해 인간이 지혜를 모은 결과 생산 비용을 감축하게 되고 그 생산비용 감축에 따라 대량생산이 가능하다는 것이다. 지금까지 고전적 무역이론들, 즉 비교우위 모형이나 헥셔-

올린 모형은 규모에 대한 수확불변(Constant Return to Scale)을 가정하였다. 이는 어떤 한 산업에서 재화 생산을 위해 생산요소 투입을 어떤 비율로 증가시킬 때, 그 생산량은 같은 비율로 증가하는 현상을 말한다. 예를 들어, 생산요소 투입을 2배 늘리면, 생산량도 또한 2배가 증가하게 됨을 예상할 수 있다. 하지만 현실 경제에선 규모에 대한 수확체증(Increasing Return to Scale)이 발생할 수 있고 대부분의 제조업 영역에서 규모의 경제(Scale of Economy)는 보편적 현상이 되었다. 규모에 대한 수확체증이란 한 산업에서 재화 생산을 위해 생산요소 투입을 어떤 비율로 증가시킬 때, 실제 생산량은 더 큰 비율로 증가하는 것을 의미한다. 규모의 경제란 생산 규모가 클 때 생산이 더 효율화되는 것을 의미한다.

• 정리: 규모의 경제란 생산량이 늘어날수록 생산물 한 단위당 평균비용이 감소하는 현상을 말한다.

규모의 경제는 생산을 위해 고정비용(Fixed Cost)이 이미 대규모로 지출되었기 때문에 추가적인 재화 생산이 쉽게 때문에 발생한다고 볼 수 있다. 즉, 추가적 생산을 위해선 가변비용(Variable Cost) 증가만이 필요하기 때문에 대량으로 생산할수록 비용면에서 더 유리해지는 것이다. 대량 생산을 할 경우 평균고정비용(Average Fixed Cost)이 큰 폭으로 줄어들기 때문에 전체적인 평균비용이 감소하기 때문이다.

1) 대규모 시설투자

예를 들어 자동차 산업을 생각해보자. 자동차를 생산하기 위해선 부지를 마련하고 대규모 시설투자를 하여야 한다. 따라서 초기 고정비용이 많이 들어간다고 볼 수 있다. 하지만 한번 시설투자를 마치고 나면 자동차 생산을 위해 주로 들어가는 비용은 노동력 또는 전기세 등의 비용들이 주를 이루게 된다. 이러한 비용들은 생산량을 늘릴수록 늘어나는 가변비용이다. 초기 시설투자를 위한 고정비용에 비교하면 이러한 가변비용은 그렇게 큰 대규모가 아니다. 더 쉽게 얘기하면, 대규모 생산시설을 일단 갖추어 놓으면 생산량을 늘리면 늘릴수록 그 생산량을 위해 들어가는 총비용이 더더욱 줄어들게 된다.

2) 수확체증

또한 규모의 경제에 더해 규모에 대한 수확증가 현상이 발생할 수도 있다. 생산요소 투입을 2배 늘렸을 때 그 산업의 생산량은 2배 이상이 된다면 생산량에 대한 평균비용은 더욱 줄어들 것이다.

3) 무역이득

어떤 산업에서 규모의 경제가 발생하다면 국가 간에 자유무역이 서로 유익할 수 있다. 왜냐하면 자유무역을 통해 시장이 확대될 수 있고 시장 확대가 생산자에게는 더 많은 양을 생산할 수 있는 기회로 작용하기 때문이다. 더 많은 양을 생산한다는 것은 산술적으로 보더라도 단위당 평균비용이 더 줄어드는 것을 의미하기 때문이다. 즉 규모의 경제를 달성하고 있는 기업은 수요만 있다면 얼마든지 그 생산량을 늘릴 수가 있고 생산량이 늘어날 경우 오히려 생산을 위해 더 적은 비용이 들어가게 된다. 평균생산비용이 더 적게 들어가기 때문에 기업은 더 저렴한 가격으로 공급할 수 있게 된다. 따라서 대규모로 생산을 하는 기업들 입장에서 보면 자유무역이 보호무역에 비해 더욱 유리한 환경을 조성해준다는 것을 알 수 있다. 이때 세계적인 시각에서 보면 소비 다양성이 확보되고 이는 소비자 후생 증대로 이어진다. 규모의 경제가 확립된 한 국가의 산업은 자유무역을 통해 생산 방식이 더욱 효율화 될 수 있고 수익창출의 기회가 더 많아지기 때문에 자유무역을 선호한다.

4) 규모의 경제 형태

규모의 경제는 두 가지 종류가 있다. 생산물의 단위당 비용이 산업의 규모에 의존할 때, 외부규모의 경제가 발생한다고 말하고 생산물의 단위당 비용이 기업의 규모에 의존할 때 내부규모의 경제가 발생한다고 말한다. 외부와 내부를 불문하고 규모의 경제 국제무역에서 있어 매우 중요한 역할을 한다. 신무역이론에선 산업 구조에 대한 분석이 보다 중요해지고 있다. 산업 구조 분석 차원에서 보면 외부 규모 경제 또는 내부 규모 경제는 서로 다른 시사점을 준다. 규모의 경제가 순전히 외부적인 산업은 많은 소기업들로 구성될 것이고 경쟁형태는 완전경쟁에 가까워질 것이다. 반면 규모의 경제가 내부적인 산업은 주로 대기업들이 소기업들보다 비용우위를 가져서 산업이 불완전 경쟁하에 있게 된다. 완전경쟁과 불완전경쟁은 전혀 다른 의미를 갖는다.

(2) 외부경제효과

1) 산업집중화

먼저 외부경제의 모형을 살펴보기 위해 다음의 예들을 생각해볼 수 있다. 미국에서 반도체산업은 실리콘밸리(Silicon Valley)에, 투자은행은 뉴욕(New York)에, 그리고 엔터테인먼트 산업은 헐리우드(Hollywood)에 집중되어 있음을 알 수 있다. 개발국 뿐만 아니라 중국이나 인도와 같은 개발도상국들에서도 어떤 제조업이 특정 지역에 집중되어 있는 현상을 쉽게 찾아 볼 수 있다. 한국도 산업이 지역적으로 분포하는 양상을 보면 어떤 특징이 발견된다. 심지어는 특정 지역에 가면 특정 음식을 가지고 많은 식당이 동시에 맛집 경쟁을 하는 것을 목격할 수 있다. 특정 지역에 동업자들이 모여 있다는 것은 우연이 아닐뿐더러 그들의 경쟁심 때문만은 아닐 것이다. 그러한 생산 방식에서 이익 확보를 위해 뭔가 유리한 면이 있기 때문일 것이다. 기업 활동을 위해 산업집중화는 다음과 같은 유리함을 제공한다.

가) 생산요소 전문화

모여서 경쟁을 하면 역설적으로 생산비를 감축시킬 수 있다. 왜냐하면 특정 산업에 반드시 필요한 전문화된 장비나 서비스가 있을 수 있는데 조달이 쉽지 않을 수 있다. 한데 만약 어떤 산업이 특정 지역에 집중되어 있다면 그 공급자들은 대량으로 공급할 수 있기 때문에 공급 비용 감소가 예상된다. 예를 들면, 캘리포니아의 실리콘밸리(Silicon Valley)는 실리콘칩을 제조하는 꼭 필요한 특수 기계들을 생산하는 회사들이 군집해있다. 따라서 이 기계들은 다른 지역들보다 실리콘밸리에서 더 저렴하게 그리고 더 쉽게 이용될 수 있다. 또한 크고 집중화된 산업은 필요한 숙련노동력을 유인할 수 있다. 따라서 각 기업은 그 산업에 필수적인 숙련노동자들을 탐색하고 고용하는 비용을 줄일 수 있게 된다. 영화 제작을 생각해보면 영화와 관련한 특수한 업무들이 쉽게 떠오를 것이다. 하지만 그러한 특수 인력들은 쉽게 아무데서나 구할 수 있는게 아니다. 하지만 미국 헐리우드에서는 쉽게 구할 수 있다고 한다. 노동력 공급과 수요 입장에서 생각해보면 그러한 특수 기술을 가진 노동자들이 아무데서나 일자를 쉽게 구할 수 없다. 하지만 헐리우드에서는 쉽게 일자리를 구할 수 있기 때문에 헐리우드는 영화 제작을 위해 매우 좋은 환경을 제공한다. 비슷한 논리로 뉴욕에서는 금융 관련 업무를 할 수 있는 사람들이 많이 있을 것이다. 그러한 특수 인력을 구하기 쉽다는 것도 금융 기업들 입장에선 뉴욕에 위치해야 할 큰 이유가 되는 셈이다.

나) 지식창출과 노하우

산업의 집중화는 지식창출 및 확산에서도 유리하다. 크고 집중된 산업이 존재할 때, 다양한 기업들에 근무하는 다양한 근로자들과의 접촉과 교류를 통해 각 기업은 자사에 이익이 되는 아이디어를 보다 쉽게 찾을 수도 있다. 산업계에는 스필오버(Spillover) 효과가 존재한다. 스필오버 효과란 산업내에서 어떤 한 기업의 노하우나 경험 등이 다른 기업으로 흘러들어 가는 현상을 말한다. 예를 들어, 어떤 유명 식당에서 맛을 내는 노하우가 주방장에 의해 옆 음식점으로 흘러들어가는 상황도 생각해볼 수 있다. 지식창출과 확산 면에서도 산업 집중화는 기업들에게 유리한 외부효과를 제공한다.

(3) 이론화: 규모의 경제와 외부효과

산업이 대규모화 될수록 규모의 경제가 발생해 생산비가 낮아지고 외부효과가 발생할 때 무역의 패턴에 어떤 영향을 주는지 간단히 생각해보자. 이는 기존 비교우위 모형과 헥셔-올린 모형과는 약간 다른 접근이 필요하다.

1) 우하향 공급곡선

원론적으로 볼 때 수요곡선은 우하양하고 공급곡선은 우상향한다. 하지만 규모의 경제 개념이 개입되면 공급곡선은 지금까지 생각해온 우상향하는 형태와는 다르게 수요곡선처럼 우하향하게 된다. 왜냐하면 공급량이 늘어날수록 규모의 경제로 인해 평균생산비가 절감되어 기업들은 더 저렴하게 팔 수 있기 때문이다. 자유무역이 없으면, 우하향하는 특이한 형태의 공급곡선은 큰 문제가 되지 않는다. 무역이 개시되기 전에, 각 나라에서 균형가격과 균형생산량은 국내공급곡선과 국내수요곡선이 교차하는 점에서 발생하게 된다. 예를 들어 완구 생산의 경우를 생각해보자. 무역이 없을 때, 대량생산과 규모의 경제로 인해 중국에서 완구 생산비용이 한국에서 완구 생산비용보다 더 낮을 것이다.

2) 시장확대 효과

중국과 한국간의 완구 수출입을 자유화한다고 하면 어떤 일이 일어날까? 중국 완구 기업과 한국 완구 기업들 시각에서 보면 시장이 확대되는 효과가 나타날 것이다. 시장이 확대될 때 중요한 점은 중국의 완구산업은 더욱 확장하는 반면, 한국의 완구산업은 더욱 축소될 것이다. 규모의 경제의 의미를 되새겨보면 이는 당연하다. 왜냐하면 중국에서 완구 생산량이 더 늘어날 때, 중국에서 완구 한 개당 평균 생산비용은 더 하락할 것이다. 반대로 한국에선 중국으로부터의 완구 수입 때문에 한국산 완구에 대한 한국내 수요량이 감소하게 되고 이는 생산량 감소로 이어져 한국내에서 완구 1개당 평균생산비용은 올라갈 것이다. 이런식의 경쟁이 계속되면 결국 한국 완구 생산업체는 도산하게 되고 모든 완구생산은 중국에서만 일어나게 될 것이다.

3) 무역이득

무역이 개시되기 전에 중국에서 완구가격은 한국에서의 완구가격보다 더 낮았다. 자유무역의 결과로 인해 중국에서 생산량 증가에 힘입어 중국에서 완구 생산비용은 더 낮아지고 한국에선 그 생산비가 더 상승하게 된다. 결국 한국의 완구산업을 중국의 완구산업이 대체하게 되고 그 결과 세계적으로 완구가격은 더욱 낮아지게 될 것이다. 자유무역을 통해 시장이 확대되고 또한 무역이득이 발생한다. 이 무역이득은 중국의 완구생산자들에게 그리고 한국의 완구소비자들에게 돌아간다. 중국의 완구생산자들은 더 많은 수익을 내서 자유무역의 수혜자가 되는 것이고 한국내 완구소비자들은 완구를 더 저렴한 가격에 소비할 수 있기 때문에 역시 자유무역의 수혜자가 된다. 이러한 형태의 무역이득은 수확체증 개념이 없었던 리카르도 모형이나 헥셔-올린 모형이 제시하는 무역의 이득과는 다르다. 헥셔-올린 모형에서 상대가격은 무역의 결과로 두 나라에서 같아질 것으로 예측한다. 만일 무역이 개방되기 전에 자국에서 의류 가격이 상대적으로 저렴하고 외국에서 상대적으로 비싸다면, 무역의 효과는 자국에서 의류 가격을 올리고 외국에서 의류 가격을 내린다. 대조적으로 규모의 경제가 발생할 때 자유무역은 대량 생산 이점이 있는 나라에서 가격을 더 낮아지게 된다.

4) 초기 생산우위 결정

우리는 중국과 한국을 비교하면서 무역이 개시되기전 중국에서 완구 생산비가 한국보다 낮다고 가정했다. 그렇다면 과연 무엇이 중국으로 하여금 초기에 낮은 생산비를 갖게 할 수 있었을까? 하나의 가능성은 기술과 자원부존량의 근원적인 차이로 인한 비교우위 개념을 활용해 설명할 수 있다. 역사적 우연성을 생각해 볼 수 있다. 잠재적으로 특정 재화를 더 저렴하게 생산할 수 있는 나라들이 많은 가운데도 어떤 재화 생산에 있어 한번 대규모 생산자로 시작한 나라들은 여전히 대규모 생산자로 남아있는 경향이 있다. 이번엔 베트남과 중국을 비교해보자. 현재 베트남의 임금이 중국의 임금보다 더 낮은 것으로 알려져 있는데 이럴 경우 베트남의 평균생산비가 중국의 평균생산비보다 낮다고 가정할 수 있다. 이는 베트남이 중국보다 더 적은 비용으로 완구를 만들 수 있다는 것이다. 논리를 확장해보면 우리는 베트남이 언젠가 세계시장에 완구 공급을 위해 중국을 충분히 대체할 것이라고 생각할 수 있다. 하지만 중국이 충분히 완구 산업을 먼저 출발했다면 베트남은 중국을 추월하지 못할 수도 있다. 왜냐하면 중국은 이미 발생된 외부경제효과를 계속 누리는 반면 베트남은 외부경제효과를 누릴 수 없고 그 외부경제효과를 누리기 위해선 산업 집중화와 대규모화 필요한데 이러한 것들은 장기적 계획과 비용 지출을 요구하기 때문이다.

5) 유치산업과 후생 효과

외부경제에 입각한 무역이 국민후생에는 주는 효과에 대해선 설명이 분명치 않다. 하지만 외부경제효과 발현을 위해 산업생산이 집중되는 것은 세계경제에 분명 이익이 될 것이다. 하지만 자유무역을 통해 한 국가의 후생이 악화될 수도 있다. 한 국가의 산업 경쟁력은 충분치 못하지만 수입을 하지 않고 열악한 환경이나마 자국에서 직접 생산하고 소비할 때 국가의 후생이 증대되는 경우도 있다. 즉 유치산업을 육성할 수 있기 때문이다. 예를 들어 일본의 전자산업과 자동차산업은 한국에 비해 오랜 역사와 기술력을 자랑한다. 즉 첨단산업에서 과거 한국은 일본에 비해 기술력 면에서 뒤쳐져 있다는 평가를 받아왔다. 이런 상황에서 생각해보면 한국에서 일본산 제품들에 대해 수입자유화를 하지 않는다면 전자제품의 가격은 한국에서 더 저렴할 것이다. 하지만 자유무역이 이뤄지게 되면 일본의 전자제품들이 기술력 면에서 한국 시장을 압도해 한국의 기업들은 생산을 지속할 수 없고 장차 한국은 전자제품을 더 비싼 가격에 사는 상황에 직면하게 된다. 한국에서 성장을 위한 유치산업들은 모두 사라지고 말 것이다. 이 경우 자유무역은 도리어 한국 후생을 악화시킬 수 있다. 그렇기에 외국과의 경쟁으로부터 한국의 잠재적 첨단산업을 보호하기 위한 동기를 부여한다. 하지만 한국과 일본에 국한하지 않고 시야를 넓혀보면 자유무역을 통해 산업집중효과를 이용하는 것이 여전히 세계경제에 도움이 된다. 규모의 경제가 있는 산업을 통해 무역이득을 추구하는 나라들은 무역마찰을 자주 경험한다. 그럼에도 불구하고 외부경제 발생을 위해 각 산업이 어딘가에 집중되어 있는 것은 세계 후생증대에 분명 더 유리함은 부정할 수 없다.

4 동태적 수확모형

(1) 학습효과

지금까지 우리는 외부경제효과가 주어진 한 시점에서만 나타나는 경우들을 생각해 보았다. 즉, 외부경제효과는 현재 생산량에서만 발현된다. 하지만 외부경제효과는 시간이 지남에 따라 누적된 생산량을 통해서도 나타날 수 있다. 시간이 지남에 따라 누적적 생산량이 증가할 때, 규모에 대한 동태적 수확체증(Dynamic Increasing Returns)이라고 한다. 규모에 대한 동태적 수확체증은 동태적 외부 규모의 경제를 의미한다. 만일 시간이 지남에 따라 지식과 경험이 축적이 되고 노하우가 쌓여 장차 생산비용이 보다 절감된다면 규모에 대한 동태적 수확체증이 발생할 수 있다. 즉, 당장 수확체증이 나타나는 것이 아니고 학습(Learning)을 통해 동태적 수확체증이 나타나게 된다. 중국과 베트남을 예로 들어 한번 발생한 외부경제효과에 의해 중국이 베트남에 대해 완구 생산 우위를 계속 점유할 수 있었듯이 동태적 규모의 수확체증 역시 한번 확립된 우위를 통해 생산 우위가 고착화 될 수 있다. 이처럼 동태적 규모의 수확체증은 또한 보호주의를 정당화하기 위한 논거로써 사용될 수 있다. 장차 한 산업이 성장해서 그 나라에서 큰 부가가치를 창출할 것으로 기대될 때 그 산업이 외국 산업들과 비교할 때 경쟁력을 갖출 때까지 보호가 필요하다는 논리이다. 예를 들어 베트남의 완구 산업을 일시적으로 보호해주면 그 산업들이 더 성장하게 되고 그에 따라 생산비가 절감될 수 있으며 장차 중국의 완구 산업과 경쟁을 할 수 있게 된다. 즉, 유치산업에 대한 일시적 보호가 그 걸음마 단계의 산업이 경험과 노하우를 축적할 수 있는 시간을 벌어 줄 수 있다. 구체적인 방법들도 실행될 수 있다. 그 산업이 자립할 수 있을 때까지 보조금을 지급하여 재화 생산을 촉진한다거나 외국과의 경쟁으로부터 그 산업을 보호하기 위해 외국 상품에 대해 관세를 부과하는 것도 방법이 된다. 산업보호가 장기적 후생 증가로 이어질 수 있다는 기대가 있을 때 이와 같은 방법이 활용될 수 있다.

(2) 지역적 특성

외부경제효과는 지역적 특성에 따라 발생하는 경우도 많다. 따라서 이러한 외부경제효과는 국제무역에 영향을 줄 뿐만 아니라 특정 나라의 지역내 무역(Interregional Trade)에서도 큰 역할을 할 수 있다. 그렇다면 외부경제효과를 발생시키는 원인이 있었을 것이다. 지역내 외부경제효과의 경우 대개 역사적 우연성에서 기인한 경우가 많다. 뉴욕은 새롭게 미주 대륙을 개발했을 때 유럽에서 가까웠기 때문에 큰 항구 도시로 성장할 수 있었다. 로스엔젤레스는 날씨가 좋고 영화를 찍기에 좋았다고 한다. 지금도 많은 배우와 연예인들이 캘리포니아에 거주하는 경우가 많다. 앞서 언급한데로 이는 외부효과를 발생시킨다. 즉 전문화된 공급자와 특수 인력에 대한 노동시장이 활성화 되어 있기에 영화 제작과 촬영이 상대적으로 쉬어지고 이러한 이점을 통해 헐리우드가 세계적으로 영화산업의 중심지로 부상할 수 있었다. 즉, 어떤 산업에서 한번 대규모 생산자로 출발하는 지역들은 대규모 생산자들로 남아있는 경향이 있다.

5 독과점 산업구조

앞서 무역에 있어 규모의 외부경제의 역할을 살펴보았다. 큰 기업들은 대체로 작은 기업들보다 더 효율적이고 그 산업은 독점기업 또는 소수 대기업들로 구성되는 경우도 있다. 이는 규모의 내부경제가 발생한다는 것을 의미한다. 현대 산업 사회에서는 산업구조의 형태가 무역의 패턴에 영향을 주는 경우도 많다. 고전적 무역이론에서는 주로 완전경쟁을 전제하고 있었다. 하지만 완전경쟁은 여러 이유 때문에 현실화되기 어렵다. 따라서 완전경쟁보다는 불완전경쟁 형태가 보다 현실적일 수 있다. 이 불완전

형태의 경쟁은 주로 독과점 산업구조를 통해 발생한다. 이론적으로 완전경쟁 하에서는 기업들이 수익을 낼 수 없지만 불완전 경쟁 속에서는 기업들에게 수익이 발생할 수 있다. 수익을 발생하는 정도가 경우에 따라 매우 클 수도 있다. 특히 독점기업일 경우 발생할 수 있는 수익의 정도가 매우 크기 때문에 정부가 규제를 가하기도 한다. 독과점 산업 구조 속에서 펼쳐지는 불완전 경쟁을 생각해보기 전에 완전경쟁을 살펴보자.

(1) 완전경쟁

완전경쟁은 기업들로 하여금 재화의 가격을 한계비용까지 끌어 내리게 한다. 이는 치열한 가격 경쟁이 벌어지면서 가격 인하가 계속된다는 것을 의미한다. 따라서 완전경쟁 상황은 소비자들에겐 유리하지만 생산자들 즉, 기업들에게는 결코 유리한 환경이 아니다. 결과적으로, 완전경쟁은 생산성이 취약한 기업들을 시장에서 퇴출시킬 것이다. 생산이 생산성이 높은 기업들에게 집중될 때, 그 산업에서 전반적인 효율은 개선된다. 즉, 산업내 총생산성이 증가한다. 그 생산성이 높은 기업들은 자유무역을 선호하게 된다. 그 이유를 생각해볼 수 있다. 완전경쟁이란 기업들이 자신들의 생산물 가격에 영향을 줄 수 없는 상태이다. 즉, 모든 기업들이 같은 재화를 같은 가격에 팔고 있기 때문에 그 기업들 중에 누군가는 가격을 낮추었을 때 더 많은 재화를 팔 수 있다는 것을 알고 그러한 사실을 모든 기업들이 동시에 알고 있기 때문에 가격이 한계비용까지 내려가는 것이다. 이러한 완전경쟁은 몇 가지 가정을 담고 있다. 산업내 무수히 많은 기업들이 존재하고 진입과 진출이 매우 자유로워야 한다.

하지만 완전경쟁 역시 이론적 상태이고 다음과 같은 이유로 현실화되기 어렵다는 비판에 직면한다.

첫째, 현실적으로 공산품을 생산하는 산업분야에서 완전경쟁 상태를 찾아보기란 쉽지 않다.

둘째, 어떤 산업은 소수의 생산자만 존재하기도 하고 그들이 동질의 재화를 생산다고 가정하는 것도 현실적이지 않을 때가 많다. 즉, 경쟁기업들은 차별화된 재화를 생산한다. 이때 각 기업은 자사의 제품 가격을 선택하는 가격 설정자(Price setter)가 된다.

(2) 독과점

어느 한 산업이 완전경쟁 상황에 놓여있지 않을 수 있다. 현실적으로 대다수의 산업들이 불완전경쟁 상황에 있다고 해도 과언이 아니다. 오히려 그렇기 때문에 기업들

시각에선 기업 활동을 위한 강력한 동기부여가 될 수 있다. 독과점도 세분해보면 경쟁자의 수에 따라 독점(Monopoly)과 과점(Oligopoly)으로 나뉜다. 독점은 한 산업에 한 기업만 존재하는 것이고 과점은 한 산업에 셀 수 있는 소수의 기업만 존재하게 된다. 과점 중에서도 기업의 수가 단 2개인 경우를 복점(Duopoly)라고 한다. 이러한 경쟁 형태는 무역에도 영향을 주게 된다. 한 나라안에서 경쟁력을 통해 시장을 장악한 기업들은 보다 많은 수익을 창출할 수 있고 그 수익을 바탕으로 국제 시장 진출을 모색할 수 있기 때문이다. 실제 최근들어 행해진 연구들을 통해서 입증이 되는 것은 세계적으로 볼 때 수출을 행하는 기업들은 상대적으로 대규모인 경우가 많았다. 이런 사실이 시사하듯 자국내 시장에서 경쟁력을 갖춘 기업들은 추가적인 수익 창출을 위해 앞서서 외국 시장 진출을 시도하게 되고 그 결과 무역량이 더욱 많아지게 되는 것이다.

먼저 독점의 경우를 살펴보자. 독점의 경우엔 한 개의 기업만 존재하기 때문에 자사가 책정한 가격에 상품을 팔 수 있게 된다. 하지만 자사가 시장내 상품 공급을 늘리게 되면 시장내 가격이 하락하기 때문에 이러한 독점기업은 얼만큼 공급을 해야 하느냐가 중요한 고민이 된다. 독점기업은 자사의 이윤을 극대화하려면 시장내 공급을 얼만큼 해야 할까? 이윤을 극대화하기 위한 원리가 존재한다. 바로 한계수입과 한계비용이 같아지는 양만큼 생산을 해서 공급하는 것이다. 이 때 그 기업에겐 독점이윤이 발생한다. 과점 상황에선 각 기업들에게 이 독점이윤보다 적은 이윤이 발생할 수밖에 없다. 과점 상황에서 기업들은 전략적으로 가격 경쟁을 하게 된다. 이는 자사의 공급량 증대를 통해 자사의 이윤을 늘리는 효과가 있지만 동시에 시장가격을 낮추기 때문에 그만큼 이윤이 줄어드는 면도 있다. 더욱이 자사의 경쟁 기업 역시 자사와 같은 고민을 하고 있기 때문에 공급량 결정이 전략적으로 어려울 수도 있다. 우리는 이런 기업들간의 상호의존적 형태의 가격 경쟁을 게임(Game) 상황으로 묘사할 수 있다. 즉, 과점 상황하에선 기업들간에 자사의 이윤을 극대화하기 위해 서로 게임을 하게 된다. 직관적으로 볼 때 경쟁자가 늘어나는 만큼 이 독점이윤이 계속해서 줄어들게 된다. 완전경쟁 상황이 되어 시장내 경쟁자가 무수히 많아지면 그 이윤이 무수히 쪼개져서 0에 근접하게 되고 이론적으로 0이 될 수밖에 없다. 중요한 점은 독과점 산업 구조 속에서 자국에서 시장내 지위가 높은 기업들은 추가적인 이윤을 확보하기 위해 꾸준히 국제시장 진출을 시도한다는 것이다. 그렇기에 무역량은 더욱 확대되게 된다.

6 독점적 경쟁(Monopolistic Competition)

독점적 경쟁은 불완전경쟁 형태들 중에 특수한 경우이다. 독점적 경쟁 속에서 각 기업들이 자사의 제품의 품질을 차별화한다.

(1) 품질차별화

품질차별화를 통해 독점적 경쟁은 단기적으론 독점적이지만 장기적으론 완전경쟁의 성격을 갖게 된다. 품질이 우수해서 독보적인 경쟁력을 갖출 때는 가격과 상관없이 시장내 독점적 지위를 확보할 수 있게 된다. 예를 들어, 책이나 음반 등을 생각해 보면 이해가 쉬운데 특정저자나 가수는 자신의 팬들의 지지가 확고하기 때문에 단기적으로는 독점에 가까운 시장지배력을 갖고 있다. 하지만 장기적으로 보면 매우 많은 경쟁자들이 존재하기 때문에 그 시장지배력이 쉽게 변화될 수 있고 언제든지 대체가 가능하다. 예를 들어, 어떤 가수나 연예인이 많은 인기를 누리다가도 실망스러운 행동 하나 때문에 뜨거웠던 인기가 한순간에 사라지기도 한다. 즉, 독점적 경쟁이란 품질이 차별화된 대체재들이 거래되는 상황이라고 볼 수 있다. 이 독점적 경쟁 상황에 직면하고 있는 기업은 그 산업내 총매출이 증가하고 다른 경쟁자들이 책정한 가격이 오를 때 자사의 이윤은 늘어날 것이다.

(2) 시장규모와 기업의 수

산업내 총매출이 증가한다는 것은 그 시장이 커지는 것을 의미한다. 시장이 커질 때 경쟁하는 모든 기업들이 그 기회를 공유하게 된다. 예를 들어 커피 역시 독점적 경쟁 상황이다. 과거 한국에서 커피 시장은 현재보다 크지 않았을 것이다. 하지만 시간이 가면서 문화와 환경이 변해가면서 커피 시장은 매우 커지게 되었다. 산업내 총매출이 증가한다는 의미는 한국인들의 커피수요가 많아짐에 따라 한국내 커피 시장규모가 커졌다는 것을 의미한다. 이때 커피를 생산 판매하는 기업들의 이윤이 증가하리라고 기대할 수 있다. 반면 그 산업 내에서 기업들의 수가 증가하고, 자사의 책정한 가격이 올라갈 때 자사의 이익은 줄어들게 된다. 이는 커피를 생산 판매하는 기업의 수가 늘어났다는 것을 의미하는데 동종 산업내에 기업의 수가 늘어났기 때문에 자사의 수익은 줄어들게 된다. 자사가 가격을 올리게 되면 수요자들은 다른 브랜드의 커피를 수요할 것이다.

(3) 이론화

이러한 관계를 우리는 단순화할 수 있다. 먼저 기업들이 대칭적(Symmetric)이라고 가정해보자. 이때 모든 기업들은 같은 수요곡선에 직면해 있고 대칭적이기 때문에 같은 비용 구조를 갖게 된다. 즉, 단위 생산량에 대한 비용이 동일하다. 따라서 모든 기업들은 같은 가격을 부과하게 되고 모두 같은 시장점유율을 갖게 된다. 시장점유율은 시장내 총판매량을 기업들의 수로 나누면 된다. 평균비용은 시장의 규모와 기업들의 수에 의존해야 한다. 즉 독점적 경쟁 상황에서 가장 중요한 변수는 시장규모와 기업들의 수가 된다. 두 변수가 변할 때 독점적 경쟁 상황에 어떤 변화가 나타나는지 차례대로 살펴보자.

1) 시장규모의 크기

시장규모 즉, 산업의 총판매량이 증가할 때, 각 기업은 더 많이 생산할 수 있기 때문에 각 기업의 평균비용은 감소하게 된다. 반면 산업내 총판매량이 감소할 때 각 기업은 더 적게 생산할 수밖에 없기 때문에 각 기업의 평균비용은 증가하게 된다.

2) 기업들의 수

주어진 시장규모 속에서 산업내 기업들의 수가 증가할 때, 각 기업은 더 적게 생산할 수 밖에 없기 때문에 각 기업이 당면한 평균비용은 증가하게 된다. 반면 산업내 기업들의 수가 감소할 때, 각 기업은 더 많이 생산할 수 있기 때문에 각 기업이 당면한 평균비용은 감소하게 된다. 그 산업에서 기업들의 수가 증가하면 경쟁의 심화로 인해 각 기업이 부과하는 가격은 하락할 수밖에 없다.

따라서 이러한 독점적 경쟁 상황에서도 균형이 존재할 것이다. 균형 상태에서 시장규모와 '기업들의 수'가 존재하게 된다. 장기적으로 볼 때 그 균형 상태에서 기업들은 그 산업에 진입하거나 퇴각할 아무런 동기가 없게 된다. 또한 그 균형 상태에서 '기업들의 수'가 존재하는데 그 숫자만큼의 기업들이 부과하는 가격은 기업들이 지불하는 평균비용과 일치하게 된다. 만약 기업들의 수가 균형기업 수보다 더 크거나 작으면, 기업들은 그 산업에서 떠나거나 진입할 동기가 생기게 되는 것을 의미한다.

- 가격 < 평균비용일 때, 기업들은 그 산업을 떠날 동기를 갖는다.
- 가격 > 평균비용일 때, 기업들은 그 산업으로 진입할 동기를 갖는다.

(4) 무역이득

이때 자유무역은 시장규모를 크게 한다. 따라서 무역은 독점적 경쟁 하에 있는 산업들의 평균비용을 감소시킬 것으로 쉽게 예상할 수 있다. 즉, 산업 전체 매출은 자유무역을 통해 증대하며 이에 따라 평균비용은 감소한다.

• 정리: 자유무역은 독점적 경쟁 상황에서 시장규모를 크게 한다.

소비자 입장에서 보면 자유무역은 독점적 경쟁 하에서 살 수 있는 재화의 다양성을 증가시키게 된다. 따라서 자유무역은 소비자들의 후생을 증가시킨다. 또한 자유무역에 의해 평균비용이 감소하였기 때문에, 소비자들은 보다 저렴한 가격으로 다양한 브랜드를 구매할 수 있게 된다. 자유무역의 결과로 나타난 국제적 시장통합은 단일 국가의 국내시장이 성장한 것과 같은 효과를 발생시킨다. 이를 통해 기업들의 경쟁은 보다 치열해지고 결과 생산성이 낮은 자국 기업들은 보다 생산성이 높은 외국기업에 의해 대체되는 결과를 가져온다. 이로써 산업내 전반적인 생산성은 증대된다.

• 정리: 자유무역은 산업내 생산성을 향상시킨다.

이처럼 제품차별화와 내부 규모의 경제는 꼭 비교우위가 발생하지 않더라도 서로 다른 국가들 사이에 자유무역을 추구할 이유를 제공한다. 이러한 형태의 무역은 비교우위에 기반하고 있지 않기 때문에 고전적 무역이론으로는 설명할 수 없다. 이와 같이 신역이론은 비교우위와는 무관한 무역이 발생할 수 있음을 시사한다. 예를 들어, 한국과 유럽은 서로간에 자동차를 수출하고 수입한다. 즉, 자동차 산업내에서 수출과 수입이 동시에 이루어진다. 비교우위론에선 한국이 베트남에 스마트폰을 수출했고 베트남에선 의류를 수입했다. 반면 베트남은 한국에 의류를 수출했고 한국에서 스마트폰을 수입했다. 이는 한국이 베트남에 스마트폰을 수출하면서 동시에 베트남에서 스마트폰을 수입하는 것은 일어나지 않았다. 하지만 독점적 경쟁 상황 속에 있는 산업에서 수출과 수입이 동시에 발생하는 현상을 볼 수 있는데 우리는 이를 산업내 무역(Intra-industry Trade)이라고 한다.

(5) 산업내 무역(Intra-industry trade)

산업내 무역이란 유사한 재화의 동시적 수출입 현상을 말한다. 무역이득은 두가지

경로를 통해 발생한다. 첫째, 보다 저렴한 가격과 제품의 다양성으로부터 소비자들의 후생이 증가한다. 둘째, 한 나라의 시장이 자유무역으로 인해 국제적 시장통합 효과가 나타나 생산성이 부족한 기업들이 생산성이 강한 기업들의 흡수 통합되고 규모의 경제 현상이 두드러지게 나타나 평균비용이 감소한다. 세계무역의 약 25-50% 가 산업내무역인 것으로 조사된다. 선진국들 간의 무역에서 두드러지게 나타나는 현상인데 세계적으로 차지하는 비중이 크다. 한국에서 정교한 기술이 요구되는 공산품을 중심으로 산업내 무역이 흔히 발견된다. 반면 신발, 의류와 같은 노동집약적 제품은 규모의 경제가 크지 않고 산업내 무역 또한 많이 발생하지 않는 경향이 있다. 경쟁의 증가는 생산성이 낮은 기업들에게 가장 큰 타격을 주어 그들을 강제로 퇴출시킨다. 반면 생산성이 높은 기업들은 시장 확대 기회를 활용해 수혜자가 된다. 생산성이 높은 기업들은 더 확장되고 생산성이 낮은 기업들은 축소되거나 퇴출됨에 따라 산업내 총생산성은 개선되게 된다. 자유무역을 통한 경제적 통합은 기술 발견 및 개발만큼이나 산업내 총생산성을 개선시킨다.

7 무역과 수출기업 생산성

최근들어 많은 연구들이 자유무역이 가져오는 생산성 효과에 주목하고 있다. 대체로 생산성 향상이 자유무역이 가져다 줄 수 있는 주요 무역이득의 하나라고 설명하고 있다. 자유무역을 하고 국가간에 경제가 통합된다 해도 무역비용은 완전히 사라지지 않는다. 따라서 무역비용을 감당하기 위해선 수출기업들은 상대적으로 높은 생산성이 요구된다. 즉, 생산성이 충분히 높은 상태여야만 수출 활동이 가능하다는 뜻이 된다. 실제 조사를 해보면 많은 나라들에서 이러한 상관관계가 발견되고 있다. 특히 내수비중이 높은 미국에서는 대부분의 기업들이 수출활동을 전혀 하지 않는 것으로 보고되었다. 폴 쿠르그만(Paul Krugman)에 따르면 2002년을 중심으로 미국 제조업체들 중 18%만이 해외에 판매실적이 있다고 한다. 생산량의 많은 부분을 수출고 있을 것으로 기대된 화학, 기계, 전자 분야 산업에서 조차 약 40%미만의 기업들만 수출을 했던 것으로 나타났다. 일반적으로 무역비용 발생이 무역량을 감소시키는 중요한 이유가 된다고 지적된다. 무역비용 발생 때문에 외국시장에 진출하는 기업들의 수가 감소되고 수출판매량도 감소하게 된다는 것이다. 따라서 무역비용은 우리들의 독점적 경쟁 모형과 관련해 2가지 중요한 예측을 할 수 있게 한다. 즉, 모든 기업들이 수출을 할 수 있는 것이 아니다. 그 기업들 중 일부만 수출을 할 수 있으며 수출기업을 하고 있는 기업들이 상대적으로 더 크고 보다 생산성이 높을 것이다. 이는 수출기업들은 비수출기업들에 비해 낮은 한계비용을 갖는다는 것을 의미한다. 압도적으로 많은 실증적 연구들이 같은 산업내에서 수출기업들이 비수출기업들보다 더 크고 더 생산적이라는 이 예측을 지지한다. 수출기업들과 비수출기업들 사이의 차이는 유럽지역에서 더 두드러지고 미국에서도 수출기업들의 규모가 비수출기업들에 비해 평균적으로 2배 이상 큰 것으로 나타났다. 한국내에서 수출기업과 비수출기업들간의 생산성 차이는 현재 연구가 이루어지고 있는 중인데 비수출기업들에 비해 수출기업들의 규모가 더 크고 생산성이 높을 것으로 여겨진다.

8 다국적기업과 무역

(1) 해외투자

해외직접투자(Foreign Direct Investment: FDI)는 한 국가의 기업이 다른 국가에서 자회사를 직접 통제하거나 소유하는 형태의 투자를 지칭한다. 만일 외국회사가 자회사 주식을 10% 이상 보유한다면 두 기업들은 다국적기업으로 분류될 수 있다. 왜냐하면 주식을 10% 이상 보유하면 사업 운영에 개입하고 직접적 통제가 가능하다고 여겨지기 때문이다.

- Greenfield FDI: 회사가 해외에 새로운 생산시설을 투자하는 것
- Brownfield FDI: 국경을 초월한 인수합병(Merge and Acquisition)

Brownfield FDI는 불규칙적으로 일어나는 경향이 있는 반면, Greenfield FDI는 보다 안정적인 경향이 있다. 선진국들은 해외직접투자(FDI)유입의 최대 수혜자들이었지만 개발도상국들과 체제전환(사회주의에서 자본주의) 국가들로의 FDI 유입이 지속적으로 확대되고 있다. FDI 자회사들의 판매액은 종종 다국적 활동의 척도로 사용된다. FDI의 크게 다음과 같이 2가지 유형으로 나뉜다.

- 수평적 FDI: 모회사가 자국에서 국내생산을 맡고 자회사가 외국에서 생산공정을 복제해서 수행하는 것을 말한다.
- 수직적 FDI: 생산사슬이 분해되고, 생산 공정의 부분들이 자회사가 있는 외국으로 이전되는 것을 말한다.

최근 수직적 FDI가 빠르게 증가하고 있다. 개발도상국으로의 FDI 유입이 대규모로 일어나고 있는 배경에는 바로 수직적 FDI가 있다. 수직적 FDI는 선진국들과 개발도상국들 사이의 이뤄지는 투자의 대부분을 차지한다. 다국적 모기업들과 자회사들은 대개 선진국들에 입지하고 있다. 따라서 이러한 FDI 결정을 하는데 있어 무역비용은 중요한 역할을 한다. 수출과 관련된 무역비용은 기업들로 하여금 고객들 가까이에 생산 시설을 입주시킬 동기를 제공한다. 생산을 할 때 규모의 경제와 수확체증을 생각한다면 기업들로 하여금 생산 군집지역에 투자하게 한다. 같은 나라에서 다국적 기업들은 다른 기업들(수출기업들까지도)보다 훨씬 더 크고 보다 생산성이 높은 경향이 있다. 건설비가 낮고 생산량이 많을수록 FDI를 선택하는 경향이 더 크다. 수직적 FDI 결정은 비교우위와 관련하여 비용절약을 할 수 있는 경우 즉, 생산단계의 일부를 다른 나라로 이전해서 비용 절감이 예상된다면 수직적 FDI가 결정된다. 기업이 해외에서 생산하는 독립적인 기업과 계약할 때, 해외 조달이나 위탁생산이 발생한다.

(2) 내부화

생산입지를 결정하는 것에 추가하여, 기업은 내부화 결정에 직면하기도 한다. 기업활동을 할 때 단일 조직 내에서 생산하고 거래하는 것이 보다 유리하고 더 큰 이윤을 약속할 때, 내부화가 모색된다. 그 이유는 다음과 같다. 첫째, 기술이전이 쉽다. 지식이나 노하우 전수 그리고 기술 이전은 별개의 조직들 사이에서 시장거래를 통한 것보다 단일 조직 내에서 이루어지는 것이 훨씬 더 쉽다. 지식이나 노하우는 포장되지 않거나 전수가 어려울 수 있다. 특히 특허나 지적 재산권 개념이 취약하거나 법 집행이 미약할 때 노하우나 기술 등이 경쟁기업들에게 부당 이전되는 것을 막을 수도 있다. 둘째, 수직적 통합은 생산공정의 다른 단계를 통합하는 것을 의미하기 때문에 여러 가지 문제들을 해결할 수 있다. 기업 내에서 생산공정 단계를 통합하는 것은 생산공정 과정에서 발생할 수 있는 조업중단 문제를 해결하는데 유리할 수 있다.

(3) 무역이득

우리는 지금까지 자유무역이 발생시키는 이득에 대해 살펴보았다. 자유무역과 비슷하게 해외투자는 기업들에게 이득을 준다. 이미 살펴본 대로 다국적 기업들과 외부조달 기업들은 생산비용의 격차에 따라 모든 생산과정을 또는 생산공정 단계 중 일부를 특정 지역으로 이동시킨다. 해외투자는 자유무역 하에서 발생하는 생산 재배치와 매우 유사한 효과를 발생시킨다. 비용 절감을 위한 생산 재배치는 세계적으로 효율적인 자원배분을 가져오게 한다. 이는 자유무역이 가져오는 효율적 자원배분과 일치한다.

무역과 이익집단

1 전용성 문제

신지식 확보와 신기술 개발을 위해 투자하는 기업들은 사회적으로 매우 유익하다. 왜냐하면 그러한 신지식과 신기술이 그 나라에 많은 추가적 이익을 가져다 줄 수 있기 때문이다. 기술개발에 투자하지 않는 기업들은 이미 개발된 그 신기술을 큰 대가를 지불하지 않고 사용할 수 있는 경우도 많다. 여기에서 전용성 문제가 발생한다. 기업들이 신지식 확보와 신기술 개발에 투자함으로써 사회 구성원들에게 이익을 제공한다. 이 전용성은 외부적 효과의 한 예라고 볼 수 있다. 즉, 사회구성원들에게 돌아가는 모든 이익이나 비용을 외부적 효과라고 표현할 수 있는데 신지식과 신기술은 이익을 발생시킨다. 반면 공해는 사회구성원들에게 해를 끼친다. 이론적으로 설명하자면, 외부성이란 투자를 통해 얻어진 사회적 한계이익이 생산자 잉여로 돌아가지 않는 상태를 말한다. 특정 산업에서 특정 기술이 긍정적 외부성이 크다고 판단될 때 정부는 기술에 대한 기업들의 투자를 적극 장려하려고 할 것이다. 투자를 적극 장려하기 위해 일반적으로 사용되는 방법이 보조금 지급이다. 예를 들어, 한 나라의 정부는 첨단기술산업에 보조금을 주어야 할지 여부는 다음과 같은 고려 사항이 필요로 한다. 첫째, 기업들 지원을 위한 정부의 충분한 능력이 필요하다. 만약 정부가 재정적자에 시달리고 있다면 그러한 무역정책은 효율적이지 못할 것이다. 둘째, 지원하려고 하는 그 산업이 지식 창출과 직접적 연관이 있어야 한다. 단순한 장비구입이나 비숙련 기술자들(노동자) 고용을 보조하는 것은 신기술 창출에 직접적 영향을 주지 못할 수도 있다. 신지식과 혁신(Innovation)은 정부가 지원하는 첨단기술 산업 분야가 아니라 의외의 산업분야에서 창출되는 경우도 있다. 미국의 경우 특정 산업을 직접적으로 보조하는 대신 법인 소득공제를 통해 연구개발(R&D)을 보조하기도 한다.

외부효과가 그 국가 경제에 미치는 영향의 정도를 정확히 측정하기 어렵기에 그 외부효과를 창출할 것으로 기대되는 산업이나 기업 활동을 얼마만큼 지원해야 하는가는 평가하기 어렵다. 외부효과는 국내뿐이 아니라 국가간에도 일어날 수 있다. 모든 국가들이 한 국가에서 시작되는 외부효과의 수혜자가 된다면 여타 국가들은 재정적 부담을 감수하여 자국내 산업을 지원할 동기가 없게 된다. 미국에서 정부의 지원을 통해 첨단기술 산업이 발전한다고 하자. 예를 들어 현재 진행되고 있는 인공지능이나 로봇산업은 세계적으로 매우 큰 긍정적 외부효과를 만들어 낼 것이다. 그러한 긍정적 외부효과를 수혜한 다른 여러 나라의 기업들이 그 신기술을 활용해 미래에 미국 시장에 진출하는 경우도 발생할 수 있다. 이럴 경우 미국은 정부 지원을 통해 다른 나라들의 후생을 증가시키는 결과를 가져오게 될 것이다. 역사적으로 보면 과거 1980년대, 일본이 반도체메모리시장에서 신지식과 신기술 개발을 통해 기술 우위를 확보하게 되었지만 후에 개발도상국 기업들이 발전을 거듭하면서 지금은 반도체메모리 시장을 한국과 중국을 비롯한 다양한 국적의 기업들에 의해 주도되고 있다.

2 전략적 무역정책

전략적 무역정책이란 한 나라의 정부가 그 나라의 국익에 맞게 무역정책을 전략적으로 구사하는 것을 말한다. 여기에서 말하는 전략이란 게임이론의 구성요소인 전략과 개념적으로 일치한다. 예를 들어 정부는 유치산업 육성을 위해 특정 산업에 보조금을 지급하여 수출 기업들이 될 수 있도록 적극적으로 나서서 지원하는 경우도 있다. 왜냐하면 정부의 지원에 힘입어 산업이 발전하면 신기술이 개발될 수 있고 그 신기술이 그 나라에 전반적인 후생 증가를 가져올 수 있기 때문이다. 앞서 설명한데로 신기술은 매우 긍정적인 의미의 외부적 효과를 발생시킬 수 있다. 따라서 각 나라들은 신기술 개발을 위해 신산업을 발굴해 육성하려고 노력한다. 이때 어떠한 무역정책이 가장 국익에 도움이 되는지를 생각해볼 필요가 있다.

(1) 브랜더-스펜서 분석

전략적 무역정책에 대한 이론적 분석을 시도하고 모형을 개발한 사람들은 제임스 브랜더(James Brander)와 바바라 스펜서(Barbara Spencer)였다. 그들의 선구적인 연구 이후로 그들의 이름을 붙여 브랜더-스펜서 분석이라고 부른다. 그들의 분석에 따르면 어떤 산업은 초과 이윤을 창출하는 소수 몇 개의 기업이 시장을 지배하는 형식의 과점상태에 있게 된다. 여기에서 말하는 초과 이윤이란 총매출에서 생산을 위한 모든 기회비용을 뺀 값을 말한다. 앞서 설명한 바 있지만 이론적으로 볼 때 완전경쟁 하에선 이 초과 이윤이 발생하지 않게 된다. 불완전 경쟁상태 즉, 독점이나 과점 상태 하에선 기업의 이윤이 발생하게 된다. 이렇듯 산업이 불완전 경쟁하에 있을 때 정부가 적절한 정책을 구사하게 되면 외국 경쟁기업들로부터 초과이윤을 국내기업들에게 이전시킬 수 있다는 것이 브랜더-스펜서 분석의 핵심 내용이다.

항공기 산업을 생각해보자. 두 기업 즉, 보잉과 에어버스는 국제시장에서 경쟁하고 있지만 서로 국적이(미국과 프랑스) 서로 다르다. 두 기업 모두 비행기를 생산하고 있지만 초기에 산업 진출을 놓고 고민하고 있는 상황을 생각해보자. 그들은 전략적으로 다음과 같은 상황에 직면해 있다고 볼 수 있다.

▌표 2▌ 보잉과 에어버스의 상황에 따른 수익

		에어버스	
		생산 개시	생산 포기
보잉	생산 개시	(-10, -10)	(200, 0)
	생산 포기	(0, 200)	(0, 0)

위 표를 보면 보잉과 에어버스의 수익 상대회사의 전략에 달려 있다. 우선 각 회사는'생산개시'또는 '생산포기'이라는 전략을 동시에 선택한다고 하자. 그렇다면 다음과 같은 네가지의 경우가 발생할 수 있다.

1) 경우 1: 보잉이 '생산 개시'를 선택하고 에어버스가 '생산 개시'를 선택한다.

이 경우에는 보잉과 에어버스 모두 -10 만큼의 이윤이 난다. 즉 10 만큼의 손실이 발생한다. 직관적으로 보면 두 회사 모두 생산을 하고 있기 때문에 경쟁이 첨예화 되어 두 회사 모두 손실을 입게 된다.

2) 경우 2: 보잉이 '생산 개시'를 선택하고 에어버스가 '생산 포기'를 선택한다.

이 경우에는 보잉이 200 만큼 이윤이 나고 에어버스는 0 만큼 이윤이 난다. 즉, 에어버스는 생산을 하지 않으니까 이윤도 손실도 나지 않게 된다. 에어버스가 생산을 하지 않고 보잉만이 시장을 독식하게 되므로 보잉이 산업내 발생 가능한 모든 이윤을 가져가는 것이다. 보잉 시각에선 이 경우가 가장 좋은 경우가 된다.

3) 경우 3: 보잉이 '생산 포기'를 선택하고 에어버스가 '생산 개시'를 선택한다.

이 경우에는 에어버스가 200 만큼 이윤이 나고 보잉은 0 만큼 이윤이 난다. 경우 3

과 비슷한 이유이다.

4) 경우 4: 보잉이 '생산 포기'를 선택하고 에어버스가 '생산 포기'를 선택한다.

이 경우에는 보잉과 에어버스 모두 생산을 포기한다. 이때 각 회사는 각각 0 만큼 이윤이 발생한다.

위 경우들을 종합하면 두 회사의 이윤은 상대방의 전략 선택에 달려 있다. 즉, 보잉의 이윤은 상대 회사 에어버스의 전략 선택에 따라 자사의 이윤이 바뀌게 되고 에어버스 역사 상대 회사 보잉의 전략 선택에 따라 자사의 이윤이 바뀌게 된다. 그리고 이와 같은 생각을 양쪽 회사들이 동시에 같이 생각하고 있고 상대 회사가 자사와 같은 생각을 하고 있으리라는 것을 알고 있다. 동시에 결정해야 할 때 두 회사들은 고민하게 될 것이다. 자사가 200의 이윤을 생각하고 생산을 개시할 때 상대회사가 동시에 생산을 개시하면 각자 5만큼의 손실이 나기 때문이다. 그렇다고 생산을 포기하면 자사는 전혀 이익을 낼 수가 없다.

이런 상황은 생산을 위해 시설투자가 많이 들어가는 산업에서 흔히 발생하는 상황이라고 볼 수 있다. 즉, 기업은 필요한 시설투자를 거쳐서 얼만큼 이윤이 낼 수 있을까를 고려한 다음 산업 진출 여부를 결정하려 할 것이다. 보잉과 에어버스가 처해 있는 상황은 의외로 답이 간단하다. 어떤 기업이 먼저 그 산업에 진출하여 투자하고 생산하고 있느냐에 달려있다. 만일 보잉이 먼저 산업에 진출하여 생산을 개시하고 있다면, 에어버스가 뒤따라 항공기 산업에 진출할 때 막대한 시설 투자 비용을 들인 다음 생산에 들어간다면 이미 세계 항공기 시장에서 보잉사가 주도권을 잡고 있을 것이고 설령 그 시장에서 생존한다 해도 그 시장에서의 수익을 보잉사와 나누어가져야 한다. 하지만 보잉사는 이미 시설투자를 마친 시점이기에 잠재적 시장진출자인 에어버스와의 경쟁을 두고 여러 면에서 유리한 입장에 있다. 따라서 늦게 출발한 에어버스는 막대한 비용을 들여 항공기 산업에 진입할 경제적 동기를 찾을 수 없다. 역으로 에어버스가 먼저 그 산업에 진출해 생산을 개시했다면 보잉이 막대한 비용을 들여 그 시장에 진입할 동기가 없을 것이다.

하지만 이러한 상황에서 프랑스 정부가 항공기 생산에 20 만큼 보조금을 주면 결과가 전혀 달라진다. 다음 표를 생각해보자.

▮표 3▮ 에어버스에 대한 보조금 지급 후 두 회사의 수익

		에어버스	
		생산 개시	생산 포기
보잉	생산 개시	(-10, 10)	(200, 0)
	생산 포기	(0, 220)	(0, 0)

그렇다면 앞서 살펴본 네가지의 경우가 다음과 같이 바뀌게 된다.

1) 경우 1: 보잉이 '생산 개시'를 선택하고 에어버스가 '생산 개시'를 선택한다.

이 경우에는 보잉은 10 만큼의 손실이 발생하지만 에어버스는 10만큼의 손실이 났지만 생산을 개시하며 정부로 부터 20 만큼의 보조금을 받았기 때문에 손실과 보조금을 합쳐 총 10만큼의 이윤이 발생한다.

2) 경우 2: 보잉이 '생산 개시'를 선택하고 에어버스가 '생산 포기'를 선택한다.

이 경우에는 보잉이 200 만큼 이윤이 나고 에어버스는 0 만큼 이윤이 난다. 에어버스는 생산을 포기하였기 때문에 이윤도 발생하지 않고 보조금도 지급되지 않는다. 따라서 이전 결과와 달라지지 않는다.

3) 경우 3: 보잉이 '생산 포기'를 선택하고 에어버스가 '생산 개시'를 선택한다.

이 경우에는 에어버스가 200 만큼의 이윤을 얻고 추가적으로 정부로부터 20만큼 보조금 지급을 받게 되니까 기존 이윤과 보조금을 합쳐 총 220만큼의 이윤을 얻게 된다. 보잉은 0 만큼 이윤이 난다.

4) 경우 4: 보잉이 '생산 포기'를 선택하고 에어버스가 '생산 포기'를 선택한다.

이 경우에는 보잉과 에어버스 모두 생산을 포기한다. 이때 각 회사는 각각 0 만큼 이윤이 발생한다. 이전 결과와 달라지지 않는다.

이때 프랑스 정부가 에어버스에 보조금을 지급하게 되면 에어버스는 결정을 쉽게 할 수 있다. 보잉사가 '생산 포기'를 선택할 때 에어버스가 '생산 개시'를 선택하는 것은 당연하다. 보잉사 '생산 개시'를 선택할 때도 에어버스는 '생산 개시'를 선택하는 것이 최선이다. 즉, 보잉의 생산 개시 여부와 상관없이 에어버스는 무조건 생산을 개시하는 것이 최선의 전략이 된다. 더욱 중요한 것은 보잉사 입장에서 에어버스가 무조건 생산을 개시하는 것이 최선이라는 것을 알고 있다는 것이다. 에어버스가 생산을 개시하리라는 것을 알면서 보잉사가 생산을 개시하면 보잉사는 20만큼 손실을 입게 되고 반면 생산을 포기하면 이윤도 손실도 나지 않게 된다. 그렇다면 보잉사는 생산을 포기하고 말 것이다. 즉, 두 회사가 항공기 산업에 진출을 두고 고민하고 있을 때 어느 한 회사가 자국 정부로부터 보조금을 지급받는다는 것을 알면 상대회사는 시장 진출을 포기하고 말 것이다. 에어버스가 시장에 진출하고 항공기 산업이 번성한다면 프랑스 국가에 고용창출은 물론 다양한 외부효과를 기대할 수 있다. 즉 이러한 분석은 민간 기업들에 특정 산업 진출 여부가 때로는 정부의 정책에 달려 있을 수 있음을 보여준다. 결과적으로 보조금은 국제 경쟁에서 자국 기업들의 우위를 확보해주고 그 기업들이 얻어내는 이윤들의 총합이 보조금 자체보다 더 많게 된다. 이토록 자국기업들의 생산 활동에 대해 전략적 우위를 부여해 주는 정부정책을 전략적 무역정책이라고 한다.

(2) 전략적 무역정책에 대한 비판

전략적 무역정책을 채택하는데 있어 다음과 같은 어려움이 따른다.

첫째, 정부는 산업과 기업들에 대해 많은 정보가 필요하다. 시장의 규모나 자국 기업들이 낼 수 있는 잠재적 이윤 등을 정확히 측정할 수 있어야 적절한 무역정책이 채택될 수 있을 것이다. 하지만 잠재적 이윤을 정확히 측정한다는 것은 현실적으로 쉽지 않다. 첨단기술산업에 대한 전략적인 지원이 자국 경제에 큰 외부효과를 발생시킨다는 자명하다. 하지만 어떤 산업들이 긍정적 외부효과를 크게 낼 수 있는지에 대한 정확한 근거 제시가 어렵다.

둘째, 차후 시장 진출을 노리고 있는 회사가 차별적 기술을 지니고 있고 그 기술적 우위가 충분하다면 선제적 시장 진출이 의미가 없게 된다. 즉, 보잉과 에어버스의 예를 다시 생각해보면 에어버스가 보조금 지급을 통해 항공기 시장에 먼저 진출했다 하더라도 보잉이 기술이 출중하다면 그 기술을 바탕으로 시장을 장악할 수 있다는 것이다.

셋째, 한 국가가 자국 산업에 대해 지원을 할 때 다른 국가의 보복적 정책을 불러올 수 있다. 이로 인해 전략적 정책이 남발되어 산업에 대한 보조금 지원 경쟁이 벌어지면 그 산업과 무관한 납세자 또는 소비자들이 세금 부담을 하여야 한다. 이에 따라 많은 논란이 벌어질 수 있다. 따라서 전략적 무역정책은 다른 무역정책과 마찬가지로 정치적으로 강력한 이익집단에 의해 조정될 수 있다.

넷째, 과점 상황에서 이윤을 얻고 있는 자국 기업들에게 추가적 이윤이 발생하도록 전략적 우위 상황을 만들어 줄 수 있다. 정부 지원 정책이 기업에 전략적 우위를 준다면 그 기업들이 사회를 위해 긍정적 외부효과를 충분히 낼 수 있는지 여부가 명확하지 않고 경우에 따라 많은 논란이 따를 수 있다.

3 무역정책과 정치

실제로 한 나라의 무역정책은 어떻게 만들어질까? 그 나라를 위한 최선의 정책이 집행되어야 하겠지만 이익집단이 끼치는 영향도 크다. 최근에 무역정책이 만들어지는 과정을 설명한 이론들이 많다. 주요 이론들은 중위수 투표자 개념과 집단적 행동 개념을 바탕으로 하고 있다.

(1) 중위수 투표자 정리

중위수 투표자 정리는 민주주의 국가에서 정당은 선거에서 경쟁하기 위해 그리고 다수의 지지를 확보하기 위해 대략 중간자적인 정책을 내세우게 된다는 것을 주된 내용으로 하고 있다. 즉 이념의 중간(중위수 투표자)에 있는 투표자 기호를 맞추기 위해 정책을 수립한다고 보면 이해가 쉽다. 극단적인 정책보다는 대중에게 지지받기가 쉬운 정책이 국가 후생과는 무관하게 채택될 가능성도 높아진다고 볼 수 있다. 이론의 단순화를 위해 경쟁하는 정당은 두 개가 있다고 가정하고 실제 대다수 민주주의 국가에서 그렇듯이 다수표를 얻는 정당이 집권한다고 가정한다. 그리고 두 정당이 관세율 책정을 놓고 국민들에게 공약을 내건다고 생각해보자. 관세율은 가장 적게는 0%에서 그리고 많게는 10%까지 연속적인 선상에서 관세율이 채택된다고 보고 국민들이 선호하는 관세율이 숫자와 관련없이 고르게 분포한다고 가정하자. 이럴 경우 양 정당의 선거 승리를 위해 몇 % 관세율을 약속하는게 가장 유리할까? 그 답은 두 정당은 가장 많은 투표를 얻기 위하여 동일하게 대략 중간에 해당하는 5%의 관세율을 약속하는게 가장 유리하다. 이처럼 중위수 투표자 정리는 양당 민주주의가 얼마나 많은 유권자들을 만족시키는가에 입각하여 관세정책을 제정할 것이라는 것을 시사점을 준다.

(2) 집단적 행동

무역정책은 중위수 투표자 모형의 예측을 따르지는 않는 경우도 많다. 왜냐하면 정치 활동은 종종 집단적 행동이기 때문이다. 자유무역을 하게 되면 소비자들의 잉여가 커진다는 것은 이론적으로 분명하다. 즉 소비자들 전체 이익을 놓고 보면 소비자들은 자유무역을 찬성해야 한다. 하지만 소비자 개인을 놓고 보면 자유무역을 주장할 유인이 크지 않다. 왜냐하면 소비자 개인이 얻을 수 있는 이득이 자유무역을 주장하는데 드는 비용과 시간에 비해 크지 않기 때문이다. 예를 들어 어느 한 개인 소비자가 많은 사람들에게 자유무역의 당위성을 설파하기 위해 많은 비용과 시간을 들여야 할 것이다. 그 개인 소비자가 많은 시간과 비용을 들이지만 자유무역이 실현되었을 때 그 개인 소비자에게 돌아가는 이익은 매우 조금일 것이다. 따라서 사회에는 어느 집단에 대해 큰 손실을 끼치지만 그 집단을 구성하고 개인들에 대해서는 작은 손실만을 끼치는 정책들을 생각해보면 그러한 정책들은 강력한 반대에 직면하지 않는 경향이 있음을 알 수 있다. 반면 자유무역으로 큰 손실을 볼 수 있는 어느 집단이 있고 그 집단이 구성원들이 적다면 그 구성원들은 자신들이 원하는 정책 추구를 위해 더 적극적으로 나설 동기를 갖고 있다고 볼 수 있다.

선진국들을 보면 1차 산업 종사자들 특히, 농업 종사자들은 보조금을 지원받는 경우가 많다. 우리 한국도 FTA를 체결할 때 농산물에 대한 완전한 자유무역을 추진하지 않는다. 미국, 유럽, 일본에서도 이와 같은 경향을 찾아볼 수 있다. 예를 들어, EU에서는 공동농업정책을 펴고 있고 일본은 쌀 수입에 대해 1000% 관세를 부과한다. 미국 역시 설탕에 대해서 수입량을 할당하고 있다. 한국도 FTA를 맺을 경우 농산물과 수산물 등에 대해선 해당 산업 종사자들의 조언을 듣고 그들의 의견을 반영해 전면적인 개방보다는 시차를 두고 점진적으로 개방을 추진하는 방법을 주로 택하고 있다.

4 자유무역에 대한 논쟁

(1) 자유무역 옹호론 근거

자유무역의 첫째 옹호론은 정부가 무역정책을 통하여 시장가격을 왜곡하지 않을 때, 생산자들과 소비자들이 자원을 가장 효율적으로 배분 한다는 주장이다. 소국의 국민후생은 자유무역을 할 때 가장 높다. 무역제한으로 소비자들은 더 높은 가격을 지불, 왜곡된 가격은 기존의 기업들로 하여금 더 많이 생산하거나 더 많은 기업들이 그 산업에 진입하게 함으로써 과잉생산을 야기한다. 대부분의 국가들이 관세율이 낮기 때문에, 자유무역으로 이동하여 얻는 추정된 이익은 국민소득의 적은 부분을 차지한다. GDP의 1%미만에 불과하다. 자유무역으로 인한 이익은 미국과 유럽 같은 선진국은 좀 낮고 가난한 개발도상국에서는 좀 높다. 자유무역은 기업들이나 산업이 규모의 경제를 이용할 수 있도록 허용한다. 반면 자유무역을 제한하면 산업집중화가 어려워지고 외부효과도 발생되기 어렵다. 무역이 제한되고 한 시장이 보호되면 너무 많은 기업이 진입하게 된다. 이러한 기업들 중에는 비효율적인 기업들도 많고 비효율적인 기업들과 경쟁하면서 효율적인 기업들도 규모의 경제를 발현하기 어렵게 된다. 반면 자유무역은 산업에 대해 경쟁과 혁신기회를 제공해 동태적 이익을 얻게 한다. 기업가에게 수출하거나 수입품과 경쟁할 새로운 방법을 모색할 동기를 제공함으로써 더 많은 학습과 혁신기회 제공한다. 수입할당과 수출자율규제는 지대가 발생하게 된다. 즉, 수입할당제는 수입업자에게 그리고 수출자율규제는 수출업자에게 지대가 돌아간다. 자유무역은 이러한 지대를 없애 자원의 효율적 배분을 돕는다. 자유무역에 대한 옹호론의 근거는 단점과 부작용이 노출된다 하더라도 자유무역이 가장 적절한 정책이 될 수밖에 없다는 것이다. 자유무역을 이탈할 때 이익집단들은 무역정책 채택에 개입할 동기가 발생하고 그들이 무역정책 채택에 직접적 영향을 주게 되면 나라 전체 후생은 감소하게 될 것이다.

(2) 자유무역 반대론 근거

1) 최적관세

자유무역 반대론의 근거로 최적관세가 언급되는 경우가 많다. 우리는 대국의 경우에 관세나 수입할당제가 세계시장에서 수입가격을 낮추어 교역조건개선을 통해 이득을 발생시킬 수 있다는 것을 알고 있다. 이 이득은 생산과 소비의 왜곡에서 발생하는 순손실을 초과할 수 있다. 교역조건 개선효과가 발생할 때 대국의 경우 관세를 어느 정도 인상시켰을 때 국민 후생이 향상될 수 있다. 그러나 관세가 어느 수준 이상으로 높아지면 교역조건 개선효과가 줄어들기 시작할 것이다. 따라서 교역조건 개선을 통하여 국민 후생을 극대화 시킬 수 있는 관세율이 존재할 수 있다. 이를 최적관세라고 한다. 큰 나라들은 관세부과를 통해 교역조건을 개선시키고 자국의 후생 수준을 높일 수 있는데 이는 타국을 희생시킨 결과이다. 그렇기에 다른 나라들의 보복을 불러 올 수 있다. 다른 나라들도 전략적으로 무역정책을 고려할 수 있고 자국의 후생이 훼손되었다고 생각되면 그 상황을 묵과하려 하지 않을 것이다.

2) 시장실패

자유무역에 반대하는 둘째 주장은 시장실패 가능성 때문이다. 시장 기능이 원활할 때 소비자잉여와 생산자잉여가 극대화되고 경제적 효율성이 확보될 수 있다. 이는 시장실패가 발생하지 않는다는 전제와 같다. 하지만 현실적으로 시장실패가 발생할 수 있다. 시장실패에는 다양한 유형이 있다. 임금 조정문제 때문에 노동시장이 원활히 작동하지 않을 수 있다. 따라서 과소 고용 상태 문제가 지속적으로 발생할 수 있다. 사유권이나 재산권이 잘 정의되지 않아 시장에서 인센티브가 발휘되지 못할 수 있다. 재산권이 잘 정의되어 있지 않으면 시장참여자들은 시장원리에 따라 순응하려 하지 않을 것이다. 경우에 따라 어떠한 기술은 사회적으로 큰 이익이 되지만 기업 이윤을 내는데는 크게 도움되지 않는 경우가 있다. 이때 기업들은 그와 같은 기술 개발에 노력을 기울이려 하지 않을 것이다. 기업 활동이 사회적으로 환경 오염을 야기할 수 있다. 이윤확보가 시급한 민간 기업들은 이러한 환경 오염 문제를 외면하는 경우가 많고 환경 비용을 부담하고 싶지 않아 한다. 예를 들어 공해를 몰래 배출할 수 있을 때 민간 기업이 일부러 자사에서 비용을 부담해 공해를 막을 동기가 강하지 않다. 공해는 고스란히 그 국가가 직면하는 사회적 비용 증가를 의미한다. 이러한 사회적 비용이 정확히 측정되지 못하면 앞서 언급한 소비자잉여 그리고 생산자잉여를 정확히 계산할 수 없고 그에 따라 경제적 효율성 역시 정확히 측정되기 어렵다. 하지만 시장실패론에 대한 반론도 가능하다. 첫째, 국내 시장실패는 무역정책이 아니라 세부적인 국내 공공정책에 의해 시정되어야 한다. 둘째, 시장실패 상황을 객관화하기 어렵다. 실제 그 명확한 개념과는 다르게 시장실패가 언제 어디에서 어떻게 발생하고 있는지에 대한 정보가 명확치 않다. 시장실패를 개선하기 위해선 정부개입이 필수적인데 이는 정치적으로 강력한 이익집단에 의해 임의로 조종될 수 있다는 위험을 안고 있다. 정치 논리 개입으로 인해 생산자들과 소비자들의 동기를 직접 왜곡시킬 수 있기 때문에 시장실패 해결을 위한 무역정책은 상황을 악화시키거나 또는 전혀 의도하지 않은 결과를 가져올 수 있다.

5 자유무역을 위한 노력

(1) GATT

관세와 무역에 관한 일반 협정(General Agreement of Tariffs and Trade)은 임시 조건부 국제협정으로 1947년에 시작되었고 1995년에 세계무역기구(World Trade Organization: WTO)로 불리는 국제기구로 대체되었다. 다자간 협상이 수출시장을 확대할 것이라고 신념 속에 수출기업들은 자유무역을 지지하게 된다. 다자간 접근방식은 무역제한을 시행하는 국가들 간의 갈등을 피하게 할 수 있다. 다자간 접근방식을 통하지 않고 각국이 자국의 생산자들을 보호하기 위해 정치적 이해관계를 갖고 문제 해결을 시도한다면 무역정책에 대응해 실제 무역보복이 일어날 수 있다. 자유무역을 하는 것이 모든 국가들에 이익이 된다고 할지라도, 실제 완전한 자유무역은 쉽지 않다. 각국은 무역전쟁을 막기 위해 무역관련 협약 체결이 필요하다. 전략적 무역정책 관점에서 보면, 각국은 상대국이 자유무역을 행하고 있을 때 자국만 보호무역으로 선회하면 자국의 후생을 개선시킬 수 있다. 이는 어디까지나 상대국의 보복적 보호무역을 하지 않는다는 전제에서 가능하다. 만약 양국이 모두 보호무역으로 선회하게 되면 양국 모두 후생수준이 줄어들어 결국 자유무역을 행했을 때 더 작은 수준에 후생에 도달할 것이다. 한 국가의 일방적인 보호무역 선회는 대개 상대국에서 보호무역 선회를 야기하게 된다. 하지만 상대국이 자유무역을 행하고 있을 때 다른 상대국은 보호무역을 행할 유인이 있고 유혹을 느낀다. 모든 나라들은 자국에 이익이 되는 무역정책을 전략적으로 채택하려 하기 때문에 국가들간에 갈등 발생 여지는 많다고 볼 수 있다. 이때 나라들간에 자유무역을 유지하기 위하여 구속력 있는 협정이 맺어지면 보호무역의 유혹을 피할 수 있고 양국의 후생이 동시에 개선될 수 있다. 1930년에 미국에서는 스무트-홀리법이라는 무책임한 관세법을 통과시킴으로써 미국의 관세율은 급격히 상승하고 미국의 무역량은 급격히 감소했던 적이 있다. 이후 미국은 쌍무적 관세협상으로 관세인하를 시도하였고 미국은 미국을 대상으로 하는 주요 수출국가들에 접근하여 그 국가들이 관세를 낮춘다면 미국도 더불어 관세를 낮출 것이라고 제안했다. 이러한 추세들이 이어져 1947년에 23개 국가연합이 관세와 무역에 관한 일반협정(GATT)이 체결되고 1995년에 다자간 무역협상을 실행할 수 있는 세계무역기구(WTO)가 발족되었다.

(2) WTO

WTO 협상은 적어도 3가지 방법으로 무역 제한을 다룬다. 첫째는 다자간 협상을 통한 관세율의 인하, 관세부과 국가가 앞으로 관세를 올리지 않을 것을 동의하도록 하는 구속력 그리고 비관세장벽의 제거 등의 방법을 통해서 자유무역을 추구한다. 농업 수출보조금은 예외가 인정된다. 또한 수입 급증으로 야기된 “시장교란”에 대해서는 예외가 허용된다. GATT는 주로 상품무역에 적용되고 GATS(서비스 무역에 관한 일반협정: General Agreement on Trade in Services)은 주로 서비스무역에 적용된다. 즉, 보험, 법률서비스, 은행업 등이 이에 해당한다. 무역 관련 지적재산권에 관한 협정(Agreement on Trade-Related Aspects of Intellectual Property)은 주로 특허권과 저작권의 국제적 적용이 주된 내용이 된다. 분쟁해결절차는 먼저 무역분쟁 국가들이 그들의 소송 사건을 판결할 WTO 전문가 배심원단에 제기할 수 있는 공식적 절차 밟게 되고 배심원단은 누가 협정을 위반하였는가를 판결한다. 배심원단의 결정을 거부하는 국가는 다른 나라들이 그 국가의 수출을 제한할 수 있도록 허용한다. 이는 결정을 거부하는 국가에게는 구속력을 띄는 처벌이라고 볼 수 있다. 우루과이 라운드라는 GATT/WTO 다자간협상은 1994년에 비준되었다. 다자간 섬유협정(MFA)에 이전에 구체적으로 명시된 직물과 의류 무역에 대한 모든 물량적 제한(예: 할당제)을 2005년까지 없애도록 한 협정이다. MFA의 종료로 인해 중국으로부터의 의류수출이 급격히 증가하게 되었고, 의류무역은 사실상 대부분 자유화되었다. 2001년 새로운 협상이 카타르의 도하(Doha)에서 시작되었지만, 이 협상은 협정을 맺는데 실패하였다. 잠재적 이득의 대부분이 농업, 섬유 및 의복에 있었고 농업은 정치적으로 가장 민감한 부분이기 때문이다. 왜 저개발 빈국들은 부국들로 하여금 농업보조금을 포기하기를 원하는가? 저개발 빈국 농부들은 보조금 혜택을 받고 있는 선진부국의 농산품과 가격으로 경쟁을 해야 하기 때문이다. 특혜무역협정은 세계의 여타 국가들보다 더 낮은 관세를 상호간에 적용하자는 무역협정이다. WTO 하에서 그런 차별적 무역정책은 일반적으로 허용 되지 않는다. WTO 가입국은 모든 국가들이 가장 낮은 관세("최혜국"원칙: "most favored nation" principle)를 지불하는 국가보다 높지 않은 관세를 지불할 것을 약속한다. 만일 최저 관세율이 0일 경우에만 이 원칙에 있어 예외가 허용된다. 관세율이 0이나 거의 0으로 책정되는 2가지 형태의 특혜무역협정이 존재한다.

(3) 지역경제통합

1) 자유무역지역

회원국들 사이에 자유무역을 허용하는 협정이다. 그러나 각 회원국은 비회원국들에게는 각자의 독자적인 무역정책을 실행할 수 있다. 예를 들어 북미자유무역협정(North America Free Trade Agreement, NAFTA)이 이에 해당한다.

2) 관세동맹

회원국들 간에 자유무역을 허용하나 비회원국들에게는 공동무역정책을 요구하는 협정이다. 예를 들어 EU가 이에 해당한다. 그렇다면 특혜무역협정은 국민 후생에 반드시 좋은가? 국민 후생은 특혜무역협정 하에서 감소하는 결과가 나타난다. 왜냐하면 세계시장에서의 저렴하게 수입할 수 있음에도 불구하고 회원국으로부터 비싼 제품을 수입할 수 있기 때문이다. 즉, 새로운 무역이 창출될 때 특혜관세는 국민 후생을 증가시키나, 기존의 비회원국간의 무역이 회원국들과의 무역으로 전환될 때는 국민 후생은 증가하지 않는다.

- 무역창출: 고비용 국내생산이 다른 비회원국들로부터의 저비용 수입으로 대체될 때 나타나고 이때 국가의 후생수준이 증가한다.
- 무역전환: 비회원국으로부터의 저비용 수입이 회원국들로부터의 고비용 수입으로 전환될 때 나타나는데 이때 국가의 후생수준이 감소한다.
- 무역창출효과가 무역전환효과를 압도할 때만 특혜무역협정이 세계무역 자유화에 기여한다고 볼 수 있고 세계적 후생 수준이 증가하는데 기여한다고 볼 수 있다.

일반적으로 자유무역을 옹호하는 경우는 가격의 왜곡 없이 자유무역이 소비자들과 생산자들에게 그들의 자원을 자유롭고 효과적으로 분배되도록 할 때 그리고 자유무역이 규모의 경제를 양산하고 경쟁과 혁신을 가져올 수 있을 때이다. 반면 자유무역을 반대하는 경우는 무역제한으로 인해 교역조건의 이득이 발생하는 경우고 있고 또는 더 나은 정책을 실행할 수 없는 상황에서 정부가 시장실패를 조정하려 할 때 그리고 무역정책선택 모형에 따르면 선거 승리를 위해 정치가들이 필요할 때 자유무역에 반대해 보후무역으로 선회하는 경우가 있다. 특히 보호무역을 통해 이득을 얻는 집단은 보호무역을 통해 주로 손해를 입는 소비자 집단에 비해 더욱 잘 조직화되는 경향이 있기에 보호무역 추진에 힘을 실어주는 경우가 많다. 농업과 의류산업은 많은 국가에서 가장 많이 보호되는 산업들이기도 하다. 이는 두 산업이 고소득 개발국에선 비교열위에 있는데 반해 산업 종사자들이 적지 않기 때문이다. 개발국 입장에서 보면 두 산업이 개도국들과 가격 경쟁 이 쉽지 않기에 고용보호를 위해서도 산업보호가 필요하다는 입장이다. 자유무역에 대한 다자간 협상은 국가들이 무역전쟁을 하지 않도록 할뿐만 아니라 자유무역을 옹호하기 위하여 국내의 정치적 지지를 동원하게 할 수 있다. WTO와 이전의 무역협정은 지난 50년간 관세를 상당히 인하시켰고, WTO는 무역분쟁을 위한 분쟁조정절차를 갖고 있으며 구속력을 지니고 있다. 특혜무역협정이 새로운 무역을 창출하면 국가를 이롭게 하지만, 특혜무역협정이 기존의 무역을 고비용 무역으로 전환한다면 국가 후생이 감소한다.

6 공정한 무역을 위한 노력

(1) 노동관련 이슈

세계 경제에서 빠트릴수 없는 것이 개발도상국에서 제조업 제품의 수출 증가이다. 이는 매우 중요한 이슈이다. 과거 개발국들이 주로 제조업 제품을 수출하였던 것과 다르게 개발도상국에서 제조업 제품 수출이 많아지는 것은 개발국에선 고용문제를 발생시킬 수 있고 개발도상국에선 저임금 문제가 발생할 수 있다. 개도국들이 제품을 생산 수출해 개발국 제품과 경쟁하려면 생산원가를 최대한 낮춰야 함은 말할 것도 없다. 문제는 이러한 제품들을 생산하는 노동자들은 저임금을 받으며 열악한 노동환경에서 작업을 해야한다는 것이다. 실제 한국도 지금 열악한 노동환경에 대한 문제들에 다양한 이슈가 제기되고 있다. 경제가 성장했을 때 이러한 노동 환경 열악함에서 오는 문제들이 해결될 수 있다. 이러한 이유로 인해 자유무역을 반대하고 반세계화 운동을 하는 이들도 많다. 멕시코가 좋은 예가 될 수 있다. 북미자유무역협정(NAFTA)의 반대론자들은 고용주들이 미국의 고임금 노동자들을 멕시코의 저임금 노동자들로 대체하는 것이 이제 더 쉬워졌음을 주장하는 이들이 많다. 또한 그들의 열악한 노동환경을 지적하기도 한다. 하지만 자유무역이 노동자들을 해롭게 한다고 결론지을 수 없음을 상기해야 한다. 리카르도 모형에 따르면 멕시코의 임금은 현재 미국의 임금보다 낮기 때문에 저부가가치 제품 생산에 비교우위를 갖고 있다고 설명할 수 있다. 이러한 제품 생산이 많아지고 멕시코 경제가 성장하면 멕시코의 임금은 상승할 수 있고 열악한 노동환경도 개선될 수 있다고 예측할 수 있다. 또한 핵셔-올린 모형은 미국의 비숙련 노동자들은 NAFTA로 손해를 보는 반면에, 멕시코의 비숙련 노동자들은 이득이 될 것이라고 예측한다. 멕시코의 노동자들이 받는 저임금에도 불구하고, 고전적 무역이론들(리카르도 모형과 헥셔-올린 모형)은 그 저임금 노동자들이 자유무역이 없을 때보다 자유무역을 하게 되면 후생이 개선된다고 예측하고 있다. 이들 예측과 일치하는 실증적 연구가 있는데 그 연구에 따르면 멕시코 마킬라도라 지역의 평균임금이 다른 멕시코 지역들에 평균임금에 비해 상승했음을 보여준다. 올랐다는 것을 나타냄. 마킬라도라의 노동조건을 멕시코의 다른 지역들과 비교할 수 있도. 어떤이 들은 무역협상에 노동기준을 포함시켜야 한다고 주장하기도 한다. 외국에 의해 부과된 노동기준은 개발도상국 정부들이 반대하고 있다. 국제적 기준은 자국 생산자들이 국제적 기준을 충족시키지 못하였을 때 보호주의 정책이나 소송의 근거로 사용될 수 있기 때문이다. 고소득 개발국들이 책정한 기준은 저소득 개발도상국들 생산자들이 보면 사치스럽게 여겨질 수도 있다. 또한 개도국 근로자들이 모두 수출을 주력하는 산업에서 일하는 것이 아니기 때문에 노동환경을 개선하는 정책 효과는 제한적일 수밖에 없다.

(2) 환경관련 이슈

무역협상에 갈수록 환경의 중요성이 부각되고 있다. 지구온난화 해결은 각 국가가 이산화탄소 배출을 줄이는 방법뿐이다. 실제 한국에서도 미세먼지 문제가 심각하다고 할 수 있다. 이는 인근 개도국들의 공업 생산에서 그 문제가 기인하는 경우가 많다. 따라서 무역협상에 환경기준을 포함시키기를 주장하는 목소리가 많아지고 있다. 하지만 고소득 개발국들에 의해 부과된 환경기준은 대체로 개발도상국 정부들이 반대하고 있다. 환경에 대한 국제적 기준이 마련되면 개도국 정부들은 자국 생산자들이 그 조건들을 충족시키지 못해 차별을 받거나 또는 소송의 근거로 사용될 수 있다고 생각하기 때문이다. 개도국들은 자국의 경제발전과 성장을 위해 환경을 해칠 수밖에 없는 모순적 과정에 직면해 있다. 공업 생산을 늘리기 위해 이산화탄소 또는 미세먼지 배출이 많아지는 것도 그 맥락에서 생각할 수 있다. 예를 들어 아마존 유역을 개발하며 벌목한다거나 보르네오 지역에서 대규모로 삼림을 훼손하는 것들은 그 지역 국가들의 경제발전을 위한 하나의 정책인 경우다. 따라서 개발국들이 개도국들을 설득하기 위해선 그 비용을 보전해주거나 여타 지원을 해줄 수 있을 때 문제 해결이 가능할 수 있다. 하지만 그러한 지원은 기대하기 어렵다. 실제 지금 세계의 환경은 기존 개발국들이 자국의 경제발전을 위해 해친 면도 크다. 자국이 부유해지고 깨끗한 환경에 대한 갈망이 발생하고 환경보호에 대한 목소리가 커질 때 비로소 국가들이 정책수립을 시도하는 경우가 많다. 환경의 쿠즈네츠 곡선(environmental Kuznets curve)으로 표현해보면 환경악화와 1인당 국민소득 사이엔 의 "역 U자" 관계가 있다. 즉 1인당 국민소득이 늘어날수록 환경악화 수준이 심각해지다 1인당 국민소득이 충분히 증가하면 그 국민소득이 늘어나면서 환경악화 수준이 감소하는 것이다. 이는 어느 한 나라가 개발국이 되고 국민소득이 수준이 충분히 늘어날 때 비로소 환경에 대해 관심을 갖게 되고 정부가 환경에 대해 강하게 규제를 하기 시작해 환경악화 수준이 점차로 약해진다는 것이다. 고소득 개발국들은 통상 엄격한 환경규제가 있고 저소득 저개발 빈국들은 그렇지 못하기 때문에, 환경을 오염시킬 수 있는 활동들이 빈국들로 이동되는 경우도 자주 나타난다. 따라서 공해피난처(pollution haven)라는 개념이 생겨났다. 즉, 어떤 나라에서 엄격한 환경통제를 받기에 비용 부담이 매우 큰 특정 활동들이 규제가 상대적으로 덜한는 나라들로 이동되고 있다. 이는 쉽게 말해 공해가 수출되고 있는 것이다.

최근 들어 노동과 환경이 무역협상에 있어 중요한 의제가 떠오르고 있다. 저소득 저개발국 근로자들이 고소득 개발국 근로자들보다 더 낮은 임금과 훨씬 더 열악한 노동환경에서 작업한다는 것은 거의 사실에 가깝다. 하지만 자유무역을 통해 그 저임금 노동자들의 임금수준이 오를 수 있다. 따라서 오히려 동태적으로 볼 때 자유무역이 저개발국 저임금 노동자들을 구제할 수 있다고 볼 수도 있다. 환경문제는 고소득 개발국과 개도국들과 시각 차이가 분명하다. 따라서 갈수록 자유무역 협상에서 노동조건에 관한 문제 그리고 환경문제는 중요한 의제가 될 가능성이 있다.

III 자유무역과 경제성장

1 자유무역 기회

개발도상국가들이란 용어는 정확한 정의를 갖고 있지 않으나 많은 저소득 국가 그리고 중소득 국가들을 통칭한다. 1980년대 이전에 수입대체산업화는 많은 이러한 중/저소득 국가들에 의해 채택된 무역정책이었다. 이 수입대체산업화는 중/저 소득 국가들을 위해 수입제한을 통해 자국 산업들을 보호하고 경제성장을 촉진하는데 그 목적이 있었다. 수입대체산업화는 1950년대와 1960년대에 주로 시도되었고 그 효용성에 회의가 일며 점진적으로 폐기되고 있는 추세이다. 수입대체산업화 전략의 중심엔 유치산업 보호가 있다. 즉, 빈곤국가들에선 시장실패 문제가 발생할 수 있기 때문에 그 나라의 새로운 산업들이 일시적으로 보호될 필요가 있다고 주장하였다. 빈국의 경우는 대개 저축률이 낮고 생산과정을 확보하기 위한 차입 투자가 어렵다. 즉 불완전 자산시장 문제가 발생한다. 또한 생산이 이루어지면 이득의 전용성 문제가 발생할 수 있다. 주요한 이 두가지 문제들이 유치산업보호론의 정당성을 주장하는 논거가 되었다.

(1) 유치산업보호론

개발도상국이 새롭게 참여하는 제조업은 선진국과 경쟁하기 어렵다. 따라서 성장 발판 마련을 위해 일정기간 지원해야 논리이다. 즉 미래에 비교우위를 갖게 될 산업을 현재 시점에 보호하는 방식이다. 예를 들어, 한국의 자동차 산업이 있다. 하지만 미래에 비교우위가 있는 산업들을 지금 지원한다는 것은 낭비가 될 수 있고 효율성을 해칠 수도 있다. 유치산업들이 기대와는 다르게 보호를 통해 성장하지 못할 때도 많고 끝내 경쟁력을 갖추지 못하게 되는 경우도 많다. 일반적으로 정부개입은 정당성을 얻기까지 논란이 발생한다. 즉 시장실패가 명확하게 들어나지 않는 이상 정부가 유치산업을 보호해야 한다는 주장은 설득력을 얻는 것이 쉽지 않다. 그렇다면 유치산업들의 경쟁력을 해칠 수 있는 시장실패 상황은 어떠한게 있을까?

1) 불완전 자본시장

전통적인 1차 산업에서 발생한 저축이 다른 산업의 자본으로 전환될 수 있도록 돕는 효율적인 금융시스템이 갖추어지지 않는 경우가 많다. 즉, 불완전하게 작동하는 금융시스템으로 인해 기업들은 그들의 생산과정에 효율적으로 투자하기 위하여 저축할 수 없거나 차입할 수 없게된다. 만일 후진적 금융시스템이 개선되지 못하고 제도나 법률 등도 기업 활동에 도움을 주지 못한다면 차라리 높은 관세를 통해 신산업의 이윤을 증가시키고 빠른 성장을 도모할 수 있다는 것이다.

2) 전용성의 문제

기업들은 새로운 산업에 대한 투자로부터 얻는 이익이 공공재이기 때문에 이 투자이익을 사적으로 전용할 수 없는 경우도 있다. 기업을 시작하고 기업활동을 통해 창출되는 지식을 지적재산권 결여로 전용할 수 없는 경우도 개도국에선 허다하다. 재산권 체제의 확립이 가능하지 않으면 신산업이 육성되기 위한 인센티브가 결여된 상태이기 때문에 높은 관세를 통해 신산업 육성을 모색하는 것이 차선책이 될 수 있다. 중남미국가들의 수입대체산업화는 1950년대와 60년대에 제조업을 육성하는데 효력을 발휘하였다. 그러나 정책의 궁극적 목표는 제조업 자체를 육성하는 것이 아니라 경제발전을 위한 한 수단을 확보하는 것이었다. 수입대체산업화는 경제발전을 촉진하였는지에 대해선 대체로 회의적이다. 이 정책을 채택한 대부분의 국가들은 다른 국가들에 비해 느리게 성장했기 때문이다. 유치산업보호론은 처음에 믿었던 것만큼 타당하지는 않은 것으로 드러났다. 새로운 산업들은 무역제한에도 불구하고 혹은 무역제한 때문에 경쟁력이 생기지 않았고 수입대체산업화는 비용을 수반하였고 자원의 낭비를 촉진하였다. 그것은 아울러 시간 낭비를 초래했다. 그것은 소비자뿐만 아니라 생산을 위한 생산요소를 수입할 필요가 있는 기업들에게도 결과적으로 높은 관세율을 부과하는 결과를 가져왔다. 그것은 비효율적으로 작은 소규모 생산을 촉진하였다. 상대적으로 자유무역을 추진한 개도국들은 수입대체산업화를 추종하는 개도국들보다 평균 경제성장률이 더 높았다. 1980년대 중반까지 많은 정부들은 수입대체산업화에 대한 신뢰를 잃었고 무역을 자유화하기 시작하였다. 인도, 브라질은 관세를 낮추는 정책변화를 도모했고 덜 극적이기는 하지만 이러한 유사한 변화는 많은 기타 개발도상국에서도 발생하였다.

2 개발도상국들의 기회

개발도상국들의 경제성장 배경엔 자유무역이 있었다. 개발도상국들의 수출상품 들 중에 2차 산업 상품의 비중이 급격히 증가했고 현재는 2차 산업 상품들이 개발도상국의 주요 수출품이 되었다. 무역자유화를 실시하면서 개발도상국은 놀라운 성장을 달성하였는데 무역자유화가 진정 경제발전을 촉진시켰는지에 대해선 이견이 있는 상태이다.

(1) 중남미의 역설

브라질과 다른 중남미국가들은 수입대체 산업화 기간보다 무역자유화 기간에 경제성장이 오히려 둔화된 것으로 나타났다. 그러나 그 경제성장 둔화의 이면엔 정치 불안과 불안정한 거시경제정책이 있었다는 주장이 많다. 즉, 자유무역의 폐해가 드러났다기 보다는 중남미 국가들에서 흔히 볼 수 있는 정치적 긴장과 국내 갈등들이 경제성장을 저해했다는 것이다. 인도와 같은 다른 나라들은 1980년대 무역자유화 기간에 빠르게 성장하였으나, 무역자유화가 경제성장에 어느 정도 기여하였는가는 불명확하다. 또한 어떤 경제학자들은 헥셔-올린모형이 예측하는 바와 같이 무역자유화가 소득불평등에 기여하여 왔다고 주장하기도 한다.

(2) 아시아의 기적

동아시아 국가들은 수입대체산업화 대신에 수출을 촉진하기 위하여 수출주도 성장정책을 채택하였다. 특히 일본과 한국은 빠른 경제 성장을 경험하였다. 한국은 자유무역이 부국으로 인도한다는 것을 입증시켰다고 많은 국제경제학자들이 칭찬한다. 이외에도 홍콩, 대만, 싱가포르는 선진화되고 높은 국민소득수준을 보여주고 있다. 뒤이어 말레이시아, 태국, 인도네시아 그리고 중국은 다양한 수출부문에서 역시 빠른 성장세를 보이고 있고 현재 국가 총생산이 대규모화되었다. 아시아 국가들의 빠른 경제 성장은 총생산에 비해 수출량과 수입량이 상대적으로 높았기 때문에 가능했다는 주장이 많다. 중요한 것은 정책개혁을 통해 시장 개방성이 확대되었다는 것인데 이 개방성은 수출 비중이 커지는 결과를 가져왔다. 수출 기회 확대는 수출 기업들의 국제적 경쟁을 의미한다. 이러한 수출 기회 확대를 통해 아시아 기업들의 경쟁력이 크게 제고될 수 있었다. 중남미의 결과와 다르게 아시아에서 나타나는 경제성장과 발전은 많은 것을 시사한다. 그들의 경제성장과 발전에 단순히 자유무역이 역할을 한 것인지에 대해서는 다른 의견들이 있다. 즉 자유무역도 중요했지만 높은 저축률과 투자율이 전반적으로 수출부문의 빠른 성장을 이끈 결과 빠른 경제성장이 가능했다는 주장이다. 아시아권 국가들의 빠른 경제 성장의 이유를 이들 특유의 높은 교육열에서 찾기도 한다. 유교문화권에서 특히 교육이 강조된다. 이러한 사회적 분위기가 노동생산성을 신장시키는데 큰 역할을 했다고 보기도 한다. 즉, 높은 교육열로 인해 인적 자본(Human Capital) 축적이 상대적으로 쉬었기 때문에 경제성장이 빠를 수 있었다고 설명한다. 실제로 높은 성장을 달성한 아시아권 국가들의 문맹률은 세계의 다른 개발도상국 국가들과 비교할 때 상대적으로 낮다는 것을 알 수 있다. 아시아 국가들은 수출지향정책을 채택한 결과 빠른 경제 발전과 성장을 달성할 수 있었지만 이 지역에서 국민들의 후생수준이 실질적으로 개선되었는지에 대해선 여전히 논쟁의 여지가 있다. 무역이 소득불평등 문제를 심화시켰다고 주장도 있다.

3 경제성장을 위한 성찰

과거의 중하위 소득국가는 고소득국가보다 빠르게 성장하여 고소득국가를 따라잡은 경우도 있는 반면 어떤 국가들은 쇠퇴하기도 한다. 고소득국가와 몇몇 중하위 소득국가의 소득수준은 수렴한다. 그러나 일부 최빈국은 가장 낮은 성장률을 보이고 있다. 빈곤의 원인은 무엇인지는 쉽사리 알지 못하지만 저성장과 많은 빈곤층을 갖고 있는 저소득 국가들은 공통적인 특징들이 발견된다. 첫째, 일관되지 못한 거시경제 정책 문제가 발생한다. 이러한 비일관적 정책들은 국가별로 높은 인플레이션을 발생시키고 생산의 불안정성을 초래하게 된다. 정부의 재정지출이 비정상적으로 증가하는 경우도 있다. 정부의 재정지출은 부채이다. 따라서 정부는 세금을 통하여 그 부채를 상환하여야 하지만 개발도상국들의 어떤 정부는 부채를 갚기 위해 화폐를 발행하는 경우도 있다. 화폐 발행은 그 과정에서 차익(Seignoirage)을 발생시킬 수 있다. 그 화폐 발행 차익은 일반적으로 높은 인플레이션을 초래한다. 높은 인플레이션은 정부가 상환할 부채의 실질가치와 대부자들이 돌려받는 상환액의 실질가치를 감소시키고 사회에 크나큰 비용을 안겨 준다. 이는 저축자로부터 차입자에게 소득을 이전시키는 정책이다. 둘째, 시장원리 부재 문제가 발생한다. 시장원리 부재에 따라 자원의 효율적 배분이 방해되는 것은 물론이고 자유경쟁이 위축되기도 한다. 경쟁이 위축되면 인센티브가 결여되어 시장에서 큰 문제를 초래할 수 있다. 셋째, 법과 규칙의 부재 문제가 발생할 수 있다. 예를 들어 지적 재산권 확립이 분명치 않는 국가에선 투자자들이 투자를 꺼리게 된다. 왜냐하면 투자를 통해 창출할 수 있는 지식에 대한 보호가 어렵기 때문에 힘들여 지식을 창출할 인센티브가 없기 때문이다. 여타 법집행이 어려운 상황에서는 저축자들이 투자자들에게 대출하는 것을 꺼리게 한다. 조세법의 취약한 집행은 세금징수를 어렵게 만들고 세금회피라는 심각한 사회문제를 발생시킬 수 있다. 적절한 금융 감독이 없으면 은행들이 위험하고 무모한 투자를 해 그 은행들이 부실해지게 된다. 감시 부족은 투명성 부족과 정보 부족을 초래하고 필연적으로 도덕적 해이(moral hazard)를 발생시킨다. 넷째, 큰 지하경제가 존재하고 부패가 만연해 있다. 빈국으로 갈수록 법과 규칙의 부재 상황에 따라 지하경제가 존재하게 되는데 이 지하경제는 세수를 감소시키게 된다. 부패가 성행한다는 것은 시장 기능이 취약해지고 자유시장 경제를 지탱하는 인센티브가 사라지는 것을 의미한다. 다섯째, 인적자본(human capital) 수준이 낮다. 인적자본 수준이 낮다는 것은 노동 생산성이 낮다는 것을 의미한다.

4 부국과 빈국

어떤 나라는 상대적으로 부유하고 어떤 나라는 상대적으로 빈곤하다. 그 이유에 대한 답은 쉽지 않다. 그 부유함과 빈곤함을 나누는 것은 경제체제와 정치 제도 뿐만 아니라 지리적 조건 또는 인적 자본이 중요하다는 시각이 최근 들어 부각되고 있다. 국제경제학자들에 따르면 나라가 부유하기 위해선 지리적 조건이 중요하다고 주장하기도 한다. 즉 국제무역은 성장을 위해 필수적인데 그 무역이 쉬워지려면 바다에 면해 있는 것이 유리하다. 왜냐하면 지리적 장벽은 수송의 어려움을 초래하고 이는 교역량 부족으로 이어지기 쉽다. 따라서 대륙 내륙에 위치해 있고 험준한 산이 많은 지역은 가난할 것으로 예상된다. 실제 세계 지도를 놓고 보면 부국들은 대부분 바다에 면해 있고 빈국들은 대륙 안에 위치하고 있다는 것도 특징적이다. 또한, 지리적 특성에 따라 역사적으로 개발이 결정되면 그 개발은 계속해서 경제적 영향을 미치는 경우도 많다. 서구인들이 신대륙을 개발하고 새로운 지역에 투자를 할 수 있었던 배경에는 지리적 특성도 크게 작용했다. 그 지리적 특성에 따라 한번 개발되고 그 개발이 계속해서 경제적 효과를 발생시키면서 산업집중화가 이루어지고 그 산업집중화가 외부효과를 추가적으로 발생시켜 더 광범위한 투자와 개발이 이루어질 수 있다는 것이다. 세계의 많은 부국들중에 이러한 외부효과에 힘입은 경우도 많다. 또한 특정 지역에서 소득 불평등이 크게 발생하고 정치적 불안정이 심화되기도 한다. 중요한 점은 그러한 소득불평등과 정치적 불안정이 지역적 특성이 되는 경우도 있다. 중남미 지역에선 이러한 현상이 모든 나라들에 걸쳐 고르게 나타나는 경향이 있다. 그러한 경향에 대해 다양한 이유들이 제시되고 있는데 역사에서 그 이유가 찾아지기도 한다. 즉 서구인들이 정착시킨 플랜테이션 농업이 문제의 시작이라고 주장한 학자들이 많다. 이 또한 그 지역의 지리적 특성에 따라 결정되었다고 볼 수 있다는 주장이다. 지리적 특성도 중요하지만 민족적 특성도 중요하다는 주장도 제기된다. 중남미와 아시아는 전혀 다른 경제발전과 성장의 역사를 걷고 있다. 물론 동아시아의 경제발전에도 많은 어려움이 동반되었지만 학자들의 일치된 견해는 이 지역의 경제성장률이 다른 지역에 비해 매우 높다는 것이고 그 배경엔 이 지역민들의 특유의 근면함과 교육열이 있다는 것이다. 따라서 한 나라가 부국이 되기 위해선 교육과 인적 자본의 역할이 매우 중요하다. 실제 대부분의 선진국들은 과학과 기술이 발달해있고 과학과 기술이 발달한 나라에서는 문맹률이 매우 낮고 교육인프라가 잘 갖추어져 있다. 이러한 나라들에서는 지식생산과 기술 개발이 유리해지고 노동생산성도 높기 때문에 부가가치가 높은 상품을 생산하기에 보다 유리하기 때문에 그 나라들이 보다 부유해지는 경향이 있다.

제 2 장

무역정책과 WTO

Ⅰ 자유무역과 보호무역

국가가 국민경제의 발전을 위하여 외국과의 물품과 서비스거래를 대상으로 추구하려는 목표를 설정하고 이를 달성하기 위한 수단들을 실행하는 일련의 행위들을 무역통상정책이라고 한다. 구체적으로 통상정책은 국가가 국민경제의 발전을 위하여 대외무역거래를 조정·관리하는 행위를 칭한다고 볼 수 있고 무역정책은 국가가 대외무역과 관련하여 자국의 이익극대화를 위하여 행하는 정부의 활동이라고 말할 수 있다. 주로 무역정책들의 대상은 수출입에 직접적으로 영향을 줄 수 있는 정부의 조치들이 그 대상이 된다. 예를 들어, 수입 제한, 관세 부과 또는 외국에서 행해지고 있는 수출보조금이 이에 해당한다. 수출입에 간접적 영향을 줄 수 있는 조치들도 포함될 수 있다. 예를 들어, 외환관리 그리고 농업보조금 등도 이에 해당될 수 있다. 무역정책은 국가의 다른 경제정책들 예를 들어, 재정정책 또는 통화정책들과도 밀접하게 관련되어 있다. 재정정책은 주로 정부가 정부지출 변화를 통해 그리고 세율 변화를 통해 자국내 총수요를 진작시키는 정책이고 통화정책은 중앙은행이 통화량 변화를 통해 경기침체에 대응하는 정책이라고 할 수 있다. 따라서 재정정책은 자국내 수입수요가 변화할 수 있게 하고 통화정책은 통화량 증가를 통해 국민들로 하여금 수요결정이 쉬어지게 하여 수입을 증대시키는 효과를 가져올 수 있다. 단, 그 통화량 증가는 국내물가 인상을 가져올 수 있다. 무역 정책은 목표가 있다. 첫째, 국내산업 발전을 도모할 수 있다. 때로는 수출장려책을 통해 국내 산업이 해외시장을 개척할 수 있도록 도울 수 있고 외국 기업들과 비교해 국내 기업들이 경쟁력이 열악한 상황에 있을 때는 산업을 보호하는 정책을 활용할 수 있다. 국내산업을 보호하는 것은 고용과도 직결되는 문제이다. 최근 무역정책의 흐름은 세계적으로 자국내 산업을 보호해 노동수요를 견인케 하려는 목적들이 자주 보인다. 둘째, 국제수지가 불균형 상태일 때는 적절한 정책을 통해 균형을 회복할 있게끔 돕는다. 경상수지 적자가 심할때는 자국의 화폐가치 절하를 통해, 경상수지 흑자가 심해 인플레이션이 우려될 때는 자국의 화폐가치 절상을 통해 균형회복을 모색할 수 있다. 셋째, 교역조건을 개선시킬 수 있다. 쉽게 표현하면,

교역조건이란 수출상품과 수입상품의 교환비율을 의미한다. 우리나라 수출재들의 국제가격이 인상될수록 그리고 수입재들의 국제가격이 인하될수록 교역조건이 개선되게 된다. 관세를 부과하면 교역조건이 개선되어 자국내 전체 후생이 증가하는 경우가 발생하는데 이때 그 후생 증가는 교역대상국의 수출업자들의 이익이 국내로 이전되는 것이다. 넷째, 적절한 무역 정책은 자원의 효율적인 배분을 지향할 수 있다. 생산물시장이나 요소시장에 존재하는 왜곡을 시정하고 자원배분의 효율성을 높일 수 있다. 다섯째, 경제성장을 촉진할 수 있다. 한때 개도국들의 경제개발전략은 수출주도형이거나 수입주도형인 경우가 많았다. 이때 수출주도형 성장을 추진한 나라들, 한국과 대만의 경우 비약적인 경제 성장을 이룰 수 있었던 반면 수입주도형 성장을 추진한 인도 그리고 중남미 국가들은 낮은 경제 성장률을 기록할 수밖에 없었다. 이외에도 무역 정책은 국제정치와 안보 차원에서 안정적인 외교 관계를 유지하는데 도움을 주기도 한다. 종합적으로 무역정책은 여러가지 성격이 있다. 고용, 물가, 경제성장, 후생, 국제수지에 영향을 준다고 보면 경제정책의 성격이 있고, 산업을 육성/보호 하는 면에선 산업정책으로써 성격이 있다고 볼 수 있다. 이외에도 무역 정책으로 인해 소득분배가 발생해 이익단체들의 의견 조정이 필요한 경우가 발생한다. 이런 시각에서 보면 무역 정책은 정치적 성격도 띄게 된다.

1 자유무역

국가의 제재와 간섭을 받지 않고 자유롭게 무역을 행하는 것을 원칙으로 한다. 이는 아담 스미스의 '국부론'과도 사상적 궤를 같이한다. 그는 자유시장원리가 지켜졌을 때 자원배분이 가장 효율적으로 달성될 수 있고 시장내에 '보이지 않는 손'이 작동하여 수급을 통해 가격이 결정되고 수요와 공급자가 동시에 그 시장을 통해 혜택을 볼 수 있다고 역설했다. 그의 의견에 따르면 국경을 넘어서도 국가간에 무역활동에 아무런 제약을 가하지 않을 때 세계적으로 자원배분이 가장 효율화될 수 있다고 할 수 있다.

(1) 자유무역의 기원

18C 프랑스를 중심으로 등장한 중농주의가 그 기원이라고 볼 수 있다. 중농주의에선 경제활동에 대한 국가의 인위적인 개입을 비판했고 개인의 자유로운 경제활동 보장을 주장하였다. 그들은 주로 한 나라에서 국부는 금은과 같은 화폐량 증가에 있지

않고 그 나라내 재화량 증가에 달려 있다고 하였다. 그 재화량을 증가시키 위한 근원은 토지라고 생각했었고 재화 생산을 위한 유일한 원천이 그들에겐 농업이었다. 세계적으로 농산물 수출과 수입이 자유화되면 농산물 가격의 등락폭을 줄여 시장을 안정시킬 수 있다고 생각했으므로 그들은 자유무역이 필요하다고 주장하였다.

(2) 영국과 고전파 경제학

영국은 16C 이래 신대륙을 선점한 스페인 그리고 신대륙과 무역을 통해 부를 축적한 네덜란드를 제치고 강력한 해양국가로 부상했다. 영국이 해양대국으로 부상한 배경에는 여러 가지 이유들이 있을 수 있으나 사회제도 및 문화적으로 영국인들의 개방적인 자세 그리고 자유로운 시장제도 도입이 큰 이유라고 볼 수 있다. 노동시장과 생산물 시장이 다는 국가들에 비해 비교적 자유로웠기 때문에 누구든지 시장에서 원하는 상품을 개발할 유인(인센티브)이 강했다. 이러한 유인은 기술개발과 신지식의 유용성을 인정하는 사회적 분위기로 이어졌고 그 결과 산업혁명이 일어나는 기반이 되었다. 따라서 영국은 공업생산에서 선진국이었던 만큼 자유무역을 옹호하게 되고 자국내 산업을 외국상품 수입으로부터 보호해야 하는 부담이 없었다. 오히려 자국 산업의 지속적인 발전을 위하여 해외시장을 개척해야 할 필요성이 등장했고 이에 따라 세계적으로 많은 해외식민지를 보유하게 되었다. 아담 스미스는 1776년 국부론(The Wealth of Nations)을 통해 중상주의적 정책을 비판하고 국제 분업을 통해 이익이 얻어질 수 있다고 설명하며 자유무역의 우위성을 주장하였다. 아담 스미스는 교환과 분업을 강조했다. 분업은 생산량을 증대시킨다. 왜냐하면 분업은 전문화를 통해 노동자들이 자기 일에 더욱 숙달될 수 있게 하기 때문이다. 즉, 동시에 여러일을 하면 효율적이지 못하고 보다 많은 시간이 소요될 수 있기에 분업은 작업 시간을 단축시킬 수 있다. 또 하나 같은 작업을 계속 하면서 작업 능력이 향상되면 기계나 필요한 공구를 직접 고안해낼 수 있는 기회가 제공되기 때문이다. 아담 스미스를 이어 리카르도는 비교우위 개념을 통해 생산성이 취약한 나라에서도 생산 전문화를 통해 무역이득이 얻을 수 있다고 설명했다. 밀(John Stuart Mill)은 상호수요이론을 통해 무역이론 발전에 더욱 기여했고 세이(Jean-Baptiste Say)는 보호무역이 산업을 약화시키는 반면, 자유무역은 산업 발전에 도움이 된다고 주장해 자유무역의 중요성을 역설했다.

2 자유무역의 이점

(1) 사회후생 증대

교환효과와 생산특화효과를 통해 사회후생이 증대되는 효과를 가져온다. 교환효과는 자유무역이 개시되면 국내시장에서 초과 생산이 발생하는 재화를 수출하고, 초과수요가 발생하는 재화에 대해선 국제시장에서 상대적으로 저렴한 재화를 수입을 할 수 있기 때문에 국내소비자들은 이익을 보게 되고 그들의 후생이 증대된다. 즉, 국내생산 계획에는 변화가 생기기 않고 수출과 수입을 통해서만 자국내 후생수준이 증대되게 된다. 생산특화효과는 무역이 자유화되었을 때 생산자들은 세계시장 수요를 감안하여 재화를 생산하게 된다. 자국이 비교우위가 있는 재화에 생산을 특화하게 된다. 즉, 노동풍부국은 노동집약재 생산에 그리고 자본풍부국은 자본집약재 생산에 특화하게 되어 자원배분이 더욱 효율화되어 자국내 후생수준이 더 높아지게 된다. 즉, 자국의 수출경쟁력을 감안하여 생산을 특화한다면 더 많은 생산물을 수출할 수 있고 수출을 통해 더 많이 얻어진 소득을 가지고 국제시장에서 같은 재화를 더 저렴하게 소비할 수 있게되므로 교환효과에 비해 생산특화효과는 더 높은 후생수준을 가져오게 된다. 이렇듯 생산특화는 사실 각 나라들로 하여금 부존 자원을 보다 효율적으로 사용하게 한다. 헥셔-올린 정리에 따라 자본이 상대적으로 풍부한 개발국들은 자본집약재에 특화하게 되고 노동이 상대적으로 풍부한 개도국들은 노동집약재에 특화하게 된다. 이렇든 생산 특화는 세계적으로 존재하는 자원배분을 효율화하여 세계적 차원에서 더 많은 재화를 생산 소비하게 한다.

(2) 규모의 경제 실현

자유무역이 이루어지면 국내 기업들의 시장이 세계적으로 확장되기 때문에 더 많은 수출을 할 수 있게 된다. 수출량 신장은 기업들로 하여금 생산규모 확대를 모색할 수있게 하고 생산규모가 확대될 때 부가적인 효과가 발생할 수 있다. 즉 생산규모가 확대되어 생산량이 늘어날수록 단위생산당 평균비용이 감소해 기업은 시장에서 보다 낮은 가격으로 제품을 팔 수 있게 되고 이는 가격경쟁력 강화로 이어져 그 기업의 시장점유율은 더욱 확대될 수 있다. 시장점유율이 확대될수록 그 기업은 생산규모 확대효과가 더 크게 발생해 제품을 더 저렴한 가격에 팔 수 있게 되므로 거대 기업들은 자유무역을 통해 이익을 보는 경우가 많다. 규모의 경제가 발생하게 된 이유는 현대에 들어 생산설비가 거대화되고 초기에 대규모의 투자를 해야 하는 경우가 많다. 즉, 초기 고정투자가 필요하므로 기업이 적은양만을 생산하는 것은 거대한 생산설비를 모두 가동하지 않는 것이 되므로 비효율적일 수있다. 생산량이 많아질수록 생산단위당 평균비용이 줄어드는 것은 평균고정비용이 계속해서 줄어들기 때문이다. 이런 상황에서 자유무역은 규모의 경제 실현을 더욱 용이하게 하고 이에 의한 경제적 이익을 발생시켜 나라 전체의 후생이 증가할 수 있게 한다.

(3) 경쟁의 강화

자유무역은 기업들간 경쟁을 격화시킨다. 국내 기업들이 세계의 수많은 기업들과 경쟁을 하게 됨으로써 기업들은 기술혁신을 도모하게 되고 경영 효율화를 기하게 된다. 이에다라 국내산업은 더욱 발전하고 국내산업에서 종사하며 생산요소를 제공하는 노동자들은 높은 임금을 받게 되고 질좋은 제품을 더 낮은 가격에 소비할 수 있게 되므로 소비자 후생도 증가된다.

(4) 자본축적

개발도상국은 노동이 풍부한 경우가 많고 상대적으로 자본이 부족한 경우가 많다. 이때 자유무역이 개시되면 상대적으로 노동이 풍부한 개발도상국들은 노동집약재 생산에 특화하여 수출함으로써 자본재를 수입할 수 있다. 이는 열악한 시설과 환경 속에서 자본재 생산을 추구하는 것 보다 자본재 생산이 용이한 개발국으로부터 자본재를 수입하는 것이 비용 절약면에서 보다 유리할 수 있다. 수출과 수입을 통해 자본 축적이 용이해지면 그 축적된 자본을 통해 산업 생산이 다양화될 수 있고 유치산업을 육성하는 것도 가능해진다.

(5) 기술습득(Learning)과 외부효과

자유무역이 개시된다는 것은 단순한 수출입 자유화를 넘어 한 나라가 국제화 그리고 세계화된다는 잇점이 있다. 즉, 국내 시장을 넘어 다양한 세계 시장에 접근함으로써 그리고 그들과 교류함으로써 직 간접적으로 얻어지는 지식과 기술, 그리고 경영방식에 있어 노하우 등이 자국내 산업의 경쟁력을 더욱 강화시켜줄 수 있다. 기술과 자본의 국제적 이동이 쉬어지고 그 나라 사람들의 관습을 바꾸기도 하고 가치관과 세계관을 개선해 사회전반적인 변화를 가져올 수도 있다. 근대화가 촉진되기도 한다. 특히 개발도상국들은 산업연관효과에 의하여 주변산업의 생산능력을 증대시키며, 외화를 획득하게 함으로써 국내에서 필요로 하는 사회간접자본을 확충할 수 있게 하고 교육을 통해 기술자와 숙련노동 등을 확보할 수 있게 한다.

3 자유무역의 비용

(1) 생산 특화에 어려움

헥셔-올린 정리의 예측과는 다르게 대다수 많은 노동풍부국가들이 노동집약재 생산에 특화하기 보단 자본집약재 생산에 특화하길 원한다. 이는 경제성장과 외부효과 발생면에서 보다 유리하기 때문이다. 즉 모든 개도국들은 공업화를 원하고 있어 장기적으로 보면 생산 특화를 두고 국가간의 이해관계가 상충할 가능성이 항상 존재한다. 실제 최근 벌어지고 있는 통상마찰 현상들은 개발국과 개도국들간의 공산품 경쟁에서 비롯되는 경우가 많다. 헥셔-올린 정리에 따르면 같은 공산품을 놓고 개발국과 개도국간에 경쟁이 벌어지는 것은 설명에 한계가 있다고 볼 수 있다. 개발도상국은 무역에 의한 이익보다도 공업화가 더욱 중요하고 자유무역에 의한 무역이익 창출보다는 보호정책에 의한 공업육성이 더욱 중요하게 여겨지기도 한다. 국제적 분업관계가 한번 형성되면 고착화될 우려가 있기 때문에 개도국들은 공업화를 추구하는 경향이 있다.

(2) 국제수지의 불균형

자유무역을 통해 국제수지 불균형 문제가 발생할 수 있다. 수출경쟁력이 갖춰진 나라는 국제수지 흑자를 나타날 수 있지만 수출경쟁력이 갖춰지지 못한 나라는 국제수지 적자가 나타날 수 있다. 만성적인 국제수지 적자는 국가경제에도 영향을 미칠 수 있어 정책 당국에서는 국제수지 불균형 문제가 크게 발생할 때는 국제수지 적자를 줄일 수 있도록 다양한 대책을 내놓기도 한다. 예를 들어, 일본의 아베노믹스는 자국 통화 가치 절하를 통해 가격경쟁력을 제고해 일본의 수출경쟁력을 회복하는 목적을 지니고 있다고 볼 수 있다. 하지만 국제수지 불균형 여부가 국가경제의 잠재력을 평가하는 절대적 기준이 될 수는 없다. 예를 들어 미국의 경우 만성적인 국제수지 적자 국가이지만 미국 경제는 세계에서 여전히 경제규모로 볼 때 위상이 매우 높다. 만성적인 무역불균형의 상태에서 국가가 무역정책을 활용해 문제 해결을 모색해 볼 수 있다.

(3) 세계적 양극화 문제

개발국은 실제 거의 모든 산업에서 경쟁력을 가지고 있는 경우가 많다. 자본이 많아질 때 노동생산성이 높아지기 때문에 노동풍부국 보다 자본풍부국에서 노동집약재 또는 농산품 생산에 대해서도 비교우위를 갖고 있는 경우를 찾아볼 수 있다. 주된 이유는 경제가 성장하고 발전하면서 외부 효과가 발생하고 기술과 노하우 등이 모든 산업에서 파급효과를 가져올 수 있기 때문이다. 이와는 반대로, 개도국은 산업 전 범위에서 경쟁력을 갖지 못하는 경우가 많다. 자유무역이 이뤄지면서 개도국들은 경제 성장에 기반이 되는 산업이 형성되지 못하게 되어 경제가 침체되고 노동생산성이 높은 우수 인력들이 높은 임금을 찾아 다른 개발국들로 이동하는 경우가 발생해 개도국들은 이중적인 어려움에 직면하는 경우가 많다. 반면 개발국들은 우수한 인재들이 개도국에서 이동해 와 산업과 경제 발전에 도움이 되어 신기술 개발에 더욱 유리한 환경이 제공될 수 있다. 실제 미국에서는 개도국에서 온 인재들이 R&D(연구개발) 활동에 큰 역할을 하고 있다.

(4) 해외의존성 문제

산업에 따라서 국가에 꼭 필요한 기간산업이 있다. 자유무역은 어디까지나 상호간의 이익을 위해 상행위를 하는 것이기 때문에 국가 절체 절명의 위기에 빠져 있거나 전쟁을 수행한다거나 할 때 상거래가 이뤄지지 않음을 명심해야 한다. 예를 들어 서구의 대다수 개발국들이 농업이 상대적으로 경쟁력이 부족하지만 보조금을 주면서 자국내 1차 산업을 유지하고 있는 것은 농업이 식량문제와 직결되기 때문이다. 효율성도 중요하지만 특정 산업들은 전적으로 수입에 의존하는 것은 현명하지 못할 수 있다.

4 보호무역

국내산업보호 등을 목적으로 완전한 자유무역이 아니고 어느 정도 그 자유가 제한된 가운데 행해지는 무역을 보호무역이라 한다. 그 시작은 중상주의(Mercantilism)로 거슬러 올라간다.

(1) 중상주의(Mercantilism)

약 15세기에 절대왕권 국가들이 성립되면서부터 18세기 중반까지 유럽에선 중상주의가 보편적이었다. 즉, 금과 은의 양이 국부를 위한 척도가 된다고 여겨졌기에 금과 은의 유입이 유출보다 많아야 한다는 생각을 견지했다고 볼 수 있다. 따라서 무역에 아무런 제한이 없다면 다른 나라에서 물건을 사들일 때 금이나 은을 통해 결제해야 했으므로 유출이 일어나게 되고 이는 국부축적과 반대된다고 생각하기 쉬웠다. 대체로 19세기 시작되기 이전까지 국제무역의 지배적인 경향은 중상주의로 대표되는 보호무역이었다. 국가 개입을 통해 자국내 산업을 보호 육성하고 대외무역에 있어서는 수출증대와 수입억제를 통해 금과 은을 보다 많이 축적하는 것이 주된 목적이었다. 국가간 상호이익을 위해 협력의 개념은 희박할 수밖에 없었고 한 국가가 보다 이익을 보기 위해서는 다른 국가가 반드시 보다 손해를 보아야 하는 일종의 제로섬 게임(Zero-Sum Game)상황과도 유사했다. 그렇기에 국가들은 상호배타적 입장이 강했다.

(2) 해밀턴의 공업보호론

미국은 1776년 독립할 당시까지 영국 통제하의 무역이 이루어졌었다. 독립 이후에도 미국은 농업중심 국가로서 공업제품은 영국을 비롯한 유럽 국가들로부터 수입에 의존한 상태였다. 따라서 1791년 해밀턴(Alexander Hamilton)은 미국이 공업을 육성하여 유럽으로부터 경제적인 의존에서 벗어나려면 공산품 수입에 대한 보호무역의 필요성을 역설했다. 즉, 공업발전을 통해서만 경제자립이 가능하다고 주장했다. 당시 해밀턴의 주장의 타당성은 현실로 입증되었고 지금도 개도국들은 공업화를 추진하고 있다.

(3) 리스트의 유치산업보호론

19C 유럽의 많은 국가들에서는 무역에 대한 규제와 통제가 존속했다. 리스트(Friedrich List)는 1841년 독일의 공업발전을 위한 유치산업보호론을 주장했는데 당시 제조업 강국이었던 영국에 비해 상대적으로 산업이 낙후되어 있었던 독일의 입장에서는 유치산업 보호가 필요한 시기였다. 유치산업이 보호되어 그 산업이 경쟁력을 갖출 때 비로서 국가가 경제발전과 성장을 위한 준비가 갖추어진 것으로 봤기 때문이다. 유치산업 보호론은 지금도 타당성이 인정된다. 개도국들은 투자 부족으로 인해 자본이 늘 부족한 상태이기 때문에 기술개발이 매우 어렵다. 또한 개발국에서 이미 기술들이 개발되어있고 그 기술력을 바탕으로 가격경쟁력을 갖추고 있는 상태이기 때문에 뒤늦게 특정 산업에 진출해 그 산업을 육성한다는 것은 매우 어렵다고 볼 수 있다. 따라서 산업 생성과 발전을 위해 외국상품의 수입을 억제하여 국내의 유치산업을

보호하는 것이 주된 명분이다.

(4) 신보호무역주의

1960년대부터 세계경제를 주도해온 미국이 큰 폭의 국제수지 적자를 겪으면서 그리고 1970년대 들어서서 석유파동이 이어지며 세계경제는 선진국들을 중심으로 경기침체국면을 맞게 된다. 1980년대에 들어서서는 선진국 상호간에도 무역불균형이 심화되고, 신흥개발도상국들이 급부상하면서 세계 산업화 추세가 변화되었다. 즉, 산업화를 이끌었던 기존의 서구 선진국들은 산업발전이 둔화되었고 그 결과 경기침체와 실업문제에 직면하게 되었다. 이러한 가운데 선진국과 선진국, 그리고 신흥개발도상국과 선진국간에 국제무역을 두고 긴장이 조성되었다. 즉, 세계는 새로운 보호무역주의가 대두하게 되었다. 새롭게 대두된 보호주의를 신보호무역주의라고 하는데 이는 과거의 보호주의와 다른 특징들을 갖고 있었다. 첫째, 개도국들보다 선진국들이 보호주의의 중심에 있었다. 과거엔 보호주의가 개도국들에 의해 활용되는 경향이 강했지만 신보호무역주의는 주로 개발국들에 의해 활동되었다. 둘째, 사양산업의 보호를 위한 수단으로 활용되었다. 과거의 보호무역주의는 개도국들이 주로 유치산업을 보호하기 위한 수단으로 활용되어 왔지만 신호보무역주의에서는 개발국들이 주로 자국의 사양산업을 보호하기 위해 활용하기 시작했다. 개발국들은 자국의 기존산업이 경쟁력을 상실하여 경기침체와 실업증가를 맞게 되자 무역장벽을 통해 이러한 기존산업의 사양화를 막으려했다. 이런 가운데 신보호무역주의의 발동한 것이다. 셋째, 보호주의를 위한 수단으로서 비관세장벽을 자주 사용한다. 전통적인 보후무역에서는 보호를 위한 수단으로서 관세를 주로 사용하지만 GATT가 출범한 20세기 중반 이후 GATT의 규율로 인해 관세 부과 및 인상이 어려웠기 때문에 관세보다는 주로 비관세 장벽을 무역장벽수단으로 주로 사용한다. 넷째, 국가에 따라 선별적으로 무역제한조치를 취하는 경향이 발견된다. 전통적인 보호무역주의는 상대 국가에 상관없이 대외수입 전체에 대해 무역을 제한하는 것이 일반적 현상이었지만 신보호무역주의에서는 자국과 상대국과의 관계를 고려하여 상호주의 속에서 상대국에 대해 차별적으로 제한 조치를 취하는 경우가 자주 나타난다.

5 보호무역의 이점

(1) 유치산업 보호

유치산업이란 현재는 시작 단계여서 경쟁력이 미약한 상태에 있지만 시간이 지나면 경험과 노하우를 통해 그 산업이 성숙하게 되고 그에 따라 국제경쟁력을 가질 수 있을 것으로 기대되는 산업을 말한다. 국가마다 산업의 경쟁력과 생산성은 시간에 따라 변할 수 있고 이에 따라 국가간의 비교우위도 시간에 따라 변할 수 있다. 하지만 한번 특화 생산 패턴이 고착되어 신산업 육성이 어려워질 수 있고 부가가치 창출이 큰 산업이 없을 때 그 국가는 국민소득 면에서 고전하게 된다. 따라서 외국상품 수입으로부터 국내시장을 보호하고 국가적인 지원으로 신산업을 보호 육성한 결과 경쟁력 수준이 크게 달라질 수 있다. 산업이 초기단계일 때에는 기술부족과 낮은 생산성으로 생산이 효율적이지 못해 경쟁력이 없지만 시간이 지나 가면서 경험과 학습(Learning)을 통해 생산성이 향상을 기대할 수 있다. 한국의 자동차 그리고 반도체 산업 역시 한때 유치산업이었지만 국민들의 자발적인 국산품 애용과 한국인들의 낮은 문맹률 그리고 높은 노동생산성을 통해 세계적 수준의 경쟁력을 확보하게 되었다. 이런 맥락에서 유치산업 보호론은 이론적 타당성을 갖고 있지만 과연 어떤 산업이 잠재적인 성장가능성이 있고 미래에 비교우위를 지니는 산업으로 발전할 수 있을지에 대한 사전 판단이 어려운 경우가 있다. 유치산업 육성을 위해서는 많은 사회적 비용을 감수해야 하므로 그 대상이 잘못 선정될 경우 국가 경제에 큰 손실을 초래할 수 있다. 학자들은 제각기 유치산업 선정 기준을 제시하고 있다.

- 밀: 한 산업이 유치산업으로 선정되기 위해서는 일정한 보호기간이 지난 후에는 비교우위산업이 될 수 있어야 한다.
- 밀-바스터블: 해당 산업이 성장한 후에 얻을 수 있는 수익이 산업의 육성에 소요된 비용을 보상할 수 있어야 한다.
- 밀-바스터블-켐프: 해당 산업에 외부경제효과가 발생하여야 한다. 즉, 외부경제가 발생하는 경우 투자이익이 사회적으로 발생하지만 투자자 자신에게는 돌아오지 않는 경우가 있다. 이때 투자가 이루어지지 않게 되면 사회적으로 손실이 되기 때문에 국가의 보호가 필요하다.

유치산업 육성은 무역패턴의 고착화로부터 탈피하는 결과를 가져올 수 있다. 각국이 특화생산을 하게 되면 특화산업은 발달하고 비특화산업은 생산을 않게 되어 비교우위관계는 더욱 확실해지고 무역패턴은 고착화될 우려가 있다. 모든 국가는 고부가가치산업, 산업연관효과가 큰 산업, 미래산업 등 국가경제발전에 더 필요한 산업에 특화하고자 한데 개발국들이 특화산업의 우선권을 갖고 개발도상국은 저부가가치산업 및 재래산업 등에 특화할 수 밖에 없는 현실이 헥셔-올린 정리가 예측하는 바이다. 이에 따라 개발국과 개도국간의 소득 격차는 더욱 커지게 될 수 있고 이런 결과를 피하기 위해서 국가가 무역패턴을 조정하고 개선해 나아가야 필요가 있다.

(2) 사양산업의 보호

자유 무역 속에서 자국내산업들 중에 경쟁력 약화로 사양화되는 산업이 발생할 수 있다. 이러한 사양산업 문제는 주로 개발국들의 주된 고민이기도 하다. 최근 미국 트럼프(Donald Trump) 대통령이 한국과의 FTA를 재협상하고 북미자유무역협정인 NAFTA를 폐기하려고 하는 것은 미국내 사양산업을 보호하기 위한 전략적 선택으로 풀이된다. 산업이 사양화될 때 가장 큰 문제는 자국내 고용이 줄어들어 실업문제가 발생할 수 있다는 점이다. 따라서 새로운 산업이 성장해 그 고용량을 흡수할 때까지 기존산업의 사양화를 최대한 늦추는 것이 국가의 정책적 과제가 될 때가 있다. 사양산업 보호는 비교우위 원리에 배치되는 것이지만 국가 경제에 큰 영향을 줄 수 있는 이슈이므로 무역정책의 선택과정에서 매우 중요한 문제이다.

(3) 국민소득 및 고용증대효과

관세부과 또는 비관세 장벽을 통한 보호주의적 조치는 수입재에 대한 수요를 감소시키고 국내 수입대체재에 대한 수요를 증대시킨다. 따라서 그러한 보호주의적 조치가 케인즈의 이론을 빌면 자국내 총수요를 증가시키고 실질 생산량을 증가시킬 수 있다. 실질 생산량 증가가 고용 증가로 이어지고 국민소득수준 증대로 이어질 수 있다. 하지만 국민소득 증대는 하나의 가정이 필요한데 상대국이 동일한 형태의 보호주의적 보복 조치를 취하지 않아야 한다는 것이다. 만약 상대국이 보호주의적 보복조치를 취하게 된다면 자국의 수입이 줄어들면서 동시에 수출이 감소하기 때문에 국민소득 및 고용증대효과는 나타나지 않게 된다. 또한 국가간의 안보적 긴장이 초래될 수 있는데 보호주의적 조치가 만연해질 때 세계는 큰 전쟁을 치루었다는 것을 상기할 필요가 있다.

(4) 국제수지 개선

국제수지가 항상 균형을 이루기는 쉽지 않고 시장 기능을 통해 국가간에 국제수지 관계가 자동으로 조절되는 기능은 존재하지 않는다. 따라서 경우에 따라 어떤 국가는 지나친 국제수지 흑자를 기록하기도 하고 어떤 국가는 지나친 국제수지 적자를 기록하기도 한다. 물론 국제수지 흑자라고 해서 국가 경제에 반드시 이로움을 보장하는 것은 아니다. 실제 일본은 장기간 국제수지 흑자를 기록하고 있지만 장기 불황을 겪고 있다. 불황을 통해 수입수요가 줄어들어 국제수지 흑자가 발생하는 것을 불황형 흑자라고 한다. 어쨌든 장기간 국제수지 적자가 지속적으로 발생하는 것은 국가 경제 여러 측면에서 볼 때 그렇게 반가운 일이다. 따라서 자유무역을 설립 근거로 삼고 있는 WTO에서 조차 국제수지를 이유로 하는 일시적 무역제한조치를 허용하고 있다.

(5) 국내시장의 왜곡 시정

고전파 경제학자들이 주장하는 시장 기능은 실제 그 시장이 완전경쟁 상태에 있고 모든 정보가 모든 시장 참여자들에게 동등해야 가능하다. 하지만 현실적으로 시장의 완전성과 정보의 편재는 매우 이례적이다. 대개는 시장이 불완전 경쟁 상태에 있고 그에 따라 시장 왜곡이 발생하는 경우가 매우 많다. 한번 시장 왜곡이 발생된 경우 그 시정이 쉽지 않은데 이는 시장내 누군가가 시장을 통제할 수 있는 힘이 있기 때문에 그 힘을 이용하여 계속해서 시장을 지배할 수 있기 때문이다. 실제 독과점이 발생할 수도 있고 외부불경제가 발생할 수도 있다. 이를 경우 정부개입이 필요할 수 있다.

왜곡의 성격에 따른 최적정책수단이 달라질 수 있다.

1) 관세의 부과: 국제시장에서 왜곡이 발생할 때 이를 시정하기 위해 필요하다.
2) 생산보조금 및 조세정책: 국내시장에서 생산의 왜곡 발생시 이를 시정하기 위해 필요하다.
3) 소비보조금 및 조세정책: 국내시장에서 소비의 왜곡 발생시 이를 시정하기 위해 필요하다.
4) 요소사용보조금 및 조세정책: 요소시장에서 왜곡이 발생할 때 이를 시정하기 위해 필요하다.

(6) 교역조건 개선

외국 상품에 대해 관세를 부과하면 조세저항이 상대적으로 적어 추가적인 정부재원 확보가 쉬어지기도 한다. 또한 모든 여건이 동일하게 유지되었을 때 외국 상품에 대한 관세부과가 자국의 교역조건을 개선시킬 수 있다. 일반적으로 관세부과는 소비자 이익의 많은 부분을 생산자에게 이전시키고 그 중 일부가 정부 재원으로 확보되고 그 나머지는 순손실이 발생해 관세부과 후 그 국가는 총 후생이 감소하게 된다. 하지만 그 국가가 충분히 큰 경우(즉, 대국인 경우) 외국 상품에 대한 자국의 수요 감소가 그 상품의 국제 시장 가격을 낮추어 외국 상품 생산자의 이익을 국내로 이전시키는 효과가 발생한다. 하지만 국가가 작은 경우는 이와 같은 효과를 기대하긴 어렵다.

(7) 소득 재분배 효과

보호무역은 수입재의 가격을 상승시켜 수입경쟁산업의 국내생산을 증가시키고 수출재의 국내생산을 감소시킨다. 스톨퍼-사무엘슨 정리에 따르면 수입대체재에 집약적으로 사용되는 생산요소는 수요가 증가하여 요소가격이 상승하지만 수출재에 집약적으로 사용되는 생산요소는 수요가 감소하여 요소가격이 하락하게 된다. 즉, 보호무역은 자유무역에 비하여 해당국가에 희소한 생산요소의 가격을 상승시키는 반면 풍부한 생산요소의 가격을 하락시킨다. 헥셔-올린 정리와는 정반대의 결과를 가져온다. 따라서 노동풍부국에서는 자본가에 유리하게 소득을 배분하게 되고, 자본풍부국의 경우는 노동자에 유리하게 소득을 배분하게 된다. 무역 정책을 통해 생산요소집단간의 소득배분이 더 바람직하게 되도록 영향을 줄 수 있다.

(8) 기타 경제 외적인 이유

무역은 여러 경제 외적인 요인들과도 밀접하게 관련되어 있다. 국방 및 안보, 그리고 보건 및 환경 차원에서도 무역정책이 계획될 수 있다. 사회의 가치체계 및 문화 유지 발전을 위해 수출입 규제가 가능하다. 과거 한국에선 일본 문화상품의 수입이 금지되있던 적이 있었다. 또한 국가내의 국민들의 건강을 위해 또는 환경 보호를 위해 자유 무역이 규제될 수 있다.

6 보호무역의 비용

(1) 자국 산업의 경쟁력의 약화

보호무역은 국가 경제에 비용을 발생시킨다. 보호무역조치를 통해 자국산업내 기업들은 외국 기업들과의 경쟁 기회가 사라짐으로써 국내산업 전반적인 경쟁력 약화를 초래할 수 있다. 보호무역 하에서는 경쟁력 확보가 절실하지 않으므로 자국 기업들은 기술개발과 경영혁신 작업에 소홀히 하게 된다. 따라서 고비용 저효율 구조에서 벗어나지 못하고 폐쇄적인 경영방식을 고집하다 국제경쟁력이 약화될 수 있다.

(2) 소비자후생 감소

보호무역은 자국내 소비자들이 우수한 품질과 가격경쟁력이 있는 외국산 수입품 소비를 어렵게 해 소비자 후생 수준을 감소시킨다. 즉, 보호무역 조치를 통해 수입품 사용이 제한된다면 소비자들 측면에서는 선택 기회가 줄어들게 된다. 소비자들은 가격이 낮아졌을 때 소비자후생이 증가하기도 하지만 크루그만(Paul Krugman)이 주창한 신무역이론(New Trade Theory)에 따르면 선택 기회가 많아지고 상품의 종류가 다양해졌을 때에도 소비자로써 후생이 증가할 수 있다. 보호무역을 통해 국내 소비자들의 선택 기회 또한 줄어들기 때문에 소비자들의 후생은 더욱 감소한다고 볼 수 있다. 관세 부과를 통해 수입품의 국내소비가격이 상승하면 국산 수입대체재의 가격도 상승하게 되어 소비자 후생이 추가적으로 감소하게 된다.

(3) 비효율적 자원배분

보호무역도 사실상 정부가 시장에 개입하는 성격을 띄고 있기 때문에 비효율적 자원배분이 발생할 수 있다. 시장은 자유로울 때 경쟁을 통해 모든 부존 자원과 재화가 적재적소로 배분되는 결과를 가져온다고 고전파 경제학자들은 역설한다. 그들의 주장은 지금도 유효한데 자유무역을 주장하는 주된 논거가 되기도 한다. 세계적으로 경쟁력이 충분치 않은 산업들이 정책적인 보호를 통해 지속되면서 생산요소들은 활용하고 있기 때문에 경제적 비효율성이 발생한다. 이러한 비효율성은 국민총생산을 감소시키고 국민소득을 감소시킨다. 즉, 특화생산이 이루어지지 못해 효율적 생산을 방해할 수 있다.

(4) 외교적 마찰 우려

한 국가의 보호무역 조치는 상대국의 보복을 불러오게 된다. 즉, 자국의 수입억제 정책은 상대국의 수출 감소를 의미하므로 상대국은 국제수지 악화 그리고 자국내 경기퇴화 등이 발생할 수 있으므로 이에 상응한 보복성 정책을 고려할 수밖에 없다. 결국 양국간에 교역 감소는 필연적이고 이는 양국 모두에 국가 전체 후생을 감소시킨다. 보호무역은 자국내 산업을 육성 및 보호하기 위해 상대국의 생산특화를 못하게 하는 결과를 초래하거나 자국내 고용확대를 위해 상대국에 실업 문제를 전가시키는 결과를 가져오게 된다. 자국의 경제적 이익이 훼손되면 모든 나라들은 비슷한 형태의 보호무역 조치로 대응할 수밖에 없다. 이는 국가간에 우호적인 외교관계에 긴장을 불러올 수도 있고 이는 국제사회에 안보 문제로까지 이어질 수 있다. 실제 큰 전쟁의 이면에는 무역정책이 이유가 되는 경우가 많았고 특히 한 나라의 일방적 보호무역 조치가 다른 나라의 보복성 보호무역 조치로 이어지며 세계대전이 발발했다는 사실은 많은 시사점을 던진다고 볼 수 있다.

7 전략적 무역정책

전략적으로 보호무역주의적 정책개입 필요성을 주장하는 이론으로써 주로 게임이론에 이 이론적 기반을 둔다. 기존의 보호무역주의와는 다르게 선진국들이 중심이 되어 자국의 사양산업을 보호하거나 부가가치가 큰 미래 산업을 육성하기 위해 전략적 마인드를 갖고 보호를 추진하는 신보호무역주의와 부합한다고 볼 수 있다. 즉, 중요한 특정산업에 대해 국가가 나서서 전략적으로 지원함으로써 국제시장에서 경쟁력을 확보하고 산업과 경제발전을 동시에 도모할 수 있다. 예를 들어, 1970-80년대 일본의 반도체산업, 1970년대 유럽 에어버스 항공기산업 그리고 1990년대 한국 반도체산업이 그 예가 될 수 있다. 당시 해당 국가들은 넓은 안목에서 그 산업들의 국제경쟁력 확보에 대한 중요성을 깨닫고 전략적으로 그 산업들을 육성했다. 주요 선진국들은 고부가가치산업에서 우위를 점하기 위하여 치열 한 경쟁을 하고 있다. 이런 국제적 추세속에서 크루그만(Paul Krugman)은 '독점적 경쟁'이라는 분석 모형을 통해 어떻게 기업들이 품질 신장을 위해 경쟁을 하고 시장 이익을 확보하는지를 설명했다. 브랜다(James Brander)와 스펜서(Barbara Spencer)는 제3 수출시장이 불완전한 시장구조를 갖고 있다고 상정하고 수출기업들 국가의 지원이 어떻게 국가 이익으로 돌아올 수 있는지 그 전략론적 차원에서 설명했다. 이런 설명속에서는 수출기업들 못지 않게 자국 수출기업들 이익 신장을 위해 국가들이 서로 경쟁을 하게 되는데 국가들은 자국 수출기업들 이익 극대화를 위해 어떠한 무역정책을 활용할 것인지를 놓고 고민한다. 이 이론들의 기저에는 수출기업들의 이익이 곧 자국의 후생 증대로 이어진다는 논리를 담고 있는데 이는 이러한 이론들의 약점이라고 볼 수 있다. 왜냐하면 일반적으로 후생이란 생산자 그리고 소비자들의 이익의 총합이라고 보기 때문이다.

(1) 독과점적 시장구조에서의 전략적 무역정책

과점적 시장구조하에서 각국의 수출기업들은 서로 대치하며 국제시장에서 시장점유 확대를 위해 경쟁한다. 그 수출기업들은 상대수출기업의 생산확대와 신규기업의 시장 진출을 억제하려고 하는 가운데 서로의 전략 선택에 민감하게 반응하면서 그 기업들 스스로 역시 전략적으로 행동한다. 국가가 자국기업들에 대해 보조금을 지급하거나, 정책적인 공동연구사업 등을 통해 직·간접적 지원을 하는 것은 자국기업이 외국기업보다 수출시장내 우위를 점하는데 큰 역할을 한다. 그러므로 국가는 자국기업을 돕기 위해 정책 마련을 위해 노력한다. 예를 들어, 미국의 보잉(Boeing)과 프랑스의 에어버스(Airbus)가 항공기 산업에서 경쟁할 때 양국은 자국 기업들이 초기투자비용이 큰 기술집약적 산업에서 자국 기업이 우위를 점할 수 있도록 지원을 하였다.

(2) 전략적 무역정책의 어려움

정부의 전략적 지원대상이 될 수 있는 산업을 정하는 것이 쉽지 않다. 또한 그 산업을 지원하고 성공으로 이끌기 위해서는 그 산업지원이 가져올 수 있는 외부효과과 장기적인 경제효과등을 찾아내서 지원이 대상이 되지 않는 여타 산업들과 기업들은 설득할 수 있어야 하는데 실제적으로 그러한 효과들을 사전적으로 알고 계산해낸다는 것은 불가능에 가깝다. 그러한 효과들에 대한 계량적 지식없이 또는 여타 산업들에게서 동의를 구하지 않은채 이뤄지는 특정 산업에 대한 지원은 특혜로 오해될 소지가 강하고 이는 곧 부정부패 또는 정경유착 시비에 휘말린 가능성이 있다. 또한 한 국가가 전략적으로 어떠한 산업을 지원 육성한다고 하면 전략론적 시각으로 보면 두 나라는 딜레마 상황에 놓여있게 된다. 따라서 그 상대국도 결국 같은 전략적 지원을 모색할 수밖에 없다. 이는 자국산업의 육성 지원 정책의 효과가 사라지는 것을 넘어 오히려 전략적 지원을 하지 않은 상태가 보다 큰 국가적 후생을 약속할 수 있다.

8 무역정책에 대한 직관

(1) 자유무역의 당위성과 효율성은 늘 역설되지만 완전한 의미의 자유무역은 없다. 즉 보호무역은 늘 존재한다.

(2) 자국이 경쟁에 자신이 있을 땐 자유무역을 추구하지만 경쟁에 자신이 결여될 땐 보호무역 주의로 선회하는 경향이 있다.

(3) 무역정책은 정치적 결정인 경우도 많다. 이익집단의 로비에 의해 정책이 결정될 수 있다는 사실에 대해 현재 많은 연구들이 헬프만(Elhanan Helpman)등에 의해 진행되고 있다.

(4) 세계 경기가 좋을 때는 자유무역주의가 힘을 얻었고 경기침체기에는 보호무역 주의가 목소리를 냈다.

(5) 세계 패권국가의 힘이 강성했었던 시기에는 자유무역의 경향이 강하였고, 그 패권이 약화될 때 보호무역 주의 선회 경향이 나타났다. 팍스로마나, 팍스 브리태니카, 그리고 팍스아메리카나 등.

(6) 과학과 기술이 발달함에 따라 무역제한 요인이었던 수송비가 절감되고 정보가 편재해지면서 교역의 자유가 크게 증대되고 있어 자유무역의 흐름은 시간이 갈수록 더욱 확대될 것으로 보이고 그런만큼 보호주의적 정책수단도 보다 복잡한 형태로 진화하고 다양해질 것으로 보인다. 관세장벽보다 비관세장벽이 더 큰 이슈가 될 것으로 보인다.

9 무역정책과 이익집단

무역정책으로 인한 국내 이해관계가 발생할 수 있다. 일반적으로 자유무역이냐 보호무역이냐를 놓고 볼 때 무역정책이 국가간의 이해관계만을 발생한다고 보기 쉽지만 실질적으로 더 심각할 수 있는 것은 국내 산업종사자들간의 서로 다른 이해관계에서 발생하는 당사자들 문제들이다. 예를 들어, 자유무역을 하게 되면 일반적으로 수출사업은 성장할 있는 기회를 얻게 된 반면 수입재 대체재를 생산하는 수입경쟁산업은 국제 경쟁 속에서 수축될 수 있다. 따라서 무역정책을 선택하기 전에 그 정책을 두고 집단간의 갈등과 반목이 발생할 가능성이 있다. 실제로 한국도 미국과 FTA를 추진하던 중 2008년도 쇠고기 전면 수입 자유화를 놓고 국내에서 큰 갈등이 발생했던 적이 있다. 이처럼 국가는 이해당사자들의 복잡한 이해관계를 조정해야 책임을 진다. 하지만 자유민주주의 국가에서는 어떠한 정당이라도 반드시 선거에서 다수의 지지를 끌어내야 하는 이상 이해관계 조정 역할이 절대 쉽지 않다.

(1) 생산요소들 간의 다른 이해관계(스톨퍼-사무엘슨 정리)

헥셔-올린 정리에 따르면 자유무역은 그 국가에서 상대적으로 풍부한 생산요소에는 이득을 주는 대신 상대적으로 희소한 생산요소에는 손해를 남기게 된다. 스톨퍼-사무엘슨 정리에 따르면 보호무역은 역으로 그 국가에서 상대적으로 풍부한 생산요소에는 손해를 남기는 반면 상대적으로 희소한 생산요소에는 이득을 준다.

(2) 산업들간의 다른 이해관계

자유무역은 수출산업종사자에 상대적 이득을 줄 수 있는 반면 수입경쟁산업 종사자에게 상대적 손해를 남길 수 있다. 그 이유는 자국 정부가 자유무역 조치를 취하게 되면 상대국 정부도 이에 호응하여 자유무역 조치를 취할 가능성이 커진다. 따라서 수출 환경이 좋아진다고 볼 수 있는 반면 자국 정부가 보호무역 조치를 취하게 되면 수출하기 위해 생산을 해야 하는데 이때 필요한 원자재의 수입가격이 상승할 가능성이 있다. 원자재 수입가격 상승은 결국 수출상품의 가격 상승으로 이어져 수출경쟁력을 낮출 수 있다. 자유무역을 통해 생산특화가 이루어진다면 국내의 풍부한 자원들이 수출산업에 집중되어 자본과 노동 등과 같은 생산요소들을 더 유리한 조건으로 활용할 수 있게 된다.

10 보호무역과 부합하는 산업들

일반적으로, 보호무역은 소비자보다 생산자의 이익 보호에 더 집중하게 되므로 이익집단의 힘이 강한 산업일수록 보호무역 혜택을 받을 가능성이 높다. 상대적으로 노동집약적인 산업은 자유민주주의 국가에선 그 노동자들이 유권자가 되기 때문에 그 노동자들 요구가 받아들여질 가능성이 높다. 특히 개발국가와 저개발국가를 막론하고 노동집약적인 산업들은 많은 사람들이 종사하고 있으므로 그들의 조직화된 목소리가 정책에 반영될 가능성이 높다는 뜻이다. 개발국에선 사양세에 있는 산업들이 노동집약적인 산업인 경우가 많다. 한국도 현재 노동집약적인 산업들은(섬유 또는 신발) 대부분 사양세에 있다. 중간재 산업보단 최종재 산업이 보호될 가능성이 높은데 이는 중간재에 붙는 관세가 높을수록 실효보호율이 낮아지고 최종재에 붙는 관세가 높을수록 실효보호율이 높아지기 때문이다. 외부효과가 크게 발생하는 산업일수록 보호를 위해 그 국가의 국민들이 동의할 가능성이 높다.

Ⅱ 무역정책 수단

보호무역을 위한 정책 수단은 크게 관세와 비관세로 나눌 수 있다. 관세란 어떤 재화가 수입될 때 부과하는 세금을 말한다. 관세는 옛날 국가의 재정수입을 목적으로 징수했던 통행세에서 유래되었는데 이후 관세는 무역정책의 대표적인 수단이 되었는데 대개는 수입되는 수입품에 부과된다. 한편 상품의 수입될 때 부과하는 세금은 아니지만 통관 과정에서 지불이 요구되는 통관료 또는 통관관련 수수료 등도 관세와 비슷한 경제적 효과를 내기 때문에 이들을 의사관세(Para-tariffs)라고도 칭한다.

1 관 세

(1) 관세의 유형

관세를 부과하는 방법이나 목적 그리고 그 대상에 따라 몇가지 유형으로 나뉠 수 있다. 첫째, 관세율의 결정방법에 따라 종가세와 종량세로 나뉜다. 종가세는 가격을 기준으로 하여 그 세율이 부과되며, 종량세는 수량을 기준으로 그 세율이 부과된다는 것이 다르다. 한국에선 대부분의 품목에서 종가세를 적용하지만 일부 종량세를 적용하는 경우도 있다. 종량세는 수입된 재화의 각 단위마다 고정된 관세를 부과하게 된다. 예를 들면 커피 10 Kg당 5달러의 관세를 부과한다고 가정하면 양에 일정한 세금을 붙이는 것이 된다. 반면 종가세는 수입된 재화의 가격에 일정한 세금을 부과한다. 예를 들면 유럽산 자동차에 대해 그 가격에 대해 10% 관세를 부과할 수 있다. 한편 가격과 수량을 동시에 고려해 관세를 정하기도 하는데 이를 복합관세라고 한다. 둘째, 관세부과의 목적에 따라 보호관세와 재정관세로 나뉜다. 보호관세는 자국의 산업 보호를 목적으로 부과되는 관세를 말한다. 반면 재정관세는 재정수입을 목적으로 한다. 일반적으로 관세는 산업보호와 재정수입 두 가지 기능을 모두 갖고 있다. 하지만 어떤 기능이 더 큰 역할을 하느냐가 중요하다. 현대에는 대부분 나라들에서 관세의 산업보호 기능이 더 중시되고 있는 상황이다. 하지만, 재정수입이 필요한 개발도상국들은 재정수입 목적으로 관세를 부과하는 경우도 있다. 셋째, 관세의 대상에 따라 수출세와 수입세로 나뉜다. 수출세는 수출되는 상품에 세율이 부과되고 수입세는 수입되는 상품에 그 세율이 부과된다. 대개 수입관세가 보편적이지만 일부 나라들은 자국재화의 해외유출을 통제하기 위한 목적으로 수출세를 부과하는 경우도 존재한다.

한 상품시장에서 관세가 어떠한 영향을 미치는가를 생각해보자. 무역개시 이전에 자국에서 그 상품의 가격이 외국보다 높다고 가정한다. 이럴 경우 무역이 개시되면 외국으로부터 수입이 이뤄진다. 이론적으로 국내 시장가격과 수입 가격의 차이가 사라질 때까지 외국으로부터의 수입은 계속되는데 두 국가 간에 수송비가 없다고 전제하면 관세는 수송비와 같은 역할을 한다. 즉, 국제가격에 수송비를 더하듯 관세를 더한 가격이 국내가격과 같아지게 된다. 자국 가격에 수송비를 더한 가격이 외국에서 팔 수 있는 가격보다 높아지면 가격경쟁력이 사라지듯, 관세를 포함한 가격이 외국의 가격에서 팔 수 있는 가격보다 높아지면 국내 생산자는 외국으로 재화 공급을 하지 않을 것이다. 관세를 부과하면 그만큼 국내 시장가격을 상승시키게 된다.

(2) 관세 효과(소국의 경우)

이론적으로 한 나라가 소국이냐 대국이냐를 정의할 때 그 기준이 되는 것은 세계시장에서 그 나라가 수입하는 비중이 충분히 커서 국제가격에 영향을 미치느냐 그렇지 않느냐가 된다. 즉, 국제가격에 영향을 미치면 대국이 되고 그렇지 않으면 소국이 된다. 소국의 경우를 먼저 살펴보면, 관세부과를 통해 국제가격은 변화가 없을 것이다. 즉 국제가격은 원래의 수준을 유지하게 된다. 하지만 관세 부과를 통해 자국시장에는 수입재 가격이 관세만큼 인상된다. 이를 가격효과라고 한다. 따라서 국내 소비자들은 보다 높은 가격에 그 상품을 소비해야 하고 국내 생산자들은 높은 가격에 공급할 수 있게 됨에 따라 더 많은 상품을 공급할 유인을 지닌다. 생산자들을 유리하게 하기 때문에 이를 산업보호 효과라고 한다. 가격이 높아진 만큼 국내 수요자들의 수요가 줄어들고 반대로 국내 공급자들은 더 많이 공급하게 되므로 국내시장에서 초과 수요량은 줄어들게 되어 수입량 역시 줄어들게 된다. 수입량이 줄어 국제수지를 개선시키기 때문에 이를 국제수지개선효과라고 한다. 관세부과 이전보다 수입량은 줄어들지만 그 수입에 대해 관세를 부과해 정부는 재정수입을 얻게 되므로 이를 재정수입효과라고 한다. 그리고 생산자들은 더 높은 가격에 더 많이 팔 수 있으므로 생산자 후생이 증가하게 되지만 소비자들은 더 높은 가격에 수요를 덜하게 되므로 행복감이 줄어들게 된다. 즉 소비자 후생이 감소하게 된다. 줄어드는 소비자 후생이 부분적으로 생산자에게 이전되고 부분적으로 정부의 재정수입으로 이전된다. 관세부과 결과 생산자는 유리해졌고 소비자는 불리해졌으므로 서로 소득이 일정 부분 재분배 되었다고 생각할 수 있다. 따라서 이를 소득재분배 효과라고 한다. 줄어드는 소비자 후생의 일정부분은 아무곳으로도 이전되지 못하고 완전히 사라지게 된다. 그렇게 상실된 소비자 후생의 부분을 순손실이라고 부른다. 관세 부과로 인해 외국상품은 국내 상품보다 관세만큼 그 가격이 높아지게 되어 외국기업은 관세부과국에서 가격경쟁력 회복을 위해 수출가격 인하를 추진하게 되면 관세부과국 소비자들을위해 그만큼 더 저렴하게 상품을 수입하는 결과가 되므로 교역조건이 개선된다. 이를 교역조건개선효과라고 한다.

(3) 실효보호관세

한 재화를 생산할 때 원료, 중간재, 그리고 최종재 등의 공정 단계를 거친다. 이때 원료나 중간재 수입에 있어 높은 관세를 부과하고 최종재 수입에 대해 낮은 관세를 부과하게 되면 원료와 중간재의 가격이 상승하고 최종재의 가격은 하락하게 된다. 이 경우에 원료나 중간재를 수입하여 국내생산을 추구하기보다 기업들은 최종재를 수입하는 경우가 발생하게 된다. 반대로 원료나 중간재에 낮은 관세를 부과하고 최종재에 높은 관세를 부과할 때, 최종재를 수입하는 것보다 원료나 중간재를 수입하여 국내에서 직접 생산을 하는 경우가 많아지게 된다. 전자와 후자의 차이는 다음과 같다. 전자의 경우는 국내산업 보호효과가 작게 되고, 후자의 경우는 국내산업 보호효과가 크게 된다. 이처럼 국내산업의 보호는 산업전체의 평균관세율에만 달려있는 것이 아니라 중간재와 최종재에 대해 어떻게 관세율을 정하느냐에 따라 국내산업 보호효과가 달라지게 된다. 여기서 관세에 의한 국내산업 보호효과를 단순히 최종재의 관세율이나 산업의 평균관세율로 파악하지 않고 관세부과로 인하여 실제 그 산업 생산이 얼만큼 촉진되었느냐 즉, 그 산업 생산이 실제 얼만큼 보호되었냐를 측정하기 위한 개념이 실효보호관세율(Effective tariff rate)이다. 따라서 실효보호율은 관세나 여타 무역정책이 자국 생산자들을 실제로 얼마만큼 보호했는가를 나타낸다. 이때 그 실효보호율은 무역정책이 변하면서 한 산업내 기업들이 생산과정에서 창출한 부가가치의 변화량을 나타내며 이 가치 변화는 그 무역정책이 야기한 가격 변화량에 달려있게 된다. 관세는 보호된 산업뿐만 아니라 이외의 다른 산업들에도 영향을 주기 때문에 보호된 산업의 부가가치 창출에 간접적 영향을 줄 수 있다. 따라서 실효보호율은 관세율과 항상 같을 순 없다.

예를 들어, 세계적으로 자동차가 한 대 1000만원에 팔리고 700만원의 중간재를 사용했다고 가정하자. 이때 부가가치는 천만원에서 700만원을 뺀 300만원이다. 국가가 수입차에 대해 30% 관세를 부과한다고 해보자. 그렇게 되면 국내 자동차 회사들은 가격을 1300만원에 팔 수 있게 된다. 관세 부과 이전에 부가가치는 300만원이었던 반면 관세 부과 이후 부가가치는 500만원이 된다. 이에 따라 실효보호율은 관세부과에 따른 부가가치의 변화율이라고 정의했기 때문에, 국내 완성자동차 기업들에 대한 실효보호율은

(600만원 - 300만원) / 300만원 = 100%

따라서 이 경우 실효보호율은 관세율 25%보다 크다는 것을 알 수 있다.

관세는 수입국에서 재화가격 인상을 초래하므로 그 수입국에서 소비자들은 손해 그리고 생산자들은 이득을 보게 된다. 정부는 관세로부터 재정수입을 얻게 된다. 그렇다면 손해와 이득은 어떻게 측정될 수 있을까? 소비자잉여와 생산자잉여의 개념을 이용하면 된다. 시장 균형가격에서 소비자잉여와 생산자잉여가 동시에 발생한다. 소비자잉여는 각 소비자가 지불할 용의가 있는 최고가격과 그 소비자들이 실제 지불하는 가격에 차이가 발생하고 이 차이만큼 그 소비자들이 시장에서 얻게 되는 개인 소비자 이득들의 합이다. 가격이 상승하면 수요량이 감소할 뿐만 아니라 소비자잉여도 더불어 감소하게 된다. 생산자잉여는 각 생산자가 공급할 용의가 있는 최저가격과 모든 생산자들 실제 받는 가격과의 차이만큼 생산자들은 시장을 통해 얻는 개인 생산자이득들의 합이다. 가격이 상승할 때, 공급량뿐만 아니라 생산자잉여도 증가하게 된다. 소국의 경우 관세부과는 그 국가의 전체적인 후생의 감소를 초래한다.

(4) 관세 효과(대국의 경우)

하지만 대국의 경우에는 그 결과가 다를 수 있다. 즉, 정의한대로 대국은 자국의 수입수요가 세계시장가격에 영향을 줄 수 있기 때문에 대국의 관세부과가 야기하는 후생효과는 소국의 경우와는 달리 모호하다. 즉, 경우에 따라 전체 국가의 후생이 감소할 수도 있고 증가할 수도 있다. 직관적으로 설명하면, 대국의 경우 관세부과를 하게 되면 자국내 수입수요가 줄어들어 국제가격이 낮아질 수 있다. 즉, 수입품의 수입가격이 더 낮아지기 때문에 자국시장에서 같은 가격에 팔릴 경우 그 국가는 관세부과 정책을 통해 외국의 공급자가 그 국가의 재정수입에 기여하게 할 수 있다. 결국 자국의

후생감소 일정 부분을 외국 공급자에게 전가시켜 그 전가되는 정도가 충분히 클 경우 대국은 전체적인 후생이 관세 이후 증가하는 경우도 있다. 이때 교역조건개선효과가 발생해 관세부과국의 전반적인 후생이 증가했다고 설명한다. 즉 대국의 정부는 자국의 소비자들과 외국의 생산자를 희생시켜 재정수입을 얻는다. 교역조건개선을 통해 얻는 이득이 충분히 커서 자국에서 발생하는 소비자후생 감소분을 만회하면 외국의 생산자들을 희생시켜 자국의 전반적 후생이 증가하게 된다. 즉, 소국의 경우 관세로 인해 순손실이 발생했지만 대국의 경우에는 외국 생산자들의 희생 속에서 자국의 순소실이 만회되는 경우도 있다. 하지만, 이는 외국의 보복을 불러올 수 있다.

2 비관세 무역장벽(Non-tariff Trade Barrier: NTB)

비관세무역장벽이란 관세 이외의 모든 무역제한 수단을 말한다. 자유로운 국제무역을 가로막는 장애요인이라는 의미에서 무역장벽이라고 하여 관세를 포함하지 않았기 때문에 비관세무역장벽이라고 한다. 비관세무역장벽은 정부가 수입비용을 증가시키거나 또는 사실상 양을 제한함으로써 자유무역을 방해하는 관세 이외의 모든 정책수단이라고 말할 수 있다. 비관세장벽은 그 형태나 성격이 매우 다양하다. 양차 세계대전 이후 GATT의 반복적인 노력을 관세율이 현격히 낮아졌다. 이에 따라 관세부과를 통한 무역 제한이 곤란하게 되자 각국은 관세 대신 다른 무역제한수단을 모색하게 되었는데 이로 인해 비관세장벽들이 등장하게 되었다. 비관세장벽들이 국제 자유무역에 있어 장애요인으로 대두되자 도쿄 라운드에서 비관세장벽에 대해 공식 논의하기 시작했고 이들을 제거하기 위하여 우루과이 라운드에서는 여러 개별협정을 통해 비관세장벽을 규제했다. 그리고 비관세장벽에 대한 규칙을 설정하게 되었다. 이에 따라 비관세무역장벽의 수준은 많이 낮아지는 결과를 가져왔다.

(1) 비관세장벽의 특징

비관세장벽은 다음과 같은 특징이 있다. 첫째, 비관세장벽은 그 형태가 매우 다양하다. 각국은 상황에 맞추어 비관세장벽을 생각해내고 사용하고 있기 때문에 그 종류가 매우 다양하고 복잡하다는 특징이 있다. 설령 제도라도 국가마다 다르게 운영되고 있는 현실이어서 그 형태가 정해져 있지 않다. 둘째, 비관세장벽은 정부 의지이다. 관세는 원칙적으로 입법사항이기 때문에 법률로 정해지지만, 비관세장벽은 정부의 행정조치로서 정부의 의지에 따라 탄력적으로 운영되고 있는 것이 현실이다. 셋째, 비관세장벽은 드러나지 않는 경우도 많다. 관세는 공식적으로 공표되어지는 데 반하여, 비관세장벽은 타국으로부터 보복을 회피하기 위한 목적도 있기 때문에 파악이 어려운 경우도 있다. 넷째, 비관세장벽은 차별성이 있다. 관세장벽은 모든 국가에 동일하게 공통적으로 적용되는데 반하여, 비관세장벽은 대상국가나 대상상품을 두고 차별적으로 적용되는 경우가 많다. 일반적으로 비관세장벽은 가변적이고도 신축적인만큼 불확실성을 높이는 경향이 있다. 다섯째, 비관세장벽은 비경제적인 성격을 띌 때도 많다. 즉, 보건, 안전, 그리고 환경 등과 관련해 보호가 필요하여 비관세장벽을 활용하는 경우도 있다. 여섯째, 비관세장벽은 국제협상을 통한 해결이 어렵다. 비관세장벽의 존재여부도 확실치 않지만 산업에 끼치는 효과 역시 분명하지 않기 때문에 협상기준 마련이 어렵다.

(2) 비관세장벽(수입제한적 조치)

우루과이 라운드 이전 비관세장벽의 수가 무려 수백 가지에 달한다고 GATT에 의해 보고된바 있지만 WTO 설립 이후 그 수가 크게 줄어든 것으로 보인다. 비관세장벽은 형태가 매우 다양하고 복잡하기 때문에 정형화하기 어려운 탓에 분류가 쉽지 않다. 넓게 보면, 그 사용 목적에 따라 수입제한적 조치, 수출장려적 조치로 나눌 수 있고 또한 산업피해구제조치, 수출제한조치 등으로 나눌 수 있다. 그 내용들은 간략히 다음과 같다.

1) 수입할당제

수입할당제는 수입량을 일정하게 제한하는 것을 말한다. 수입할당제도는 수입상품에 대하여 일정한 수량이나 금액의 범위를 한정해 수입을 허용하게 된다. 수입할당을 통해 수입량이 줄어들면 상품의 국내 가격이 상승하게 되고 이에 따라 국내생산이 늘어나고 국내소비가 줄어드는 등 관세와 비슷한 경제적 효과를 발생시킨다. 하지만 관세보다 보호효과가 확실하고 경제적 부작용이 더 클 수 있다. 그 부작용은 주로 수요와 공급을 시장 가격 기능에 맡기지 않고 양을 직접 제한하기 때문에 발생한다. 즉 관세를 부과하면 관세만큼 값을 치르면 그 상품을 구매할 수 있지만 양을 제한해버리면 아무리 구매하고 싶은 의사가 강하다 하더라고 구매 자체가 불가능해진다. 수입할당은 보호무역주의의 대표적인 무역제한수단이고 그 폐해가 작지 않기 때문에 GATT에서는 수입할당제도를 원칙적으로금지하고 있다. 하지만 예외적으로 허용되고 있고 실제로는 세계 전역에서 수입할당 또는 이와 비슷한 형태의 수입제한이 광범위하게 사용되어 왔다. 특히 농산물의 경우나 국제수지 유지 목적 등과 같은 경우에 예외적으로 허용되고 있는 실정이다. 수입할당제는 수입되는 재화의 양을 직접적으로 제한하는 것이기 때문에 수입 면허를 발급하여 집행되는 경우가 많다. 실효성이 있는 수입할당제는 국내에 초과수요가 발생하고 있는 상황이기 때문에 수입가격이 올라가게 되고 이 높아진 가격에서 잉여수입이 발생하게 되는데 이 잉여수입이 수입면허 소지자들에게 돌아가게 된다. 이러한 잉여수입을 할당지대라고 한다. 관세대신에 수입할당제로 수입을 제한하면 재정수입이 발생하지 않는다.

2) 관세할당

관세할당 제도는 특정 상품에 대해 일정수량까지는 저율의 관세를 부과하고, 일정수량을 초과하면 고율의 관세를 부과하는 제도를 말한다. 관세할당은 때로는 할당관세라고 불리기도 하며 관세와 쿼터가 혼합된 형태라고 볼 수 있다. 한 나라에서 어느 정도 수입은 시장내 수급을 위해 필요하지만 과다 수입이 나라 경제에 심각한 피해가 입힐 것이라고 예상될 때 활용 가능한 제도이다. WTO에서는 수입할당은 원칙적으로 금지하고 있지만 할당관세제도는 인정하고 있다.

3) 수입금지

수입금지제도는 특정 상품에 대한 수입을 전면 금지하는 것으로 수입제재를 위한 극단적 조치라고 할 수 있다. 관세는 가격 메카니즘을 통해 수입 상품 수요를 억제하고 수입할당은 일정량으로 수입량을 제한하지만 수입금지는 말 그대로 전면적으로 수입을 금지하는 것이다. 경제적인 이유에서 기인한다기 보다 대개 안보상의 이유, 보건 및 위생, 문화적 이유 등과 같은 비경제적인 이유에서 기인하는 경우가 많다. 자유무역 추세가 강할 때 이러한 수입금지는 드물게 발생하며 전쟁이나 비상사태등에 한해 일시적으로 실시되는 경우가 대부분이다.

4) 수입허가제도

수입허가제도는 국가가 무역을 직접 관리하기 위한 목적으로 활용하는 제도라고 볼 수 있다. 여기에서 말하는 허가란 승인 또는 면허 등 이와 유사한 모든 절차들을 포괄한다. 국가에 따라서는 아무런 제한 없이 상품을 수출 또는 수입할 수 있는 자동승인품목이 있고 수출 또는 수입에 별도의 절차가 필요한 경우가 있다. 이를 제한승인품목 또는 금지품목 등으로 나누어 지정하며, 무역을 하는 사람에 대해서도 수출입관리를 위해 일정한 자격 요건을 부과한다. 수입허가제도 본래의 취지가 반드시 수입제한에 있다고 말 할 순 없지만 경우에 따라서 수입허가과정이나 절차가 까다로워지면 사실상 저지하는 효과를 발휘하기도 한다. 이런 시각에서 보면 이 제도 역시 보호무역의 수단으로 활용될 수 있다. 즉, 수입허가신청을 위해 관련서류 제출 절차가 까다롭고 번거로워지면 시간이라는 기회 비용이 많이 소모된다. 따라서 수입도 줄어들게 된다.

5) 국산자재 사용조건

국산자재 사용조건은 최종재의 일정 부분을 자국에서 생산되도록 요구하는 규정이다. 자국 부품생산자의 관점에서 국산자재 사용조건 규정은 수입할당제와 유사하게 부품 산업을 보호하는 효과를 가져온다. 하지만 국산자재를 구입해야 하는 기업의 입장에서 보면 국산자재 사용조건은 수입을 엄격히 제한하지는 못한다고 볼 수 있다. 즉, 국산자재 사용조건은 기업들이 국산부품을 더 많이 사용하는 댓가로 더 많은 수입도 가능해진다. 관세나 수입할당제가 정부의 재정수입이나 할당지대를 발생시킨다. 하지만 국산자재 사용조건은 재정수입이나 할당지대가 발생시키지 않는다. 대신에 자국부품 가격과 수입부품의 가격 차이가 최종재 가격에 반영되고 이는 다시 소비자에게 전가된다.

(3) 수출장려적 조치

1) 수출보조금

수출보조금은 수출 촉진을 위해 산업별 또는 기업 활동을 두고 제공되는 정부의 지원을 말한다. 관세와 비슷한 방법으로 수출보조금 또한 양에 따라 또는 가격에 따라 정해질 수 있다. 양에 따라 붙는 종량적 보조금은 수출 단위당 보조금을 지불하는 경우이고 가격에 따라 붙는 종가적 보조금은 수출액의 일정 비율을 보조금으로 지불하는 경우이다. 보조금은 국고로부터 생산자 또는 소비자에 이전된다는 점에서 '부'의 조세라고 볼 수 있다. 수출보조금에는 조세 감면, 현금 지급, 금융 지원, 수출신용보증 등 수출활동과 관련되는 직간접적인 여러 형태의 지원이 있을 수 있다. 수출국에서 수출보조금은 수출가격 인하를 통해 국제경쟁력을 향상시키고 결과 수출 증대로 이어지는 효과가 있다. 즉, 수출보조금은 자국 생산자들로 하여금 보다 많은 수출을 유도하여 수출국 자국내에서 공급이 줄어들어 재화가격 인상이 유도될 수 있다. 이때는 수출국의 소비자잉여가 감소하고 수출국의 생산자잉여가 증가하게 된다. 또한 상대수입국 입장에서 보면 자국내 수입공급량이 많아져 재화가격이 낮아지기 때문에 수입국 소비자들의 잉여도 증가한다. 실제로 EU의 공동농업정책은 농산물 가격을 높게 책정하고 높은 가격에서 비롯되는 초과 공급량을 처분하기 위하여 수출을 보조하고 있다. 보조금이 지급된 수출로 농산물의 세계가격은 인하된다. 이러한 유럽의 수출보조금 정책 때문에 2007년 한해 유럽의 소비자들이 지불해야 했던 비용(소비자 잉여 감소분)이 농업생산자들에게 돌아갔던 이득(생산자 잉여 증가분)보다 약 300억 달러 더 컸다는 보고도 있다. 수출보조금제도의 특징을 다시 정리해보면 다음과 같은 사실을 알 수 있다. 첫째, 수출보조금의 지급은 정부에 의한 지출이다. 따라서 이는 결국 조세부담 증가로 돌아올 수 있다. 둘째, 수출보조금의 지급은 수출가격을 낮춘다고 전술한 바 있는데 이는 수출국의 교역조건을 악화시킨다는 것을 의미한다. 결국 수출국의 후생수준 저하로 이어진다. 셋째, 수출보조금 지급은 생산과 소비의 왜곡을 가져오기 때문에 국가전체로 볼 때 후생수준을 낮춘다. 여기에서 그치지 않고 어느 한 나라의 수출보조금 지급은 다른 나라의 수출보조금 지급을 가져올 수 있다. 이렇게 되면 수출보조금 지급의 긍정적 효과는 발생하지 않고 국제무역환경만 더 나빠지게 된다. 그렇기에 WTO는 수출보조금 지급을 원칙적으로 금지하고 있다.

2) 수출신용제도

수출신용제도는 수출 지원을 위해 수출업자나 수출품 생산업자에 대해 금융상의 지원을 해주는 것을 말한다. 수출금융지원제도 또는 무역금융제도 등도 모두 비슷한 개념들이다. 수출금융은 수출과 관련한 단기적 자금 지원과 설비투자를 위한 중장기적 금융지원 등으로 나뉜다. 대다수 나라들에서 수출을 위한 금융지원을 정책으로 활용하는 경우가 있고 수출과 관련되는 여타 활동 즉, 원자재 수입에 대한 금융지원을 하는 경우도 있다. 수출업자나 수출품 생산업자에 대한 금융지원은 수출품의 생산비용을 줄여 국제경쟁력을 제고시키고 수출을 증가시킬 수 있다. 다른 정책수단들과 비교할 때 수출신용제도는 상대국의 반발없이 수출지원을 할 수 있다는 장점이 있는 반면 내수산업과 수출산업간에 자원배분이 왜곡되어 문제가 발생하기도 한다.

3) 수출신용보험제도

수출신용보험제도는 수출상의 위험을 정부가 담보함으로써 수출을 지원하는 제도이다. 수출을 할 때 다양한 위험이 존재한다. 예를 들어, 전쟁이 일어날 수도 있고 수입국에서 내란이 발생할 수도 있으며 파업문제가 심각할 수도 있다. 이밖에도 수입금지 조치 또는 외환통제 조치 등으로 인해 수출이 금지되고 또는 대금회수가 불가능하게 되는 극단적인 경우도 있다. 또는 수입업자의 파산하거나 계약을 일방적으로 이행하지 않는 경우도 발생할 수 있다. 이러한 위험들에 대해보험제도가 잘 도입되어 있지 않기 때문에 국가가 정책적으로 보험제도를 만들어 수출업자들의 손실을 보상해주고 수출에 따른 위험을 해소해준다. 이에 따라 보다 많은 생산자들이 수출을 시도할 수 있게 된다.

(4) 산업피해구제수단

1) 반덤핑관세제도

덤핑은 국내 시장에서 판매되는 재화의 가격보다 수출용 재화의 가격을 더 낮게 책정하는 행위를 말한다. 시장약탈을 위해 덤핑을 시도하면 이는 문제가 된다. 덤핑에서 가장 중요한 점은 시장에 따른 가격차별화이다. 전략적인 가격차별과 시장 확대를 위한 덤핑은 구분하기 어렵다. 일반적으로 가격차별과 덤핑은 다음과 같은 경우에만 일어날 수 있다. 첫째, 불완전경쟁이 존재할 때이다. 불완전경쟁 상황에서 기업들은 시장가격에 영향을 미칠 수 있고 가격 변화에 따라 수익이 변하기 때문이다. 둘째, 시장이 분리되어 있을 때이다. 일반적으로 소비자들의 기호가 다르다. 다양한 이유로 시장분리는 발생할 수 있다. 예를 들어, 홍어와 삼겹살은 한국 소비자들에게 특히 인기가 많다. 이러한 시장 정보가 있다면 공급자는 한국 시장에서 어느 정도 가격을 올려도 소비자들의 수요가 크게 변하지 않는다면 가격을 인상하고자 할 것이다. 이때 덤핑은 이윤극대화 전략일 수 있다. 불완전 경쟁 상황에서 상대적으로 생산과정이 비효율적인 기업은 한계비용이 높기 때문에 가산금(markup)이 낮아진다. 이때 가산금은 실제 판매가격과 한계비용의 차이를 말한다. 무역비용 발생은 수출기업들이 부과할 수 있는 가산금을 더 낮추게 된다. 가산금 책정은 이윤극대화를 위해 전략적으로 결정될 수 있고 시장이 분리되면 분리된 두 시장에서 판매 가격이 달라질 수 있다. 이 전략적 덤핑은 대부분의 국가들에서 불공정(Unfair) 무역행위로 간주되게 된다. 미국의 경우 만일 외국기업들에 의한 덤핑으로 미국 기업이 손해를 입었다면 미국 상무성은 조사에 나설 수 있고 필요할 경우 상무성은 미국 기업을 보호하기 위하여 반덤핑관세(Anti-dumping duty)를 부과할 수 있다. 세금은 수입재의 실제가격과 공정가격 간의 차이와 같다. 여기서 공정(Fairness)가격이란 그 제품이 제조된 국가의 국내시장에서 정상적으로 판매된 가격을 의미한다. 다음에, 국제무역위원회(International Trade Com- mission: ITC)는 미국 기업에 손해를 입혔는지 또는 손해를 입힐 것으로 보이는지를 결정한다. 만일 ITC가 손해를 입혔거나 손해를 입힐 것으로 보인다고 결정되면, 적절한 반덤핑관세를 부과한다. 국제경제학자들은 반덤핑관세 집행이 잘못되고 있다고 생각하는 경우도 많다. 무역비용으로 인해 수출시장에서 기업들이 전략적으로 가산금을 낮게 책정하도록 유도한다. 즉 전략적으로 가격차별화를 시도하는 경우가 많다. 전략적 가격 차별화를 두고 반덤핑관세를 집해하게 되면 공정성에 대한 논란이 발생할 수 있다. 반덤핑관세 부과를 위해 덤핑이 명백해야 하고 덤핑으로 인해 수입국내 동종산업에서 실질적 피해가 발생하고 있거나 피해가 발생할 것으로 예상되어야 한다. 반덤핑관세는 일반 관세나 긴급수입제한조치에 비교 할 때 다음과 같은 특징이 있다. 첫째, 반덤핑관세는 차별적으로 관세를 부과한다. 일반 관세는 수출국, 수출자에 상관없이 고르게 일관되게 부과하지만 반덤핑관세는 특정국, 특정인에 대하여 선별적으로 그리고 차별적으로 부과한다. 둘째, 반덤핑관세의 부담은 수출국으로 전가된다. 반덤핑관세만큼 수출국에서 수입국으로 이익이 이전된다. 하지만 그 차별적 관세의 발생원인이 수출국에 있으므로 수출국은 항의나 비난을 할 수 없다. 셋째, 반덤핑관세는 수입제한효과를 발휘한다. 반덤핑관세는 사전에 알고 대처하기가 쉽지 않아 무역의 위험과 불확실성이 커지게 한다. 한편, 반덤핑관세를 수입국에서 규제 목적으로 활용하면 보호무역주의의 한 수단으로 악용될 가능성도 배제할 수 없다. 그래서 반덤핑관세 남용이 발생하지 못하도록 WTO에서는 시행규정을 마련해 두고 있다.

2) 상계관세제도

상계관세는 수출국에 의해 제공된 보조금이 상품의 생산 또는 수출에 직접, 간접으로 영향을 주었고 이에 따라 수입국 산업에 명확한 피해를 입혔을 때 이 피해를 상쇄할 목적으로 부과되는 관세를 말한다. 수입국 입장에서는 수출국의 보조금 지급으로 해당 수입상품의 가격 경쟁력이 강화되기 때문에 국내 산업의 피해를 예상할 수 있다. 따라서 수입국은 피해 방지를 위해 보조금이 지급된 수입 상품에는 보조금의 지급된 것만큼 상계관세를 부과하여 보조금 지급효과가 상쇄되도록 할 수 있다. 한 나라가 수출품에 대해 지급하는 보조금은 자유무역을 가로막고 무역을 왜곡시키는 불공정 행위로 간주될 수 있기 때문에 이에 대한 상계관세는 WTO에 의해 인정되는 제도이다. 하지만 문제는 보조금의 지급여부와 그 지급액 규모를 정확하게 파악하기가 어렵다는 것이다. 이런 현실 속에서 상계관세제도도 보호무역주의 방편으로 활용될 수 있으며 이에 따라 국가간 분쟁도 발생할 수 있다. 그래서 각 국가들은 반덤핑관세제도와 마찬가지로 상계관세제도를 공정하게 운영하기 위해 노력을 경주해야 한다.

3) 긴급수입제한제도(Safeguard)

긴급수입제한조치(Safeguard)는 한 국가가 자국 산업의 심각한 피해가 임박할 때 일시적으로 수입을 제한할 수 있는 조치이다. 구체적으로 특정국가에서 생산되는 어떤 상품의 수입량이 대폭 증가함으로써 대체재를 생산하는 자국 산업에 심각한 피해가 초래되거나 그 우려가 되어질 때 그 상품에 대해 수입을 제한할 수 있다. 이러한 긴급수입제한조치를 발동하기 위해서는 근거가 있어야 한다. 첫째, 객관적인 시각에서 수입이 대폭 증가했어야 한다. 둘째, 이러한 수입 증가가 자국의 경쟁 산업에 심각한 피해를 주었거나 피해를 줄 것으로 예상되어야 한다. 수입제한조치는 일시적 수입제한을 통해 피해를 입은 자국산업이 경쟁력을 회복하도록 기회를 제공해 주는 제도로 해석될 수 있다. 긴급수입제한제도는 제한된 기간 동안에만 즉 한시적으로 사용가능하다.

4) 수출제한조치

수출제한조치는 수출국이 경제적 또는 여타의 목적을 갖고 일방적으로 수출을 제한하는 것을 말한다. 대개 나라들은 수출을 장려하고 있기 때문에 이러한 수출제한조치는 개념적으로 생소할 수 있다. 이러한 수출제한 조치가 택해지는 이유는 다양한데 그중에 가장 대표적인 것은 국가 안보상의 이유가 될 수 있다. 예를 들면 세계 안보를 위해 핵물질의 수출은 통제되고 있다. 국제 정치적 관계 속에서 대립하고 있는 국가에 대해 경제적인 곤란을 주기 위해 수출제한을 하는 경우도 있다. 이 또한 수출제한 조치의 범주에 들어간다. 경제제재조치로서 수출 통제는 빈도가 높다. 태평양전쟁 당시 일본에 대한 석유 수출금지, UN 결의에 의한 북한에 대한 무기 수출금지 조치 등도 좋은 예들이다. 자국내 물자 확보를 위해 수출통제를 하는 경우도 있다. 이윤 확보를 위해 카르텔을 통해 의도적으로 수출량을 줄이기도 한다. OPEC가 대표적인 예라고 볼 수 있다. 즉 한 상품이 세계시장에서 독과점적인 위치에 있을 때 가격을 높이기 위해 수출량을 줄이는 것이다. 국가간의 담합이라고 보면 이해가 쉽다. 또한 자국산업의 발전을 목적으로 원자재 수출을 제한하고 원자재를 가공한 상품을 수출하도록 유도할 수 있다. 실제 브라질에서 신발산업을 육성하기 위해 가죽수출을 제한하기도 하고 산유국에선 자국내 정유산업을 육성하기 위해 원유수출을 제한하기도 한다. 그리고 환경보존을 위해 멸종위기 동식물에 대한 수출제한들도 최근 많아지고 있다.

5) 수출자율규제

수출자율규제는 수입국이 수출국에 요청하여 자국에 대한 수출량을 스스로 통제할 수 있도록 하는 조치를 말한다. 공식적으로는 수출국과 수입국간의 협의에 의하여 이루어지긴 하지만 대부분 수입국 요청에 의하여 이루어진다. 유사하게 시장질서유지협정도 있는데 수출자율규제와 내용 면에서 대동소이하다. 어느 국가로부터 수입량이 많아지고 있을 때 수입제한이나 차별적 관세는 적용이 쉽지 않다. 이때 수출국과 협의를 통해 국제적 분쟁을 피해가며 수입량을 줄일 수 있다. 이 수출자율규제조치는 국제적 협상력이 강한 국가가 협상력이 약한 국가를 대상으로 요구하는 경우가 많다. 수입수량제한과 비슷한 경제적 효과를 내지만 수출자율규제가 수입국에 더 큰 손실을 입힌다는 점이 다르다. 즉, 수입국가에선 수요에 비해 수입공급이 줄어들어 자국

시장에서 초과수요가 발생하기 때문에 수출품의 가격이 상승하게 되기 때문이다. 수입할당제도는 할당지대가 발생해 그 이익이 수입국의 수입업자에게 돌아가지만 수출자율규제에서는 그 이익이 수출국의 수출업자에 돌아가게 된다. 수출자율규제의 가장 대표적인 것으로서 세계적 석유위기 중에 1960년대 발생되었던 일본자동차업계의 대미수출의 자율적 규제가 있다. 당시에 연비가 좋았던 일본 자동차가 높은 인기를 구가하며 미국내 수입량이 많아지자 미국의 요청에 의해 일본 자동차 업계가 대미수출을 자제했었다. 그 결과 일본자동차의 미국내 가격이 상승해 결과적으로 일본 자동차 회사들은 많은 수익을 낼 수 있었다.

III 세계무역기구(WTO)

세계무역기구(WTO)는 자유무역 질서를 확립하여 세계적 경제 성장을 추구하기 위해 1995년 1월 1일 출범된 국제기구이다. 이 세계무역기구는 1947년 관세와 무역에 관한 일반협정(General Agreement on Tariffs and Trade: GATT)을 기반으로 시작되었다. 다자간 무역협상인 우루과이라운드를 통해 1995년 GATT가 세계무역기구(World Trade Organization: WTO)로 확대 개편되어 오늘에 이르고 있다.

1 GATT

1차 세계대전은 세계적으로 많은 상처를 남겼다. 1930년대 세계적인 대공황을 맞아 각 나라들은 자국의 경제적 이해만을 위해 경쟁적으로 보호무역으로 선회했다. 즉, 높은 수준의 관세부과, 수량규제 그리고 수출경쟁력 확보를 위해 자국 통화 평가절하들을 단행하면서 세계교역량이 크게 줄어들고 교역량 저하에 따라 세계경제회복은 더욱 어려웠다. 이처럼 만연해진 보호주의와 함께 경제적 곤궁함은 필연적으로 민족주의를 자극했고 1차 세계대전 종전 후 얼마 지나지 않아 제2차 세계대전이 발발하게 되었다. 보호무역주의와 국제정치의 불안정성으로 인한 부정적인 효과는 당시 주요국들에 각인되었다. 이에 따라 제2차 세계대전 종전을 앞두고 연합국 44개국 대표들이 미국의 뉴햄프셔(New Hampshir)주 브레튼우즈(Bretton Woods)에 모여 논의한 결과 전후 새로운 세계경제질서를 구축하게 되었는데 이것이 바로 브레튼우즈 체제(Bretton Woods system)이다. 이 브레튼우즈 체제의 일환으로 GATT, IMF, 그리고 IBRD가 설립되었다. IMF는 국제금융안정과 통화질서 회복에 그 설립 목적이 있었고 IBRD는 성공적인 전후경제복구에 그 설립 목적이 있었다. GATT는 국제기구가 아니라 국제협정이다. 애초 국제무역기구(International Trade Organization: ITO)를 설립을 위해 아바나헌장(Havana Charter)이 채택되었지만 국가들 간의 의견차이로 국제무역기구 설립이 무산되었다. 이에 따라 국가간의 통상규범인 GATT가 ITO를 대신해 국제무역기구로서 역할도 맡게 되었다. GATT는 설립 당시 가맹국들이 23개국이었으나 이후 많은 국가들 가입이 이어져 무역에 관한 최초의 세계적 체제를 갖추게 되었다.

(1) GATT의 기본원칙

GATT는 세계적 자유무역 실현을 목표로 두가지 큰 원칙을 담고 있다. 바로 무차별원칙과 무역장벽완화이다. 무차별원칙은 크게 최혜국대우원칙과 내국민대우원칙이 있다. 무역장벽을 완화하기 위해 구체적 방안을 제시하고 있는데 관세인하를 추구하며 수량제한금지를 원칙으로 두고 있다.

1) 무차별원칙

무차별원칙은 크게 최혜국대우원칙과 내국민대우원칙이 있다고 전술한 바 있는데 그 내용들은 다음과 같다.

- 최혜국대우원칙: GATT는 체약국간에 차별적인 대우를 금지한다. 즉 GATT는 최혜국대우에 대한 체약국들의 의무를 제1조 1항에 명시함과 동시에 다른 여러 개별조항에서도 이에 대한 의무를 명시하고 있다.
- 내국민대우원칙: GATT는 내국민대우원칙를 두어 체약국들이 자국내에서 조세를 부과하거나 규제를 가하려 할 때 수입상품을 국내상품과 동등하게 대우하여야 한다는 것을 원칙으로 두고 있다.

2) 무역장벽의 완화

가) 관세인하

관세는 자유무역에 제한을 가하는 근본적 형태의 무역장벽이다. 따라서 점진적인 관세인하를 통해 세계적으로 자유무역을 확대하고자 했다. GATT는 제2조의 관세양허규정에서 양허협상으로 설정된 양허세율보다 관세율을 보다 낮추어 시행하는 것은 가능하지만 높은 관세율은 시행할 수 없다고 규정하고 있다.

나) 수량제한의 금지

수량제한조치는 시장경제의 기본을 이루는 가격 메카니즘을 도외시하고 말 그대로 수량을 제한하는 것이기 때문에 무역제한 수단으로 쉽게 사용이 가능하고 이미 설명한 바 있듯이 수량을 규제함에 따라 관세보다 강력하고 직접적인 무역규제수단이 될 수 있다. 이러한 수량제한을 통해 나타나는 생산과 소비의 왜곡은 관세의 폐해보다 큰 것이 일반적이다. 그렇기에 특별히 인정되는 예외의 경우를 제외하고는 수량제한을 사용하지 않는 것을 원칙으로 두고 있다.

(2) GATT의 성과

GATT는 세계대전 이후 피폐해진 세계경제를 복원하고 안정적 발전을 주도하기 위해 자유무역 질서를 확립했고 실제 교역량 증가에 힘입어 세계경제가 발전 및 성장하는데 크게 이바지한 것으로 평가된다. GATT 설립 이후 1990년까지 세계의 무역량은 연평균 8.2%의 높은 성장세를 기록했다. 세계대전 이전에 국제무역이 무역제한 조치들이 남발하며 교역량이 매우 위축되었던 것과 다르게 GATT에 의해 주도된 자유무역주의의 확산과 이에 따른 세계경제성장은 매우 주목할 만한 것이었다. GATT는 전 세계를 대상으로 하는 최초의 다자간무역기구로서 갖는 의미가 크다. 자유무역주의 확산과 이를 위한 질서 확립을 위해 세계의 나라들이 협조를 통해 국제무역체제를 만들었다는 것이 중요하다. 실제 GATT는 관세인하에 많은 기여를 하였다.

(3) GATT의 한계

자유무역주의 확산에 많은 기여를 했지만 GATT는 한계를 안고 있었다. 그 한계들은 다음과 같은데 첫째, GATT는 관세장벽완화와 수량제한금지에 초점을 맞추었기 때문에 비관세장벽에 대해선 큰 역할을 할 수 없었다. 둘째, 상품만을 대상으로 하였기 때문에 서비스 무역은 규율 범위 밖에 있었다. 그나마 상품 중에서도 농산품과 섬유 분야는 제외되어 있었기 때문에 역할이 제한적이었다. 셋째, 나라들의 다양한 의견이 모두 반영되다 보니 규정에 통일성이 결여되었고 예외조항들이 많아 규범으로서 효력이 약하기도 했다. 또한 나라들마다 자의적인 해석에 따라 마찰 발생의 소지가 많았다. 넷째, 국제기구가 아니었기 때문에 구속력이 부족했다. GATT는 사법적 구속력이 미약했고, 국가간에 무역분쟁이 일어났을 때 조속한 분쟁해결 능력에 약점을 갖고 있었다.

2 세계무역기구(WTO)

21세기가 다가오면서 GATT는 여러 면에서 한계가 나타났다고 전술한바 있다. 그동안 GATT는 규범들을 국제경제상황에 맞게 조정해왔지만 복잡하게 전개되어 가는 새로운 국제관계와 새로운 질서를 포괄하기엔 부족한 점이 많았다. 서비스무역이 증가하고 지적재산권의 중요성 커짐에 따라 특히 이 두 분야에 대한 새로운 무역규범이 필요했다. 하지만 주로 관세와 상품 무역을 대상으로 규범을 제공하였던 GATT가 서비스와 지적재산권 분야에서 역할을 맡기엔 어려움이 많았다. 그래서 1986년 시작된 제8차 다자간교섭인 우루과이라운드라운드(Uruguay Round)에서 새로운 무역기구 설립 필요성이 논의되었고 우루과이라운드가 타결됨에 따라 1995년 1월 1일 세계무역기구(World Trade Organization)가 정식으로 출범하게 되었다. 이로써 1948년 1월 1일 공식 발효되어 47년간 국제무역질서를 이끌어 온 GATT체제를 WTO체제가 대체하게 되었다. GATT와 비교하여 WTO는 자유무역주의를 확산시키는데 유용했다. GATT에 비해 포괄하는 범위가 서비스무역과 지적재산권까지 확대되었고 GATT의 약점으로 지적되었던 것들을 보완하여 보다 체계적이고 사법적 구속력을 갖추게 되어 국가들 간의 자유무역을 더욱 장려할 수 있게 되었다. 21세기로의 세기 전환을 목전에 두고 1995년에 등장한 세계무역기구(WTO)의 등장은 보다 강해진 세계적 자유무역 추세를 예고했다. 하지만 보호무역자들 또는 세계주의에 반대하는 이들의 강한 반발을 사기도 했다. 그들은 강해진 세계적 자유무역 추세 속에서 국가간 부의 양극화를 크게 우려했다. WTO 출범과 함께 세계무역량은 더욱 증가 추세에 있고 무역을 둘러싼 국가간의 분쟁은 크게 줄어들었다. WTO 출범 이후 2002년에 처음으로 다자간무역협상인 도하라운드(Doha Development Agent: DDA)가 도하에서 시작되었고 현재도 진행중이다.

(1) WTO의 목적과 기능

WTO의 설립 목적은 크게 다음과 같다. 첫째, 국가간 교역증대와 경제협력을 통해 세계경제를 발전시킨다. 둘째, 지속가능한 경제발전을 추구하며 이에 따른 세계자원의 효율적 이용이 가능하다. 셋째, 각국의 경제발전단계에 맞는 수준의 환경보존과 그 보존수단들에 모색을 도모한다. 이와 같은 목적 달성을 위해 WTO가 수행하는 기능은 첫째, 제반협정을 관리하며 국가별 이행을 감독한다. 둘째, 추가적인 다자간 무역협상을 마련한다.

(2) WTO 조직

WTO 조직은 각료회의, 일반이사회, 분야별위원회, 특별위원회, 무역정책검토기구, 분쟁해결기구 그리고 사무국 등으로 구성된다. 각 기관별 기능을 간략히 살펴보면 다음과 같다.

1) 각료회의(Ministerial conference): WTO의 기능수행에 필요한 모든 문제에 대해 의결권을 갖는 최고의사결정기구이다. 각료회의는 모든 회원국의 대표들로 구성되며 2년에 1번 이상 개최된다.
2) 일반이사회(General Council): 모든 회원국의 대표들로 구성되며, 각료회의 비회기 기간중에 각료회의의 기능을 수행하고 본 협정에 의하여 부여받은 기능을 수행한다.
3) 분과이사회(Council): 일반이사회 산하에 분야별로 상품무역이사회, 서비스무역이사회, 지적재산권 이사회가 설치되어 있다.
4) 위원회(Committee): 일반이사회 산하에 무역환경위원회, 무역개발위원회, 국제수지위원회, 예산행정위원회가 있다. 각 분야별로 WTO 제반 협정들에 의하여 부여된 기능과 일반이사회가 부여하는 임무를 수행하게 된다. 무역분야별 이사회 아래에 세부 분야별로 위원회나 기구가 설치되어 WTO 각 협정을 운영하고 관리하게 된다. 모든 회원국들은 이들 위원회의 자격을 갖는다.
5) 무역정책검토기구(Trade policy review body: TPRB): 회원국의 무역정책에 대해 검토한다.
6) 분쟁해결기구(Dispute settlement body: DSB): 회원국간의 분쟁을 해결하는 기능을 한다.
7) 사무국(Secretariat): 세계무역기구의 업무수행을 지원하는 역할을 한다.

(3) 의사결정

각 회원국은 각료회의와 일반이사회에서 의결권이 부여된다. EU는 회원국들 수만큼 의결권을 보유하게 된다. 의사결정은 총의에 의한 결정을 기본으로 하는데 사안의 종류에 따라 별도의 의사결정 방법을 정하고 따르게 된다. 경우에 따라 회원국 3/4이상, 2/3이상, 또는 투표국 과반수 이상 등의 찬성을 통해 총의에 의한 결정이 인정된다.

(4) 분쟁해결제도

국가간 무역분쟁의 조속한 해결을 위해 분쟁해결절차에 관한 규범을 담고 있으며 이를 전담하는 분쟁해결기구가 설치되어 있다. 국가 간에 무역분쟁이 발생하면 관계 당사국들은 서로 협의를 통한 문제 해결이 요망된다. 하지만 상대국이 이 협의에 응하지 않을 경우에는 당사국의 요구에 따라 패널이 설치되며 이 패널을 통해 분쟁이 해결될 수 있다. 분쟁해결기구가 당사국에 권고를 하거나 분쟁 원인을 내용으로 하는 구속력 있는 결정을 할 수 있다. 이때 분쟁해결기구의 권고나 결정을 이행하지 않을 경우 상대국가의 보복조치를 허용하게 된다.

(5) 회원국

WTO 회원국이 되기 위해서는 어느 한 나라와 대외무역관계를 맺거나 협정을 수행하는데 있어 완전한 자치권을 보유하는 독자적 관세영역이어야 한다. 회원국의 자격요건이 자치권을 가지는 독자적 관세영역으로 되어 있기 때문에 국가만 회원이 될 수 있는 것은 아니다. 예를 들어, 홍콩, EU 등과 같은 비국가단위도 회원이 될 수 있다. 그리고 회원국은 스스로 탈퇴를 원할 경우 자의적으로 언제든지 WTO 탈퇴가 가능하다. 각 회원국은 자국의 법률, 규정, 행정절차를 WTO협정의 의무에 일치 시켜야 한다. WTO의 각 협정별 위원회는 각 회원국의 법령들을 검토하여 그 일치 여부를 감독한다.

3 WTO 협정

(1) WTO 협정의 구성

WTO는 세계적인 자유무역을 추구하는 국제적 기구이므로 그 협정에는 국제무역기구조직에 관한 협정, 분쟁해결에 관한 협정, 무역규칙에 관한 협정 등 많은 협정들로 구성되어 있다. WTO 협정의 실질적인 부분들은 무역규칙에 대한 협정이라고 볼 수 있다. 즉 무역의 대상이 되는 것들은 주로 상품, 서비스, 지적재산 등이므로 국제무역규칙도 이에 맞추어 나누어지게 된다. 따라서 WTO 무역협정은 상품무역협정, 서비스무역일반협정, 그리고 지적재산권협정 크게 이 세가지로 분류된다.

1) 상품무역협정

WTO 상품무역협정은 상품무역을 두고 각 회원국이 지켜야 할 준칙을 내용으로 담고 있다. 상품무역은 무역의 기본을 이루고 있고 역사 또한 오래되었다. GATT는 상품무역에 대한 협정이라고 볼 수 있다. 따라서 WTO 상품무역협정에서 근간을 이루는 내용은 기존 GATT 협정이 된다. WTO 상품무역협정은 GATT 협정을 바탕으로 그리고 우루과이라운드에서 추가적으로 제정된 12개의 상품무역관련 협정으로 구성되어 있다. GATT 협정은 1947년 제정된 이래 무역환경변화를 수용하여 필요할 때 협정들을 추가해 기존협정을 보완하여 발전시켜왔다. 즉, 우루과이라운드에서 제정된 상품관련무역협정들은 기존 GATT협정을 보완하는 역할을 한다.

2) 서비스무역일반협정

서비스무역일반협정(General agreement on trade in services: GATS)은 서비스 무역을 위해 각 회원국이 지켜야 할 준칙들이 주 내용이다. 우루과이라운드를 통하여 제정되었고 WTO의 출범과 동시에 시행되었다.

3) 지적재산권협정

무역관련지적재산권협정(Trade-Related aspects of intellectual property rights: TRIPS)은 지적재산권의 국제적인 거래와 관련하여 각 회원국이 지켜야할 준칙을 담고 있다. 이는 주로 무역관련 지적재산권 보호가 주 목적이다. 이 역시 서비스일반무역협정과 같이 우루과이라운드에서 제정되어 WTO의 출범과 동시에 시행되었다.

(2) WTO의 기본원칙

WTO의 기본원칙은 다음과 같다.

① **최혜국대우(Most Favored Nation:MFN)의 원칙**: 회원국은 다른 한 나라에 부여한 대우보다 같은 대우를 다른 회원국들에 대해서도 부여해야 한다.

② **내국민대우의 원칙**: 회원국은 내국민에게 부여한 대우와 동일한 대우를 회원국 국민에게도 부여해야 한다. 국제투자가 빈번해지며 이 원칙의 중요성이 커져가고 있다.

③ **시장접근의 원칙**: 수입상품에 불리한 무역장벽들을 제거하여 외국상품이 자국내 상품과 동일한 조건으로 자국시장에 접근하도록 해야 한다.

④ **투명성의 원칙**: 무역과 관련되어 시행되는 국가의 무역관련제도들은 투명하게 공개되어야 한다.

⑤ **공정한 경쟁의 보장**: 한 국가 안에서 국적을 불문하고 경제주체들이 자유롭고 공정하게 경쟁할 수 있도록 해야 한다.

⑥ **경제개발의 촉진**: 개발도상국들의 이해를 최대한 배려해 개발도상국들에 대한 양허는 꼭 상호주의를 따르지 않아도 되고 자유 무역이 개발도상국들의 발전에 도움이 되도록 회원국들의 협력이 필요하다.

Ⅳ 지역 경제 통합

1 지역 경제통합의 유형

지역경제통합은 나라들간에 남아있는 무역장벽들 정도에 따라 몇가지 형태로 구분될 수 있다. 발라사(Bella Balassa)는 경제통합을 크게 다섯 단계로 구분하고 그 통합이 보다 결속력이 강한 형태로 진행된다고 보았는데 그 다섯 단계는 결속력이 가장 약한 형태부터 설명하면 다음과 같다.

(1) 자유무역지대(Free Trade Agreement: FTA)

FTA란 회원국들 상호간에 상품 이동에 대한 무역장벽을 철폐해 자유무역 추구를 목적으로 하는 지역경제통합의 한 형태이다. 하지만 역외의 국가에 대해선 회원국들이 독자적으로 관세를 부과하고 필요한 정책을 취할 수 있게 된다. 따라서 회원국들간에 공동정책수행은 없고 상호간 협조를 위한 기구 설치도 필요없는 가장 느슨한 형태의 지역경제통합이라고 볼 수 있다. 따라서 경제주권의 제약도 거의 없다. 세계적으로 볼 때 지역경제통합들 중에 약 70%는 이 FTA에 해당한다. FTA 예로는 북미자유무역협정(NAFTA), 유럽자유무역협정등이 있는데 한국도 현재 많은 FTA를 체결하고 있는데 그 중 한-미 FTA, 한-EU FTA, 그리고 한-중 FTA 등이 무역규모가 많은 FTA들이다.

(2) 관세동맹

관세동맹은 FTA보다 한 단계 높은 형태의 지역경제통합이라고 볼 수 있다. 보다 결속력이 강화되어 가맹국들 상호간에는 상품의 자유이동이 보장되는 것 뿐만 아니라 역외국가로부터의 수입에 대해서 수입관세를 공동으로 부과하게 된다. 개별가맹국은 경제주권을 완전히 포기하지는 않지만 관세부과에 대해선 독자적 의사결정을 할 수 없다는 것이 특징이다. 관세동맹은 비교적 역사가 오래되어 지역경제통합의 대표적인 경우로 인식되는 경향이 있었다. 과거의 베네룩스 관세동맹(Benelux Customs Union), 중남미 관세동맹이 그 예들이다.

(3) 공동시장

공동시장은 관세동맹보다 한 단계 더 높은 지역경제통합 형태라고 볼 수 있다. 관세동맹처럼 역내에서 상품의 자유이동이 보장되고 역외국가들에 대해서도 공동으로 관세를 부과한다. 그것 뿐만 아니라 역내에서 노동과 자본 등 생산요소들의 이동이 자유롭게 보장된다. 개별 회원국은 관세동맹보다 더 많은 영역에서 공동의사결정을 따라야 하기 때문에 개별 회원국의 독자적인 결정권이 더욱 줄어들게 된다. 이러한 형태의 지역경제통합으로는 과거 유럽공동시장(European Community)이 그 예가 될 수 있다.

(4) 완전경제통합

완전경제통합은 공동시장에서 한 단계 높아진 지역경제통합이라고 볼 수 있다. 결속력 정도가 공동시장보다 높다. 회원국들 상호간에 상품이동이 자유로우며 노동과 자본 등 생산요소의 이동도 자유롭다. 비회원국가에 대해서는 공동의 무역정책을 취하는 것 뿐만 아니라 회원국 상호간에 공동의 경제정책을 수행한다. 때로는 회원국들이 독자적 경제 정책을 포기하고 단일 경제체제하에 모든 경제정책이 통합되어 운영되기도 한다. 회원국들 위해 초국가적 기구가 설립되어 단일 통화를 사용하기도 하고 재정정책 등을 통합적으로 운영한다. 경제면에서는 거의 단일 국가를 형성하는 것과 같은 효과가 있다. 현재 유럽연합(EU)이 이에 해당한다고 볼 수 있다.

2 지역경제통합의 경제적 효과

지역경제통합의 경제적 효과는 국가별로 그리고 산업별로 다양하게 나타나는 경향이 있다. 또한 부정적인 효과와 긍정적인 효과가 동시에 발생할 수 있기 때문에 그 효과를 설명하기 어려운 면도 있다. 지역경제통합의 경제적 효과에 대해 최초로 분석을 시도한 학자는 바이너(Jacob Viner)였다. 바이너는 관세동맹이 가져오는 후생효과를 무역창출(Trade Creation)효과와 무역전환(Trade Conversion)효과로 구분해 설명하였다. 즉, 지역경제통합을 통해 새롭게 무역이 발생하면 무역창출효과가 발생하는 것이고 기존의 무역선이 다른 국가로 대체되면 무역전환효과가 발생하는 것이다. 이 무역창출효과와 무역전환효과를 좀 더 자세히 알아보도록 한다.

(1) 무역창출효과

무역창출효과는 관세동맹으로 인하여 회원국들간에 관세가 철폐되었을 때 역내 새로운 무역이 발생되었을 때 나타나는 효과를 일컫는다. 간단한 예를 통해 이 무역창출효과를 설명해보자. A, B, C 세 나라가 존재한다고 하고 이 나라들에서 어떤 상품의 생산비용이 A, B, C국 가각 1050, 1000, 950이라고 가정하자. 이때 A국의 관세율이 10%라고 하면 A국에서 상품의 생산비용은 더 크지만 외국에서 들여오는 수입품들에 대해 관세를 부과하게 되므로 무역이 발생하지 않는다. 즉, 관세부과 이후 B국 상품가격은 1100원, C국 상품가격은 1045원이 되어 이들 상품들의 자국내 가격은 자국상품보다 비싸게 된다. 따라서 무역이 발생하지 않고 A국은 국내에서 자국 상품이 수요된다. 이 상황에서 만약 A국과 B국이 관세동맹을 맺어 관세를 부과하지 않는다면 A국에서 팔리는 B국 상품의 가격은 1000원이 되어 A국에 수요자들은 보다 저렴한 B국 상품을 구매하려 할 것이다. 따라서 수요를 맞추기 위해 수입이 이뤄지고 결과 무역이 발생하게 된다. 이를 무역창출이라고 한다. 생산비를 놓고 볼 때 상품 생산은 A국보다 B국이 보다 효율적이다. 따라서 보다 효율적인 곳에서 생산된 상품을 사용한다는 것은 자원의 효율적 배분을 의미한다. 자원의 효율적 배분은 항상 후생 증대를 가져온다. 따라서 무역창출효과는 긍정적 의미를 갖는다.

(2) 무역전환효과

무역전환효과(trade diversion effect)는 관세동맹을 통해 역내국에 대해서는 관세가 부과되지 않고 역외국들에 대해서만 관세가 부과되기 때문에 기존 수입선이 바뀌게 되는 결과를 가져오는 효과를 말한다. 즉 관세동맹 결성 이전에는 역외국으로부터 하던 상품 수입이 역내국으로부터의 수입으로 바뀌게 되는 경우가 있다. 생산비를 놓고 볼 때 생산비가 저렴한 역외국으로부터 생산비가 높은 역내국으로 수입선이 바뀌면서 자원배분 비효율화를 가져온다. 비효율적 자원배분은 항상 후생 감소로 이어진다. 무역창출효과를 설명하면서 사용했던 예를 다시 생각해보자. 그리고 A국의 관세율이 전과 다르게 5%라고 가정해보자. 이렇게 되면 A국에서 팔리는 상품들중에 C국에서 생산된 상품의 관세포함 가격이 A국과 B국 상품들보다 낮다. 따라서 A국은 C국에서 상품을 수입하고 있었을 것이다. 이때 A국과 B국이 관세동맹을 맺어 B국 상품에 한해 관세를 면제해주고 C국 상품에 대해선 여전히 5%의 관세를 부과한다면 B국 상품의 가격은 1000이 되어 C국 상품 가격 1045보다 낮아질 것이다. 이렇게 되며 A국은 수입선이 C국에서 B국으로 전환된다. 이러한 수입선 전환이 발생하기 때문에 무역전환효과라고 말한다. 이와 같이 무역전환효과에 의해 A국 수요자들은 보다 효율적으로 생산된 C국 상품보다 보다 비효율적으로 생산된 B국 상품을 수요하게 된다. 이는 자원의 비효율적인 배분을 의미한다. 비효율적 자원배분이 후생을 감소시킨다. 따라서 관세동맹이 가져오는 후생효과는 무역창출효과와 무역전환효과중 어떤 효과가 더 크게 나타나느냐에 달려 있다고 말할 수 있다.

(3) 동태적 효과(Dynamic Effect)

이처럼 무역창출효과와 무역전환효과는 정태적 효과에 들어간다. 정태적 효과라 함은 주어진 시점에 발생되는 효과라고 할 수 있다. 하지만 이러한 효과는 주어진 시점을 초과하여 시간이 흘러가면서 또 다른 효과를 발생시키기도 한다. 이를 우리는 동태적 효과라고 칭한다. 지역제통합의 동태적 효과는 지역경제통합이 회원들에 대해 경제 환경 변화를 초래해 회원국들의 산업구조에서 장기적으로 변화하며 발생하는 경우가 대부분이다. 일반적으로 지역경제통합에서 동태적 효과가 정태적 효과보다 더 중요하다고 말할 수 있다. 주된 동태적 효과는 다음과 같다.

첫째, 역내의 자유경쟁과 첨예한 경쟁을 통해 해당국에서 산업이 보다 발전할 수 있다. 물론 해당 산업에 기업들도 보다 성장할 수 있는 기회를 갖는다. 지역경제통합 이전에 국내기업들 끼리만 경쟁한다면 독과점 또는 불완전 경쟁 형태 속에서 안주하던 기업들도 지역경제통합이 이뤄진다면 통합지역내의 모든 기업들과 치열한 경쟁을 펼쳐야 한다. 첨예해진 경쟁 속에서 기업들은 기술혁신과 보다 효율적인 경영을 모색하게 되고 그 결과 생산성이 향상된다. 이러한 기업의 효율적 경과 산업생산성 증대는 해당국의 경제성장을 더욱 촉진시킬 수 있다. 둘째, 지역경제통합은 기업들을 위한 시장확대를 의미한다. 이 시장확대는 대량생산을 위한 규모의 경제를 발현시킨다. 이처럼 지역경제통합은 외국시장에 대한 불확실성을 제거하고 기업들의 활동영역이 국경을 넘어 확대되므로 많은 기업들이 규모의 경제를 달성하게 된다. 규모의 경제를 통해 생산비용이 절감되고 자원배분은 보다 효율화된다. 셋째, 지역내 투자가 증가하고 신규 투자가 촉진된다. 시장확대에 따른 수요 증대와 첨예해진 경쟁은 지역내 신규 투자를 촉진하게 되는데 특히 기업 활동에서 불리함을 덜기 위해 때문에 역외국의 기업들은 생산시설을 가능하면 역내에 설립하려고 하게 된다. 실례로 EEC가 설립되었을 때 미국을 비롯한 역외국의 많은 국제 기업들이 EEC 역내에 투자를 단행한 바 있다. 넷째, 경제통합은 역내 생산요소의 자유로운 이동을 가져와 생산성을 향상시키고 그러한 요소이동은 국가간에 생산기술과 노하우를 확산시키는데 기여할 수 있다. 이는 기술발전 및 경제성장으로 이어질 수 있다.

(4) 지역경제통합의 대외적 효과

경제통합은 확대된 시장규모와 향상된 경제적 환경을 바탕으로 국제적 지위가 높아질 수 있다. 이는 국제통상관계에서도 협상력이 커지는 것을 의미한다. 따라서 역내국들의 이익을 동시에 증대시킬 수 있다. 하지만 역외국들은 불리한 입장에 놓이게 된다. 첫째, 역외국 입장에서 보면 무역전환효과가 발생해 경제통합된 지역에 대한 수출이 줄어들 수 있다. 역외국 기업들에 대해서는 무역장벽이 존재하므로 그 기업들은 역내국 기업들에 비해 역내시장에서 기업 활동이 불리하게 된다. 그뿐만 아니라 지역경제통합이 결성될 때 역내국 기업들에게 통합된 시장을 선점할 수 있는 기회를 부여하고자 역내시장에 대한 시장보호를 강화하는 경우들도 존재하기 때문에 역외국 기업들은 보다 불리할 수밖에 없다. 둘째, 역내국들간의 무역량 증가로 역외국들로부터 수입이 감소하는 경우에는 역외국 입장에서 보면 자국의 교역조건이 악화되는 것을 의미한다. 셋째, 시장확대 등 역내국의 투자여건이 좋아짐에 따라 역외국에 계획되었던 투자들이 역내국으로 전환되는 경우도 발생한다. 장기적으로 보면 역외국들의 입장도 유리해지는 면도 있다. 즉, 경제통합을 통해 역내국들의 경제성장이 촉진되면 장차 수입수요가 늘어나게 되고 이는 역외국들 기업들의 수출기회가 늘어나는 것을 의미하기 때문이다. 또한 역내의 기술과 규격 등의 표준화로 인해 역외국 입장에서 보면 수출비용이 감소하게 되고 이 수출비용 감소가 역내국들과의 무역을 촉진하는 효과도 발생시킬 수 있다.

3 주요 지역경제통합체

(1) 유럽연합(EU: European Union)

유럽연합(EU)은 정치 경제적으로 유럽지역을 하나로 묶는 기구이다. 유럽연합의 역사는 1950년 프랑스 외상 쉬망(Robert Schuman)의 제안에 따라 1951년 서독(West Germany), 프랑스, 이태리, 네덜란드, 벨기에 그리고 룩셈부르크 등 6개국이 유럽석탄

/철강공동체(European Coal and Steel Community: ECSC)를 결성한 것이 유래가 된다. 이후 1957년 로마협약에 의하여 유럽경제공동체(European Economic Community: EEC)가 출범하게 되었고 이와 함께 유럽원자력공동체(European Atomic Energy Community: EURATOM)가 설립되었다. 1967년에는 EEC가 유럽원자력공동체 및 유럽석탄공동체가 유럽공동체(European Community:EC)로 통합 되었다. EC는 1986년 유럽단일법 제정을 통해 이를 근거로 상품, 자본, 용역의 자유로운 이동을 위한 세부적 조치들을 추진하였고 1993년 1월 1일 공동시장을 완성하였다. 1993년 11월 1일 마스트리히트(Masstricht) 조약에 의해 유럽연합(European Union: EU)을 발족시키게 되었고 이는 단일시장에서 한단계 더 진화된 경제통합기구를 의미했다. 2002년 1월에는 유로라는 단일통화 제도를 시행하기 시작하였는데 현재는 영국을 비롯한 일부 나라들을 제외하고는 대부분의 유럽 국가들이 단일 통화 유로를 사용하고 있는 상황이다. 유럽연합이 발전하면서 참여국들이 늘어나고 있고 그 지역적인 범위가 계속 확대되어 왔다. 1973년에 영국, 아일랜드, 덴마크가 가입하였고 이후 1981년 그리스, 1986년 스페인, 포르투갈, 1996년 오스트리아, 스웨덴, 핀란드가 가입함에 따라 회원국이 15개국으로 늘어났다. 2004년에는 키프로스, 체코, 에스토니아, 헝가리, 라트비아, 몰타, 폴란드, 슬로바키아, 슬로베니아 등 10개국이 추가적으로 EU에 가입하였고 2007년에는 불가리아, 루마니아가 가입하였다. 2013년에는 크로아티아가 가입하여 2015년을 기준으로 볼 때 총 28개국에 이르러 유럽 대부분의 국가를 참여국으로 하는 거대 단일경제권을 형성하게 되었다. 하지만 최근 들어 국가별 경제상황을 이유로 EU 탈퇴를 모색하는 나라들이 등장하고 있다. 2017년 영국은 EU 탈퇴를 공식 선언해서 탈퇴작업이 진행되고 있는 상황이고 여타 나라들 중에서도 추가 탈퇴가 예상되고 있다. 그럼에도 불구하고 EU는 시작에 비하면 매우 발전된 단계에 있다. EU 탈퇴를 고민하는 나라들은 사실상 EU의 높아진 통합수준에 대한 고민이다. 이는 그만큼 EU가 1951년 이후 계속적으로 통합의 정도를 높여오고 있음을 역설적으로 증명해준다. EU는 앞으로 유럽 모든 나라들을 편입시키고 계속해서 통합수준을 높여 단일국가와 같은 조직으로 나아가는 것을 목표로 삼고 있다.

(2) 북미자유무역협정(NAFTA: North America Free Trade Agreement)

북미자유무역협정(NAFTA)은 미국, 캐나다, 멕시코의 북미지역 국가들을 회원국으로 하는 자유무역지역협정이다. 북미지역에서의 자유무역협정은 1989년에 미국과 캐나다 사이에 먼저 체결되었는데 1992년 멕시코도 이 협정에 동참하였고 미국, 캐나다,

멕시코 3국을 회원국으로 하는 자유무역협정이 체결되어 1994년 1월 1일에 발효되었으며 오늘에 이르고 있다. 북미자유무역협정은 시장접근, 무역규칙, 서비스, 투자, 지적재산권, 분쟁해결절차 등에서 회원국들 상호간에 자유무역을 위한 정책협조를 명시하고 있다. 북미지역 자유무역 확산에 크게 기여한 것으로 보인다.

(3) 아세안자유무역지대(AFTA: ASEAN Free Trade Agreement)

아세안자유무역지대(ASEAN FTA)는 동남아국가연합의 자유무역지대를 말한다. 동남아국가연합(ASEAN: Associatioon of Southeast Asian Nations)은 1967년 8월 인도네시아, 말레이시아, 싱가포르, 필리핀, 태국의 5개국의 의해 처음 결성된 후 1984년 브루나이, 1995년 베트남, 1997년 미얀마, 라오스, 그리고 1999년 캄보디아가 회원국으로 가입하게 되었고 결과 인구 5억을 넘는 거대한 지역경제통합체로 바뀌게 되었다. 원래 ASEAN은 역내국들 사이에 정치와 경제 등, 사회 모든 부문에 걸친 협력관계의 구축을 목적으로 결성되었다. 2003년 1월 인도네시아, 말레이시아, 필리핀, 싱가포르, 태국, 브라나이 등 아세안 6개국들을 중심으로 자유무역지대인 AFTA를 공식 출범되었다. 이어 AFTA는 역내 관세를 철폐하고 자본이동과 서비스 교역을 자유화하여 장차 아세안경제공동체(APEC)로 발전해나가는 것을 염두 해두고 있다. 현재 AFTA는 한국과의 경제관계에 있어서 미국, 일본, 중국, EU와 함께 한국의 5대 주요 교역지역으로 부상하고 있다. 특히 건설 및 제조업을 중심으로 많은 한국기업들이 이 지역에 진출해 있다. 1997년부터 한중일 ASEAN 연례정상회의를 갖고 있으며 EU와도 ASEM(Asia- Europe Meeting)을 통하여 협력관계를 유지해 나가고 있다. 2002년엔 중국-ASEAN 자유무역협정이 체결되었고 2006년엔 한국-ASEAN 자유무역협정이 체결되어 오늘에 이르고 있다.

4 한국의 지역경제통합

한국 경제통합 역사는 상대적으로 짧다. 이는 한국이 지정학적으로 인접한 국가들의 수가 적은데다 가까운 나라 일본은 동반자 의식을 갖고 경제통합을 맺기에 역사적으로 그리고 문화적으로 쉽지 않은 상대였다. 과거 중국과 러시아는 정치 이념적으로 사회주의 국가들이었기 때문에 전통적으로 기업 활동 장려와 시장 확대에 큰 관심이 없었던 나라들이었다. 따라서 한국은 지역경제통합협정 체결에 상대적으로 불리한 여건을 갖고 있다고 말할 수 있는데 그럼에도 불구하고 한국은 무역의존도가 매우 높은 나라이기 때문에 자유무역지대 결성은 최근 들어 시대적 화두가 되었다. 세계의 대다수 국가들은 자유무역지대 결성을 통해 무역장벽을 낮춘 상태인 상황에서 한국만 자유무역지대에 소속되지 않은 채 높은 무역장벽을 유지한다는 것은 시대에 뒤쳐짐을 의미했다. 따라서 적극적인 자유무역지대 결성을 통해 무역장벽을 낮출 필요가 제기되었다. 이러한 이유로 2000년 이후 한국은 자유무역협정(FTA)의 체결에 적극 나서게 되었다. 이에 따라 2003년 한-칠레 자유무역협정을 시작으로 2005년 한-싱가포르 자유무역협정, 한-EFTA 자유무역협정, 2006년 한-ASEAN 상품자유무역협정, 2007년 한-미 자유무역협정, 2015년 한-중 자유무역협정 등이 연달아 체결되면서 2017년 12월 현재 기준으로 발효 중인 지역무역협정은 무려 15개에 이르고 있다. 현재 터키와 서비스와 투자협정이 서명되었고 한-중미 FTA는 타결되었으며 발효를 앞두고 있다. 이외에도 현재 추가적으로 협상적인 FTA들도 수개에 이른다. 한-일 자유무역협정도 양국간에 의논되고 있는 상태이며 나아가 한중일 자유무역협정도 협상중에 있다. 현재 한국은 APEC에도 회원국으로서 적극적으로 참여하고 있다. 대표적인 자유무역지대 협정을 추려보면 다음과 같다.

(1) 한-미 FTA

한미 FTA는 2007년 6월에 체결되고 2012년 3월에 발효되었다. 협정이 체결되었을 당시 자유무역협정이 가져올 수 있는 결과들에 대한 오해 때문에 큰 논란이 일어났던 적이 있다. 한국이 미국과 자유무역협정을 체결하게 이유는 간단히 정리하면 다음과 같다. 첫째, 미국이라는 선진화된 거대시장 확보 목적이 가장 큰 이유이다. 미국은 단일 국가로서 세계 전체 GDP의 약 1/4 만큼을 차지하고 있는 경제 대국이다. 세계 최대 시장인 미국과 FTA를 맺게 되면 한국의 수출과 경제성장에 큰 효과를 기대할 수 있다. 실제 FTA를 체결한 이후 한국의 대미 수출은 증가세에 있다. 둘째, 미국시장에서 경쟁국가들에 대한 우위 확보 목적이 있다. 기술 경쟁력에서 일본에 미치지 못하면서 중국을 비롯한 여타 개도국들의 견제를 받고 있는 한국은 수출여건이 밝지만은 않다. 이러한 상황에서 한국과 체결한 FTA는 거대 시장에서 수출기업들로 하여금 유리한 입지를 확보하게 하는 중요한 국가 전략이 때문이다. 셋째, 경제와 산업의 전반적인 경쟁력 향상 그리고 경제의 선진화를 이룰 수 있다. 자유무역을 추진하고 무역비용이 낮아질 때 해당국가들의 기업경쟁력이 높아지고 높아진 기업경쟁력이 산업내 전반적인 생산성 향상으로 이어진다는 것은 정설화 되고 있다. 또한 수입이 보다 자유로워지면서 소비자들에게 브랜드 선택의 폭이 확대되는 기회를 제공해 소비자 후생수준이 증가할 수 있다. 마지막으로, 동맹국으로서 미국과의 유대강화는 경제적 목적이상으로 외교와 안보에서 역할을 할 수 있게 한다.

(2) 한-EU FTA

한 EU FTA는 2010년 10월 체결되고 2011년 7월에 발효되었다. 한국이 EU와 FTA를 체결하게 된 이유는 미국과 FTA를 맺었던 이유와 맞닿아 있다. 첫째, 거대시장을 확보할 수 있다. 세계 최대 단일경제권인 EU와 FTA를 맺음으로써 거대시장에 접근이 용이해지기 때문이다. 둘째, 경제와 산업에 있어 전반적인 경쟁력 향상이 기대될 수 있다. EU는 세계 근대문명의 시작이다. 따라서 선진국들이 모여 있는 EU와 교류를 강화하면서 기술력이 향상되고 기업들은 효율성을 제고할 수 있다. 이는 전반적인 경쟁력 향상으로 이어질 수 있다. EU지역에서 경쟁국가들에 대한 우위를 확보할 수 있게 한다.

(3) 한-ASEAN FTA

한-ASEAN 상품자유무역협정은 2006년 8월에 체결되고 2007년 6월에 발효되었으며 한-ASEAN 서비스자유무역협정은 2007년 11월에 체결되고 2009년 5월에 발효되었다. 한국이 ASEAN과 FTA를 맺게 된 큰 이유는 미국과 EU와 마찬가지로 시장확보 목적 때문이다. ASEAN은 인구가 5억에 달하는 큰 시장이다. 특히 한국에 있어서 ASEAN은 미국, 중국, 일본, EU와 더불어 5대 시장에 들어간다. 더욱이 이 지역에서 한류와 더불어 한국 브랜드에 대해 호감이 커져가는 상황이었기 때문에 무역장벽 제거는 부가가치가 높은 한국 상품들에 대한 이 지역민들의 수요를 늘릴 수 있는 중요한 계기로 작용할 전망이다. 특히 2005년에 중국-ASEAN 간 상품부문 자유무역협정이 발효되었기 때문에 이 시장에서 한국 상품들이 중국 상품들 보다 불리한 상황에 놓여지지 않도록 하기 위해서도 FTA 체결이 필요했다.

(4) APEC

아시아-태평양 경제협력체(APEC: Asia Pacific Economic Cooperation)는 태평양 연안 국가들을 대상으로 발족된 느슨한 형태 경제협력체이다. 1989년 11월 한국, 미국, 캐나다, 일본, 오스트레일리아, 뉴질랜드, 아세안 6개국(태국, 말레이시아, 인도네시아, 싱가포르, 필리핀, 브루나이) 등 12개국에 의하여 결성되었다. 이후 중국, 홍콩, 대만, 멕시코, 파푸아 뉴기니아, 칠레, 러시아, 베트남, 페루 등이 잇따라 가입하며 2015년

기준으로 현재 21개 회원국이 가입되어 있다. APEC의 목표는 다음과 같다. 첫째, 지역내 무역 및 투자의 자유화이다. 둘째, 지역내 통신, 교통, 인력 등 분야들에서 협력과 기술이전을 추구한다. 셋째, 지역내 공동경제정책의 수립과 협력을 목표한다. 넷째, 무역 및 투자 기회에 대해 정보를 교환하고 데이터시스템을 구축하고자 한다. APEC 현재 경제통합기구는 아니며 결속력도 느슨한 상황이다. 하지만 경제통합체로 발전할 가능성이 제기된다. 역외국들에 대해서도 자유화를 동시 추진하는 개방적 지역주의를 표방하고 있는 것이 특징이다. 무엇보다도 APEC의 규모는 무척 크다. 세계 GDP에서 APEC이 차지하는 비중이 약 57%에 달하고 있고 세계 총교역량중에 약 46%를 차지하고 있다. 인구를 보면 세계 인구의 약 39%를 차지하고 있다. 높은 경제성장률을 보이고 있는 것도 주요한 특징인데 잠재력이 크다는 보고가 많다. 하지만 경제통합체로의 발전이 더딘 것은 이들 나라들이 지리적으로 서로 멀리 떨어져 있을 뿐만 아니라 경제, 사회, 문화적으로 편차들이 크기 때문이다.

제 3 장

국제수지 및 국제금융

Ⅰ 국민소득계정과 국제수지

1 국민소득계정

국민소득계정이란 생산과 지출로부터 발생되는 국민소득의 가치를 기록한 것이다. 생산자들은 생산된 재화와 서비스에 대해 소비자들의 지출을 통해 소득을 얻게된다. 즉, 소비자들의 지출액과 판매자들의 소득액은 같아야 하며 이는 한 나라가 생산해낸 전체의 생산 가치와 같아야 한다. 이는 또한 생산을 위해 필요한 생산요소들의 소득의 총합과 같아진다. 국민총생산(Gross National Product: GNP)은 일정한 기간 동안 한 국가에서 생산요소들을 활용하여 생산된 모든 최종재와 서비스의 가치이다. 중요한 점은 중간재는 제외된다 점이다. 왜냐하면 최종재 안에 이미 중간재의 가치들이 포함되어 있기 때문이다. 생산요소들은 재화와 서비스를 생산하기 위해 사용되는 요소들, 즉 노동과 자본(기계와 부동산)을 중심으로 여타 자원들이다. 일정한 기간 동안 한 국가가 소유한 이 생산요소들에 의해 생산된 최종재와 서비스의 가치의 총합이 바로 국민총생산 즉, GNP이다.

(1) 국민총생산: GNP

GNP는 생산된 최종재와 서비스에 대한 지출금액을 합하여 계산할 수 있다.

- 소비(consumption): 최종재와 서비스 구매를 위한 국내소비자들의 지출을 말하고 일반적으로 'C'라고 표기한다.
- 투자(investment): 부동산과 기계 구입을 위한 기업들의 지출을 말하는데 'I'라고 표기한다.
- 정부구매(government purchases): 최종재와 서비스 구매를 위한 중앙정부 또는 지방정부의 지출을 말하고 'G'라고 표기한다.
- 경상수지(current account balance(=수출 - 수입)): 국내산 재화와 서비스에 대한 외국인들의 순지출(net expenditure)을 말하고 'CA'라고 표기한다.

GNP는 국민소득을 측정하는 하나의 척도이나 보다 더 정확한 국민소득의 척도는 감가상각과 일방적 이전들 조정한 다음의 GNP이다.

- 감가상각(depreciation): 실물자본의 감가상각은 자본소유자의 소득손실을 발생시킨다. 따라서 감가상각액은 GNP에서 공제된다.
- 일방적 이전(unilateral transfers): 다른 국가들에 대한 일방적 이전과 다른 국가들로부터의 일방적 이전은 국민소득을 변화시킬 수 있다. 순일방적이전은 GNP에 포함된다.

(2) 국내총생산: GDP

해외 근로자들이 자국에 보내는 송금, 해외원조, 해외거주 은퇴자들에 대한 연금지급 등을 모두 감안해 생각해볼 수 있는 국민소득의 척도는 국내총생산(Gross Domestic Product: GDP)이다. 즉, 국내총생산(GDP)는 일정한 기간 동안 한 국가 내에서 생산된 모든 재화와 서비스의 가치를 측정한다.

GDP = GNP - 외국으로부터 지급되는 생산요소소득 + 외국으로 지급되는 생산요소소득

(3) 투자와 경상수지

GNP는 한 국가의 재화와 서비스에 대한 지출을 나타내는데 개방경제하에서 즉 수출입이 자유롭게 이뤄지는 상황에서 국민소득 항등식을 다음과 같이 나타낼 수 있다.

$$Y = C + I + G + EX - IM = C + I + G + CA,$$
이때 $CA = EX - IM = Y - (C + I + G)$

수출이 수입보다 많을 때 경상수지는 흑자가 되며 이 국가는 수입에 대한 지출보다 수출을 통해 벌어들인 소득이 많아지게 된다. 반면 수출이 수입보다 적을 때 경상수지는 적자가 되며 이 국가는 수입에 대한 지출이 수출을 통해 벌어들인 소득보다 많아지게 된다.

국민저축(national saving)이란 소비(C)나 정부구매(G)로 지출되지 않는 국민소득(Y) 남은 부분을 말하고 'S'로 표기한다. 이는 다시 민간저축과 공적저축으로 나뉘는데 각각 'SP'그리고 'SG'로 표기한다. 민간저축은 소득에서 소비를 빼고 그리고 세금을

뺀 남은 부분이 되며, 공적저축은 정부가 민간에서 세금을 거두어들이고 그 거두어들인 세금에서 정부지출을 빼고 남은 부분이 된다. 세금은 'T'로 표기된다. 이러한 관계를 간단히 산술적으로 정리하면 다음처럼 된다.

$$S = Y - C - G$$
$$S = (Y - C - T) + (T - G)$$
$$S = SP + SG$$

그렇다면 경상수지는 국민소득과 어떻게 관련되어 있을까?

$$CA = Y - (C + I + G)$$
$$= (Y - C - G) - I$$
$$= S - I$$

즉 짧게 경상수지는 저축에서 투자를 제한 것이 된다. 경상수지는 순 해외 투자(Net Foreign Investment)라고 표현할 수도 있다. 수출보다 수입이 많은 국가에서는 투자와 비교할 때 상대적으로 낮은 저축을 보유하게 된다.

$$CA = S - I$$
또는 $I = S - CA$

한 국가는 저축을 통해서 또는 경상수지 적자만큼 해외 자금을 들여옴으로써 투자에 필요한 자금을 조달할 수 있다. 경상수지 적자는 금융자산유입 또는 순해외투자가 '-'상태 임을 의미한다. 경상수지 흑자일 때 금융자산유출이 일어나고 순해외투자가 '+'상태가 된다.

$$CA = SP + SG - I = SP - \text{재정적자} - I$$

재정적자는 공적저축이 '-'상태임을 나타낸다. -(G – T)라고 표현할 수 있다. 다른 것들이 일정할 때, 큰 재정적자는 '-' 경상수지를 발생시킨다.

2 국제수지표의 구성

한 국가의 국제수지는 외국인들에 대한 지급과 외국인으로부터의 수취를 계산하고 기록한다. 국제거래는 두 거래 당사자에 의해 이루어지고, 각 거래는 국제수지계정에 두 번 기록되는데 한 번은 차변(credit(+))에 다른 한번은 대변(debit(-))에 기록된다. 국제수지는 복식부기의 원리를 따른다. 따라서 차변에는 실물자산의 수입, 대외자산의 증가, 대외부채의 감소를 기록하게 되고, 대변에는 실물자산의 수출, 대외자산의 감소, 대외부채의 증가를 기록하게 된다. 국제수지표 대변과 차변의 합계는 항상 같게 된다. 국제수지표는 경상계정, 자본계정, 금융계정으로 구성되는데 이 합은 항상 0이 되어야 한다. 경우에 따라 차변과 대변이 일치하지 않는 경우가 발생하는데 이를 기술적으로 조정하기 위한 항목이 '오차 및 누락'이다. 실제 수출입 활동의 결과는 주로 경상계정에 반영된다.

(1) 경상계정(current account)

경상계정은 상품수지, 서비스수지, 본원소득수지, 이전소득수지로 구성된다. 상품수지는 상품의 수출과 수입을 기록한다. 상품 수출입이라고 하면 상품 즉, 형태가 있는 재화의 수출입이 여기에 포함된다. 서비스수지는 운송, 여행, 기타 서비스의 수출과 수입을 기록한다. 형태가 불분명한 재화로써 법률서비스, 관광객들에 대한 음식점 서비스 등도 이에 해당된다. 본원소득수지는 1년 미만 거주자인 해외근로자가 수취하는 급료 및 임금, 그리고 직접투자, 증권투자, 기타투자에 대한 배당 및 이자의 수취와 지급을 모두 기록한다. 즉 이 항목에는 해외에서 영업하는 자국기업들의 수익과 해외에서 일하는 자국 근로자들의 소득들이 모두 기록되고 국내에서 영업하는 외국기업들의 수익과 국내에서 일하는 외국인 근로자들의 소득들 역시 모두 기록된다는 것을 의미한다. 그리고 이전소득수지는 아무런 대가없이 제공되는 무상원조나 대외송금 등의 수취와 지급이 기록된다.

(2) 자본계정(capital account)

자산소유권의 무상이전, 채권자에 의한 채무변제, 상표권, 영업권 등과 같은 거래들이 모두 기록된다. 이중에 자본이전은 정부에 납부하는 상속세 및 증여세, 민간의 상속 및 유증 등에 의한 자금의 국내유입과 국외지급이 기록된다. 비생산 비금융자산은 상표권, 영업권, 판매권 등의 국제거래에 의한 자금의 국내유입과 국외지급이 기록된다.

(3) 금융계정(Financial Account)

금융계정은 직접투자, 증권투자, 파생금융상품, 기타투자, 준비자산 등으로 구성된다. 직접투자는 외국의 생산시설이나 기존의 기업을 인수하거나 또는 해외에 투자하여 생산시설을 건설하는 주로 설비투자를 말한다. 대개 경영참여를 통해 계속적인 수익을 얻기 위해 결정된다. 즉, 경영권을 얻기 위한 투자라고 볼 수 있다. 증권투자는 경영권과는 상관없이 투자수익을 내기 위해 하는 투자를 말한다. 포트폴리이오 투자 또는 간접투자라고 한다. 파생금융상품은 파생금융상품 거래를 통해 실현될 수 있는 손익 및 옵션 프리미엄의 수취를 기록한다. 준비자산은 외한보유고의 척도가 되는 것으로써 중앙은행이 금융 불안정성에 대비하여 보유하는 해외자산을 말한다. 공적준비자산에는 국채, 통화, 금, SDR 등으로 구성된다. 기타투자는 열거한 직접투자, 증권투자, 파생금융상품, 준비자산에 포함되지 않은 여타 금융거래들을 기록한다.

(4) 오차 및 누락

거래 데이터는 범위, 정확성, 시점의 차이가 있는 서로 다른 출처로부터 제공될 수 있다. 따라서 이러한 통계적인 차이로 인해 국제수지계정은 차변과 대변을 모두 합해서 실제 0이 되지 않는 경우가 있다. 이때 0이 되도록 오차 및 누락 항목을 통해 조정한다.

3 한국의 국제수지

한국의 국제수지를 대략 살펴보자. 한국은 경제개발을 통해 1980년대 중반까지 수입증가가 많아져 이로 인한 상품수지와 경상수지의 적자가 지속되었다. 이러한 경상수지 적자 문제를 해결하기 위해 해외로부터의 자본도입이 증가하며 국제수지 적자 문제는 만성화되는 경향을 보였다. 그러던 중 1980년대 중반 저금리, 저유가, 원화가치의 저평가에 따라 수출경쟁력을 확보하며 수출이 급속히 증가해 상품수지가 흑자를 기록하게 되었다. 하지만 국제수지 흑자에 따라 물가상승과 임금상승이 이어지고 한국 제품의 수출경쟁력이 약화되기 시작했다. 이에 따라 수출은 감소하고 전반적인 국민소득 증가에 따라 수입수요가 증가해 1990년대 들어서서 경상수지는 다시 적자로 반전되었다. 다시 경상수지 적자 문제를 해결하기 위해 외채가 증가하고 1997년

IMF가 도래하기 전 외채규모가 1500억 달러에 이르게 되었다. 외환위기를 겪었던 한국은 이후 원화 가치가 큰 폭으로 하락하며 수출품의 가격경쟁력이 회복되었고 이에 따라 상품수지 흑자가 지속되고 있는 중이다. 경제불황이 심화되며 소비수요가 줄어들면서 불황형 경상수지 흑자 구조로 변해가고 있다.

Ⅱ 국제통화제도

국제통화제도는 대내균형과 대외균형을 동시에 지향하게 된다. 대내균형은 잠재적 생산량 실현과 물가안정 달성이라는 거시경제적 균형 상태를 말한다. 여기에서 잠재적 생산량 실현이라 함은 완전고용을 가정했을 때 한 나라가 얻을 수 있는 생산량을 의미하는 것이다. 완전고용은 이론적 상태라고 볼 수 있다. 현실적으로는 한 경제가 대개 과잉고용 또는 과소고용 상태에 놓여있게 된다. 과잉고용은 근로자들의 구매동기를 부추겨 물가를 상승시키는 경향이 있고 반대로 과소고용은 근로자들의 구매동기를 줄여 물가를 하락시키는 경향이 있다. 이처럼 불안정적인 총수요와 총공급은 물가불안을 야기할 수 있다. 일반적으로 대외균형은 경상수지 균형을 의미한다. 즉 경상수지가 흑자 또는 적자가 너무 큰 폭으로 발생하지 않는 상태를 의미한다. 여기에서 말하는 너무 큰 폭의 경상수지 적자는 그 국가가 부채 상환을 하지 못할 것이라고 기대할 수 있게 하는 규모의 적자를 말한다. 대내균형과 대외균형 달성을 위해서 환율제도가 중요한 역할을 한다. 환율제도는 크게 고정환율제도와 변동환율제도로 나뉜다. 국가 간의 자유로운 자본이동을 허락한 채로 고정환율제도를 활용하는 나라들은 적절한 통화정책을 구사하기 어렵다. 왜냐하면 이자율의 움직임에 따라 국내 자본이 해외로 빠져나갈 수 있기 때문이다. 반면 국제자본이동을 제한한 채로 고정환율제도를 활용하는 국가들은 이자율 평형조건($R=R^*$) 성립할 필요가 없기 때문에 국내 이자율을 자유롭게 변화시킬 수 있다. 변동환율제도를 채택한 나라들은 국제자본이동도 자유롭게 할 수 있고 적절한 통화정책도 구사할 수 있다. 하지만 환율 변동에 따른 위함도 감수해야 한다. 일반적으로, 환율안정, 통화정책의 자주성, 그리고 자본이동의 자유 이 세가지 중에 오직 두 가지만 동시에 달성할 수 있고 세가지를 동시에 달성할 순 없다.

1 금본위제도

금본위제도 하에서는 금이 국제통화로 기능한다. 각국 화폐가치가 금의 일정량으로 정해지며 환율은 고정되게 된다. 주로 19세기 후반에서 20세기 초에 시행되었다. 이 금본위제도 하에서는 국제수지가 자동적으로 균형을 이루게 되는 메카니즘이 있었다. 이를 물가-정화-플로우 (price-specie-flow mechanism)라고 한다. 즉, 물가가 한 국가 내에서 유통되는 금의 양에 따라 조정되는 경향이 있었고 이는 다시 재화와 서비스의 흐름, 즉 경상수지에 영향을 미치게 된다. 한 나라에서 국제수지 흑자가 발생하면 외국으로부터 금이 유입되게 된다. 금 자체가 통화이기 때문에 금 유입은 자국 물가를 상대적으로 상승시키게 된다. 따라서 자국 재화는 값이 오르게 되고 외국 재화는 상대적으로 값이 낮아져 자국의 경상수지 흑자 폭과 외국의 경상수지 적자 폭이 감소하게 된다. 한 나라에서 국제수지 적자가 발생하면 외국으로 금이 유출되게 된다. 금 유출은 자국 물가를 상대적으로 하락시키게 된다. 따라서 자국 재화는 값이 내리게 되고 외국 재화는 상대적으로 값이 높아져 자국의 경상수지 적자 폭과 외국의 경상수지 흑자 폭이 감소하게 된다. 이러한 메카니즘을 통해 대외균형을 위해 금본위제도는 큰 역할을 할 수 있었다. 하지만 대내균형에 대한 금본위제도의 역할은 일관적이지 않다. 예를 들어 미국의 경우를 살펴보면 1870년대, 1880년대 그리고 1890년대 미국이 금본위제를 고수했을 때 미국은 디플레이션과 불황을 겪은 것으로 나타났다. 미국의 실업률을 비교해보면 금본위제도 하에서 더 높은 평균 실업률을 기록했다. 금본위제도는 1914년 세계대전으로 인해 폐지되었으나, 1918년 이후 다시 시도되었다. 미국은 1919년부터 1933년까지 금 1 온스 당 20.67달러로, 그리고 1934년부터 1944년까지 1 온스 당 35.00달러로 달러를 평가절하하여 금본위제도를 재설정했다. 영국은 1925년과 1931년 사이에 금본위제도를 재설정했다. 하지만 자국 화폐를 평가절하하지 않고 장기간 금본위 제도를 고수했던 국가들은 1930년대에 들어서 디플레이션과 공황을 통해 큰 고통을 받게 되었다.

2 브레튼우즈(Bretton Woods) 체제

(1) 브레튼우즈 체제 배경

세계대전이 끝나갈 무렵 1944년 7월에 뉴햄프셔의 브레튼우즈(Bretton Woods)에서

44개국 대표자 회의가 열리게 된다. 이 회의에서 참가국들은 브레튼우즈 체제를 확립했는데 주 내용은 미국 달러에 대한 고정환율을 유지하고 고정된 금 가격(온스 당 35달러)을 설정하는 것이었다. 이들은 국제통화기금(IMF), 세계은행(World Bank) 그리고 세계무역기구(WTO)의 전신인 관세와 무역에 관한 일반 협정(GATT)라는 기구들을 설립하게 된다. IMF는 지속적인 국제수지(또는 경상수지) 적자를 기록 하는 국가에게 자금을 빌려주고, 평가절하를 승인하기 위한 목적으로 설립되었다. 대출은 회원국들에 의해 제공된 금과 통화를 통해 이루어졌고 대규모 대출이 필요할 경우 IMF의 감독을 필요로 한다는 조건이 붙었다. 한국도 1997년 금융위기 당시 IMF 구제금융을 받게 되었는데 이때 IMF가 내걸었던 조건은 긴축재정이었다. 경제가 심각한 경상수지 불균형을 경험하고 있을 때 IMF 승인을 통해 평가절하가 허용되었다. 국제수지 위기를 초래할 수 있는 금융계정의 급변동을 막기 위해 브레튼우즈 체제의 국가들은 종종 국가 간 금융자본의 이동을 제한했다. 하지만 자원의 효율적 배분을 위해 자유무역이 매우 필요했던 만큼 이러한 자유무역을 위해 회원국들 간에 통화가 점진적으로 태환(교환) 가능하게 되었다.

(2) 브레튼우즈 체제의 어려움

브레튼우즈 체제하에서 미국을 제외한 모든 국가들의 통화정책은 대내균형에 대해 무력할 수밖에 없었다. 따라서 대내균형을 위한 주요 수단은 재정정책 즉, 정부지출 또는 세제 변동이 될 수밖에 없었다. 대외균형을 위한 주요 수단은 IMF로부터의 차입을 통해서 또는 금융자본을 통제하는 것 밖에 없었다. 단기에 대외균형을 회복하기 위해서는 환율 변화가 필요하다. 단기적으로 발생하는 대내균형은 완전고용 수준에서 총공급이 이루어지고 그 총공급과 총수요가 일치할 때 이루어진다. 정부가 확장적 재정정책을 사용하게 되면 이는 정부지출 증가 또는 조세 삭감을 의미한다. 이러한 확장적 재정정책은 총수요를 증가시키고 소득을 증가시켜 경상수지를 악화시키게 된다. 이때 대외균형 회복을 위해 자국 통화 가치의 평가절하가 필요하다. 하지만 브레튼우즈 체제하에서 평가절하가 쉽지 않았다. 따라서 대내외 균형 달성을 위해 주로 사용 가능한 정책은 재정정책이었는데 일반적으로 재정정책은 대내외 균형을 동시에 달성시키기에 한계가 있었다. 대내외 균형 동시 달성을 위해선 전술한데로 평가절하가 필요했는데 환율 조정을 할 수 없었기 때문에 국가들은 시간에 따라 점차적으로 대외불균형에 직면하게 되었다. 부정기적인 평가절하 또는 평가절상이 대내외 균형 회복을 위해 역할을 할 수 있었지만 문제는 외환 투기자들은 이러한 절하나 절상을 미리 예상했기 때문에 오히려 심각한 대내외 불균형을 초래했다.

(3) 브레튼우즈 체제 붕괴

1960년대와 1970년대 발생한 미국의 대내외 불균형은 브레튼우즈 체제 붕괴로 이어졌다. 미국의 경상수지 흑자는 1971년에 적자로 전환되었고 급증하는 정부지출이 물가를 상승시키고 총수요와 생산을 동시에 증가시켰다. 달러의 평가절하가 필요했지만 또 다른 문제점은 세계경제가 성장세 있었기 때문에 환율을 고정하기가 쉽지 않았다. 즉, 외국의 중앙은행들은 언젠가는 자신들이 보유한 달러 표시 자산이 미국 연방준비은행이 보유한 금의 양보다 더 커질 것으로 예상하였고 실제 미국이 충분한 금의 양을 보유하기가 쉽지 않았다. 이에 따라 1 온스 당 35달러에서 고정된 금 가격을 유지하려는 미국 연방준비은행의 노력이 실효를 거두지 못할 것이라는 외환시장내 기대가 커지면서 외국 투자자들은 그들의 달러 자산을 상환받으려고 하였다. 이 문제는 중앙은행이 고정환율을 유지하려할 때 나타나는 문제와 매우 유사하다. 만약 중앙은행이 고정환율을 지탱하기 위해 공적준비자산을 충분히 지니고 있지 않다는 정보가 퍼지면 그 국가는 국제수지 위기에 직면하게 된다. 당시에 미국은 대규모로 정부지출을 감축하거나 조세를 인상하길 원치 않았을 뿐 아니라, 화폐공급 증가율을 감소시키길 원치 않았다. 이러한 정책들은 인플레이션을 낮추지만 대신 생산량을 감소시키고 실업률을 높였을 것이다. 하지만 평가절하를 했다면 생산 감소와 실업률 증가라는 비용없이 대외균형을 달성할 수 있었을 것이다. 미국의 대내외불균형은 달러가치에 대한 투기를 촉발하였고, 이는 다른 국가들에서도 불균형을 야기했으며 결국 고정환율제도를 지속시키기 어렵게 했다. 당시 세계는 미국경제가 근본적 불균형을 겪고 있기 때문에 평가절하가 불가피하다는 시각을 공유했다. 달러의 평가절하를 예상하고 환투기도 많이 이루어졌다. 미국은 1971년 12월에 달러를 1온스 당 38달러까지 평가절하했으나 그 평가절하는 또 다른 투기를 불러왔고 1973년 3월 통화의 수요와 공급을 통해 달러 가치가 하락하는 것을 허용하게 된다. 결국 1973년 브레튼우즈 체제가 붕괴되었다. 다시 고정환율제도로 회귀할 것이라는 예상들도 많이 있었지만 이후 어떠한 고정환율제도도 재개되지 않았다.

3 변동환율제

(1) 변동환율제 장점

일반적으로, 고정환율제는 환율안정, 통화정책의 자주성, 그리고 자본이동의 자유 이 세가지 중에 오직 두 가지만 동시에 달성할 수 있고 세가지를 동시에 달성할 수 없다고 이미 밝힌바 있다. 반면에 변동환율제는 이 세가지를 동시에 달성할 수 있다. 변동환율제를 채택했을 때 고정환율제에 비해 어떤 장점이 있는지 살펴보자. 첫째, 통화정책에 있어 자주성을 추구할 수 있다. 중앙은행은 자국의 화폐공급, 이자율 및 인플레이션에 영향을 줄 수 있도록 보다 자유롭게 정책을 구사할 수 있다. 또한 대내균형 달성을 위해 보다 자유롭게 총수요 확대를 추진하고 생산량 변화와 물가 변화에 쉽게 대응할 수 있다. 둘째, 물가와 경상수지 자동안정화가 가능하다. 한 나라의 상품가격을 변화시키며 근본적 불균형을 감소시키는데 기여할 수 있다. 1965년과 1972년 사이 미국에선 정부지출 증가와 통화량 증가에 의한 인플레이션으로 인해 근본적 불균형이 초래되었다. 자국내 인플레이션 발생은 자국 통화의 구매력이 대내외적으로 감소함을 의미하며, 이러한 감소를 상쇄하기 위해 환율이 자동적으로 조정되어야 한다. 또 다른 근본적 불균형은 한 나라 상품에 대한 수요 변화에 의해 나타날 수 있다. 변동환율제를 통해 총수요와 생산량 변화가 환율에 반영되면 그 결과 환율이 자동 조정되어 장기적으로 가격안정에 기여할 수 있고 생산량을 정상 수준으로 복귀시킬 수 있다.

(2) 환율안정화

세계적으로 일정한 경제발전 단계에 달한 나라들 중에 고정환율제를 채택하고 있는 나라는 거의 드물다. 한국 역시 변동환율제를 채택하고 있다. 대개 나라들 역시 한국과 같이 거시경제 목표 달성을 위해 자국의 통화량에 대한 조정이 허용되고 있다. 1975년 IMF 회원국들은 변동환율은 허용하지만 급격한 변동을 억제할 뜻으로 프랑스의 랑부예에서 모임을 가졌고 이윽고 1976년 자메이카 킹스톤에서 이들은 공식적으로 변동환율을 승인하기 위해 IMF 회원국 협약규정을 개정했다. 이 협약규정은 회원국들이 공정하게 활동한다는 것을 확인하기 위해 다른 회원국들에 의한 감시를 허용하였다. 미국의 긴축 통화정책과 확장 재정정책 때문에 1980년과 1985년 사이 달러는 15개국 통화에 대해 약 50% 가량 가치가 절상되었다. 이는 미국에서 수입품은 더 싸게 만들고 미국 수출품은 더 비싸게 만들어 경상수지 적자 폭을 증가시켰다. 미국 달러가치 절하를 위해 미국, 독일, 일본, 영국, 프랑스는 1985년 외환시장에 공동 개입할 것임을 공표하자 달러가치는 급격하게 하락했고 이어 미국이 계속적으로 확장적 통화정책을 추진하자 이자율이 하락하기 시작했다. 이자율 하락에 맞추어 달러가치는 더욱 하락하게 되었다. 이 공표는 뉴욕의 플라자 호텔에서 이루어졌기 때문에 플라자 합의(Plaza Accords)라고 불린다. 달러가치가 하락한 후, 각 나라들은 환율 안정화에 관심을 갖고 미국, 독일, 일본, 영국, 프랑스, 캐나다는 1987년에 공조를 재개, 당시 환율을 안정화시키기로 서약했다. 이들의 목표는 당시의 환율에서 변동폭을 상하 5% 이내로 하는 것이었다. 이 공표는 파리의 루브르에서 이루어져 루브르협약(Louvre Accords)이라고 불린다. 루브르 협약이 과연 환율 안정화에 얼만큼 기여했는지 명확치 않다. 1973년 이후에도 고정 환율제도가 유럽, 중국, 그리고 여타 개발도상국에 의해 다양하게 시도된바 있다. 하지만 그러한 환율 고정화가 어떤 경제적 효과를 가져왔는지에 대해서 명확한 설명이 없는 상태이다.

4 환율제도와 세계 경제

지금까지 변동환율제도를 논해오면서 우리는 어떤 한 국가의 환율정책이 세계 시장에 영향을 미치지 않는다고 가정해왔다. 어떤 한 나라의 통화가치 절하가 다른 나라의 총수요와 생산량, 그리고 물가수준에 유의적인 영향을 미치지 않는다고 전제했었다. 경제 규모가 작은 나라는 이와 같은 가정이 잘 맞겠지만 규모가 큰 경제는 그렇지 않을 것이다. 즉 거대한 경제규모를 갖고 있는 미국, EU, 그리고 중국 등과 같은 대국들은 그들 환율정책이 다른 국가들에게 영향을 미칠 것이다. 만약 미국이 자국내 통화량 공급을 영구적으로 증가시킬 경우, 실물시장과 자산시장에 동시에 영향을 주어 미국내 생산량이 증가하고 그 결과 미국 달러의 평가절하가 예상된다. 이때 미국의 이와 같은 정책은 한국 경제에 두갈래로 영향을 줄 것이다. 첫번째, 미국의 생산량과 소득의 증가는 한국 상품에 대한 수요를 증가시킴에 따라 한국에서 총수요와 총공급을 증가시킬 수 있다. 두번째, 달러의 평가절하는 상대적으로 한국 원화의 평가절상을 의미해 한국 상품에 대한 수요를 감소시킴으로써 그 결과 한국의 총수요와 총공급을 감소시킬 수 있다. 첫 번째 효과와 두 번째 효과를 포괄해 그 궁극적 효과는 말하기 어렵다. 즉, 미국에서 통화량 증가가 한국의 총수요와 총공급을 증가시킬지 아니면 감소시킬지 정확히 예단할 수 없다. 만약 미국이 정부지출을 영구적으로 증가시키는 내용의 재정정책을 단행한다면 미국 달러의 평가절상을 예상할 수 있다. 달러의 평가절상은 한국 원화의 평가절하를 의미하며, 한국 상품에 대한 수요 증가를 가져오고 결과 한국에서 총수요와 총공급을 증가할 것이다. 한국내 생산량과 소득의 증가는 다시 한국내에서 미국 상품에 대한 수요 증가로 이어질 수 있으며 이는 단기적으로 미국내 생산량을 증가시킬 수 있다. 역설적이게도 세계에서 가장 큰 경제 규모를 자랑하는 미국은 현재 차입국이다. 미국에서 저축률이 상대적으로 낮은 반면 투자들이 상대적으로 많기 때문에 이러한 경상수지 적자가 다년간 발생하고 있는 것이다. 미국의 지출이 감소하면 미국내 이자율이 상승하고 달러 가치는 평가절하되며 그 결과 미국 경상수지는 개선될 수 있다.

환율과 외환시장

1 외환시장 개입

중앙은행의 외환시장개입효과를 논의하기 위해서, 먼저 중앙은행의 대차대조표는 중앙은행이 보유한 자산과 부채를 기록한다는 것을 상기하자. 이 대차대조표는 복식부기원칙에 따라 기록되고 있기 때문에 각 거래는 대차대조표의 자산항목에 그리고 부채항목에 두 번 기록되게 된다.

- 자산항목: 외국 국채(공적 준비자산), 금(공적 준비자산), 국내 국채, 그리고 국내은행들에 대한 대출 등이 포함된다
- 부채항목: 주로 국내은행들의 예금, 그리고 현금화폐 등이 포함된다.

자산은 부채와 자기자본을 합한 것이기 때문에 자기자본이 일정하다고 가정하면 자산의 증가는 동일한 크기만큼 부채를 증가시키고 자산의 감소는 동일한 크기만큼 부채를 감소시킨다. 중앙은행 대차대조표의 변화는 현금화폐의 변화 또는 국내은행들의 예금 변화를 반영한다. 현금화폐의 변화와 국내은행들의 예금 변화는 통화공급량을 변화시킨다. 중앙은행에 예치한 국내은행들의 예금이 증가하면, 국내은행들은 고객들에게 보다 쉽게 대출할 수 있기 때문에 통화공급량이 증가하는 효과를 가져온다. 중앙은행의 자산매입 즉, 국내채권이나 외화채권을 매입할 때도 통화공급량은 증가한다. 중앙은행의 자산 매각은 통화공급량 감소로 이어진다. 이와 같은 거래는 자산과 부채를 같은 크기만큼 감소시킨다.

중앙은행은 외환시장에서 외국 국채를 거래한다. 외국통화예금과 외국 국채는 종종 대체재 역할을 한다. 외국통화예금과 외국 국채는 모두 외국통화로 표시된 유동성이 높은 자산이다. 매도하거나 매각되는 외국통화예금과 외국 국채의 양은 환율에 영향을 미친다. 외환시장에서 외화채권의 매입과 매각은 모두 국내 통화공급에 영향을 미

치기 때문에, 중앙은행은 이러한 영향을 상쇄시키기 원할 수 있다. 중앙은행은 종종 외환시장 개입이 국내통화공급에 미치는 영향을 상쇄시키기 위해 반대방향으로 외국자산과 국내자산을 거래한다. 이러한 정책은 불태화 외환시장 개입(Sterilized Foreign Exchange Intervention)이라고 부른다. 통화공급량의 변화를 발생시키지 않기 위해, 중앙은행은 외환시장에서 외국 국채를 매각하면서 채권시장에서 국내 국채를 매입할 수 있다. 환율을 고정시키기 위해서, 중앙은행은 국내 자산과 외국 자산을 거래함으로써 통화공급량과 수요량에 영향을 미친다.

2 이자율 평형조건

외환시장은 다음과 같은 이자율 평형조건이 성립할 때 균형에 도달한다.

$$R_{\$} = R_W + \frac{(E^e_{\$/W} - E_{\$/W})}{E_{\$/W}}$$

$R_{\$}$: 1년 만기 미국 달러 예금의 기대수익률
R_W: 1년 만기 원화 예금에 대한 현재 이자율
$E_{\$/W}$: 현재의 달러/원화 환율(원화당 미국 달러)
$E^e_{\$/W}$: 1년 후에 예상되는 달러/원화 환율

환율이 E^0 수준에서 고정되어 있고 시장이 그 수준에서 환율이 유지될 것이라고 예상하면($E^e_{\$/W} = E^0$), 위의 이자율 평형조건은 다음처럼 간단해진다.

$$R_{\$} = R_W$$

환율을 고정시키기 위해서, 중앙은행은 국내자산과 외국자산 거래를 통해 $R_{\$} = R_W$이 성립되게 한다. 달리 말하면, 물가수준과 실질 생산량이 일정하게 주어져 있는 경우, 중앙은행은 국내 이자율과 외국 이자율이 일치하도록 통화시장에서 통화자산의 양을 조정해야 한다.

$$\frac{M^S}{P} = L(R_W, Y)$$

중앙은행이 환율을 E^0에서 고정시키고 있으나 실질 생산량이 증가한다면 이는 그 나라의 소득 증가를 의미한다. 그 결과 통화수요가 증가하게 된다. 즉, 쉽게 설명하면 소득이 많아지면 대출을 해서라도 돈을 쓰려 할 것이기 때문이다. 통화 수요 증가는 국내 이자율 상승을 가져오게 된다. 이자율 평형 조건을 상기하면 한 나라에서 이자율 상승은 그 나라의 통화가치를 상승시킬 것으로 예상된다. 이러한 상황에서 그 나라의 중앙은행이 고정환율을 목표로 하고 있다면 그 중앙은행은 외환시장에서 외국자산을 매입해야 한다. 외국자산을 매입하면, 국내통화공급량이 증가해 통화수요량 증가분을 상쇄시키고 단기적으로 이자율을 하락시킬 수 있다.

3 실질환율

환율이 고정되어 있을 때, 단기적으로 환율변화는 발생하지 않는다. 하지만 생산량이 잠재적 생산량보다 클 때, 임금과 가격은 장기적으로 상승하게 된다. 왜냐하면 과잉고용이 일어나고 있기 때문에 임금이 상승하게 되고 임금이 상승하면서 물가 상승을 견인하기 때문이다. 물가 상승은 국내생산물이 더욱 비싸진다는 것을 의미하기 때문에 직관적으로 보더라도 그 물가상승이 환율에 반영되어야 한다. 즉 환율조정이 필요할 수밖에 없다. 하지만 환율이 고정되어 있기 때문에 명목환율은 변할 수 없다. 하지만 실질환율이 절상되게 된다. 실질환율은 다음과 같다.

$$q = E_{\$/W} \frac{P_{US}}{P_{KOR}}$$

P_{US} : 미국의 물가수준
P_{KOR}: 한국의 물가수준

실질환율이 절상한다는 q가 하락하는 것을 의미한다. 환율이 변동 가능할 때는 절하(Depreciation)과 절상(Appreciation)이라는 용어를 쓰지만 고정환율제를 채택하고 있는 상황에서 중앙은행이 환율 변동을 시도할 때 평가절하(Devaluation)과 평가절상(Revaluation) 이라는 용어를 주로 쓴다. 평가절하의 경우, 국내통화 1단위의 가치는 줄어들게 되고 이에 따라 외국통화 1단위와의 교환을 위해 더 많은 국내통화가 필요하게 된다. 평가절상의 경우, 국내통화 1단위의 가치는 더 커지게 되고 이에 따라 외국통화 1단위와의 교환을 위해 보다 적은 국내통화가 필요하다. 평가절하가 필요할 때 중앙은행은 해외자산 매입을 통해 국내통화자산 공급을 증가시키고 국내이자율을 하락시켜 국내통화예금의 기대수익률을 하락시킨다. 이때 자국 상품은 외국 상품과 비교해 상대적으로 저렴해지기 때문에 총수요와 생산량은 증가하게 된다.

4 국제수지 위기

중앙은행이 외환시장에 과다하게 개입할 때 부작용이 나타날 수 있다. 특히 고정환율을 유지하려는 과정에서 중앙은행이 공적 준비자산을 충분히 보유하고 있지 않을 때, 국제수지위기가 발생할 수 있다. 지속적인 고정환율 유지를 위해 중앙은행은 충분한 외국자산을 보유하고 있어야 한다. 자국통화가 평가절하될 것이라고 기대되면 투자자들은 가치 하락이 우려되는 국내 자산 보다 해외 자산을 보유하려 할 것이다. 이러한 기대 또는 공포감만으로도 국제수지위기는 더 깊어질 수 있다. 투자자들은 급속히 국내 자산을 해외자산으로 바꾸게 되고 이에 따라 공적 준비자산은 더 급속하게 감소된다. 즉, 자본도피(capital flight)가 발생할 수 있다. 자본 도피가 발생하면 국내경제는 금융자본 부족 현상에 따라 투자가 어려워지고 투자 부족으로 인해 총수요 역시 감소한다. 이러한 결과를 막기 위해, 국내자산 보유를 유도할 수 있도록 더 높은 이자율이 필요하다. 이때 중앙은행은 국내 자산과 해외자산 매각을 통해 통화공급을 감소시켜 이자율 상승을 추구할 수 있다. 결과적으로, 국내 경제는 이자율 상승, 통화공급 감소, 총수요 감소, 생산량 감소, 고용 감소 상황에 직면할 수 있다. 국제수지위기에 대한 예상은 국제수지위기를 더 악화시키고 평가절하를 보다 빨라지게 할 수 있다. 평가절하에 대한 예상은 실제로 평가절하를 발생시킬 수 있다. 이를 자기실현적 통화 위기(Self-fulfilling Currency Crisis)라고 한다.

5 고정환율제의 어려움

중앙은행이 공적 준비자산(외화자산)을 소진시키게 되면 자국 통화의 평가절하를 모색해야만 한다. 이러한 평가절하는 통화공급 증가를 통해 이자율을 하락시키고 시간이 흐름에 따라 총수요 증가를 가져와 생산 및 고용을 증가시킨다. 국제수지위기에서 중앙은행은 이자율 상승을 막기 위해 국내 채권을 매입하고 국내통화공급 증가를 모색할 수 있다. 하지만 이것은 국내통화 가치를 더욱 절하시키는 결과를 가져올 수 있다. 일반적으로 중앙은행은 낮은 이자율을 유지하면서 고정환율을 동시에 유지하기 어렵다. 이는 현실적으로 국제금융시장에서 이자율평형 조건이 항상 성립하지 않기 때문이다. 이자율 평형 조건이 성립하지 않는 주된 이유는 국제적 금융거래에 따르는 위험(Risk)때문이라고 볼 수 있다. 그 위험의 종류는 채무불이행위험(Default Risk)과 환위험(Exchange Rate Risk)이 있다.

(1) 채무불이행위험(Default Risk)

한 나라의 차입자들이 대출 상환을 이행하지 않을 가능성을 말한다. 따라서 돈을 빌려주는 이들은 이러한 위험을 감안하여 일반적으로 더 높은 이자율을 요구하게 된다.

(2) 환위험(Exchange Rate Risk)

한 나라의 통화가 갑자기 평가절하될 가능성이 존재하기 때문에 그 위험을 커버하기 위해 외환을 거래할 때 더 높은 이자율이 요구된다.

거래자들은 항상 이러한 위험들을 생각하고 있기 때문에, 현실적으로 국내 자산과 외국 자산은 동일하게 취급되기 어렵다. 즉 외국통화예금과 국내통화예금은 유동성과 위험의 정도에서 차이가 나기 때문에 완전 대체재(Perfect Substitute)가 될 수 없다. 투자자들이 투자를 결정할 때 자산이 갖는 기대수익률도 중요하지만 위험의 정도도 중요하다.

6 고정환율제와 정책

(1) 준비자산 통화제도(Reserve Currency System)

한 통화가 공적 준비자산의 역할을 수행한다. 미국 달러는 1944년부터 1973년 사이 고정환율제도 하에서 공적 준비자산의 역할을 수행했다. 즉 모든 국가들은 공적 국제지급수단으로서 달러를 보유해야 했다.

(2) 금본위제도(Gold Standard)

금이 공적 준비자산의 역할을 수행하고 모든 국가들이 금을 공적 국제 지급수단으로 사용한다. 1944년부터 1973년 사이, 전 세계의 중앙은행들은 자국의 통화가치를 미국 달러에 고정시켰다. 모든 나라에서 대미 달러 환율이 사실상 고정되어 있었다.

세계의 나라들이 고정환율을 유지하고 있었을 당시 통화정책은 효과를 발휘할 수 없었다. 반면 미국은 총수요 확대를 위해 효과적인 통화정책을 운용할 수 있었다. 미국의 통화정책은 다른 국가들의 경제에 영향을 미쳤다. 미국이 자국내 통화공급량을 늘리면, 이는 미국내 이자율 하락을 가져오고 달러 가치 절하를 압박할 것이다. 다른 국가들 중앙은행들이 자국에서 고정환율을 유지하려면, 그들은 달러 표시 자산 매입을 통해 자국내 통화공급을 증가시켜야 한다. 다른 국가들의 통화정책은 미국에 따라 수동적으로 행해졌다. 반면 금본위제도는 특정 국가에 대해 특권을 부여할 수 없다. 왜냐하면 한 국가에서 공적 준비자산인 금이 감소해 통화량이 감소하면 이는 다른 국가에서 공적 준비자산인 금이 증가하는 것을 의미하고 이는 그 나라에서 통화공급 증가를 의미한다. 금본위제도는 인플레이션을 유발하는 통화공급 증가를 통제하는 기능이 있었기 때문에 총수요 확대를 위한 적절한 통화정책을 운용할 수 없도록 했다. 반면 금은 수급에 따라 재화와 서비스에 대해 가격이 변화할 수 있었다. 금 공급이 많아지면 금 가격이 내려가고 금에 대한 통화의 가치가 고정되어 있었기 때문에 물가는 상대적으로 상승하게 되었다. 금본위제도를 다시 도입하면 경제가 성장함에 따라 통화공급 증가가 필요하기 때문에 새로운 금의 공급이 필요할 것이다.

환율의 자산접근

1 환 율

환율은 쉽게 국내통화와 외국통화의 상대가격이라고 말할 수 있다. 즉 국내통화의 가치가 상승하면 국내통화 한 단위를 얻기 위해 외국인은 더 많은 외국통화를 주어야 한다. 반대로 국내통화가치 하락하면 국내통화 한 단위를 어디 위해 외국인은 더 적은 외국통화를 주면 된다. 환율은 동일한 통화로 재화나 서비스 가격을 나타낼 수 있게 해준다. 미국의 GM 자동차 1대 3만달러라고 해보자. 1달러당 1000원의 환율을 유지하고 있다면 GM 자동차 1대는 한국 통화로 3000만원이 된다. 만약 환율이 1달러당 500원으로 내려가면 한국 통화로 자동차 가격은 1500만원이 된다.

(1) 절하(Depreciation)

한 나라의 통화가 외국 통화와 비교하여 상대적으로 그 가치가 하락하는 것을 의미한다. 절하되는 통화는 그 가치가 표현 그대로 떨어지기 때문에 이에 따라 더 적은 외국통화로 교환된다. 예를 들어 1달러당 1000원이었던 환율이 1달러당 1500원으로 바뀌면 한화가 달러에 대해 절하되었다는 것을 의미한다. 이제 1000원을 위해 약 0.67 달러만 주면 된다. 이는 달러가 더 가치가 있다는 것을 의미한다. 상대적으로 달러는 한화에 대해 절상되었고 한화는 달러에 대해 절하되었다고 말한다.

(2) 절상(Appreciation)

반대의 경우로 이해하면 되는데 정의를 내리자면, 한 나라의 통화가 외국 통화와 비교하여 상대적으로 그 가치가 상승하는 것을 의미한다. 절상되는 통화는 그 가치가 표현 그대로 올라가기 때문에 이에 따라 더 많은 외국통화로 교환된다. 예를 들어 1달러당 1000원이었던 환율이 1달러당 500원으로 바뀌면 한화가 달러에 대해 절상되었다는 것을 의미하고 1000원을 위해 2 달러를 주어야 한다. 이는 달러 가치가 상대적으로 낮아졌음을 의미하고 한화의 가치가 상대적으로 높아졌음을 의미한다. 상대적으로 한화는 달러에 대해 절상되었고 달러는 한화에 대해 절하되었다.

통화의 절하를 통해 수입재는 더 비싸지고 국내에서 생산된 재화와 수출재는 덜 비싸지게 된다. 즉 절하가 수입재의 가격과 비교해 상대적으로 수출재의 가격을 낮추게 된다. 반면 통화의 절상으로 인해 수입재는 덜 비싸지고 국내에서 생산된 재화와 수출재는 더 비싸지게 된다. 이는 수입재 가격과 비교하여 상대적으로 수출재 가격을 상승시키게 된다.

2 외환시장

외국통화와 외국자산이 국내통화와 국내자산과 함께 교환되는 시장을 말한다. 외환시장에 참여하는 당사자들은 주로 민간은행, 기업, 비은행권 금융기관, 그리고 중앙은행이다. 이들은 통화예금을 구매하기도 하고 판매하기도 하며 투자목적으로 여러 자산들을 거래한다. 1일 외환거래액은 1989년의 5,000억 달러로부터 2010년 약 4조 달러로 증가했는데 2010년 기준으로 외환거래의 약 85%가 미국 달러와 외국통화가 교환되었다. 민간은행과 기타 금융기관들이 자산거래에 참여하지만 증권회사, 보험회사, 또는 연금관련기관들도 투자목적으로 외국자산을 거래한다. 일반 기업들은 직접 자산거래에 참여하기도 하지만 외화 보유를 위해 외국통화거래에 참여하기도 한다. 중앙은행은 공적 준비자산거래를 위해 외환시장에 참여한다. 외환시장에서 거래는 주로 상업적 목적을 띄는 민간은행과 투자은행에 의해 이루어진다고 볼 수 있다. 외국통화예금의 은행간 거래는 일반적으로 1백만 달러 이상 단위로 이루어진다. 중앙은행은 외환시장에 개입하기도 하지만 선진국으로 갈수록 중앙은행 직접적 통제는 미약하고 일시적이다. IT 기술의 발달로 외환시장내 정보전달이 더 빨라지고 점차로 통합되는 추세를 보인다. 이러한 금융시장의 통합은 외환시장 위치에 다라 환율차이가 크게 발생하지 않을 수 있다는 것을 의미한다. 차익(Arbitrage)을 노리고 거래하는 시장 참여자들도 있다. 즉, 낮은 가격에 사서 높은 가격에 팔면 차익이 발생하기에 그 차익을 노리고 거래를 하는 것이다. 만일 엔화가 뉴욕에서 1.1달러에 판매되고 홍콩에서 1.2달러에 판매된다면, 뉴욕에서 엔화를 사서 홍콩에서 엔화를 팔아 이익을 남길 수 있다. 하지만 이러한 차익거래 기회는 순식간에 사라질 수 있다.

(1) 현물환율(Spot Rate)

현장에서 즉각적으로 이루어지는 통화교환에 적용되는 환율을 말한다.

(2) 선도환율(Forward Rate)

미래 시점에 이루어질 통화교환에 적용되는 환율을 말한다. 선도환율이 적용되는 시점은 일반적으로 미래 30, 90, 180, 360일이다. 선도환율은 현재 시점에서 거래당사자들 간에 협상이 가능하지만 통화교환은 미래에 정해진 시점에서 이루어지게 된다. 국내통화 또는 외국통화로 표시된 예금에 대한 수요에 영향을 미치는 요소들은 생각해볼 수 있다. 먼저 시장 참여자들은 자산수익률을 생각해서 자산에 대한 수요를 결정한다.

(3) 수익률(Rate of Return)

주어진 기간 동안 자산이 갖는 가치의 변화량을 말하는데 연간 이자율이 3%인 100달러 저축의 연간 수익은 $100 × 1.03 = $103이고 이에 따라 수익률은($103 - $100) / $100 = 3%가 된다.

(4) 실질수익률(Real Rate of Return)

수익률과 다르게 실질수익률은 인플레이션을 고려해 그 수익률을 조정해 얻는 가치의 변화량이다. 실질수익률은 자산으로부터 발생할 수 있는 수익과 물가상승을 감안해 실제 재화와 서비스의 구매량이 얼만큼 변하는지를 측정한다. 예를 들어, 인플레이션율이 2%이고 연간 이자율이 3%일 때 100달러 저축의 연간 실질수익률은 3% - 2% = 1%로 계산된다. 물가상승을 고려하면 실제 재화와 서비스를 1% 더 구매할 수 있는 셈이다.

(5) 위험(risk)

자산이 보유한 위험도 자산 수요에 영향을 미친다.

(6) 유동성(liquidity)

그 자산이 얼만큼 빨리 현금으로 전환될 수 있느냐 여부도 자산 수요에 영향을 미친다.

하지만 외환시장에서 볼 때 통화예금의 위험과 유동성은 별 차이가 없다고 본다. 따라서 위험과 유동성은 통화예금을 거래할 때 수익률을 고려한 다음 고려해야 할 요인으로 본다. 물론 상품 거래를 하고 대금을 결제하는 수입업자와 수출업자는 위험과 유동성에 대하여 우려할 수 있는 입장이지만 그들의 외환거래는 외환시장거래에서 차지하는 부분이 실제 많지 않다.

3 이자율 평형

투자자들은 우선 그 통화예금이 갖고 있는 기대수익률에 대해 관심을 가진다. 투자자들이 얻을 것으로 예상되는 수익률은 그 자산에 적용되는 이자율과 통화의 절상 또는 절하 여부에 의해 결정된다고 볼 수 있다. 통화예금의 이자율이란 개인이나 기관이 1년 동안 해당 통화 1단위를 대출해줌으로써 벌어들이는 수익을 말한다. 국내통화예금의 수익률은 국내통화예금에 적용되는 이자율이 된다. 국내통화예금의 수익률과 외국통화예금의 수익률을 비교하기 위해서는 다음과 같은 요소들을 고려해야 한다. 첫째, 외국통화예금에 적용되는 이자율, 그리고 둘째, 예상되는 국내통화에 대한 외국통화의 절상률 또는 절하율이다. 예를 들어, 달러예금의 이자율이 현재 2%라고 가정하자. 그리고 유로예금의 이자율은 4%라고 하자. 그렇다면 유로예금이 달러예금보다 항상 더 높은 기대수익률을 발생시키는가? 그렇지 않다. 왜냐하면 현재 환율은 1 유로당 1 달러일 때 1년 후 예상되는 환율이 변동할 수 있기 때문이다. 만약 1년 후 환율이 1유로당 0.8 달러로 달러가치가 절상된다고 해보자. 현재 100 유로는 100달러와 교환될 수 있다. 이렇게 교환된 100달러는 1년후에 환율이 변동하여 125유로가 될 것이다. 즉 지금 100유로는 1년 후에 이자율을 포함해 104 유로가 된다. 하지만 유로가 달러에 비해 상대적으로 그 가치가 절하하여 104 × 0.8 = 83.2%의 가치가 있을 것으로 예상된다. 그렇게 되면 유로예금 투자로부터 발생한 달러표시 수익률은($83.2 - $100) / $100 = -16.8%가 된다. 이번엔 달러표시 유로예금의 수익률과 달러예금의 수익률을 비교해보자. 달러예금의 수익률은 달러예금에 적용되는 미국 이자율이다. 1년 후 $100는 이자를 포함하여 $102가 된다. 따라서 달러표시 달러예금의 수익률은($102 - $100) / $100) 2%가 된다. 달러표시 수익률을 비교하면 유로예금은 달러예금에 비해 더 낮은 기대수익률을 가진다. 따라서 모든 투자자들은 달러예금을 보유하려 할 것이고 어느 누구도 유로예금을 보유하려 하지 않을 것이다. 예상되는 유로의 절상률은

(\$0.80 - \$1) / \$1 = -0.20 = -20%이다. 이제 단순하게 유로예금의 달러표시 수익률에 대해 그 근사치 값을 찾자면 유로예금의 이자율 더하기 예상되는 유로예금의 절상률이라고 할 수 있다. 즉, 4% + -20% = -16%가 되어 1년후 100유로는 0.86달러 가치를 보유한다고 할 수 있다. 공식을 만들어보면, 1 유로가 갖는 수익률은 다음과 같다.

$$R + \frac{(E^e_{\$} - E_{\$})}{E_{\$}}$$

이때 달러예금의 수익률과 유로예금의 수익률 차이는 다음과 같이 나타낼 수 있다.

$$R_{\$} - \left[R + \frac{(E^e_{\$} - E_{\$})}{E_{\$}} \right]$$

(1) 이자율평형조건

이론적으로 보면 모든 통화예금이 동일한 기대수익률을 갖고 있을 때 외환시장은 균형상태에 있게 된다. 왜냐하면 달러든 유로든 기대수익률에서 차이가 없기 때문에 굳이 자신이 보유한 화폐를 다른 통화로 바꾸어 보관할 유인이 없기 때문이다. 이를 우리는 이자율평형조건(Interest Rate Parity Condition)이라고 한다. 이자율평형조건 성립하면 모든 통화예금들은 기대수익률이 동일하며 이는 외환시장 참여자들로 하여금 특정화폐를 더 많이 보유하고 있을 동기가 없는 상태이다. 즉 이자율평형조건에 따르면 외환시장에서 차익거래가 가능하지 않기에 다음과 같이 이자율평형조건을 나타낼 수 있다.

$$R_{\$} = \left[R + \frac{(E^e_{\$} - E_{\$})}{E_{\$}} \right]$$

(2) 이자율 변화와 환율

모든 변수가 변하지 않고 오직 달러에 대한 이자율만 상승했다고 가정하자. 그렇다면 달러 예금에 대한 기대수익률이 상승해 아래와 같이 이자율평형조건이 더 이상 성립하지 않게 된다.

$$R_{\$} > \left[R + \frac{(E^{e}_{\$} - E_{\$})}{E_{\$}}\right]$$

이때 모든 투자자들은 자신들이 보유한 유로를 달러로 바꾸어 보관하려 할 것이고 이에 따라 외환시장에서 유로에 대한 수요가 감소하고 유로의 상대가치는 하락할 것이다. 그들은 달러로 예금을 보유하려 할 것이고 이에 따라 달러에 대한 수요는 증가하게 되며 달러 상대가치는 상승할 것이다. 즉, 달러는 그 가치가 절상할 것이고 유로는 그 가치가 절하할 것이다. 이러한 과정은 두 통화의 기대수익률이 같지 않는 한 계속 반복될 수밖에 없다. 따라서 결국은 유로예금의 달러표시 수익률이 달러예금의 수익률과 같아질 것이다.

현재 한국 원화의 환율이 변하면 외국통화예금의 기대수익률에 어떤 영향을 미치게 될까? 원화의 절하는 외국통화예금의 국내통화표시 기대수익률을 감소시킨다. 반대로 원화의 절상은 외국통화예금의 국내통화표시 기대수익률은 증가시키게 된다. 이자율이 달라지면 환율은 어떻게 변할까? 특정통화예금에 대한 이자율 상승은 그 통화예금의 수익률을 증가시키게 된다. 이는 그 통화에 대한 수요증가로 이어져 그 통화가치의 절상을 가져온다. 즉, 달러표시 자산의 이자율 상승은 달러를 절상시키고 유로표시 자산의 이자율 상승은 유로를 절상시키고 상대적으로 달러를 절하시킨다. 같은 이유로 원화표시 자신의 이자율이 상승하면 원화를 절상시키고 상대적으로 다른 통화들을 절하시키게 된다.

(3) 위험회피 이자율평형조건

위험회피 이자율 평형조건(covered interest parity)은 이자율 평형조건과 크게 다르지 않다. 약간 다르게 기대환율 대신에 선도환율이 들어가게 된다. 그리고 선도환율과 현물환율간 관계를 통해 위험회피 이자율 평형조건을 다음과 같이 나타낼 수 있다.

$$R_{\$} = \left[R + \frac{(F_{\$} - E_{\$})}{E_{\$}},\right]$$

$F_{\$}$: 선도환율

위험회피 이자율 평형조건을 통해 달러예금의 수익률과 위험회피 유로통화예금의 수익률이 같다는 것을 보여줄 수 있다.

다시 정리해보면, 환율은 외국통화로 나타낸 한 국가의 통화의 상대가격이라고 말할 수 있다. 환율을 통해 외국통화들의 상대가격들을 비교할 수 있게 된다. 통화가 절하되었다고 하면 그 통화의 가치가 감소한 것이고 이에 따라 그 통화로 가격이 표시된 재화는 더 저렴해지는 것을 의미한다. 즉, 그 국가의 수출재는 더 저렴해지고 수입재는 더 비싸진다. 통화가 절상되었다고 하면 통화의 가치가 증가한 것이고 이에 따라 그 통화로 가격이 표시된 재화는 더 비싸지게 된다. 당연히 그 국가의 수출재는 더 비싸지고 반면 수입재는 더 저렴해진다. 은행을 비롯한 많은 외환시장 참여자들은 각기 다른 통화예금들에 투자하며 외환거래를 주도한다. 그들의 통화예금 수요를 결정하는데 있어 가장 중요한 것은 기대수익률이다. 외환시장에서 통화예금의 수익률은 이자율과 기대환율에 의해 영향을 받게 된다. 외환시장의 균형은 국내통화예금의 수익률이 외국통화예금의 수익률이 같을 때 즉, 이자율 평형조건이 성립할 때 달성된다. 한 통화예금에 적용되는 이자율이 상승할 때 이 통화예금에 대한 기대수익률이 증가하고 이 통화는 절상한다. 모든 외환시장 참여자들이 한 통화가 절상되리라 예상할 때 그 통화의 기대수익률이 상승하고 실제 그 통화가 절상되게 된다. 위험회피 이자율 평형조건은 국내통화예금의 기대수익률과 위험회피 외국통화예금의 기대수익률이 같다는 것을 의미한다. 지금까지 논의할 때 이자율은 환율 결정을 위한 중요한 인자가 되었다. 그렇다면 이자율은 어떻게 정해질까? 다음 장에서 생각해보기로 하자.

통화와 환율

1 통 화

통화는 지불수단으로 널리 사용되는 자산을 말한다. 다양한 자산들이 통화로 분류될 수 있다. 우리는 통화라 하면 지발수단으로서 현금, 수표, 당좌예금 등을 쉽게 떠올리게 된다. 하지만 통화의 범위는 보다 넓다. 유동성이 높은 자산은 통화의 범주에 들어간다고 볼 수 있다. 통화는 재화와 서비스를 구매하기 위해 지불하거나 큰 거래비용없이 부채를 상환하기 위해 사용될 수 있는 모든 자산을 칭한다. 유동성이 높은 자산들은 이자가 거의 붙지 않는다. 유동성이 낮은 자산은 시간, 노력, 지급수단으로 전환시키기 위해 상당한 거래비용이 들어간다. 예를 들어 부동산이 좋은 예가 될 수 있는데 현금화하기 위해 시간과 노력이 들어가게 되고 중개수수료가 들어간다. 하지만 유동성이 낮은 자산들은 일반적으로 통화자산보다 수익률이 높은 경우가 많다. 우리는 쉽게 자산을 유동성이 높은 자산과 유통성이 낮은 자산으로 분류할 수 있는데 다른 말로 통화자산과 비통화자산으로 불린다. 통화자산과 비통화자산의 경계는 임의적이다. 하지만 현금화폐, 당좌예금, 데빗카드계좌, 저축예금, 정기예금은 일반적으로 채권, 대출, 외국통화예금, 주식, 부동산등의 자산들보다 유동성이 높다. 중앙은행은 그 나라에 유통되는 통화량, 즉 통화공급(Money Supply)을 어느 정도 통제한다. 한국의 중앙은행은 한국은행이고 미국의 중앙은행은 연방준비은행(Federal Reserve System)이다. 중앙은행들은 화폐량을 통제할 수 있다.

2 통화수요(Money Demand)

통화수요는 사람들이 기꺼이 보유하고자하는 통화자산의 양을 나타낸다. 통화자산을 기꺼이 보유하고자 하는 용의에 영향을 미치는 요인들은 어떠한 것들이 있는지 살펴보자.

(1) 이자율 / 기대수익률

비통화자산의 기대수익률과 비교하여 얻을 수 있는 상대적인 통화자산의 기대수익률의 크기에 따라 통화 수요가 결정된다. 통화자산은 이자율을 거의 지급하지 않는다. 반면 채권과 같은 비통화자산은 통화자산보다 높은 이자율을 제공한다. 따라서 비통화자산이 제공하는 이자율은 통화자산을 보유하기 위한 기회비용이 된다. 이자율이 높다는 것은 그만큼 통화자산 보유의 기회비용이 크다는 것을 의미하고 이자율이 높을수록 통화수요는 감소하게 된다.

(2) 위험

통화자산을 보유하기 위해 발생하는 주요 위험은 주로 그 통화의 구매력 감소를 가져오는 예상치 못한 인플레이션이다. 그러나 여타 비통화자산들도 대개 이러한 위험을 안고 있다. 따라서 이러한 위험은 비통화자산과 비교하여 상대적으로 통화자산에 대한 수요를 결정하는데 있어서 그렇게 중요하지 않다.

(3) 유동성

유동성이 낮다는 것은 거래비용이 크다는 것을 의미한다. 많은 재화량을 거래하려 할 때 높은 유동성이 필요하다.

(4) 물가수준

거래를 통해 구매되는 재화와 서비스 가격들은 통화수요에 영향을 미친다. 물가수준이 높다는 것은 같은 양의 재화와 서비스를 구매하기 위해 더 많은 유동성이 필요하다는 것을 의미한다. 당연히 물가수준이 높을수록 통화수요는 증가한다.

(5) 실질소득

실질소득이 클수록 더 많은 재화와 서비스를 구매할 수 있다. 따라서 더 많은 재화와 서비스를 구매하기 위해 더 많은 통화가 필요하다. 실질국민소득이 높다는 것은 더 많은 재화와 서비스가 생산되고 구매되고 이에 따른 통화자산 수요는 증가한다.

이상의 내용을 종합해보면, 통화수요는 다음과 같은 함수로 나타낼 수 있다.

$$M^D = P \times L(R, Y)$$

P = 물가수준
Y = 실질국민소득
R = 비통화자산의 이자율
$L(R,\ Y)$ = 실질통화자산에 대한 총수요

다른 방식으로 표현하면,

$$\frac{M^D}{P} = L(R, Y)$$

총 실질통화자산에 대한 수요는 이자율과 실질국민소득의 함수이다. 통화시장은 통화자산, 보다 일반적으로 표현하면 유동성이 높은 자산들이 거래되는 시장이다. 통화시장의 통화자산은 일반적으로 채권, 대출, 외환시장 통화예금의 이자율과 비교하여 낮은 이자율을 가진다. 국내이자율은 외환시장 국내통화예금의 수익률에 직접적으로 영향을 미친다.

3 통화시장 균형

통화자산의 초과수요나 초과공급이 없을 때, 통화시장의 균형이 달성된다.

$$M^S = M^D$$

이것을 달리 표현하면, 실질통화자산 공급량이 실질통화자산 수요량이 일치할 때, 통화시장의 균형이 달성된다.

$$\frac{M^S}{P} = L(R, Y)$$

통화자산의 초과공급이 존재할 때, 채권과 같은 비통화자산에 대한 초과수요가 존재한다. 통화자산의 초과공급으로 인해 이자율이 낮아지면 통화자산보유의 기회비용이 하락함에 따라 사람들은 추가적으로 통화자산을 보유하려 할 것이다. 통화자산에 대한 초과수요가 존재할 때, 비통화자산에 대한 초과공급이 존재한다. 통화자산의 초과수요로 인해 이자율이 높아지면 통화자산보유의 기회비용이 상승함에 따라 통화자산을 가지고 있는 사람들은 이자지급 자산 보유하기 위해 통화자산을 기꺼이 포기하려 할 것이다.

4 통화공급 증가

(1) 단기적 영향

한 국가에서 통화 공급이 증가할 때 이자율은 하락하고 자국통화예금의 수익률 또한 하락하게 되며 자국통화 가치를 절하시키게 된다. 반면 통화 공급이 감소할 때 이자율은 상승하고 자국통화예금의 수익률은 상승하며 자국통화 가치를 절상시키게 된다. 예를 들어 유로 공급의 변화는 미국의 통화시장과 외환시장에 영향을 미치게 된다. 유로 공급의 증가는 유로 가치를 절하시키고 상대적으로 달러 가치를 절상시킨다. 반면 유로 공급의 감소는 유로 가치를 절상시키고 상대적으로 달러 가치를 절하시킨다. 유로 공급의 증가는 EU에서의 통화량 증가를 의미한다. 이 통화량 증가는 EU에서 이자율 하락으로 이어지고 이에 따라 유로예금의 기대수익률을 감소로 이어진다. 이러한 유로 예금의 기대수익률 감소는 결국 유로를 절하시킨다. 반면 유로 공급의 변화는 미국의 통화시장에선 아무런 영향을 미치지 못한다. 지금까지의 분석은 단기분석이었다.

(2) 장기적 영향

단기에 있어 가격들은 시장상황에 대하여 조정될 만큼 시간이 충분치 못하다. 장기적으로 볼 때, 모든 가격들 즉 생산요소가격과 상품 가격은 시장상황에 대해 조정될 만큼 충분한 시간을 지닌다고 볼 수 있다. 단기적으로 임금은 경직적이어서 노동 시장 변화 즉, 수요 변화와 노동 공급 변화에 대해 조정되지 못하지만 장기적으로 볼 땐 임금은 노동시장 변화에 대해 조정될 시간이 충분하여 임금 수준이 변하게 된다. 실질생산량과 실질소득은 통화공급량에 의해서가 아니라 경제의 생산능력에 의해 결정된다. 즉, 실질생산량과 실질소득은 근로자들의 수와 여타 생산요소들의 부존량에 의해 결정된다고 볼 수 있다. 환율결정에 있어 중요한 변수가 되는 한 나라에서 이자율은 통화 수요와 공급에 의해 결정된다. 장기적으로, 통화공급량은 생산량(실질)이자율, 실질통화자산에 대한 총수요 $L(R, Y)$에 영향을 미치지 못할 것으로 예측된다. 통화공급량이 증가하면 장기적으로 물가수준을 같은 비율로 증가시킬 것으로 예측된다. 통화시장 균형조건 [$\frac{M^S}{P} = L(R, Y)$]에 따르면 장기적으로 통화수요가 변화하지 않기 때문에 물가수준은 통화공급량 변화와 같은 비율로 변할 것으로 예측된다. 우리는 이러한 현상을 통화의 장기적 중립성이라고 한다. 즉, 장기적으로 인플레이션율과 통화공급 증가율간에 직접적인 상관 관계가 존재한다.

$$M^S = P \times L(R, Y)$$

위와 같은 통화시장 균형조건에서 우리는 물가수준의 변화율 즉, 인플레이션율은 통화공급 증가율에서 총실질통화수요 증가율을 뺀 값과 같아짐을 알 수 있다. 통화공급량의 변화는 생산물 가격과 생산요소가격에 다음과 같은 영향을 미칠 수 있다.

1) 재화와 서비스에 대한 초과수요

통화량이 증가한다는 것은 경제 주체들로 하여금 재화와 서비스를 수요하기 위해 필요한 자금을 더 많이 보유하고 있음을 의미한다. 따라서 재화와 서비스에 대한 초과수요가 발생하고 이러한 초과수요는 생산자들로 하여금 더 많은 근로자들을 고용하게 하거나 기존 근로자들이 더 많은 시간을 일하도록 한다. 즉 노동수요가 많아지기 때문에 임금은 상승하게 된다. 생산요소 가격인 임금이 상승함에 따라 상품 가격 역시 더 높아진 생산요소 가격을 반영하여 그 가격이 상승하게 된다. 생산량과 생산요소 부존량이 고정되어 있다고 가정하는 경우, 생산자들은 자신들의 상품에 더 높은 가격을 부과하더라도 많아진 상품 수요 때문에 생산량 모두를 판매할 수 있다.

2) 인플레이션에 대한 예상

근로자들이 통화 공급량 증가에 의해 미래에 가격들이 상승할 것이라고 예상하면, 그 근로자들은 높아진 상품 가격에서 자신들에 대한 보상을 요구할 것이다. 생산자들 예상도 동일하다면, 생산자들은 임금을 올려줄 만한 유인이 있다고 볼 수 있다. 왜냐하면 생산자들은 자신들의 상품 가격이 상승할 것으로 예상된다면 자신들이 고용하는 생산요소에 대한 높아진 비용을 감당할 수 있기 때문이다. 결과적으로 통화 공급량 증가에서 기인한 인플레이션에 대한 예상은 실제 인플레이션을 발생시킨다. 장기적으로 물가수준 변화를 고려할 때, 인플레이션에 대한 예상은 외환시장에도 영향을 미친다.

5 환율의 오버슈팅(Exchange Rate Overshooting)

사람들의 인플레이션에 대한 예상은 즉각 변화하나 실제 가격변화는 시간이 보다 많이 소요되는 경향이 있다. 이러한 상황을 생각해보면 인플레이션에 대한 기대 변화에 따라 즉각 변화하지 않는다고 생각할 수 있다. 예를 들어, 한 국가에서 통화 공급량의 영구적 증가는 장기적으로 이 국가 통화를 비례적으로 절하시킬 것이다. 이는 누구나 예상할 수 있다. 하지만 통화의 절하는 처음엔 상대적으로 큰 폭으로 이루어진 다음 차츰 순차적으로 통화의 절상이 발생해 원래 수준보다 절하된 수준의 환율을 유지할 것이다. 반면 한 국가의 통화 공급량의 영구적 감소는 장기적으로 이 국가 통화를 비례적으로 절상시키게 된다. 통화의 절상은 처음엔 상대적으로 큰 폭으로 이루어진 다음 시간이 갈수록 이보다 적은 크기로 계속해서 통화의 절하가 이루어져 원래 수준보다 절상된 수준의 환율을 유지할 것이다. 환율에 직접적 영향을 줄 수 있는 경제적 환경변화가 있을 때 외환시장을 관찰해보면 흥미로운 결과를 찾을 수 있다. 통화공급량 변화가 그 대표적인 예이다. 통화공급량 변화가 나타날 때 환율의 즉각적 반응은 상당히 큰 편이다. 환율의 즉각적 반응이 장기적 반응수준보다 큰 폭으로 이루어질 때 우리는 이를 환율의 오버슈팅(Overshooting)이라고 부른다. 한 나라의 통화정책이 이자율에 대해선 즉각적 효과를 발생시키지만 가격들과 기대인플레이션에 대해선 즉각적 영향을 주지 못할 때 환율의 오버슈팅이 발생한다. 환율의 오버슈팅은 왜 환율이 다른 거시경제 변수들보다 일반적으로 변동폭이 클 수밖에 없는지 이유를 설명하는데 도움을 준다.

Ⅵ 물가수준과 환율

1 일물일가의 법칙

일물일가의 법칙(Law of One Price)이란 수송비용 그렇게 크지 않고 시장간 교역장벽이 중요한 요소가 아닐 때 서로 다른 시장에서 동일한 재화는 동일한 가격에 판매되어야 함을 제시한다. 만약 한 피자 가게에서 피자 한판 가격이 10 달러인 반면 다른 레스토랑에서 동일한 피자의 가격이 20 달러라고 해보자. 소비자들은 같은 품질일 때 10 달러짜리 피자를 구매하려 하고 어느 누구도 20 달러짜리 피자를 구매하지 않을 것이다. 시장내 이러한 가격차이가 존재하면, 소비자들은 가격이 저렴한 곳에서 피자를 구매해 비싼 곳에서 판매함으로써 손쉽게 이윤을 얻을 수 있다. 수요가 많아지기 때문에, 10 달러짜리 피자의 가격은 상승할 것이고 수요가 줄어들고 초과공급이 발생하기 때문에 20 달러짜리 피자의 가격은 하락할 것이다. 일물일가가 성립할 때까지 피자가게 간에 가격 경쟁이 계속돼 결국 피자가격은 같아질 것이다. 미국의 한 도시 시애틀과 캐나다의 한 도시 벤쿠버를 생각해보자. 실제 두 도시는 국적만 다를 뿐 지리적으로 매우 가깝다. 같은 언어를 사용하고 문화적으로 매우 유사해 소비자들의 수요 패턴을 결정하는 선호체계가 많이 다르지 않을 것이다. 미국 시애틀의 피자 가게와 캐나다 밴쿠버에 있는 피자 가게를 생각해보자. 실제 두 시장은 지리적으로 매우 가깝기 때문에 수송비용이 매우 적게 들 것으로 예상되고 교역장벽 역시 크게 중요한 요소가 아닐 것이다. 따라서 일물일가의 법칙에 따라 두 도시에서 피자가격을 동일한 통화로 측정할 때 그 가격들이 같아야 한다.

$$P_{US}^{P} = [E_{US\$/CN\$}] \times [P_{CN}^{P}]$$

P_{US}^{P} = 미국 시애틀의 피자 가격
P_{CN}^{P} = 캐나다 밴쿠버의 피자 가격
$E_{US\$/CN\$}$ = 미국 달러/캐나다 달러 환율

2 구매력 평가(Purchasing Power Parity)

구매력 평가(PPP)이론은 대표적인 재화와 서비스들에 대하여 국가들 간에 일물일가의 법칙을 적용한 것이다.

$$P_{US} = [E_{US\$/CN\$}] \times [P_{CN}]$$

P_{US} = 미국 시애틀의 피자 가격
P_{CN} = 캐나다 밴쿠버의 피자가격
$E_{US\$/CN\$}$ = 미국 달러/캐나다 달러 환율

구매력 평가 이론은 환율은 두 국가의 물가수준에 의해 결정된다고 제시한다.

$$[E_{US\$/CN\$}] = \frac{P_{US}}{P_{CN}}$$

만일 미국의 주어진 재화와 서비스들에 대한 물가수준이 미화 200 달러인 반면 캐나다의 물가수준은 캐나다 달러 250 이라면, PPP이론은 미국 달러/캐나다 달러 환율 US$/CN$는 US$200/CN$250 = US$0.8/C$1이어야 한다고 제시한다. 즉, 1 캐나다 달러 당 0.8 미국 달러가 교환된다는 것을 의미한다.

3 절대적 또는 상대적 구매력 평가

• 절대 구매력 평가(absolute PPP): 환율은 두 국가의 물가수준 비율, 즉 상대적 물가수준과 일치한다.

$$[E_{US\$/CN\$}] = \frac{P_{US}}{P_{CN}}$$

- 상대 구매력 평가(relative PPP): 주어진 두 기간간에 환율 변화율은 두 기간간에 두 국가의 물가수준 변화율, 즉 인플레이션율 차이와 같다.

$$\frac{[E_{US\$/CN\$,\ T} - E_{US\$/CN\$,\ T-1}]}{E_{US\$/CN\$,\ T-1}} = \pi_{US,\ T} - \pi_{CN,\ T}$$

$E_{US\$/CN\$,\ T}$: T기에 1 캐나다 달러당 미국 달러의 환율
$E_{US\$/CN\$,\ T-1}$: T-1기에 1 캐나다 달러당 미국 달러의 환율
$\pi_{US,T}$: T-1기에서 T기 사이의 미국의 인플레이션율
$\pi_{CN,T}$: T-1기에서 T기 사이의 캐나다의 인플레이션율

4 환율에 대한 통화주의적 접근

통화주의적 접근법은 절대 구매력 평가에 기초하여 환율이 장기적으로 어떻게 변할 수 있는지를 보여주기 위해 통화적 요인들을 고려한다. 환율에 대한 통화주의 접근법에선 각국가별 물가수준은 실질통화자산의 공급량은 실질통화자산의 수요량과 일치하도록 조정된다고 예측한다.

$$P_{US} = \frac{M^S_{US}}{L(R_\$, Y_{US})}$$

$$P_{EU} = \frac{M^S_{EU}}{L(R_{EU}, Y_{EU})}$$

PPP가 성립하는 정도와 물가수준이 실질통화자산 공급량이 실질통화자산 수요량에 일치되도록 조정되는 정도에 따라서 다음과 같은 예측을 할 수 있다. 환율은 장기적으로 실질통화자산 공급량과 실질통화자산 수요량을 일치시키는 두 국가의 물가수준비율에 의해 결정된다.

$$E_{\$/Euro} = \frac{P_{US}}{P_{EU}} = \frac{\dfrac{M_{US}^S}{L(R_{\$}, Y_{US})}}{\dfrac{M_{EU}^S}{L(R_{EU}, Y_{EU})}}$$

다른 것들이 일정하고 가정할 때, 통화공급, 이자율, 그리고 생산량의 변화가 장기적으로 환율에 미치는 효과에 대해서 통화주의 접근은 다음과 같이 예측한다.

(1) 통화공급

국내통화 공급이 한 차례 영구적으로 증가할 때 국내 물가수준의 비례적 증가를 가져온다. 따라서 PPP에 따라 국내통화의 상대적 가치를 비례적으로 절하시킨다. 이러한 예측은 PPP에 기초하지 않는 장기 환율모형의 예측과 같다.

(2) 이자율

국내 이자율이 상승할 때 실질통화자산에 대한 수요를 감소시킨다. 이는 이자율이 높아짐에 따라 자산수요에 대한 기회비용 상승으로 이어지기 때문에 자산수요 동기가 약해지기 때문이다. 이자율 상승은 국내 물가수준을 상승시키게 된다. 물가수준 상승은 PPP를 통하여 국내 통화를 비례적으로 절하시킨다.

(3) 생산수준

국내에서 생산량이 증가할 때 실질통화자산에 대한 수요를 증가시키게 된다. 따라서 통화공급이 일정한 경우 실질통화자산에 대한 수요증가가 국내 물가수준을 감소시킨다. 이는 PPP를 통하여 국내 통화를 비례적으로 절상시키게 된다.

이상 열거한 세가지 요인들은 모두 통화공급 또는 통화수요에 영향을 미칠 뿐만 아니라 실질통화자산 수요량과 공급량이 일치하도록 물가수준을 조정하게 만들며 환율이 PPP를 통해 조정되도록 한다. 첫째, 통화공급량 수준의 변화는 물가수준을 변화시킨다. 둘째, 통화공급량 증가율의 변화는 물가수준의 증가율(인플레이션율)을 변화시킨다. 다른 요인들이 일정할 때, 일정한 통화공급 증가율은 비례적으로 지속적인 물가수준의 증가율 즉, 지속적 인플레이션을 발생시킨다. 인플레이션은 장기적으로 경제의 생산능력과 실질소득에 영향을 미치지 않는다. 하지만 인플레이션은 명목이자율에 영향을 미친다.

5 피셔효과

피셔효과(Fisher effect)는 명목이자율과 인플레이션율 사이의 관계를 보여준다. 미리 설명한 이자율 평형조건으로 부터 우리는 피셔효과를 도출할 수 있다.

$$R_{\$} - R = \left[\frac{(E_{\$}^{e} - E_{\$})}{E_{\$}} \right]$$

만일 금융시장에서 상대적 PPP가 성립한다고 예상되면, 기대되는 환율의 변화는 두 국가간의 기대 인플레이션율 차이와 같다.

$$\left[\frac{(E_{\$}^{e} - E_{\$})}{E_{\$}} \right] = \pi_{US}^{e} - \pi_{EU}^{e}$$

따라서, $R_{\$} - R = \pi_{US}^{e} - \pi_{EU}^{e}$

다른 요인들이 일정하다고 가정할 때, 국내 인플레이션율의 증가는 장기적으로 볼 때 국내통화예금의 이자율을 같은 정도로 상승시키게 된다. 미국연방은행준비위원회가 어떤 시점에서 예기치 않게 통화공급 증가율을 올린다고 해보자. 이에 따라 미국의 인플레이션율은 통화공급 증가율 변화 시점 이전과 이후에 차이가 나게 된다. 반면 유럽에서 인플레이션율은 변화가 없다고 하다. 피셔효과에 따르면, 미국의 이자율은 더 높아진 인플레이션율에 맞도록 조정되어야 할 것이다. 이에 따라 명목이자율이 상승하게 되고 명목이자율 상승은 실질통화자산에 대한 수요 감소로 이어지게 된다. 장기적으로 통화시장이 균형을 이루게 하기 위해선 물가수준은 다음 식이 성립하도록 큰 폭으로 즉각 변해야(점프해야) 한다.

$$P_{US} = \frac{M_{US}^{S}}{L(R_{\$}, Y_{US})}$$

PPP를 유지하기 위해서, 환율은 다음 식이 성립하도록 점프해야 하고 달러의 절상이 이루어진다.

$$E_{\$/EU} = \frac{P_{US}}{P_{EU}}$$

그 이후, 통화공급과 물가수준은 같은 증가율로 증가하고 국내통화는 그 증가율만큼 절하될 것으로 예측할 수 있다. PPP에 기초하지 않는 경우, 장기적으로 통화공급의 변화는 물가수준을 변화시키게 된다. 인플레이션은 장기적으로 발생되지 않으나 장기균형으로 이행하는 기간 동안에만 인플레이션이 발생한다. 장기균형으로 이행하는 기간 동안에, 인플레이션은 명목이자율을 장기수준으로 끌어 올린다. 국내 인플레이션율이 높아질 것이라는 기대는 장기균형으로 이행하는 기간 동안 국내 통화를 절하시키고 그만큼 외국통화예금의 기대수익률을 크게 한다. PPP에 기초하고 있는 통화주의 접근법에서, 통화공급 증가율이 영구적으로 증가할 때 인플레이션율 역시 영구적으로 증가하게 된다. 외국 인플레이션보다 높은 수준으로 발생하는 지속적 국내 인플레이션 상황하에서, 통화주의적 접근은 국내 명목이자율의 상승을 예측할 수 있게 한다. 국내 인플레이션율이 높아질 것이라는 기대는 외국통화의 기대 구매력과 비교하여 상대적으로 국내통화의 기대 구매력을 감소시키고, 그만큼 국내통화를 절하시킨다. PPP에 기초하지 않는 장기모형에서, 인플레이션에 대한 기대가 조정된다 하더라도 물가수준은 즉각적으로 조정되지 않는다. 국내통화는 장기수준보다 더 크게 절하되는 환율의 오버슈팅을 발생시킨다. PPP에 기초한 통화주의적 접근에서, 인플레이션에 대한 기대가 조정되면, 물가수준도 즉각적으로 조정되기 때문에 국내통화는 오버슈팅(Overshooting)이 발생하지 않고 장기수준으로 바로 조정된다.

6 PPP가 성립하지 않는 이유

일물일가의 법칙이 성립하지 않기 때문이다. 그 이유는 첫째, 국가간에 무역장벽이 존재하고 비교역재 비중이 적지 않다. 실제 무역을 하는데 수송비용이 크게 발생해 가격을 결정하는데 매우 유의적인 경우도 많다. 또한 정부의 무역제한조치가 무역 비용을 높이고 비교역재 또는 비교역서비스를 존재하게 한다. 비교역서비스는 자국 내에서만 제공되는 서비스들을 의미하는데 이발과 미용이 좋은 예가 된다. 실제 이발과 미용 비용은 국가별로 큰 편차가 있다. 수송비용이 크고 비교역서비스가 많아질수록 PPP를 통한 환율 예측을 어렵게 한다. 두 번째, 시장이 불완전경쟁 상태에 있는 경우가 많아 수익 극대화를 위해 기업들은 국가별로 가격 차별을 하는 경우도 많다. 즉 의도적으로 그 국가의 소비자들의 소비행태를 분석하여 가격을 높일 수도 있고 때론 낮출 수도 있다. 소위 시장별 가격설정을 하는 것이다. 셋째, 물가수준을 측정할 때 척도가 편차를 발생시킬 수 있다. 즉 물가수준을 측정하려 할 때 대상이 되는 재화와 서비스들이 국가별로 다를 수도 있고 대상이 같다 하더라도 가격들을 측정하는 방법이 다를 수 있기 때문에 국가별 물가수준 측정이 정확하지 않을 수 있다.

7 실질환율

이러한 PPP의 문제점들 때문에, 통화주의적 접근이 보다 일반화될 필요가 있다.

실질환율(Real Exchange Rate)은 국가간 재화와 서비스 바스켓이 교환되는 환율이다. 즉 실질환율은 국가간 재화와 서비스 바스켓의 상대가격이라고 말할 수 있다. 예를 들면, 실질환율 $q_{US/EU}$ 은 미국 재화와 서비스 바스켓의 달러가격에 대하여 상대적으로 나타낸 유럽 재화와 서비스 바스켓의 달러가격이다.

$$q_{US/EU} = \frac{(E_{\$/Euro} \times P_{EU})}{P_{US}}$$

EU 재화와 서비스 바스켓 가격이 100, 미국 재화와 서비스 바스켓 가격이 $110, 명목환율이 1 유로당 1.10 달러이면 실질환율은 1이 된다. 미국 생산물 가치의 실질절하는 미국 생산물에 대한 달러의 구매력과 비교하여 상대적으로 EU 생산물에 대한 달러의 구매력이 감소한다는 것을 의미한다. 이는 미국 생산물이 EU 생산물과 비교하여 상대적으로 더 저렴해지고 그 가치가 작아지는 것을 의미한다.

$$q_{US/EU} = \frac{(E_{\$/Euro} \times P_{EU})}{P_{US}}$$

반면 미국 생산물 가치의 실질절상은 미국 생산물에 대한 달러의 구매력과 비교하여 상대적으로 EU 생산물에 대한 달러의 구매력이 증가한다는 것을 의미한다. 이것은 미국 생산물이 EU 생산물과 비교하여 상대적으로 더 비싸지고 그 가치가 커지는 것을 의미한다.

PPP에 따르면, 명목환율은 물가수준비율에 의해 결정된다.

$$E_{\$/Euro} = \frac{P_{US}}{P_{EU}}$$

하지만 다음식을 생각해보면 그 명목환율이 실질환율 변동을 통해서도 영향을 받는다는 것을 알 수 있다.

$$E_{\$/Euro} = q_{US/EU} \times \frac{P_{US}}{P_{EU}}$$

우리는 실질환율의 결정요인들은 생각해볼 수 있다.

(1) 미국 생산물에 대한 상대적 수요 변화

미국 생산물에 대한 상대적 수요의 증가는 외국 생산물의 가치(가격)과 비교하여 상대적으로 미국 생산물의 가치(가격)을 상승시킬 것이다. 상대적 수요 증가에 의해 미국 생산물 가치의 실질절상(Real appreciation)이 일어난다. 반면 미국 생산물에 대한 상대적 수요 감소는 미국 생산물 가치의 실질절하를 일으키게 된다.

(2) 미국 생산물의 상대적 공급 변화

미국에서 전반적인 산업 생산성이 향상되어 미국 생산물의 상대적 공급이 증가할 수 있다. 이때 공급증가로 인해 외국 생산물과 비교하여 미국 생산물의 가치가 상대적으로 하락하게 된다. 즉, 미국 생산물 가치의 실질절하가 발생한다. 반면 미국 생산물의 상대적 공급 감소는 미국 생산물 가치의 실질절상을 발생시킬 것이다.

실질환율 접근을 통해 명목환율 변화를 알아보려 할 때 통화적 요인들과 실물적 요인들 모두가 고려대상이 된다. 요약하면, 통화공급량의 일시적 증가는 일시적 인플레이션과 인플레이션에 대한 기대 변화를 발생시킨다. 통화공급 증가율이 커질 때 지속적 인플레이션과 인플레이션에 대한 기대 변화를 발생시킨다. 국내 생산물에 대한 상대적 수요의 증가는 실질절상을 발생시킨다. 국내 생산물에 대한 상대적 공급의 증가는 실질절하를 발생시킨다.

8 실질환율과 장기명목환율

실질환율이 장기명목환율에 미치는 영향을 생각해보자.

$$E_{\$/Euro} = q_{US/EU} \times \frac{P_{US}}{P_{EU}}$$

통화적 요인만 변화하고 PPP가 성립하면 실질환율에 변화는 나타나지 않는다. 즉, 명목환율은 PPP에 따라 결정된다고 볼 수 있다. 실질생산량에 영향이 발생했을 때, 실질환율은 비로소 변화한다. 국내 생산물에 대한 상대적 수요가 증가할 때, 실질절상에 따라 명목환율 또한 절상되는 것을 알 수 있다. 국내 생산물의 상대적 공급이 증가할 때, 실질절하가 발생하고 그 실질절하가 가격을 하락시키기도 하지만 중요한 점은 국내생산물의 상대적 생산량(Y)이 증가하였다는 것이다. 상대적 생산량 증가는 다음 식에서 국내에서 실질통화자산에 대한 수요를 증가시킨다.

$$P_{US} = \frac{M^S_{US}}{L(R_\$, Y_{US})}$$

위 식에 따라 국내 물가수준은 외국물가수준과 비교하여 상대적으로 하락할 것으로 예측된다. 따라서 명목환율에 미치는 효과는 불분명하다고 볼 수 있다. 한 국가에서 통화량 또는 통화적 조건이 변동하고 PPP가 성립하면, 명목환율은 PPP에 의해서 결정된다. 하지만 실질생산량에 영향을 미치는 경제적 환경 변화가 발생했을 때, 명목환율은 PPP에 의해 결정되지 않고 실질환율에 영향을 받는다. 두 국가간 명목이자율의 차이는 보다 일반적으로 다음과 같이 나타낼 수 있다.

$$(q^e_{US/EU} - q_{US/EU})/q_{US/EU} = (E^{e_{\$/Euro}} - E_{\$/Euro})/E_{\$/Euro} - (\pi^e_{US} - \pi^e_{EU})$$

$$R_\$ - R_{Euro} = \frac{(E^e_{\$/Euro} - E_{\$/Euro})}{E_{\$/Euro}}$$

$$R_\$ - R_{Euro} = (q^e_{US/EU} - q_{US/EU})/q_{US/EU} + (\pi^e_{US} - \pi^e_{EU})$$

두 국가간 명목이자율의 차이는 외국 생산물의 가치와 비교하여 상대적인 국내 생산물의 가치에 대한 기대절하율 즉, 기대실질절하율과 두 국가간에 존재하는 기대 인플레이션율의 차이를 합한 값이다. 실질이자율은 인플레이션 조정 이자율로써 다음과 같이 표현할 수 있다.

$$r^e = R - \pi^e$$

R = 명목이자율
π^e= 기대 인플레이션율

실질이자율은 실질생산량에 의해 측정된다. 은행에 예금을 하고 이자를 지급받았을 때 그 예금자가 이자를 받아 실제 구매할 수 있는 재화나 서비스의 양을 말하는데 만약 명목 이자율이 5%일 때 물가상승이 3%만큼 이루어졌다면 실제 그 예금자가 구매할 수 있는 재화나 서비스의 양은 2%만큼 상승한 것으로 볼 수 있다. 두 국가간에 실질이자율 차이는 다음과 같이 나타낼 수 있다.

$$r^e_{US} - r^e_{EU} = (R_\$ - \pi^e_{US}) - (R_{Euro} - \pi^e_{EU})$$
$$R_\$ - R_{Euro} = (q^e_{US/EU} - q_{US/EU})/q_{US/EU} + (\pi^e_{US} - \pi^e_{EU})$$
$$r^e_{US} - r^e_{EU} = (q^e_{US/EU} - q_{US/EU})/q_{US/EU}$$

위 식을 실질이자율 평형조건(Real Interest Rate Parity Condition)이라고 한다. 즉 실질이자율 평형조건에서 두 국가간 기대실질이자율 차이는 기대 실질절하율과 같게 된다.

다시 정리해보면, 구매력 평가는 모든 국가간에 모든 재화와 서비스에 대하여 일물일가 법칙이 지켜진다고 전제한다. 절대적 PPP는 두 국가 통화간 환율은 두 국가의 물가수준비율과 같다고 제시하고 상대적 PPP는 두 국가간 명목환율의 변화율은 두 국가간 인플레이션율의 차이와 같음을 제시한다. 환율에 대한 통화주의적 접근은 PPP와 실질통화자산에 대한 수요와 공급을 고려한다. 통화공급 증가율의 변화는 인플레이션과 환율에 동시적으로 영향을 미치고 인플레이션에 대한 기대 변화는 환율에 다시 영향을 미치게 된다. 피셔효과는 명목이자율의 차이는 인플레이션율의 차이와 같음을 말해준다. 실제 PPP 성립을 지지하는 실증적 증거는 미약하다. 이는 현실적으로 일물일가 법칙이 성립하지 않기 때문이다. 왜냐하면 무역장벽과 비교역재가 존재하고, 시장이 불완전 경쟁 상태하에 있어 가격차별이 존재하고, 물가수준을 위한 척도의 차이가 존재하기 때문이다. 따라서 실질환율에 대한 개념이 필요한데 이는 통화주의적 접근을 일반화시킬 수 있다. 실질환율은 외국 생산물의 가치(가격)과 비교하여 상대적인 국내 생산물의 가치(가격)으로 정의될 수 있다. 실질환율 개념을 활용하면 실물적 변화, 즉 생산물의 상대적 수요와 상대적 공급의 변화는 실질환율에 영향을 미치고 명목환율에도 영향을 미치는 것을 알 수 있다. 간단히 표현해 실질이자율은 인플레이션만큼을 차감한 이자율이다. 실질이자율 평형조건에서 두 국가간 실질이자율 차이는 두 국가간에 기대되는 재화와 서비스들의 실질가치 변화율과 같음을 보여준다.

VII 금융세계화와 금융위기

1 기간 간 무역이익(Inter-Temporal Trade)

비교우위론(Comparative advantage)은 자유무역을 통해 상품 및 서비스를 교환하여 얻어지는 무역이득을 설명한다. 제한적인 자원과 시간을 생산에 있어 비교우위가 높은 상품 생산에 집중해 다른 나라와 교환하면 세계적으로 더 많은 상품들을 생산할 수 있고 그 결과 더 많은 소비를 할 수 있게 되어 소비자들의 후생도 증가하게 된다. 기간 간 무역(Inter-temporal trade)의 개념은 현재의 상품 및 서비스를 미래의 상품 및 서비스 또는 자산과 교환하는데 따른 이익발생을 설명한다고 볼 수 있다. 저축자는 미래에 상품과 서비스를 구매해기 위해 자산에 투자하길 원하고, 차입자는 현재의 소득으로 구매할 수 있는 것보다 더 많은 상품과 서비스를 구매하고 싶어한다. 이때 저축자는 자산 투자를 통해 수익을 얻을 수 있는 반면, 차입자는 그들이 원하는 현재에 상품과 서비스를 구매할 수 있다. 양쪽 모두 후생이 증가한다. 이것이 기간 간 무역을 통한 이득이 된다. 이러한 이득이 금융활동을 위한 동기가 된다고 말할 수 있다. 금융활동은 보다 국제화되고 금융시장은 세계적으로 통합되어가는 추세에 있다.

2 포트폴리오 분산(Portfolio Diversification)

포트폴리오 분산 투자이론은 자산 간의 거래, 어떤 위험을 지닌 자산과 또 다른 종류의 위험을 지닌 자산 간의 거래에 따른 이익을 설명한다. 분산된 자산 또는 포트폴리오에 투자하는 행위는 위험을 회피하거나 감소시키는 방법이 될 수 있다. 대부분의 투자자들은 위험을 회피하길 원한다. 즉, 모든 조건이 일정하다면 위험이 큰 자산에 투자하기 보다는 위험이 작은 자산에 투자하고 싶어 한다.

(1) 위험 회피(Risk Aversion) 성향

투자자들은 대개의 경우 위험을 회피하고 싶어한다. 농장에서 특정 작물 즉, 쌀을 재배하고 있는데 그 해 기후에 따라 수확량이 달라진다고 생각해보자. 이때 쌀수확량은 기후에 날려 있기 때문에 미래의 기후를 정확히 알 수 없는 이상 쌀 수확량은 불확실하다고 말할 수 있다. 기후가 쌀 재배에 적합하지 않을 때는 쌀 수확량이 100톤이 되고 기후가 쌀 재배에 적합할 때는 쌀 수확량이 200톤이 된다고 가정하자. 미래 기후가 쌀 재배에 적합할지 여부는 정확히 알 수 없는 대신 확률 분포를 알 수 있다고 생각해보자. 확률은 반반이어서 기후가 쌀 재배에 적합할 확률이 50% 그리고 기후가 쌀 재배에 적합하지 않을 확률이 50%라고 가정한다. 이 경우 쌀 수확량의 기대치는 다음과 같이 평균을 내보면 알 수 있다.

$$\frac{1}{2}\times(100)+\frac{1}{2}\times(200)=150$$

즉, 기대수확량은 150톤이 된다. 여전히 미래에 어떤 기후가 도래할 지는 전혀 모른다. 즉, 기후가 적합할 때는 고수확이 되고 기후가 적합하지 않을 때는 저수확이 된다. 이때 쌀의 수확량이 줄어들어 그 나라가 어려움을 겪지 않기 위해선 어떻게 해야하는가? 자산의 50%를 다른 나라에 팔고 다른 나라의 자산을 50%매입한다. 두 나라에서 모두 쌀 수확량의 기대치(평균치)를 얻을 수 있게끔 자산투자를 분산시킨다. 이러한 포트폴리오 분산으로 두 나라는 항상 적당한 쌀 수확량을 얻을 수 있으며, 풍년과 흉년의 변화를 크게 겪지 않을 수 있다.

(2) 자산수단

① 부채수단: 채권과 은행예금이 그 예에 해당한다. 발행인은 경제적 상황에 상관없이 고정된 가치를 상환해야 한다.

② 지분수단: 주식 또는 부동산에 대한 권리가 그 예에 해당한다. 경제적 상황에 따라 지분을 보유한 대가 즉, 수익이 달라지게 된다.

3 외환시장 참가자

(1) 상업은행과 기타 예금기관

이들은 예금을 받아서 그 예금을 정부, 기업, 은행 또는 개인에게 대출해주고 이자를 받는다. 아울러 채권과 기타 자산을 매매하기도 하는데 일부 상업은행은 정해진 가격에서 신규 주식과 채권의 매입자를 구해 준다는 동의하에 이들 자산을 인수하기도 한다.

(2) 비은행 금융기관

투자은행, 연금기금, 보험 회사, 뮤추얼펀드 등이 이에 해당한다. 투자은행은 주식과 채권 인수를 전문으로 하며, 다양한 종류의 투자를 수행한다. 연금기금은 근로자로부터 기금을 받아 근로자들이 은퇴할 때까지 기금을 투자하게 된다. 보험회사는 계약자로부터 프리미엄을 받아 이를 사고나 예기치 못한 사건이 발생하기 전까지 그 프리미엄을 투자한다. 뮤추얼펀드는 투자자로부터 자금을 받아 분산화된 주식 포트폴리오에 투자한다.

(3) 민간기업

주식회사는 주식을 발행할 수 있으며, 투자 목적으로 채권을 발행하거나 상업은행이나 다른 대출자들로부터 차입을 통해 기업 운영 자금을 마련한다.

(4) 중앙은행과 정부기관

중앙은행은 때때로 외환시장에 개입한다. 또한 정부기관 역시 자금을 얻기 위해 채권을 발행하고 상업은행이나 투자은행으로부터 자금을 빌릴 수 있다.

4 역외 은행업

역외 은행업은 자국 밖에서 행해지는 은행 영업을 말한다. 최소한 세가지 유형의 역외 은행기관이 있으며, 이들은 서로 다른 규제를 받게 된다. 해외에 위치한 점포(agency office)는 대출과 자금 이체는 하지만 예금은 받지 않으며, 자국이나 외국의 예금 규제를 받지 않는다. 해외에 위치한 자은행(subsidiary bank)은 본사가 속한 자국이 아니라 자은행이 속한 외국의 규제를 받는다. 해외지점(foreign branch) 은 종종 자국과 외국의 규제를 모두 받지만, 때때로 두 나라 중 더 관대한 나라의 규제를 선택할 수도 있다. 역외 통화예금은 은행이 소재한 곳에서 유통되는 통화와는 다른 통화로 표시된 은행예금을 말한다. 역외 통화예금은 해외 자은행, 해외지점, 해외은행이나 해외에 위치한 다른 예금기관에 예치할 수 있다. 최근 역외 통화거래가 많아지고 있는데 그 주된 이유는 첫째, 국제무역과 국제사업이 많아지기 때문이다. 둘째, 자국내규제와 과도한 세금을 피하기 위해 역외 통화거래를 한다. 셋째, 정치적 요인이 작용하기도 한다. 정부로부터의 재산 몰수를 피하기 위해 역외 통화거래를 시도한다.

- 법정 지불준비금(reserve requirements): 예금기관은 국내통화 예금의 일부를 중앙은행에 준비금으로 예치해야 한다. 이 준비금은 고객에게 대출해줄 수 없으며, 지불준비금은 은행에 부과되는 세금과 같은 역할을 한다. 많은 나라들에서 역외 통화는 이런 의무에 구속되지 않게 된다. 법정 지불준비금은 은행들은 역외 통화거래를 통해 법정 지불준비금이라는 자국내 규제를 피할 수 있게 된다고 볼 수 있다.

5 은행업에 대한 규제

은행은 채무상환을 위해 충분하거나 적절한 자산을 가지고 있지 않을 경우 도산하게 된다. 상업은행과 다른 예금기관들은 예금자들에게 지급해야할 예금들을 부채로 안고 있다. 하지만 은행이 도산하게 되면 예금자들에게 예금을 지불하지 못하는 경우가 발생하고 이는 시장에 큰 영향을 미치게 된다. 은행이 대출해준 그 대출금을 회수하지 못한다거나 투자해놓은 자산들의 가치가 폭락해도 은행도산이 발생할 수 있다. 많은 나라들에서 시장적 큰 영향을 미칠 수 있는 은행 도산을 막기 위해 여러 가지 규제를 가하고 있다.

(1) 예금보험

한국에서는 은행이 도산할 경우 계좌당 5000만원까지 예금을 보호하고 있고 미국에서는 은행이 도산할 경우 10만 달러까지 예금을 보호하고 있는 것으로 알려져 있다. 예금자들은 정보가 부족하기 때문에 즉 좋은 은행과 나쁜 은행을 쉽게 구분할 수 없기 때문에 은행이 예금을 상환하지 못할 만큼 건전치 못하다는 확신이 들게 되면 예금을 찾으려고 할 것이다. 이때 은행도산이 빨라질 수 있다.

(2) 은행검사

은행이 과도한 위험을 떠안는 도덕적 해이가 발생할 수 있다. 도덕적 해이(moral hazard)란 차입자 즉, 은행이 정보가 부족한 은행 고객들을 상대로 적절치 못한 영업 행위를 하는 것을 말한다. 이러한 도덕적 해이가 은행의 경쟁력을 약화시켜 은행 도산의 원인이 될 수 있다. 따라서 은행검사가 필요하다. 불량 대출과 투자로부터 은행을 보호하고 은행 고객을 보호하기 위해 자본 요구조건과 자산규제가 필요하다. 자산규제는 위험 자산 보유를 방지해 위험한 투자를 감소시킬 수 있고 분산화를 촉진해 위험을 줄일 수 있다.

(3) 긴급구제

미국에서는 연방준비은행이 대규모 예금인출을 겪는 은행에게 대출할 수 있다. 급박한 은행인출 사태를 예방할 수 있고 긴급구제는 예금보험과 더불어 은행과 은행고객을 보호할 수 있는 보험 역할을 한다. 하지만 은행이 위험을 전적으로 책임지지 않게 하므로 은행들에 대해 도덕적 해이를 부추길 수 있다. 실제 중앙은행이나 금융정책당국은 건전한 금융기관이 도산하는 은행을 매입하도록 주선하고 매입과정에서 공적자금을 투자하기도 한다. 위기관리자로서의 정부의 개입 덕분에 은행도산은 피할 수 있지만 이는 공적자금을 통한 것이었기 때문에 늘 논란의 대상이 된다. 실제 미국에서는 2008년에서 2009년 사이 금융위기 때 이뤄졌던 긴급구제를 두고 큰 논란이 일어났었던 바 있다.

6 국제 금융의 불안정성

미국 예금보험은 10만 달러까지 손실을 보장 하지만, 국제은행의 예금 규모는 매우 큰 규모이기 때문에 10만 달러라는 보장 금액은 사실상 최저수준이라고 볼 수 있다. 법정 지불준비금 또한 예금자를 위한 보험의 역할을 하지만, 국가는 해외점포, 해외지점 또는 국내은행의 자은행에 예치된 외화 예금에는 지불준비금을 부과할 수 없다. 은행검사, 자본 요구조건, 자산 규제는 국제적으로 더욱 어려울 수 있다. 왜냐하면 거리와 언어 장벽이 감시를 어렵게 하기도 하고 위험의 정도가 다른 자산들이 서로 다른 국가에 존재하여 판단을 더욱 어렵게 할 수 있다. 또한 자은행의 경우 사법권이 명확하지 않는 경우도 많다. 만약 뉴욕에 위치한 일본의 자은행이 역외 달러 예금을 가지고 있다면, 어느 국가가 사법권을 가져야 하는지도 약간 애매할 수 있다. 또한 은행을 위해 국제적으로 존재하는 최종 대부자는 없다. 물론 IMF가 간혹 국제수지 문제를 안고 있는 정부에 대해 대부자 역할을 하기도 한다. 하지만 이는 주로 정부에 대한 구제금융을 담당할 뿐이다. 국제적으로 비은행 금융기관의 활동이 증가하고 있지만 규제와 감독은 충분치 않은 상황이다. 파생상품과 새로운 금융상품의 등장은 재무의 안정성과 위험평가를 더 어렵게 한다. 바젤협약은 국제금융기관에 표준화된 규제를 제공한다. 이 협약은 전세계에 걸쳐 은행자본 측정기준을 표준화 하려고 시도하였고 위험에 기초를 둔 자본 요구조건을 개발하였는데, 위험이 높은 자산은 더 많은 양의 은행자본을 요구하게 된다. 효율적인 은행감독을 위한 핵심 원칙이 개발도상국들을 위해 개발되었다. 자본시장에서 투자자들의 국제적 분산 투자는 증가하고 있다. 투자자가 자국 편향성을 피하고, 외국자산에 더 많이 분산 투자 함으로써 위험을 회피할 수 있기 때문이다.

만약 세계의 나라들이 미래를 위한 투자 목적으로 해외로부터 자금을 빌리고 또한 여타의 나라들은 이들 나라들에게 자금을 빌려주었다면, 국민저축과 국내투자 간에 상관관계가 높게 나타나지 않을 것이다. 어떤 나라들은 저축을 많이 하고 이를 해외에 빌려줌으로써 대규모 경상수지 흑자를 기록하고 있고 반면 어떤 나라들은 해외로부터 대량 차입을 해 대규모 경상수지 적자를 기록하고 있는 경우도 있다. 이와 같은 이유로 경상수지 적자를 기록하고 있는 대표적인 나라가 미국이다. 만약 아래 조건이 만족된다면 우리는 역외 통화예금과 역내 통화예금에 대한 이자율이 같아질 것이라고 기대할 수 있다. 첫째, 두 가지 종류의 예금이 완전 대체재이며, 둘째, 금융자본의 이동이 충분히 자유롭고, 셋째, 국제자본시장이 통합되어 있어 이자율 차이에 관한 정보를 쉽고 빠르게 전달한다. 실제로, 국제적으로 금융시장이 통합되고 IT 기술이 발달하면서 국가간에 평균적 이자율 차이가 0에 근접해가고 있다. 만약 자산이 완전 대체재라면, 평균적으로 이자율 평형이 성립할 것으로 기대할 수 있다. 이 조건 하에서 이자율 차이는 시장의 환율 변화에 기대가 반영될 것이다. 그러나 이자율 차이는 실제 환율의 대규모 변화를 예측하지 못하였고, 심지어는 환율의 변화 방향을 예측하는데도 실패하는 경우가 많다. 만약 자산이 불완전 대체재라면 이자율차이는 환율변화와 시간에 따라 변하는 위험 프리미엄과 관련 있을 것이다. 위험 프리미엄 변화는 이자율 차이보다는 환율변화를 초래할 가능성이 있다. 실제 환율변화와 위험프리미엄은 모두 기대에 따라 변하는 경향이 있기 때문에 검정이 어렵다. 실제로 화폐공급 증가, 정부구매 증가, GDP 증가 및 다른 근본적인 경제 변수에 기초하여 단기의 환율변화를 예측하는 것이 어렵다. 경제변수와 상관없이 내일의 환율이 오늘의 환율과 같다고 예측하는 것이 최선의 예측으로 나타났다. 그러나 장기에서는(1년 이상) 경제변수가 실제 환율을 예측할 때 예측력이 더 좋은 것으로 나타났다.

7 금융위기

금융위기를 겪은 여러 개도국들의 공통적인 특징 중 하나는 이들 국가가 해외로부터 막대한 차입을 했다는 것이다. 해외 금융자본의 유입을 통해 국내 투자의 부족문제를 해소할 수 있고 결과 더 많은 생산을 할 수 있게 한다. 그 결과 국민소득이 증가하여 그 국가 국민들은 더 많은 소비를 할 수 있게 한다. 그러한 해외 금융자본의 유입을 통한 투자 확대는 실패하기도 하고 그 차입 자본이 생산 능력을 강화시키지 못하고 주로 소비 목적으로 사용되고 만 경우도 있다. 몇몇 국가는 국내경제 침체시나 금융위기 동안에 외채를 빌려서 상환하지 못한 경우도 많다. 금융위기는 아래와 같은 위기를 수반할 수 있다. 한국도 1997년 금융위기를 맞아 IMF 구제 금융을 받은 바 있는데 국제 사회에서 한국은 그 위기를 성공적으로 극복했다는 평가를 받고 있다.

일반적으로 금융위기는 채무 불이행 공포를 증가시켜 금융자본 유입이 절실할 때 오히려 금융자본 유입을 감소시키고 금융자본 유출을 가속화시킨다. 이에 따라 이자율이 상승하게 되고 이자율 상승은 투자를 감소시키게 되며 투자가 감소하면 총수요가 줄어들고 결과 생산이 지체되고 고용이 감소되어 국민들의 소득이 낮아진다. 금융자본의 유출은 외국자본이 필요한 사람들에게 이를 지급하기 위해 순 수출의 증가나 공적 대외준비자산의 감소로 상쇄되어야 한다. 그렇지 않으면, 채무를 이행할 여력이 사라지게 된다. 어떤 나라가 채무를 한번 불이행하게 되면 후속 투자를 끌어내기 어렵다. 그 정부에 대한 불신감으로 인해 일반적으로 국제투자자들은 그 국가에 대한 투자를 외면하기 때문이다. 일반적으로 금융위기는 낮은 소득과 높은 이자율을 초래하며, 이에 따라 정부와 민간 기업들의 부채 상환을 더욱 어렵게 한다. 높은 이자율은 채무자들에게 더 큰 부담이 되기 때문이다. 낮은 소득은 정부 세수를 감소시키고 또한 민간 채무자들로 하여금 대출 상환을 어렵게 하고 개인들의 파산신청도 많아질 수 있다. 중앙은행이 환율을 고정시키려고 시도한다면, 채무위기와 함께 국제수지위기가 초래될 수 있으며 공적 대외준비자산이 빠르게 고갈되어 중앙은행은 결국 고정환율을 포기할 수 밖에 없다.

(1) 중남미의 위기

1980년대 고금리와 미국 달러의 절상이 아르헨티나, 멕시코, 브라질, 칠레에서 달러로 표시된 부채를 급격히 증가시켰다. 세계적인 경기침체와 많은 상품 가격의 하락이 또한 이들 국가의 수출부문에 타격을 주었다. 1982년 8월에 멕시코는(주로 민간은행에 대한) 부채를 상환할 수 없다고 공표하고 미국 정부는 민간은행이 채무를 재조정하도록 요구하였고, 1989년 멕시코에 대해서 이자율을 인하해 채무자의 부담을 덜어주고 상환기간을 연장했으며 원금을 12% 할인 해주었다. 브라질 및 아르헨티나와 다른 국가들 또한 채무 불이행 이후 민간은행들과 채무를 재조정한 바 있다. 멕시코 정부는 위기 때문에 1987년 여러 가지 개혁을 시행하기 시작하였는데 재정적자를 감축하고 민영화를 통해 공공부문의 생산을 감축했으며 무역장벽을 축소시켰다. 또한 인플레이션 억제를 위해 1994년까지 조정 가능한 고정환율 제도를 유지했고, 대출 손실을 입은 은행들에 대해 신용을 확대하였다. 하지만 정치적 불안과 은행 대출에 대한 채무 불이행은 1994년 또 다른 위기를 초래했다. 그 이후 멕시코 정부는 페소가치의 변동을 허용하게 되었다. 1991년 아르헨티나도 유사한 개혁을 시작하였다. 즉, 정부적자를 감축했고, 민영화를 통한 공공부문을 감축했으며, 무역장벽을 축소하고 세수증가를 위해 조세제도를 개혁했다. 모든 페소를 미국 달러와 완전히 태환할 수 있도록 태환법을 제정하고 1달러 당 1페소로 환율을 고정했다. 중앙은행이 더 많은 달러 외환보유고를 확보하지 않고는 페소를 발행할 수 없었기 때문에 페소가치가 빠르게 상승한 결과 시장은 궁극적인 페소의 평가절하를 기대하고 이에 대한 투기를 개시하게 되었다. 2001년의 세계경제 침체로 아르헨티나의 상품과 통화에 대한 수요가 감소하면서 생산과 고용이 위축되었다. 소득 감소는 세수 감소로 이어졌고 총수요를 증가시키기 위해 정부구매가 증가했으며, 이에 따라 인플레이션이 추가적으로 발생하게 되었다. 아르헨티나는 고정환율을 유지하려 했지만 정부는 2001년 페소를 평가절하하였고, 곧 이어 환율이 변동하는 것을 허용하게 된다. 또한 채무 만기일에 투자자들이 재투자를 원치 않았기 때문에 2001년 12월 채무 불이행을 선언하게 되었다. 브라질도 역시 1980년대와 1990년대 멕시코와 아르헨티나와 유사한 개혁을 시작하였다. 하지만 그러나 재정적자는 매우 컸었던 만큼 투자자들은 인플레이션과 브라질 통화 레알의 평가절하를 예상함에 따라 투기가 시도되었다. 1991년에 정부는 레알을 평가절하했지만, 브라질 은행과 기업이 달러로 표시된 자산을 대량으로 차입 하지 않았었기 때문에 광범위한 은행위기는 모면할 수 있었다.

(2) 동아시아의 위기

1990년대 이전 인도네시아, 한국, 말레이시아, 필리핀, 태국은 투자의 대부분을 국내 저축으로 충당했지만 그 이후 투자의 상당부분을 해외자본으로 충당하게 되었으며 그 결과 경상수지가 적자로 반전되었다. 1960~1997년 동안의 빠른 경제 성장에도 불구하고, 이들 국가가 선진개발국가들과 비슷하게 성장률이 낮아질 것으로 예측되었다. 이 시기 동아시아 성장의 기초는 자본 증가와 높은 교육수준이었다. 인프라 구축이 광범위해지고 보다 많은 사람들이 고등교육을 받을 수 있게 됨에 따라 자본의 한계생산성이 하락하게 된다. 동아시아의 위기에 직접적 요인이 된 것은 법 및 규제이다. 즉 금융규제에 대한 취약한 집행력과 감시부재, 그리고 만연해있는 부정부패는 정부와 기업 그리고 은행들을 가리지 않고 대규모로 도덕적 해이를 발생시켰다. 기업과 은행이 그리고 은행과 정부가 서로 감시하고 적절한 긴장을 유지할 때 효율성이 확보될 수 있다. 동아시아 위기는 1997년 태국에서 시작되었지만 다른 국가로 빠르게 확산되었다. 태국에서 실질 부동산 가격이 하락하였고, 연이은 주가 하락이 총수요와 생산을 위축시켰다. 태국 통화 바트화의 가치 절하를 기대한 투기가 발생했으며 이러한 투기가 말레이시아, 인도네시아, 한국, 필리핀에까지 번지며 이 지역 국가들이 모두 금융위기를 겪게 되었다. 말레이시아를 제외한 모든 나라들은 국제수지위기에 대처하기 위해 그리고 통화가치를 유지하기 위해 IMF에 대출을 요청했고 조건적으로 대출이 이루어졌다. 그 조건들은 통화량을 줄여 이자율을 인상하고 긴축재정을 통해 재정적자를 감소시키는 것이었다.

(3) 러시아의 위기

1991년의 자유화 이후, 러시아는 여러 가지 문제에 직면했다. 금융시장이 제대로 확립되지 않았고 부정부패와 범죄는 심각한 수준이었다. 또한 세수 부족으로 정부는 통화발행 차익에 의해 의존하고 있는 상태였고 높은 인플레이션과 채무불이행 위험이 상존해 있었다. 높은 인플레이션을 반영하여 이자율이 상승했고 이는 정부부채의 부담이 더 커지는 것을 의미했다. IMF는 환율 유지를 위해 개혁을 조건으로 외화준비금을 대출해 주었지만 1998년 러시아는 루블화에 대한 평가절하를 해야 했고 결과 채무이행이 더욱 어렵게 되었다. 국제금융과 자본거래가 더욱 어려워진 가운데 1998년에 생산감소가 이어졌지만 그 이후 다소 회복된 바 있는데 이는 그 당시 유가 상승이 있었는데 산유국인 러시아가 유가 상승의 덕을 봤다는 평가가 많다.

(4) 중국의 딜레마

중국은 수출 증가를 위해 고정환율제도를 유지할 유인이 있다. 위안화가 저평가 된다면 중국상품이 수출경쟁력을 갖을 수 있기 때문이다. 저평가된 위안화와 중국국민의 높은 저축률로 인해 중국의 대외 수출은 급증하고 있다. 이는 대규모 경상수지 흑자를 발생시키고 중국은 이에 따라 많은 국제준비자산을 축적하고 있다. 일부 국제투자자들은 위안화가 절상될 것이라는 기대를 하고 투기적 목적으로 중국 자산을 매입하는 현상이 관찰되기도 한다. 중국 중앙은행이 외국자산 매입을 통해 통화량을 늘리고 이는 인플레이션을 초래하게 되고 중국은 인플레이션과 무역흑자를 둘러 싼 정치적인 압력을 완화하기 위해 점진적으로 위안화 절상을 허용하고 있다. 위안화 절상은 중국의 수입을 증가시키고 과도한 경상수지 흑자를 줄이는데 기여할 수 있을 것으로 보인다. 역사적으로 볼 때 고정환율제도는 금융위기를 불러왔다. 중국 위안화의 평가절상 필요하다는 조언이 많은 이유이기도 하다.

8 위기의 교훈

각 지역에서 겪었던 금융위기를 통해 얻을 수 있는 교훈은 고정 환율은 위험하다는 것이다. 환율을 고정하면 정부는 수출과 수입에 있어 환위험이 줄어들어 안정성을 확보할 수 있겠지만 그 대가로 이자율이 높아진다거나 또는 대내불균형으로 인해 실업률이 높아질 수 있다. 환율 고정을 위해 주로 재정정책에 의존해야 하기 때문에 인플레이션이 발생하고 그 인플레이션은 자국 통화가치에 평가절하 압력을 주게 된다. 이러한 압력에도 불구하고 환율 고정을 시도한다는 것은 높은 이자율을 초래할 수 있다. 갑작스런 평가절하는 외화부채가 많은 경우 그 부담을 증가시킬 수 있다. 따라서 은행위기 그리고 기업 도산을 불러올 수 있다. 고정 환율은 변동 환율에 비해 단기적으로 편리함을 줄 수 있지만 장기적으로 볼 때 자국의 경제상황 변화를 통화가치가 반영하지 못하기 때문에 자국 경제에 더 큰 혼란을 가져올 수 있다. 금융위기를 막기 위해선 금융거래에 대한 투명성이 보장되고 감시와 감독이 필요하다. 감시와 감독이 없으면 도덕적 해이(Moral Hazard) 위기를 불러올 수 있고 비효율적 투자들을 양산할 수 있다. 국제금융거래와 투자에 있어서 큰 역할을 하는 것이 기대(Expectation)이다. 아무리 국가 경제가 건전한 상태라 할지라도 대외신인도가 낮아지거나 투자자들의 투자심리를 위축시키게 되면 그 나라는 금융위기에 처해질 수 있다. 그래서 금융위기는 전염된다는 표현을 한다. 국제 투자자들의 투자심리에 영향을 주는 것 중에 하나가 그 나라가 보유하고 있는 국제준비자산이다. 즉 국제준비자산은 경상수지 적자에 대비하기 위한 목적도 있지만 국제적 금융 투자자들의 투자 불안 심리를 막기 위해서도 그 필요성이 제기된다. 이러한 이유로 금융위기를 겪었던 나라들 즉, 한국을 비롯한 여러 개도국들은 국제준비자산을 이전보다 더 많이 보유하고 있다.

제 4 장

기업의 국제화과정과 해외투자이론

Ⅰ 기업의 국제화 과정

현대는 기업의 국제화 시대라는 말이 있듯이 오늘날 많은 기업들은 재화 및 용역의 수출입은 물론이거니와 인력, 경영, 기술, 자본 등 생산요소의 국경을 초월한 국제적 이전 활동을 활발히 전개하고 있다.

그러나 이와 같이 전 세계를 활동대상으로 기업활동을 전개해 나가고 있는 소위 다국적기업이라 할지라도 처음부터 해외시장을 목표로 한 것은 아니다. 기업은 일반적으로 국내시장을 목표로 기업활동을 시작하여 점차 기업 내외적 환경변화에 대처하기 위한 일환으로 수출 등을 통해 축적된 경험과 능력을 바탕으로 해외에 개입정도를 확대하면서 점진적으로 국제화하는 것이 보통이다.

많은 기업들은 처음 설립될 때에는 국내생산과 국내판매를 목표로 소위 국내지향의 경영활동을 전개해 나가는 것이 보통이다. 이는 상대적으로 원격지에 위치해 있고 정보수집 등이 어려운 해외시장기회를 적극적으로 활용하기 곤란하고 국내와는 전혀 다른 해외의 환경변화에 적응하기가 어렵기 때문이다. 그러나 이러한 국내판매단계의 기업은 시간의 흐름에 따라 기업규모가 커지고 국내의 경쟁기업들의 출현으로 경쟁이 심화되면서 과잉생산품이나 유휴생산시설이 생길 수 있어 국내시장의 한계상황을 맞게 된다.

기업생존과 성장의 시련기에 봉착한 기업은 차츰 해외시장에 보다 깊은 관심을 갖게 되어 수출이라는 국제화과정의 첫 단계를 밟아가면서 과잉 생산품을 처분하고 유휴 생산시설을 완전 가동할 수 있게 되어 보다 높은 성장과 이익을 실현할 수 있게 된다. 물론 초기단계의 수출기업들은 해외시장에 대해 충분한 정보를 획득하기 어렵고 해외시장에 내재해 있는 여러 환경적 변화들에 적응하기 곤란하여 비교적 지리적이나 문화적으로 가까운 나라들을 대상으로 수출활동을 전개해 나가지만 보다 적극적인 의미에서는 시장규모나 가격조건 면에서 국내보다 해외시장이 더 유리할 경우 점차적으로 수출 대상국을 넓혀가게 된다.

한편 국내생산과 해외판매를 지향하는 수출기업도 여러 가지 국내외 여건의 변화로 인하여 또 하나의 시련기에 봉착하게 될 수 있다. 예컨대 수입국 정부가 관세를 비롯한 각종 수입규제조치로 자국의 국내기업을 보호하기 위해 수입제한 조치를 강화한다든지 하는 외부적 요인과, 경우에 따라 임금상승 등 국내 생산비의 앙등과 같은 내부적 요인으로 기업의 국제경쟁력이 약화되어 더 이상 제품을 수출하는 것이 불가능하거나, 또는 수출을 한다 하여도 현지국 기업과의 경쟁에서 불리한 입장에 놓이게 되어 수출채산성이 맞지 않는 경우가 생기게 된다.

이러한 시련을 극복하기 위해서 기업은 현지국의 무역장벽을 우회한다든지, 운송비, 원자재조달비용 등과 같은 생산원가를 절감하기 위해 수입국에서 제품을 생산하여 이를 현지국에 판매하는 해외직접투자전략을 활용하여 기업은 해외생산단계로 들어가게 된다. 물론 이와 같은 현지생산/현지판매 단계는 자본, 인력, 기술 등 막대한 기업자원이 해외에 투입되므로 그만큼 기업 리스크도 커지게 되지만, 기업은 자신의 대외적 환경변화에 적응하고 이를 극복하기 위해서는 이제까지 자국에만 한정되었던 시야를 근본적으로 바꿀 필요가 생긴다. 왜냐하면 해외시장에 대한 지식과 경험 없이는 국제경영활동의 발전을 이룰 수 없으며 해외에서의 기업활동에 필요한 능력은 기업의 해외투자로부터 습득되기 때문이다.

이와 같은 해외직접투자 활동을 수행함에 따라 기업에게는 해외시장 경험이 축적되어 기업의 국제화에 필요한 지식이 습득되어지며, 이러한 일련의 축적과정은 기업의 국제화과정에 매우 중요한 계기가 되는 것이다. 일단 해외직접투자에 성공한 기업은 축적된 해외직접투자 경험을 토대로 투자대상국과 투자규모를 확대하여 여러 나라에 직접투자를 하게 되며, 이에 따라 많은 나라에 펼쳐져 있는 국제경영활동을 통제해 나가게 된다. 다시 말해 기업의 경영활동인 생산·재무·인사·마케팅 등의 분야를 다수의 국가에 배치하여 이를 효과적으로 조정·통제하여 종합적인 기업의 경영성과를 극대화하기 위한 범세계적 경영전략을 구사하게 되는 것이다. 즉 기업은 국제화과정의 마지막 단계인 다국적기업단계로 성장하게 되는 것이다.

이상과 같이 기업은 국내생산/국내판매인 국내지향기업에서 국내생산/해외판매인 해외지향기업, 그리고 현지생산/현지판매를 지향하는 해외직접투자기업, 끝으로 다수의 해외직접투자 자회사를 조정·통제하여 경영성과를 극대화하는 다국적기업으로 성장하게 된다.

물론 모든 기업이 이 같은 과정을 거쳐야 하는 것은 아니며, 경우에 따라 세분화된 국제화 단계를 밟을 수도 있다. 그러나 언급된 국제화과정은 논리의 흐름상 가장 일반적인 경향이라 볼 수 있다. 이 과정을 간단히 도식화하면 [그림 1]과 같다.

[그림 1] 기업의 국제화 과정

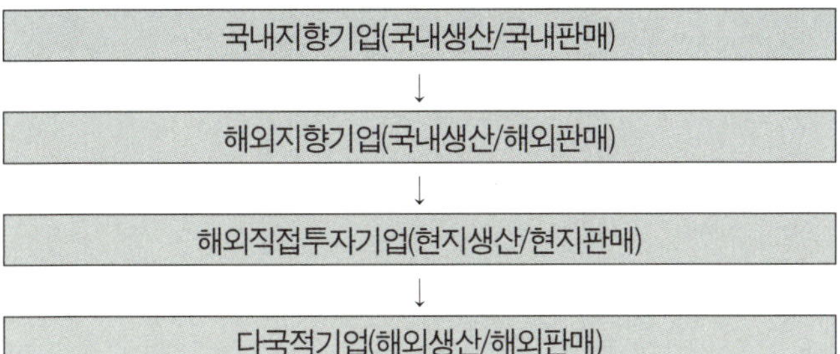

II 해외직접투자이론

1 해외직접투자의 이론적 체계

일반적으로 해외투자는 해외간접투자, 비자본참여, 그리고 해외직접투자로 나누어 볼 수 있다.

해외간접투자는 투자의 결과 경영권의 확보나 통제권을 행사하는 것에 목적을 두기보다는 단순히 배당금이나 이자수입만을 목적으로 외국기업의 주식 또는 사채 등을 취득하는 형태로 화폐자본만이 이동한다.

비자본참여에 의한 해외투자는 기업이 보유하고 있는 무형자산이 이동하는 형태로 기술제휴, 특허권의 대여, 경영관리계약 등이 이에 속한다.

해외직접투자란 자본, 인력, 기술, 마케팅, 정보, 경영 노하우 등 기업의 생산요소가 국가간에 복합적으로 이전하는 형태를 의미한다. 해외직접투자는 제반 생산요소의 이동과 동시에 경영권의 확보 또는 통제를 목적으로 투자가 이루어진다는 큰 특징이 있다.

현재까지 해외직접투자의 동기와 현상을 규명하기 위하여 무수히 많은 이론들이 제시되었으며, 이들 이론은 다음과 같은 몇 가지 핵심적인 과제들에 그 초점을 맞추고 있다.

첫째, 해외직접투자를 수행하는 국제기업은 현지기업과는 달리 추가적으로 부담해야 되는 해외경영비용을 감수해야하며, 많은 자본과 인력이 투입되므로 그만큼 기업의 위험부담이 높아짐에도 불구하고 왜 해외직접투자를 하는가.

둘째, 근본적으로 현지기업과 경쟁에서 불리한 위치에 있음에도 불구하고 현지기업과 성공적으로 경쟁하여 그 경쟁에서 우위에 설 수 있는 투자기업의 경쟁우위의 원천은 무엇인가.

셋째, 현지기업과의 경쟁에서 우위를 차지할 수 있는 능력을 보유한 기업은 수출이나 라이센싱과 같은 해외진출의 대안적 방법이 있음에도 불구하고 왜 현지국에서 직접생산하고 판매하고자 하는가.

넷째, 해외직접투자는 왜 특정 국가, 특정 산업을 중심으로만 주로 행하여지는가, 즉 국가 및 산업특유의 입지상의 요건은 무엇인가.

다섯째, 상기의 과제에 더 나아가 해외직접투자의 보편적이거나 또는 일시적인 현상들에 대한 설명적·규명적 성격 외에 해외직접투자의 바람직한 방향의 정립을 위한 규범적 측면의 요건은 무엇인가.

위의 다섯 가지 연구목적에 대해 대부분의 해외직접투자이론들은 경제학, 산업조직이론, 기업이론, 기업행태이론 등 다양한 방법론을 원용하여 발전되어 왔으나 언급한 과제들을 동시에 모두 충족시킬 수 있는 해외직접투자이론은 아직 존재하지 않고 있으며, 여러 가지 이론들이 그 일부만을 상호보완적으로 설명해 주고 있을 뿐이다. 해외직접투자를 설명하기 위한 이론은 무수히 많으나 여기에서는 그 중 중요하다고 볼 수 있는 대표적인 이론들에 대해서 간략히 알아보기로 한다.

2 거시적 이론

(1) 국제자본이동론

이 이론은 직접투자를 단순히 국제적인 자본이동의 측면에서 파악하려는 것으로써 이자율격차이론이라고도 한다. 즉 이 이론에서는 각국 간의 이자율의 차이를 국제자본이동의 원인으로 본다. 따라서 자본은 이자율이 낮은 자본 잉여국으로부터 이자율이 높은 자본 희소국으로 두 나라의 이자율이 같아질 때까지 이동한다는 것이다. 그 결과 국가간 자본이동은 투자국과 피투자국의 국민 소득수준을 다 같이 상승시키게 된다는 것이다.

이 이론에 따르면 자본이 풍부한 미국과 같은 선진국 기업들이 자본이 희소한 후진국가에 직접투자 함으로써 투자국과 투자수용국의 국민소득을 모두 상승시키기 때문에 양국은 직접투자를 촉진하는 정책을 펼 필요가 있다고 주장한다.[1)]

이 이론은 전통적인 국제증권투자(international portfolio investment)나 단기적인 자본이동, 그리고 자본이동이 이루어지는 해외직접투자의 부수적 현상에 대해서는 설득력이 크다고 볼 수 있다. 그러나 해외직접투자에 수반되는 높은 리스크와 현지국 기

1) G.D.A. McDougall, "The Benefits and Costs of Private Investment from Abroad ; A Theoretical Approach," *Economic Record*, 1960, pp. 13 ~ 35.

업과의 상대적으로 불리한 경영환경을 고려할 때 직접투자의 결과인 해외자회사의 설립 이유가 단지 이자율의 차이뿐이라고 설명하는 것은 너무 단편적이라고 지적된다.

(2) 무역보완론

이 이론에 의하면 전통적인 비교우위산업이 국내시장에서 투자기회를 상실한다든지 또는 수입국의 관세·비관세장벽 등 인위적인 장벽으로 수출이 불가능해질 경우 그 산업에 특화했던 기업은 해외로 직접 투자하지 않을 수 없다는 것이다.[2)]

즉 생산요소의 국제적 이동이 자유로울 경우 각 생산요소의 상대가격은 물론 절대가격도 국제간에 균등화되어 해외직접투자는 발생할 여지가 없으나 관세, 수량제한 등의 무역장애요인으로 수출이 어려워지면 해외투자가 촉진된다는 것이다.[3)]

이 이론은 수출 주도의 국내기업이 해외직접투자를 통해 수익기회를 찾게 되는 기본적 시각에 대해서는 시사점이 크다고 볼 수 있겠으나, 현실적으로 무역과 해외직접투자가 어느 한쪽의 위축 없이 동시에 증대되어 왔다는 점에 대한 해명이 어렵고, 해외직접투자가 일어나는 전반적인 여러 현상에 대해서는 충분한 설명력을 가지고 있지 못하다고 평가된다.

3 미시적 이론

거시적이론은 일반적으로 국가적인 관점에서 해외직접투자의 발생 원인에 대해서는 어느 정도 규명해 주고 있으나 실제 해외직접투자를 행하는 기업 측면에서의 설명력은 미약하다고 볼 수 있다.

이하에서는 해외직접투자를 행하는 기업 및 그 기업이 속한 산업중심의 해외직접투자이론에 대해 살펴보기로 한다.

(1) 독점적 우위이론

하이머(Hymer)에 의해 처음 제시되어 해외직접투자이론의 근대화에 전기를 이룬 이 이론은 각 산업의 시장불완전성에서 해외직접투자의 원인을 찾고 있으며 서구 선진기업의 해외직접투자현상을 비교적 잘 규명해 주고 있다.

---

2) Charles P. Kindleberger, "The Theory of Direct Investment," *American Business Abroad*, Yale Univ. Press, New Haven, 1969, pp. 2~3.

3) 박대위, 「무역개론」, 박영사, 1993, p. 234.

이 이론에 따르면 외국시장에 직접투자하는 기업은 현지국 기업에 비하여 여러 면에서 불리하며, 이 불리한 투자환경은 소위 시장진입장벽(market entry barriers)이 되는 외국비용(costs of foreignness)을 유발시킨다.

현지국 기업에게 유리한 경제, 사회, 법률, 사회적 관습, 소비자의 기호, 교통 및 통신비용, 그리고 현지국 국민이나 공공기관으로부터 받는 차별대우, 현지국 시장환경에 대한 정보부족 등과 같은 외국비용을 부담하면서도 외국기업이 해외직접투자를 통해 현지기업과 효과적으로 경쟁할 수 있기 위해서는 이러한 외국비용을 상쇄하고도 남을 수 있는 기업 특유의 경쟁우위를 보유하고 있어야 한다. 이와 같이 외국기업으로서의 불리함을 극복하고도 남을 만한 우위요소가 무엇인가를 규명하려는 것이 바로 독점적 우위이론이다.

외국기업이 보유하고 있는 독점적 우위란 기업 내부에 축적되어 경쟁상의 우위를 줄 수 있는 우수한 지식과 규모의 경제, 우수한 경영조직 등을 의미하며, 지식은 기술, 마케팅 노하우, 경영기법 등을 가리킨다.[4)]

현지기업이 새로이 그러한 지식을 얻는 데는 상당한 투자가 필요한 반면, 투자기업은 이미 과거의 투자를 통해 이룩한 지식이므로 이러한 독점적 우위의 활용을 통해 현지국 기업의 경쟁제품보다 높은 수준의 제품차별화로 초과이윤을 얻을 수 있게 된다.

이 이론은 국가 간의 비교우위에 바탕을 두고 있는 순수무역이론과는 달리 개별기업의 독점적 우위요인에 기초를 두고 있다는 점에서 해외직접투자를 설명하는데 유용하다.[5)]

그러나 독점적 우위요소를 보유하고 있다 해도 모든 기업이 해외직접투자를 하는 것은 아니라는 점을 고려해 볼 때 우월한 지식을 바탕으로 한 독점적 우위는 해외직접투자의 필요조건이라고 할 수는 있겠으나 충분조건은 아니라고 볼 수 있다.

(2) 과점적 대응이론

과점이란 특정한 산업 내에서 소수의 제한된 기업들만이 경쟁을 하는 불완전경쟁의 한 형태이다. 과점적 구조의 대기업들은 경쟁기업의 행동에 매우 민감하며, 따라서 그 의사결정은 선도기업의 의사결정을 바로 뒤쫓는 상호의존적인 행동방식에 의하여 이루어진다. 특정 관련 산업에 있어서의 해외직접투자는 그 산업의 선도적 기업과 경쟁기업 사이의 언급된 상호의존적 기업형태를 따라 이루어진다는 것이 바로 이 이론

---

4) Franklin R. Root, *International Trade and Investment*, 5th ed., South Western Publishing Co., Ohio, 1984, p. 458.

5) 조동성, 「국제경영학」, 경문사, 1993, p. 246.

의 핵심이다.[6)]

예를 들어 과점적 경쟁을 벌이고 있는 산업에서 한 선도기업이 신제품을 도입한다든지 또는 새로운 시장을 개척하거나 새로운 원료원을 확보하기 위해 해외직접투자를 함으로써 경쟁상 우위를 확보하려 하면 경쟁기업은 그에 상응하는 과점적 반응(oligopolistic reaction)으로 선도기업을 따라 똑같이 같은 국가에 해외직접투자를 하게 된다. 그렇게 하지 않을 경우 선도기업에 경쟁상의 우위를 빼앗겨 경쟁기업은 시장에서의 위치를 상실하거나 성장의 기회를 놓치게 되는 위험에 처할 수 있기 때문이다.

과점산업에서 경쟁하는 기업의 제1의 목표는 이윤극대화라기보다는 성장 내지 시장점유율의 유지이기 때문에 각 기업은 최소한 경쟁기업과 동일한 속도로 성장하여 과점적 균형을 유지하는 것이라 할 수 있다.

따라서 과점기업은 시장점유율을 위협하는 경쟁기업의 행위에 민감한 방어적 반응을 하게 되는데 이러한 과점적 경쟁행위는 결과적으로 동일 산업의 기업들이 특정 대상국에 집중적으로 몰려서 투자활동을 펼치게 되는 이른바 '밴드왜건 효과(band wagon effect)'를 초래한다. 이 결과 과점산업에서는 해외직접투자가 단기간 내에 집중적으로 이루어지는 현상이 나타난다. 과점산업의 기업들은 이와 같은 방어적 투자에 나섬으로써 선도기업과의 과점적 균형을 유지할 수 있게 된다.

이 이론은 1950년대와 1960년대의 미국기업들의 대유럽 집중투자를 매우 잘 설명해 주고 있다. 그러나 이 이론은 경쟁기업들로 하여금 과점적 반응을 하게 하는 선도기업의 최초 해외직접투자 의사결정에 관하여는 규명을 하지 못하고 있다.

(3) 제품수명주기이론

제품수명주기라 함은 하나의 제품이 신제품으로 개발되어 시장에 알려지고 판매되는 도입기를 거쳐 판매량이 급속히 증가하는 성장기, 제품수요의 증가율이 정체되는 성숙기를 지난 후 사양품목이 되어 시장성이 없게 되는 쇠퇴기에 이르기까지의 그 제품이 거치는 판매량의 변화과정을 의미한다.

버논(Vernon)에 의하여 체계적으로 정리된 이 제품수명주기이론[7)]에 의하면 신제품의 도입기에는 제품을 생산하는 기업의 수는 아주 적고 제품수요도 많지 않기 때문에 새로운 기술로 인한 제품차별화 능력 또는 독점적 우위를 효과적으로 보존하기 위해

---

6) F. T. Knickerbocker, *Oligopolistic Reaction and the Multinational Enterprise*, Harvard University Press, Boston, 1973 참조.

7) R. Vernon, "International Investment and International Trade in the Product Cycle," *Quarterly Journal of Economics*, vol. 80, 1966, pp. 190 ~ 207.

국내시장 중심의 판매를 하게 된다.

그러나 시간이 흐름에 따라 기술이 타기업에게 알려지고 제품이 도입기의 후기나 성장기에 접어들게 되면 기술모방 기업이 자국내에 출현하여 수출시장에서 경쟁하게 된다. 이 경우 최초로 제품을 개발한 기업은 기존의 수출시장을 방어하기 위해 다른 개발국에 해외직접투자를 하게 된다.

제품이 성숙기에 들어가게 되면 특정제품을 개발한 기업의 기술상의 우위는 거의 사라지게 되며, 이 결과 저임금의 미숙련 내지 반숙련 노동자가 풍부한 개발도상국이 오히려 생산입지 면에서 우위를 갖게 된다. 성숙기 제품의 경우 수요의 가격탄력성이 높아져 가격경쟁이 심화되므로 저원가의 생산입지를 확보할 필요성이 커진다. 따라서 제품을 현지나 제3국에 판매하고 본국으로 역수입하기 위해 개발국의 기업은 개발도상국에 해외직접투자를 하게 된다.[8)]

이상과 같이 제품수명주기이론에 의하면 신제품을 처음으로 개발한 기업은 제품수명주기의 초기에는 독점적 우위를 향유하게 되며 주로 제품의 수출에 주력하게 된다.

그러나 시간이 흐름에 따라 제품이 성장기나 성숙기단계로 접어들게 되면 그 기업의 경쟁우위를 장기간 유지하기 위해 수출단계를 탈피하여 해외직접투자단계의 기업으로 발전한다는 것이다.

한편 제품수명주기이론은 전자제품이나 섬유류 제품을 생산하는 기업의 해외직접투자를 비교적 잘 설명해 주고 있으나 그 기능적 특성이 부단히 변화하는 기계류 등과 같은 제품에는 이 이론을 적용하는데 문제점이 많다.[9)]

(4) 내부화이론

기업이 소유하고 있는 독점적 우위를 충분히 활용하여 이윤극대화를 도모하기 위해서는 기업은 외부시장에서 소유권을 교환하는 독립적 제3자와의 거래(arm's length transaction)를 추구하기보다는 이러한 거래를 자신의 내부에서 거래(internal transaction)하는 것이 보다 효율적일 수 있다. 따라서 기업은 중간 생산물의 흐름과 관련된 외부시장기능을 자체 조직 내로 흡수하여 내부화(internalization)하려는 시도를 하게 되는데 이러한 내부화 과정이 국경을 초월하여 일어나는 형태가 해외직접투자라는 것이 바로 이 이론의 핵심이다.[10)]

8) 지용희·이장호, 「신무역개론」, 경문사, 1993, pp. 399 ~ 400.
9) *ibid.*
10) P. J. Buckley & M. C. Casson, *The Future of the Multinational Enterprise*, Macmillan, London, 1976. pp. 33~65.

이 이론은 기존의 이론에서 고려하지 않은 중간재 시장의 불완전성을 가정하고 있다. 중간재란 단순히 반제품만을 의미하는 것이 아니라 지식, 특허, 인적자원, 자본 등을 말하며 이러한 중간재 시장은 특히 지식의 경우 일단 연구·개발이 이루어지면 공공재의 성격을 띠게 되어 이에 대한 외부시장이 매우 불완전하게 되므로 기업은 중간재 시장의 불완전성에 대응하여 거래비용을 회피하거나 감소시키기 위해 내부시장을 창조한다는 것이다.

기업이 자신의 경영활동을 내부화하게 되면 다음과 같은 효과를 보게 된다.

첫째, 거래 및 협상비용, 재산행사권 비용을 절감시킬 수 있다.

둘째, 제품품질을 효과적으로 보호할 수 있게 된다.

셋째, 경영활동의 상호의존적 활동에 따른 경제성을 확보할 수 있게 된다.

넷째, 정부개입과 같은 불완전성 요인을 회피할 수 있다.

다섯째, 자신의 기업내부거래이므로 원료, 중간재의 투입량과 투입조건, 그리고 구매처 등을 통제할 수 있게 된다.

내부화이론은 여타 기존의 이론이 설명하지 못했던 해외직접투자가 수출이나 라이센싱(licensing)보다 효율적인 해외시장 진출전략으로 선호되는 이유를 밝혀낸 대표적인 다국적기업이론으로 평가되고 있다.[11] 그러나 이 이론도 기업의 해외진출 동기를 뚜렷이 규명하지 못하고 있으며, 해외직접투자시 생산입지의 결정 등에 관해서는 제대로 설명을 하지 못하고 있음에 주의할 필요가 있다.

(5) 절충이론

위에서 설명한 대부분의 이론은 해외직접투자를 중심으로 라이센싱 등 해외생산을 전제로 한 경우에만 주로 국한되어 있다. 따라서 이들 중 어느 하나의 이론만으로는 수출, 라이센싱, 해외직접투자 등의 다양한 해외진출전략을 동시에 선택적으로 구사하고 있는 다국적기업을 설명하기에는 충분하지 못하다는 점에서 부분적 이론으로서의 한계점이 있었다.

이러한 점에 착안하여 더닝(Dunning)은 그 동안 연구·개발되어 온 해외직접투자이론을 종합화하여 포괄적인 설명을 해 줄 수 있는 종합이론을 제시하기 위해 절충이론(Eclectic Theory)을 개발하게 되었다.

절충이론은 미시적(기업적) 관점에서의 기업의 독점적 우위와 같은 기업특유의 우

11) 박대위, 「전게서」, p. 240.

위요인(ownership-specific advantages)과 내부화우위요인(internalization-specific advantages)을 거시적(국가적) 관점에서의 입지특유의 우위요인(location-specific advantages)과 종합한 형태이다.12)

이 이론에 의하면 기업특유의 우위가 있고 내부화의 이점이 있다 해도 투자 대상국의 입지특유의 요인이 없으면, 즉 국내보다 투자 대상국의 생산입지 면에서의 우위가 없다면 국내에서 생산하여 수출하는 것이 해외직접투자보다 유리하며, 기업특유의 우위만 있고 내부화의 우위와 진출대상국의 입지특유의 우위요인이 없다면 라이센싱이 가장 유리한 방법이 된다. 따라서 기업특유의 우위, 내부화의 이점을 활용할 수 있는 우위, 그리고 이와 더불어 진출 대상국의 입지특유의 우위가 있는 경우에만 해외직접투자가 가장 바람직하다는 것이다. 이를 정리해 보면 아래의 표와 같다.

▌표 4▐ 우위요소와 해외진출방법

우위요소 / 해외진출방법	기업특유	내부화	입지특유
해외직접투자	있음	있음	있음
수 출	있음	있음	없음
라 이 센 싱	있음	없음	없음

(6) 고지마의 무역관련이론13)

고지마(Kojima)는 거시경제적 입장을 반영한 무역관련 가설에서 비교우위개념을 이용하여 기업의 해외직접투자를 설명하고 있다. 그는 해외직접투자는 어떤 산업이 투자국에서 이미 비교열위에 있거나 비교우위가 급격히 감소하고 있고 동시에 피투자국에서는 반대로 이미 비교우위에 있거나 비교우위가 발생하기 시작하는 경우에 그 같은 산업에서 발생하게 된다고 주장하고 있다.

고지마에 따르면 해외직접투자의 형태는 미국형과 일본형으로 구분할 수 있으며, 세계경제의 후생증가 측면에서는 일본형 해외투자가 바람직하다는 주장을 하고 있다. 미국형 직접투자는 독과점적 산업에서 독점기업들 간의 경쟁 활동의 결과로 발생되며, 이러한 직접투자의 결과는 오히려 상품교역량을 줄어들게 함으로써 후생수준을

12) 더닝의 절충이론은 세 가지 우위요인의 머리글자를 따라 「OLI패러다임」이라고 호칭되기도 한다. ; 국제경영연구회, 「글로벌시대의 국제경영학」, 영지문화사, 1994, p. 175.

13) 이장로·신만수 「국제경영」, 무역경영사, 2013, p. 111.

감소시키게 되므로 이러한 형태의 직접투자는 규제되어야만 하지만, 이와는 달리 일본형 직접투자는 대개 일본이 비교우위를 상실해 가는 산업이지만 피투자국의 경우는 비교경쟁력이 우위에 있는 산업에서 발생하게 되며, 따라서 직접투자의 결과 일본기업과 해외투자 자회사 간의 중간재 등의 국제무역을 증가시키는 양상을 보이게 된다고 설명하고 있다.

일본형 해외직접투자는 국제무역을 증진시키는 역할을 하게 되며, 나아가 이러한 직접투자활동을 통해서 피투자국의 경제발전을 가져오기 위한 교사로서의 역할도 담당하게 된다는 것이다. 따라서 일본형 해외직접투자는 국제무역을 증진시킨다는 관점에서 투자국이나 피투자국 정부에 의해 모두 장려되어야 하며 보호받을 필요성이 있다고 주장한다.

이러한 고지마의 무역관련 이론은 미국형 직접투자이론에 대해 정면으로 공격하고 일본형 해외직접투자를 옹호한다는 점에서 많은 논란을 불러일으켰다. 이에 대하여 메이슨(Mason) 등은 다음과 같은 점들을 들어서 고지마의 주장을 반박하고 있다.

첫째, 미국기업과 일본기업들 간의 외형상 해외투자형태의 차이는 미국과 일본의 산업구성 차이에 근거하며, 일본기업들도 첨단산업 등 미국과 같은 산업에서는 미국기업과 같은 투자형태를 보이고 있다.

둘째, 미국형 직접투자의 경우 상품의 국제무역을 대체하기는 하지만, 기술, 자본 등 관련 요소의 국가 간 이동을 촉진함으로써 복지증진효과를 보이게 된다.

셋째, 일본형 해외투자의 경우 중간재 등의 국제무역을 증진시키기는 하지만 대부분 중간재의 독점적 공급과 그에 따른 과다보상으로 피투자기업과 국가의 복지를 감소시키게 된다.

4 개발도상국의 해외직접투자이론

지금까지의 해외직접투자이론은 주로 첨단기술 등 기업 특유의 독점적 우위와 어느 정도의 국제경영 경험, 그리고 전반적 관리능력 등을 갖고 있는 선진국 다국적기업들을 분석의 주요 대상으로 하고 있었다. 그러나 1990년대 이후 전반적 기술능력과 국제경험이 충분하지 못한 소위 개발도상국 기업들의 해외직접투자가 급속히 증가하고 있을 뿐만 아니라 기업규모가 그다지 크지 않은 중소기업들의 해외투자도 보편화되고 있다. 이와 같은 개발도상국들의 해외직접투자는 투자의 특성과 방향, 투자기업의 우위요소, 투자동기 등 여러 가지 면에서 선진국 기업의 해외직접투자와는 상이한 성격을 가지고 있다.

개발도상국 기업에 대한 해외직접투자이론은 크게 두 가지 방향에서 접근하고 있다. 하나는 선진국 기업분석의 전제가 되는 기업특유의 우위요인이나 입지 특유의 우위요인에 대한 해석을 확장하여 개발도상국 기업들만이 가지고 있는 우위요소를 제시함으로써 기존 연구를 수정시켜 이를 현실화하는 접근방법이며, 다른 하나는 개발도상국 기업에 특유한 독자적 이론의 개발을 통해 기존 이론과는 다른 이론적 체계를 구성하려는 접근방법이다.

(1) 기존이론에 대한 수정적 접근

기디(Giddy)와 영(Young)은 기업특유의 우위, 내부화우위, 입지특유의 우위를 폭넓게 해석하면 기존의 이론으로도 개발도상국의 해외직접투자 현상을 설명할 수 있다고 주장한다.[14)]

개발도상국의 해외직접투자의 특성은 대체로 첫째, 기업 특유의 우위가 분명치 않고, 둘째, 기업의 규모가 작으며, 셋째, 공격적이며 방어적인 전략을 위주로 선진국 기업과는 달리 모방 및 의존 전략을 선택하여 비교적 소규모의 표준화된 기술을 바탕으로 기업 특유의 우위를 확보한다는 것이다.

따라서 특정시장에 익숙한 개발도상국 기업들은 선진국 기업에 비하여 열위의 기술능력을 가지고도 충분히 경쟁력을 확보할 수 있다고 설명한다. 이들은 특히 개발도상국 기업의 해외직접투자 요인은 기업특유의 우위요인보다도 오히려 투자대상국의 입지적 우위요인에 의한다고 설명하고, 개발도상국 기업의 해외직접투자는 외국비용을 줄일 수 있는 경우가 가능해진다고 보고 있다.

랄(Lall)은 선진국 기업들로부터 기술을 이전받은 개발도상국 기업들은 선진국 기업에 비해 기술적 열위에 있기는 하지만 이전받은 기술을 개발도상국의 시장상황 및 수준에 적절하게 개량하여 경쟁적 우위를 획득할 수 있다고 주장한다.

따라서 개량된 기술을 바탕으로 제한적이기는 하지만 선진국 기업들의 틈새(niche)에서 경쟁우위를 확보할 수 있으며, 개발도상국 기업들은 이러한 경쟁우위를 바탕으로 자기나라보다 전반적 기술수준이 낮은 국가에 해외직접투자를 한다고 설명하고 있다.[15)]

---

14) I. H. Giddy & S. Young, "Conventional Theory and Unconventional Multinationals: Do New Forms of Multinational Enterprise Require New Theories?", in Rugman, A. M. ed., *New Forms of Multinational Enterprise*, St. Martin's Press Inc., 1982, pp. 57 ~ 75.

15) S. Lall, *The New Multinational ; The Spread of Third World Enterprises*, John Willey & Sons,

(2) 순위이론

최초로 기술을 개발·도입한 기업은 그 기술을 모방하는 국가가 출현하기 전까지는 수출을 통하여 해외에 진출한다. 즉 특정제품의 생산국은 아직 그 제품의 생산에 착수하지 못한 국가로 순위에 따라 수출하며 해외직접투자 역시 순위에 따라 이전된다는 것이다. 따라서 개발국이 최초로 해외직접투자를 하고 그 다음에 개발도상국이 순위에 따라 해외직접투자를 한다는 것이 바로 순위이론이다.[16)]

이 이론에 따르면 수출 및 해외직접투자의 흐름이 일정한 순위에 따라 이루어지는 원인은 경쟁우위의 원천인 기술의 이용 가능성 및 생산비가 시간의 흐름에 따라 국가별로 차이가 생기기 때문이다. 즉 현격한 제품차별화와 신제품의 출현은 그것을 개발한 기업에게 비교우위를 발생시키거나 다른 국가의 기업이 그것을 모방하게 되면 비교우위의 역전이 생긴다는 것이다.

이러한 역전현상은 개발도상국이 기술을 모방하기 시작하여 선진국과의 기술격차를 극복하게 되면 임금 등과 같은 생산비의 비교우위를 통해 순위가 이전되며, 이러한 양상은 처음에 모방한 국가와 나중에 모방한 국가 사이에서도 유사하게 이루어져 결국 수출과 해외직접투자는 일정한 순위에 따라 이루어지게 된다는 것이다.

(3) 대체선택주장[17)]

포터(Porter)는 기업 특유의 우위요소가 없이도 개발도상국은 해외직접투자를 할 수 있다고 설명한다.[18)] 즉, 기업들은 동태적 관점에서 항상 경쟁우위요소를 새로 확보하기 위한 노력을 하게 되며, 만일 독자적으로 기술개발이나 시장확보를 할 수 없는 경우에는 대체수단으로 신기술 확보나 입지거점 구축을 위해 선진국이나 기술선도국 시장에 해외직접투자를 하게 된다. 물론 대부분 이 경우 진출국 시장에서는 적자를 볼 수도 있으나 확보된 기술을 본국이나 제3세계 시장에 적용함으로써 성공을 기할 수 있다.

1983, p. 5.

16) Louis T. Wells, *Third World Multinationals: The Rise of Foreign Investment from Developing Countries,* MIT Press, 1983.

17) 국제경영연구회, 「전게서」, p. 187.

18) M. Porter, *Competition in Global Industries,* Harvard Business School Press, Boston, Mass, 1986. ; M. Porter, *The Competitive Advantage of Nations,* The Free Press, 1990 참조.

또 한편으로는 제품이 성장산업에 속해 있는 경우 기술정보의 획득이 기업의 성패를 좌우할 수 있기 때문에 첨단기술 보유국으로 진출하는 것이 효과적일 수 있게 된다.

5 최근 해외직접투자이론

(1) 국제화단계 해외직접투자이론[19)]

1) 전통적인 해외직접투자이론과의 비교

지금까지의 해외직접투자이론은 대부분 정적인 분석을 중심으로 이루어졌다. 예를 들어 절충이론의 경우에는 기업이 해외직접투자시 거래비용과 시장불완전성 등에 기초한 기업특유의 우위, 내부화특유의 우위, 입지특유의 우위 등을 분석해 수출, 라이센싱, 해외직접투자 중 최적 진입 방식을 선택하는 것으로 설명하고 있다. 그러나 이러한 절충이론이나 독점적 우위이론, 내부화이론 등은 공통적으로 단일 해외직접투자 사안에 한해서만 설명하는 한계를 가지고 있다.

오늘날 대부분의 다국적기업들은 해외직접투자를 단 한 번에 실행하고 그치는 경우보다는 반복적으로 하는 경우가 일반적이다. 또 투자위험이 높다고 판단되면 동일한 투자사업에 대해서도 최초에는 소규모로 투자하다가 현지시장 경험축적과 내부학습 과정을 거쳐 순차적으로 투자정도를 높이는 경우가 일반적이다. 이러한 관점에서 국제화단계 해외직접투자이론은 해외직접투자를 상호 연결된 일련의 의사결정 과정으로 인식하고 있고 해외투자활동을 일관성이 아닌 반복적이고 동적인 조직학습 과정으로 설명하고 있다.

2) 국제화단계 해외직접투자이론의 개념

국제화단계 해외직접투자모델에 따르면 기업의 해외직접투자 등 국제화 활동은 구체적으로 기업의 시장지식(market knowledge), 시장몰입(market commitment), 시장참여(market involvement)의 상호작용에 의해 점진적으로 이루어진다고 주장하고 있다. 이 이론은 원래 유럽의 중소 수출기업의 국제화를 설명하기 위해 개발되었으나 최근에는 중소기업이나 한국기업 같은 후발 다국적기업의 해외투자를 설명하는 데에도 유용하다.

특정 제품이나 현지국시장과 관련되어 획득된 시장지식(market knowledge)은 향후

---

19) 이장로·신만수 「전게서」, pp. 113 ~ 119.

해외직접투자의 확장을 위한 기초가 된다. 시장지식은 상품 판매를 위한 거래선 발굴, 계약협상 및 체결 과정 등 수출시 다양한 현장경험을 통해 습득된다.

외국시장에 대한 경험적 지식은 기업에 중요한 자산이 된다. 축적된 시장지식의 학습내용은 때로는 복합적이고 외부 기업으로의 이전이 쉽지 않다. 보통 외국시장에 대한 지식은 기업 내부 자체적으로 습득할 수도 있으나, 때로는 기업의 사업 관련 네트워크를 통해 얻어진다. 기업이 사업 네트워크를 통하여 이해 관련 당사자들과 상호 접촉하는 것은 평소 중요한 시장정보의 채널이 된다. 특히 이러한 관련 네트워크를 통해 시장지식을 얻는 것은 제한된 자원을 가진 작은 기업들의 국제화 과정에 매우 중요하다. 시장정보 자체를 획득하고 학습하는 것도 중요하지만 습득된 정보나 노하우를 어떻게 새로운 시장정보와 결합하고 또 현실적으로 어떻게 적용하는가 하는 것은 매우 중요한 일이다.

시장몰입(market commitment)은 기업의 활동과 관련되어 있다. 시장몰입은 기업의 주요 경영자의 외국시장에 대한 심리적 태도 및 전략적 의도와 관련이 높다. 몰입이 높을수록 경영자는 특정 외국시장에 대해 높은 관심을 갖고 해외직접투자나 해외마케팅을 위해 과거보다 많은 자원을 지원하고 전략수립을 꾀한다.

시장참여(market involvement)도 일련의 학습과정이다. 즉, 대부분 기업들이 처음에는 간접수출 형식으로 시장에 참여하지만 점점 고도화되어 직접수출, 합작투자 그리고 최종적으로 100% 지분투자방식으로 참여하게 된다.

[그림 2] 국제화단계 해외직접투자모델

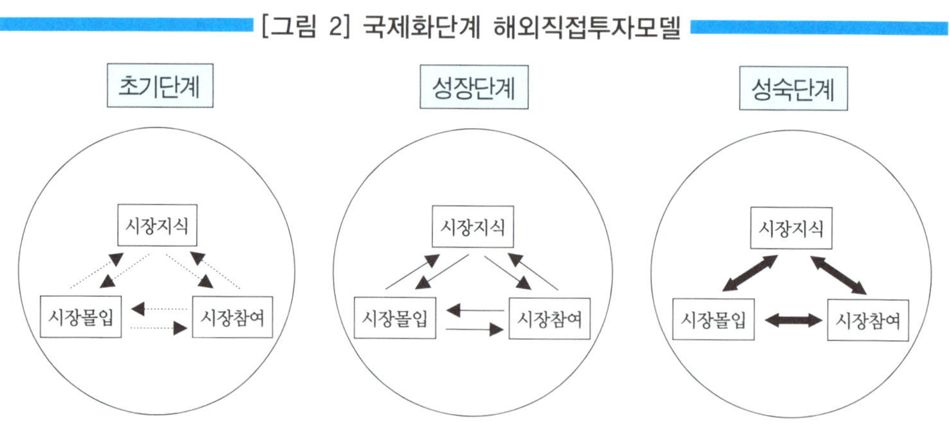

[그림 2]에서와 같이 기업이 최초 해외시장에서 습득한 지식의 정도는 기업이 다음 단계에서 해외직접투자 등의 국제경영활동을 하는데 기초가 된다.

예를 들어 국제화 경험이 적은 기업은 최초에는 지리적으로 가까운 시장에 위험이 상대적으로 낮은 간접수출방식을 통해 진출하고자 할 것이다. 국제화 초기단계에서는 낮은 단계의 시장참여와 시장몰입을 통해 기본적인 시장지식을 습득한다. 이 단계에서는 시장지식, 시장몰입, 시장참여는 낮은 상호작용(점선)을 하게 된다. 그러나 성장단계에서 시장지식, 시장몰입, 시장참여의 상호작용(실선)은 더욱 빈번하게 그리고 강하게 일어난다. 즉 시간이 경과하고 시장지식과 경험이 축적됨에 따라 해외시장에 대한 관심과 몰입 정도는 높아지고 이를 통해 해외시장에 대한 더 많은 지식을 축적하게 된다. 예를 들어 최초의 간접수출에서 직접수출을 시도하게 되고 일정 시간이 경과함에 따라 해외직접투자나 합작투자로 해외시장에 본격적으로 참여하게 될 것이다.

이러한 과정은 계속적으로 반복된다. 성숙단계에서는 시장지식, 시장몰입, 시장참여의 상호작용은 더 강도 높게 반복된다. 이와 같이 국제화단계 해외직접투자모델은 조직의 성장, 행동, 학습 과정을 통해 해외직접투자를 비롯한 제반 국제화 활동을 설명하고 있으며 전통적인 해외직접투자이론보다 동적인 측면을 강조하고 있다.

(2) 네트워크 해외직접투자이론

1) 개념

국제화단계 해외직접투자이론은 행태적 관점에서 기업의 점진적인 해외시장진입 과정을 잘 설명해주고 있다. 그러나 왜 그리고 어떻게 이러한 점진적인 국제화 과정이 시작되는지 또 어떤 요인이 이러한 단계적인 해외시장진입 과정에 영향을 주는지에 대한 설명은 충분치 않다.

네트워크 해외직접투자이론은 사회교환이론(theory of social exchange)에 기초하여 조직 간 그리고 개인관계형성으로 인한 네트워크로 기업의 해외직접투자 현상을 설명하고 있다. 네트워크 구성요소란 기업이 긴밀히 영업 및 전략적인 관계를 맺고 있는 공급업체, 하청업체, 고객집단, 투자모기업, 투자자회사, 기타 전략적인 제휴업체 등을 의미한다.

이 이론에 따르면 기업의 국제화는 기업특유의 우위보다는 네트워크 관계에 의존한다는 것이다. 즉 전통적인 해외직접투자이론에서는 해외직접투자를 회사의 독점적 우위를 바탕으로 이윤극대화를 위해 합리적이고 독자적인 의사결정과정으로 이해했으나, 네트워크 관점에서 본 해외직접투자는 다양한 기업 내·외부 네트워크 구성원에 의해 영향을 받게 된다고 인식하고 있다.

네트워크 해외직접투자이론의 한 예로 외국 법률회사들의 신흥시장 진출과정을 보면 사내 주요 경영자(key actor)들의 외부조직 내 주요 경영자와의 다양한 인적 네트워크 관계가 해외시장 진출에 중요한 영향을 주고 있다는 사실이다. 다시 말해 광고, 회계, 법률서비스를 제공하는 서비스 다국적기업의 경우 고객과의 네트워크 관계가 국제화 과정에 매우 중요한 영향을 미칠 수 있다는 것을 의미한다.

제조업의 경우에도 마찬가지로 한 다국적기업의 국제화 과정은 해외 주요 고객회사들의 국제화 과정에 의해 영향을 받고 반대로 국내 하청기업들의 국제화 과정에 큰 영향을 미칠 수 있다. 예를 들어, 삼성전자의 글로벌 투자전략은 주요 고객이면서 경쟁기업인 애플사의 글로벌 제품전략에 의해 영향을 받기 때문에 애플의 향후 스마트폰 신제품에 요구되는 반도체나 핵심부품에 따라 삼성전자 및 하청업체들의 기술 및 글로벌 투자전략이 달라질 수 있다.

즉 외부 이해관계자 기업들과 이같은 네트워크가 형성되어 있는 경우, 기업의 국제화는 기업특유의 우위나 해외시장에 대한 경험 등에 의해서라기 보다는 기업이 속해 있는 네트워크의 역동적인 관계와 구조에 의해서 해외투자 등 국제화 전략이 선택될 수 있다는 것이다. 해외고객기업과 평소 긴밀한 사업 네트워크를 구축하고 있는 경우 기업 자체의 독점적 우위가 다소 약하더라도 자신의 해외 파트너기업의 우위를 바탕으로 파트너기업이 진출하는 현지시장에 과감한 투자를 할 수 있을 것이다.

따라서 외부 네트워크 기업들과의 관계가 우호적이고 안정적인 경우에는 중소기업 입장에서 투자위험을 줄이기 위해 통상 선호하는 수출이나 라이센싱 방식보다는 내부화 방식인 단독투자나 파트너기업과 합작 형태를 선호할 수도 있을 것이다.

기업의 해외시장진입의 성공 여부는 현지시장에서의 네트워크의 경쟁력이 얼마나 탄탄하지에 상당부분 달려있다.[20]

2) 네트워크 결정요인

해외직접투자에 영향을 끼치는 네트워크의 결정요인들은 크게 다음 <표 5>와 같이 네 가지로 요약될 수 있다.

첫째, 기업의 최고경영자의 개인적인 역량이다. 최고 경영자의 탁월한 개인역량으로 인해 국내외의 다양한 개인 또는 조직과의 인적 네트워크를 형성할 수 있다. 특히 현지국의 정치적인 실력자나 기업가와의 인적 네트워크 형성은 신흥시장, 사회주의 국가, 중동지역 국가 진출시 큰 힘을 발휘할 수 있다. 그리고 이러한 효과적인 인적 네트워크구축 여부는 중소기업의 초기 국제화 과정에서 성패를 좌우하는 중요한 요인이 되기도 한다.

---

20) M. Johanson, *Internationalization in Industrial System - A Network Approach, Strategies in Global Competition,* London, Groom Helm, pp. 287 ~ 314.

둘째, 고객회사 또는 공급업체와의 밀접한 사업 네트워크가 존재하고 이에 대한 의존도가 높은 경우이다. 다국적 광고회사, 법률회사, 회계 및 컨설팅회사 등은 자신의 고객인 다국적기업들과 밀접한 사업 네트워크를 전 세계적으로 유지하고 있다. 이러한 경우 자사 고객인 다국적기업의 국제화 전략에 따라 이들 서비스 기업들의 해외직접투자 전략이 좌우된다.

셋째, 한국과 일본과 같은 대기업 기업집단이 존재하여 자연스럽게 기업집단내

▌표 5▐ 네트워크 결정요인 비교

네트워크 종류	해외투자 시사점	사 례
최고경영자의 개인적 역량	• 인적 네트워크의 성격, 강도에 따라 투자지역과 방식, 속도 결정 • 특히 해외투자 초기단계에서 큰 역할	• 개인소유 기업 • 중소기업의 해외투자전략
고객기업, 하청업체와의 밀접한 사업관계	• 밀접한 사업 네트워크의 존재로 고객회사나 하청회사의 해외투자전략에 따라 투자지역과 방식 등 결정	• 다국적광고회사 • 컨설팅회사의 해외투자
대기업, 중소기업 간 기업집단구조	• 소유구조, 지배구조 등에 의해 모기업 집단의 국제화전략에 의해 해외투자 지역과 방식 등이 좌우됨	• 한국기업그룹, 일본 계열 회사집단 내 소속기업의 해외투자
문화·인종·언어적 배경	• 문화·인종적 관련성이 해외투자지역과 방식에 영향을 끼침	• 화교기업의 중국 내 투자

네트워크를 형성하는 경우 소속 기업들의 해외직접투자는 기업집단 네트워크 내 핵심 기업들의 국제화 전략에 좌우된다.

미국, 일본, 유럽 등 선진 다국적기업에 비해 독점적 우위나 해외 경험 면에서 약했던 한국기업들이 1990년대 과감히 신흥시장 투자를 했던 배경 중의 하나는 같은 그룹 내 관계회사와의 밀접한 네트워크 형성과 상호 영향력 때문으로 볼 수 있다. 즉 기업이 속해있는 네트워크 내 타 기업과의 상호작용 또는 결속력 정도, 그리고 네트워크 전체 차원에서의 국제화 동인과 경쟁력 등의 요인이 기업의 해외투자에 큰 영향을 주었기 때문이다. 이러한 관점에서 볼 때 기업은 자사 특유의 독점적 우위가 없어도, 또 해외시장에 대한 지식이나 경험축적이 적어도, 과감한 해외투자가 가능하다.

넷째, 네트워크는 문화 및 인종적 배경 등에 의해 형성된다.

예를 들어 문화·인종적 배경으로 인한 네트워크로 쉽게 설명될 수 있는 경우는 화교기업의 해외투자인데, 대만, 동남아 화교기업의 중국 내 투자가 이에 해당한다. 화

교자본의 중국 내 투자는 1980년 후반부터 중국경제 근대화에 중요한 역할을 해왔다. 대만 및 싱가포르 기업들이 일본이나 서구 다국적기업들에 비해 초기부터 적극적으로 중국 내 투자를 해 온 이유는 소위 중국인들 간에 자연스럽게 형성될 수 있었던 관계(꽌시)로 설명될 수 있다. 특히 대만 기업들은 중국 여러 지역 중에서도 거리적으로 가장 가까운 푸첸성지역에 집중되었다. 싱가포르 등 동남아 화교기업의 다른 동남아지역에 대한 해외투자, 일본기업들의 하와이 투자, 스페인, 포루투갈 기업들의 남미투자, 미국의 히스패닉기업들의 중남미투자도 비슷한 이유로 해석될 수 있다. 이러한 동일한 인종적인 네트워크를 활용하여 쿠바, 이란, 팔레스타인 같은 국가들은 1990년대 미국에 자민족기업들을 대상으로 본국에 외국인투자를 유치하기도 하였다.[21)]

---

21) K. Gillespie, L. Riddle, E. Sayre & D. Sturges, "Diaspora Interest in Homeland Investment," *Journal of International Business Studies* vol. 30, no.3, 1999, pp. 623 ~ 634.

제 5 장

해외시장진출의 제 방법

Ⅰ 수 출

기업은 기업목표 중의 하나인 성장목적을 달성하기 위해서는 해외시장으로 진출할 필요가 있다. 이미 국내시장은 해외시장의 일부분에 불과하므로 우리나라와 같이 국내시장이 협소한 경우 해외로의 진출은 더더욱 그 중요성이 크다.

기업이 성장과 이익을 증대시키기 위해 해외로 진출하기로 결정한 경우 활용할 수 있는 해외시장 진출의 전략적 대안에는 여러 가지가 있다. 특정기업이 해외시장에서 성장을 계속하고 경쟁에서 살아남기 위해서는 이들 전략적 대안에 대해 올바로 인식하고 평가할 수 있어야 한다. 이하에서는 국제적인 시장기회를 활용하기 위한 기업의 해외시장진출방식에는 무엇이 있는지, 그리고 이들을 어떻게 평가하고 선정해야 하는지를 하나씩 살펴보기로 하겠다.

기업이 해외시장에 진출하기 위해 활용할 수 있는 여러 전략적 대안 중에서 가장 기본적인 전략은 국내에서 생산된 제품을 해외에 판매하는 수출방식이다.

수출이 해외시장 진출의 기본 전략으로 활용되고 있는 이유는 수출방식이 해외시장 진출의 경험이 없는 기업에게도 상대적으로 적은 자원의 투입으로 판매이익을 높일 수 있다는 것과 이질적인 해외시장 환경으로 인한 위험이 적다는 것, 그리고 해외시장 진출의 경험을 축적시킬 수 있다는 교두보적 역할을 하기 때문이다.

기업이 수출활동을 전개하게 되는 동기에는 여러 가지가 있을 수 있다.

첫째, 과잉생산품을 처분하거나 유휴생산시설을 활용하기 위함이다.

둘째, 규모의 경제를 달성한 기업이 대량생산을 통한 효율적인 생산활동을 전개하기 위해 적극적으로 해외시장으로 진출한다. 특히 고정투자의 비중이 높은 산업에서는 간접비의 흡수를 통한 원가절감의 효과도 기대할 수 있어 수출을 추진하는 경우가 많다.

셋째, 국내시장에 판매하는 것보다는 수출을 통해서 더 많은 이익을 올릴 수 있다든지, 또는 경쟁조건 등의 측면에서 해외시장이 보다 더 유리한 경우, 이러한 특수한 시장기회를 활용하기 위해 수출하는 경우도 있다.

넷째, 특정한 해외시장국에서의 자사제품에 대한 시장잠재력을 시험하기 위한 수단으로써 수출이 활용된다. 즉 자사제품의 해외시장에서의 성공여부에 대한 탐사적 성격으로 일단 수출을 행한 뒤 해외시장에 대한 경험이 축적되면 해외직접투자와 같이 보다 적극적인 방법으로 기업은 국제경영활동의 폭을 확장시킬 수 있다.

기업이 어떠한 동기로 수출을 하든간에 수출의 형태는 크게 간접수출방법과 직접수출방법으로 구분할 수 있다.

표 6 해외시장 진출의 제 방법

1. 수출
① 간접수출(indirect export)
② 직접수출(direct export)

2. 계약형태의 진출방식
① 라이센싱(licensing)
② 프랜차이징(franchising)
③ 계약생산(contract manufacturing)
④ 관리계약(management contract)
⑤ 플랜트 수출(plant export)

3. 해외직접투자
① 단독투자(wholly-owned investment)
② 합작투자(joint venture)

1 간접수출

간접수출이란 종합무역상사, 수출대행업자, 수출조합, 국내 주재의 외국인 바이어 등을 통해 수출과 직접 관련되는 주요 기능을 제조업체 스스로 수행하지 않고 해외시장에 제품을 수출하는 소극적 방법이다.

이러한 간접적 경로를 택하면 수출활동을 직접 수행하는데 소요되는 인적·물적자원의 투입이 없이도 수출판매이익을 향유할 수 있게 된다. 그러나 간접수출은 수출활동을 직접 통제할 수 없기 때문에 창의적이고 능동적인 수출활동을 전개하기가 어렵다. 게다가 간접수출은 엄밀한 의미로 국내 판매와 크게 다를 바가 없다.

기업의 입장에서 본 간접수출의 장·단점을 좀 더 구체적으로 살펴보면 다음과 같다.

(1) 간접수출의 장점

① 수출업무에 대한 전문성을 갖추고 있고, 경험이 풍부한 수출업체를 활용하기 때문에 안전성이 있다.
② 수출중개상은 제조업체로부터 제품을 구입할 때 소유권을 이전받아 자체의 계정으로 수출하기 때문에 수출 클레임이 발생하면 수출중개상이 위험을 부담한다.
③ 규모가 작고 수출에 대한 전문지식이나 경험이 부족한 기업은 전문적인 무역회사를 통해 거래하므로 신속한 시장정보를 입수할 수 있고 시장별 수요에 맞는 상품의 수출이 가능해질 수 있다.
④ 큰 규모의 수출부, 해외지사 등을 운영하지 않아도 되므로 제조업체는 수출활동을 직접 수행하는데 소요되는 인적·물적자원을 절약할 수 있다.

(2) 간접수출의 단점

① 수출이 간접경로를 거치므로 일단 제조업체가 수출업체에게 제품을 판매한 후에는 그 제품이 해외에서 어떤 조건으로 누구에게 어떠한 경로로 유통되는지 그 제품의 해외 마케팅에 대한 통제권을 상실하므로 해외시장기반을 구축하기 어렵다.
② 수출업체와 제조업체간에 이해가 상충될 때 제조업체는 가격, 수요 등에 대한 해외시장정보가 어둡기 때문에 수출업체가 이를 악용할 우려가 있다.
③ 수출업체가 제품수출에 따르는 사전·사후서비스(pre and after service)를 철저히 제공하지 않음으로써 그로 인한 제품 또는 제조업체의 이미지가 해외고객으로부터 손상될 가능성이 있다.
④ 간접수출은 기업체의 해외요원 개발 및 자질향상에 큰 관심을 갖지 않기 때문에 차후 기업체가 국제영업활동을 확대하려고 할 때 문제점이 발생하게 된다.

2 직접수출

직접수출은 해외시장조사, 해외고객접촉, 수출가격책정, 유통경로의 선정, 수출관계 서류작성 등의 직무를 타인에게 의뢰하지 않고 스스로 직접 수행하는 수출방식이다.

직접수출을 하게 되면 제조업체내에서 수출을 전담하는 인원이나 부서가 필요하게 되어 자연히 수출활동과 관련된 비용 및 자금부담도 늘어나게 된다. 그러나 수출활동을 직접 담당함으로써 간접수출의 단점을 극복할 수 있으며 간접수출보다 수출매출액이 늘어나게 된다.

(1) 직접수출의 장점

① 제조업체는 충분한 해외시장정보를 비교적 정확하고 쉽게 얻을 수 있다. 즉 제조업체는 해외 마케팅 기능을 직접 수행할 수 있으므로 해외시장정보의 획득으로 인한 제품계획이나 판매계획을 적절히 적응시킬 수 있다.
② 제품판매와 관련된 사전·사후서비스를 비교적 효율적으로 제공할 수 있어 신용도를 유지하고 이미지를 제고시킬 수 있다.
③ 제조업체 스스로 수출 및 국제 마케팅의 전문성을 기를 수 있다.
④ 간접수출의 경우에 국내 수출업체 또는 대행업자 등에게 지불하던 비용을 절약할 수 있다.

(2) 직접수출의 단점

① 처음 직접수출을 할 경우에는 해외시장진출 경험과 전문성이 부족하여 수출거래에 실패할 가능성이 높다.
② 수출거래에 따른 손실과 클레임 때문에 위험부담이 늘어날 수 있다.
③ 수출 초기에는 수출매출액보다 누출비용이 상대적으로 빨리 증가하여 기업손실이 발생할 수 있다.

특정기업의 입장에서 어떠한 수출방법을 택할 것인가 하는 문제는 수출과 관련된 제반 기업의 내외적 요인을 종합적으로 고려하여 결정하는 것이 중요하다.

경우에 따라 기업은 개별시장국에 따라서 간접수출전략과 직접수출전략을 동시에 활용할 수도 있다. 예를 들어, 대규모의 시장국에 대해서는 직접수출전략을 활용하고 소규모의 시장국이나 처음 진출하는 시장국에 대해서는 간접수출전략을 활용할 수 있다.

계약형태의 진출전략

계약형태의 진출방식은 본질적으로 기술이나 노하우의 판매를 주요 대상으로 하고 있으므로 일반 상품의 매매인 수출방식과는 근본적으로 다른 특징을 가지고 있다.

일반적으로 기술이라 함은 과업수행, 용역제공 혹은 제품생산을 가능하게 하는 지식이나 정보[1])를 의미하며 개발된 과학적 발견 등을 상업화할 수 있는 기술혁신의 차원을 말한다.

대부분의 선진국의 다국적기업들이 국제기업활동에서 주요한 전략적 도구로써 활용하고 있는 기술상의 독점적 우위는 주로 공업소유권, 상표, 물질특허, 저작권 등의 지적소유권(intellectual property), 컴퓨터 소프트웨어, 공정기술 등과 같은 기술적 노하우(technical know-how), 경영관리, 마케팅을 포함한 경영적 노하우(managerial know-how) 등을 지칭한다.

이와 같은 기술을 보유한 기업은 자신의 기술을 외국시장에도 활용함으로써 보유기술로부터의 수익을 극대화하려는 의도를 갖게 되며, 이러한 시도는 아래와 같은 여러 형태의 진출전략으로 구체화 된다.

1 라이센싱(licensing)

라이센싱이란 특정 기업(licensor)이 보유하고 있는 특허권(patent), 제품이나 공정에 대한 노하우(know-how), 상표권(trademark), 브랜드네임(brandname), 저작권(copyright) 등을 외국에 있는 기업(licensee)에게 특정 지역 내에서 일정한 조건하에 활용할 수 있도록 허가하고 로열티 또는 기타 형태로 그 대가를 지급받기로 약정하는 계약을 의미한다.

---

1) G. R. Hall and R. E. Johnson, *Transfers of United States Aerospace Technology to Japan,* The RAND Corporation, 1970, p. 306.

기업은 해외 라이센싱을 통하여 특정 제품에 대해 이미 보유하고 있는 지적소유권, 경영·기술 노하우를 외국기업으로 하여금 활용하도록 하여 제품을 생산·판매하게 함으로써 별도의 투자 없이도 제품판매이익 또는 생산이익의 일정비율을 로열티로 받을 수 있다. 뿐만 아니라 라이센싱의 계약조항에 의해 해외의 라이센시가 필요로 하는 원료, 중간재, 부분품, 기계, 장비 등을 수출할 수 있는 권리를 추가로 확보할 수 있다.

(1) 라이센싱의 동기

① 특정 시장국에서의 판매량이 아직 적어 해외직접투자를 통한 현지생산 및 판매방법이 이르다고 판단된 경우, 더욱이 현지생산방법은 생산시설 확보에 많은 시간이 걸려 그 기간 중에 보유한 기술이 낙후될 우려가 있을 때 라이센싱은 빠른 시일 내에 비교적 적은 비용으로 수익기회를 찾을 수 있다.

② 기업자원의 효율적인 배분을 위해 선택적으로 라이센싱 방법을 택한다. 다시 말해 모든 시장국에 생산시설을 보유하는 것이 어려운 기업체는 대규모 시장국에 대해서는 해외직접투자전략을 택하고 소규모 시장국에 대하여는 라이센싱전략을 택할 수 있다.

③ 관세인상, 쿼터적용 등과 같은 수입장벽으로 더 이상의 수출이 어려워질 경우 이의 우회수단으로 활용될 수 있다.

④ 라이센싱은 해외직접투자에 비해 상대국의 몰수, 수용, 국유화와 같은 정치적 리스크의 피해 가능성이 적다. 최악의 경우 라에센서가 잃는 것은 라이센싱의 대가인 로열티에 불과하다.

⑤ 라이센싱은 구체적인 국제경영전략을 결정하기에 앞서 특정 시장국의 시장 잠재력을 테스트하는 방법으로 활용할 수 있다. 시장 잠재성이 크다고 입증되면 라이센서는 라이센싱 계약이 끝남과 동시에 해외직접투자를 통한 현지생산, 판매활동을 전개할 수 있다.

⑥ 라이센서는 해외의 라이센시가 현지에서의 제품생산과정에서 봉착한 문제점을 해결하기 위해 개발한 관련 기술도 흡수할 수 있게 된다.

⑦ 해외시장국 기업에게 라이센싱을 해 줌으로써 현지국에서 라이센서의 산업소유권을 효과적으로 보호할 수 있다. 이는 라이센시가 자신의 이익을 위해서라도 라이센서의 산업소유권을 적극 보호하려고 하기 때문이다.

(2) 라이센싱의 문제점

① 해외시장국 기업에게 현지에서의 생산 및 마케팅 활동을 대신 수행토록하기 때문에 매우 제한적인 해외시장 진출전략이라고 할 수 있다.

② 라이센시가 제품의 현지생산, 마케팅활동을 부실하게 수행하거나 품질관리를 제대로 하지 못하면 라이센서의 기업 이미지 및 제품 이미지가 손상될 우려가 있다. 특히 라이센서의 상표가 부착되어 있는 경우에는 이미지 손상의 위험이 더욱 크다.

③ 많은 경우 라이센싱 계약은 라이센시에게 계약기간 동안 특정 기술을 상품화한 제품에 대해 독점판매권(exclusive selling right)을 부여하므로 이 기간 중에 라이센서는 당해국에 대안적인 진출방식을 활용할 수 없다.

④ 라이센싱을 통하여 라이센서의 기술을 습득한 라이센시는 관련기술의 개발과 축적된 경험 등을 바탕으로 라이센서의 유력한 경쟁자로 등장할 수 있다. 라이센싱 기간 동안 라이센시는 자신의 마케팅 활동 결과 고정고객을 이미 확보해 놓을 수 있으며, 라이센서 기술을 완전히 습득, 흡수하고 더욱 개량함으로써 라이센서의 경쟁적 지위를 위협할 수 있다.

(3) 라이센싱의 활용가능성

라이센싱은 일반적으로 투자 대상국의 시장규모가 작거나 또는 해외직접투자를 할 수 있는 여력이 부족한 소규모 기업의 경우에 유용하게 활용할 수 있는 해외시장 진출방법이다. 경우에 따라 국가마다 다르긴 하지만 해외직접투자 형태의 자본유입은 상당히 제한적이지만 기술도입에 관해서는 제한의 정도가 약할 때 이러한 국가에 대해서는 해외직접투자가 불가능하거나 또는 가능하다하더라도 정치적 리스크가 높을 수 있다. 이 경우 라이센싱을 통한 해외시장진출방법은 상당히 그 유용성이 클 것이다.

2 프랜차이징(franchising)

프랜차이징은 광의의 라이센싱의 한 형태로서 특정기업(franchisor)이 갖고 있는 저명한 상표나 상호의 사용권을 타기업(franchisee)에게 부여하는 동시에 원료, 부분품, 서비스, 관리시스템 등 최종 제품의 중요한 성분을 일괄 공급하여 양자가 직접·간접으로 모두 경영에 참가하는 해외시장 진출방법이다.

프랜차이저와 프랜차이지는 수직적으로 결합된 하나의 기업과 거의 같다고 볼 수 있다. 즉 양자는 서로 의존하는 관계에 있고 양자 모두 궁극적으로 소비자에게 도달하는 상품의 일부분을 생산하기 때문이다.

프랜차이징과 라이센싱의 주요한 차이점은 후자는 주로 기술과 관련된 노하우를 그 계약의 대상으로 삼는 반면에 전자는 상표, 점포내 진열방식, 원료, 대고객 서비스 등과 같은 마케팅 관련 노하우를 계약의 대상으로 한다는데 있다.

프랜차이징은 기업의 제품이 완제품 형태로는 해외시장국에 수출되기 어렵지만 생산공정 내지 관리시스템이 쉽게 상대방에게 이전될 수 있는 경우에 활용 가능성이 높기 때문에 제품이나 공정, 시스템의 표준화(standardization)가 프랜차이징의 절대적 조건이 된다. 왜냐하면 해외시장국별로 전통과 문화가 다르므로 표준화된 제품보다는 그 해외시장국 실정에 맞게 변화·조정시키게 되면 프랜차이저는 자신의 상품특성을 잃어버리게 되어 결국은 딜레마에 빠질 수도 있기 때문이다.

그러나 프랜차이징은 장차 합작투자 내지 단독투자를 하기 위한 과도기적 진출방식으로 활용될 수 있다.

3 경영계약(management contract)

어느 나라의 기업이 그 나라에서는 처음으로 새로운 업종에 진출하게 되면 그 분야에 경험이 있는 전문경영인이 필요할 수 있다. 이러한 경우 외국의 기업들은 경영계약을 통해 그 국가로 진출할 수 있다.

경영계약이란 이와 같이 계약을 통해 현지국 기업의 경영을 도와주거나 이를 대신 관리할 권한을 부여받고, 이러한 경영서비스를 제공하는데 대해 일정한 대가(fee)를 수취하는 계약형태이다.

경영계약의 활용가능성은 다음과 같다.

첫째, 현지국 정부가 외국인 투자기업을 강제수용(expropriation)한 후, 현지인 경영자의 교육을 의뢰할 경우 기업은 강제수용시의 보상에 추가하여 자신의 기업자산을 활용할 수 있다.

둘째, 경영계약을 체결함으로써 현지기업의 신규 투자산업에 필요한 기계, 설비, 원자재 등을 판매할 수 있다.

셋째, 현지국 정부가 외국인의 투자지분율을 제한하는 경우 소유권만으로는 합작의 경영통제권을 확보하기 어려울 때 경영계약을 체결하여 그 합작기업체의 경영통제권을 장악할 수 있다.

넷째, 투자수익율이 너무 낮거나 자본지출이 너무 큰 경우 해외직접투자를 할 때 발생할 수 있는 자본손실의 리스크를 피하면서 해외시장에 진출할 수 있는 수단으로 활용할 수 있다.

4 계약생산(contract manufacturing)

계약생산이란 진출대상국에 있는 기존의 제조업체로 하여금 일정한 계약조건에 따라 제품을 대신 생산하도록 하고 생산된 제품을 그 나라 또는 다른 나라에 판매하는 방식을 의미한다. 계약생산방법은 비록 진출 대상국 기업에 의해 제품이 생산되도록 하지만 생산된 제품을 현지시장에서 직접 마케팅활동을 할 수 있으므로 해외생산에 필요한 시설의 투자 없이도 해외직접투자에 따른 이점을 누릴 수 있는 방법이라 할 수 있다.

우리나라에서 OEM(original equipment manufacturer) 수출이라고 통칭되는 수출방식은 계약생산의 한 형태라고 할 수 있다. OEM 수출이란 제조업자인 수출업자가 수입업자가 요구하는 품질의 제품을 생산하여 수입업자의 상표로 수출하고, 수입업자는 자신의 마케팅 채널을 이용하여 그 제품을 현지에서 판매하는 방식이다.

OEM 수입업자는 일반적으로 전세계적인 마케팅 채널과 인지도가 높은 상표를 보유한 국제기업이며, OEM 수출업자는 그러한 국제기업의 마케팅 능력이나 상품충성도에 의존할 수밖에 없는 생산업자가 된다. 그러나 OEM 수출업자는 수입업자가 요구하는 수준의 품질로 제품을 생산할 수 있는 능력을 갖춘 기업들이어야 한다.

따라서 OEM 등과 같은 계약생산방법은 만족할 만한 품질수준으로 제품을 생산할 수 있는 제조업자를 대상으로 하여야 하며, OEM 수입업자는 그 경쟁적 우위가 생산보다는 마케팅 능력과 충성도 및 인지도가 높은 상표를 보유하고 있어야 한다.

5 플랜트 수출(plant export)

특정 기업은 외국의 고객으로부터 발주받은 공장이나 시설물에 대한 설계·건설을 하고 이의 시범적 운영이 성공적으로 끝난 단계에서 외국의 발주자에게 직접 운영권을 인계해 주는 플랜트 수출(plant export) 또는 턴키 계약(turn-key contract)으로 해외시장에 진출할 수 있다.

일반적으로 플랜트라 함은 여러 기계류가 유기적으로 결합되어 하나의 기능을 발휘하는 설비장치를 의미한다. 이러한 플랜트 수출의 경우에는 각종 설비의 건설과 운영에 필요한 노하우, 기술조사, 사업의 타당성조사, 제품설계, 공장설계와 건설, 생산개시와 시스템의 운영 등에 관한 기술과 장비, 기계 및 기능인력 등이 패키지(package) 형태로 결합되어 수출된다. 또한 대체부품, 수선·유지에 쓰이는 소모품 등에 대해서도 장래의 시장성을 유지할 수 있다.

현지국 정부가 외국인의 투자를 규제하는 정도가 심한 경우 기업은 대규모의 자본투자가 필요한 해외직접투자보다는 턴키계약을 체결함으로써 해외로 진출할 수 있다. 우리나라의 경우 1970년대 이후 대형 종합건설업체를 중심으로 플랜트 수출을 상품수출과 함께 중추적인 국제경영전략으로 활용해 오고 있다.

한편 플랜트 수출은 쌍방간에 복잡한 협상과정을 거치게 되며, 막대한 비용과 시간이 소요되고 법적 절차도 복잡하다. 따라서, 이 계약시에는 시설 및 공장의 명세, 계약 당사자의 의무와 책임, 불가항력 조항, 그리고 분쟁해결방법 등을 상세히 밝혀야 하며, 현지국의 정치적 불안정성을 포함한 정치적 리스크에 대해서도 보다 세심하게 주의를 기울일 필요가 있다.[2)]

2) 박대위, 「전게서」, p. 295

Ⅲ 해외직접투자

1 해외직접투자의 개념

해외직접투자(foreign direct investment)는 투자하는 기업이 외국의 투자대상 기업에 대한 경영참여 내지 경영지배를 목적으로 기업 자체의 무형의 경영자원인 기술특허, 상표권, 경영관리 노하우, 마케팅 노하우 등과 유형의 경영자원인 자본, 경영자 등을 결합하여 해외로 이전시키는 해외시장진출전략이다.

위의 개념에 따른 해외직접투자는 다음과 같은 특징을 가진다.3)

첫째, 해외직접투자는 단순히 이자나 배당소득만을 목적으로 하는 해외간접투자와는 달리 해외사업에 대하여 직접적으로 영향력을 행사하여 경영지배를 하는 것을 목적으로 한다.

둘째, 해외직접투자는 그 형태면에서 단순한 화폐형태의 자본이동뿐만 아니라 경영관리 지식과 경험, 특허, 마케팅 노하우, 기술적 지식, 원료구입 자금조달 등 시장에 있어서의 정보수집, 연구개발 등 유형·무형의 경영자원을 패키지 형태로 이전시킨다는 점에서 수출이나 라이센싱과 구별된다.

셋째, 해외직접투자는 한 국가의 기업이 국내지향형 내지 해외지향형에서 현지지향 및 세계지향적 기업으로 발돋움하기 위한 필수조건이 된다. 따라서 해외직접투자는 다국적기업의 발생과 성장을 위한 기반이 된다.

2 해외직접투자의 동기

기업이 전략적으로 해외직접투자를 추구하는 경우 다음과 같은 동기에 의하는 것

---

3) 조동성, 「국제경영학」, 경문사, 1983, pp. 226 ~ 227.

이 보통이다.

첫째, 시장의 추구를 위한 경우이다. 기업은 기존의 시장을 유지하는 가운데 해외에 진출하여 해외에서 생산을 하여 그 현지국 시장의 수요를 충족시키고, 나아가서는 새로운 해외시장을 개척하여 시장을 확보하기 위하여 해외직접투자를 하게 된다.

둘째, 해외자원의 추구를 위해 직접투자를 하는 경우이다. 원자재를 많이 활용하는 기업체들은 생산요소가격이 상대적으로 저렴한 국가에 해외직접투자하여 원자재를 확보하여 자기 기업체가 사용하거나 혹은 타기업체에게 판매하기 위해 해외직접투자를 하게 된다.

셋째, 생산의 효율성을 지향하기 위해 해외직접투자를 하게 된다. 생산성에 비하여 생산요소(자본, 노동 등)의 가격이 상대적으로 저렴한 경우, 예를 들어 노동집약적인 산업에서 이러한 동기로 투자가 이루어진다.

넷째, 기술·경영상의 노하우의 습득을 위해 해외직접투자를 하는 경우이다. 기업은 고도의 첨단기술이나 선진 경영기법을 습득하기 용이한 지역으로 진출한다. 우리나라의 현대전자, 삼성반도체, LG전자 등이 관련 최첨단 기술을 습득하기 위해 미국의 실리콘 벨리에 현지법인을 설립하였던 것도 바로 이러한 동기에 의한 것이다.

다섯째, 수용·몰수·국유화 등과 같은 정치적 리스크가 적은 국가, 또는 현지국 정부의 정책이 기업에 대해 간섭이 적은 그러한 국가에 해외직접투자를 하게 된다.

여섯째, 기업은 자신의 과점적 시장경쟁 구조하에서 어느 한 선도기업이 해외직접투자를 하게 되면 방어적인 전략으로 해외직접투자를 하는 경우가 있다.

일곱째, 금융·광고·법률·회계 등의 서비스 산업분야에서 볼 수 있는 현상으로 고객의 해외 기업활동에 필요한 서비스를 제공하기 위해 고객을 따라서 해외직접투자를 하는 경우이다.

이 외에도 여러 동기들이 있을 수 있으나 무엇보다도 중요한 것은 이들 동기들은 상호 배타적이라기보다는 보완적인 성격을 가진다는 것이다. 다시 말해 어느 한 가지 이유만으로 해외직접투자가 이루어 진다기 보다는 여러 동기들이 결합되어 행해진다는 것이다.

3 해외직접투자의 활용가능성과 문제점

해외직접투자는 신보호무역주의가 팽배해 있는 오늘날 수출에 많은 어려움을 겪는 기업들이 국제시장진출에 활용할 수 있는 가장 적극적인 전략적 대안의 하나로 평가

될 수 있다.

한편 해외직접투자는 다른 해외진출방법에 비해 많은 자본과 인력이 투입되어야 하므로 그만큼 기업의 위험부담도 크다. 특히 정치적으로 불안정한 국가에 직접투자 한 경우 수용·몰수·국유화 등과 같은 정치적 리스크에 노출될 가능성이 크다.

해외직접투자를 통한 기업의 국제경영활동은 본질적으로 자국과는 다른 해외의 현지국에서 이루어지기 때문에 현지국의 언어와 관습의 차이, 국가정책의 변동 등에 따른 기업경영의 어려움이 뒤따를 수 있으며 이에 따라 기업의 경영관리도 복잡해질 수 있다.

그러나 해외직접투자는 해외시장으로의 개입정도가 가장 높은 방법으로서 다음과 같은 활용가능성을 갖는다.

① 해외직접투자는 기업의 총체적 경영자원을 투자대상국에 패키지 형태로 이전시키므로 기업이 보유하고 있는 독점적 경쟁우위를 합리적으로 활용할 수 있는 기회를 부여해 줄 수 있다. 즉 운송비의 절감, 현지의 저렴한 노동력, 원료조달 등을 통해 경제성을 확보할 수 있으며 규모의 경제(economy of scale)의 이점을 향유할 수 있게 된다.

② 수출 또는 여타의 계약에 의한 해외진출방식에 비해 통제의 강·약을 조정함으로써 보다 높은 경영성과를 올릴 수 있다.

③ 관세 및 비관세장벽을 구축한 나라 또는 특정제품에 대해 수입제한조치를 취하는 국가에 대해 현지생산/현지판매할 수 있는 활로를 개척할 수 있다.

④ EU 또는 NAFTA 등과 같은 경제블록 내에 해외직접투자를 함으로써 지역경제통합체가 주는 제약조건을 극복할 수 있다.

⑤ 성장산업에 속한 제품을 생산하는 제조기업의 경우 기술정보의 획득이 기업의 성패를 좌우하기 때문에 첨단기술보유국에 직접투자 함에 의해 첨단기술 및 지식을 획득할 기회를 가질 수 있다.

IV 국제합작투자 (international joint venture)

1 합작투자의 개념

기업이 해외직접투자를 통해 현지기업의 경영에 참여할 때 그 기업의 지분을 100% 소유하면 단독투자, 100% 미만을 소유하면 합작투자가 된다.

국제합작투자라 함은 2인 혹은 그 이상의 국적을 달리하는 당사자가 공동으로 기업을 운영하기 위해 자본은 물론 기술, 경영, 마케팅, 인력 및 자금조달, 원료, 부품 및 기계설비 공급원의 확보 등 여러 면에서 능력을 결합하여 상호간에 협력하는 것을 의미한다.

이러한 합작투자를 통하여 기업은 해외직접투자에 따른 위험을 해외 합작선과 분담할 수 있을 뿐만 아니라 합작선의 강점을 최대한 활용함으로써 자신의 부족한 점을 보완할 수 있다.

2 국제합작투자의 동기

합작투자의 본질적 특징은 분담에 있다. 합작투자는 자본, 자산 등의 기업자원을 공유할 뿐만 아니라 수익 또는 손실의 위험도 합작선 간에 분담한다. 합작투자가 세계적으로 증가하는 이유는 대체로 아래와 같다.

첫째, 민족주의의 성향이 강하여 현지국이 법적 또는 행정적 제도로 특정산업에 대해 외국인의 단독투자를 전면 금지한다든지, 또는 외국인 투자를 합작형태로만 허용할 때 그 나라 현지기업과 협력관계를 유지할 수밖에 없다.

둘째, 투자 기업체는 이익증대, 세제 혹은 외환관리상의 특혜, 그리고 위험의 분산 등 경영상의 혜택을 최대화하기 위하여 자발적으로 합작투자를 하고 있다.

셋째, 현지기업은 외국자본과의 협력관계를 모색함으로써 자신과 자신의 산업발전을 도모하기 위해 합작투자 한다.

넷째, 투자기업은 단독투자에 비해 상대적으로 적은 자본과 경영자원으로 대규모 사업에도 참여할 수 있다.

다섯째, 투자기업이 합작을 할 경우 합작기업은 현지기업으로 인식되므로 각종 금융·세제상의 혜택을 받을 수 있고 정치적 리스크도 줄일 수 있다.

3 소유권 전략 결정기준

어떤 특정의 투자기업이 비록 해외투자기업체 자본주식을 100% 소유하고 있다고 할지라도 실제로 완전통제를 할 수 없는 경우가 있다. 그 이유는 현지국 정부가 외국인 현지 자회사의 운영에 대해 직접적인 권력을 행사하여 가격통제, 노사관계에 대한 영향력 행사, 자회사의 배당이익에 대한 통제 등의 방법으로 외국인 현지 자회사의 운영에 직·간접으로 영향을 주기 때문이다.

반면 주식지분의 49% 이하를 소유한다고 해서 반드시 해외투자기업체를 효과적으로 통제할 수 없는 것도 아니다. 주식지분이 49% 이하인 경우에도 해외자회사와 경영계약, 라이센싱 계약, 기술제공계약 등을 체결하여 경영통제권을 효과적으로 확보할 수 있는 경우가 많기 때문이다. 결국 단순히 경영통제권을 완전히 장악하기 위하여 해외투자기업체의 소유지분을 무작정 높일 필요는 없다.

그러나 합작기업체의 경영통제권의 정도는 합작선간의 기술, 자금 및 인력 조달능력, 원료, 부품, 설비 등의 공급원 및 제품판매시장에 대한 지배능력에도 영향을 받게 되지만 소유권의 비율에 따라서도 영향을 받게 되므로 경영통제권의 필요성에 따라 적절한 소유권 비율을 확보할 필요가 있다.

일반적으로 소유권 비율의 결정을 위해서는 아래와 같은 기준을 고려하여야 한다.

① 제품과 기술의 특성

제품의 기술적 복잡성(technical complexity)이 높을수록 완전 소유 혹은 다수 통제권을 장악하는 방법을 택하는 것이 일반적이다. 이는 제품 자체 또는 생산공정에 대한 기밀의 해외유출을 회피하기 위한 목적과 기술적 우위를 계속 유지함으로써 강력한 협상력을 발휘하여 통제권을 장악한다는 목적을 달성하기 위함이다. 반대로 제품과 그 생산기술이 단순하거나 널리 알려진 경우 낮은 소유지분을 감수해야 하는 경우가 많을 것이다.

② 현지국의 투자환경

투자환경이 안정되어 있는 국가의 경우에는 단독투자를 하여 완전소유 및 통제하는 전략을 택하고 저개발 단계에 있으면서 투자환경이 불안정한 국가에 대해서는 리스크를 낮추기 위해 투자지분을 줄이는 것이 바람직하다. 현지국이 민족주의적 경향이 강한 개발도상국인 경우에도 구태여 다수소유권을 고집할 필요는 없을 것이다.

③ 기업자원의 보유정도

대규모 다국적기업일수록 가급적 단독투자 형태를 취하거나 다수소유권을 택하는 경향이 많고, 규모가 작거나 기업자원이 취약한 다국적기업일수록 합작시 그 소유지분을 높이기 어려울 것이다.

④ 현지국 합작선의 역할

현지국 파트너가 보유하고 있는 경영상의 노하우, 정부와의 밀접한 관계 등은 투자기업의 합작비율에 영향을 주게 된다.

4 국제합작투자의 활용가능성과 문제점

합작투자전략은 여러 가지 사항을 충분히 고려하여 탄력적으로 전략을 수립할 필요가 있다. 합작투자시에는 합작투자의 대상이 되는 지역과 국가, 구하고자 하는 합작파트너의 성격, 현지자금조달의 가능성, 현지경영인 및 대상기업의 요구조건 등을 명확히 파악하여야 한다. 또한 투자기업은 소유권의 정도에 있어서도 탄력적으로 대응할 수 있어야 하며 경영계약이나 라이센싱 등과 같은 기술협정도 선택적으로 함께 활용하여야 한다.

합작선과 위험을 분담할 수 있다는 장점은 한편으로는 이익도 나누어 가진다는 것을 의미하지만, 이에 따라 상호간에 이해관계가 대립되어 많은 비용을 발생시키면서 합작이 실패할 가능성도 내포하고 있다. 그러나 성공적인 합작투자는 투자기업체로 하여금 원자재, 노동력, 마케팅 채널, 원만한 정부관계 등을 십분 활용하여 소위 시너지 효과(synergy effect)를 누릴 수 있게 한다. 즉 합작투자의 파트너들이 결합하여 투입한 자원의 가치보다 더 큰 가치를 회수할 수 있다는 것이다.

아무리 규모가 큰 세계적인 기업이라고 하더라도 그 기업의 기술과 자원능력에는 한계가 있으므로 지금과 같은 세계적인 경쟁의 시대에 자력으로만 경쟁우위를 확보하는 데는 큰 어려움이 있다. 그 결과 최근 많은 기업들은 기술교류 및 공동연구 기능의 결합 등 다양한 파트너십 관계를 형성해 가고 있는 추세에 있다.

이와 같은 소위 범세계적 전략적 제휴(global strategic partnership)는 전통적인 국제합작투자와는 다른 점이 많다. 합작투자는 특정국이나 특정지역의 시장만을 겨냥하여 이루어지는 경우가 많으나 범세계적 전략적 제휴는 세계시장 전체를 대상으로 경쟁력 우위를 강화하기 위한 것이다. 또한 합작투자는 합작선과의 항구적인 협력을 전제로 하여 형성된다는 경직성이 있는 반면 전략적 제휴는 기업이 각각 독립성을 유지하면서 연구개발, 생산, 마케팅, 자금조달 등의 기업능력을 결합하는 유연한 협력관계라고 할 수 있다.

범세계적 전략적 제휴는 뚜렷한 경쟁우위가 있는 기업들 간의 강점의 결합을 통한 수평적 협력관계라는 점에서 기업 특유의 경쟁적 우위가 없는 기업이라면 이의 활용이 어려울 수 있으나 우리나라 기업들도 이와 같은 유형의 전략적 대안을 주시할 필요가 있을 것이다.

제 6 장

다국적기업

Ⅰ 다국적기업의 정의와 특성

1 다국적기업의 정의

국경을 넘어서 2개국 이상에서 경영활동을 하는 국제경영활동의 주체는 다국적기업이다. 다국적기업(multinational corporation or enterprise ; MNC or MNE)이란 개념은 근래에 들어와 서구의 학자들에 의해 개발되었는데 세계기업(world enterprise), 국제기업(international corporation), 초국적기업(supranational corporation), 다국간기업(transnational corporation) 등 다양한 용어가 함께 사용되고 있다.

다국적기업의 개념을 정의하는 데에는 다국적기업을 보는 학자들의 관점이나 입장에 따라 다국적기업에 대한 용어만큼이나 다양한 견해가 제시되고 있다. 일반적으로 다국적기업은 해외 자회사의 수, 진출해 있는 국가의 수, 모기업 주식소유의 국제적 분산, 중역진을 포함한 인적구성의 국적분포 등과 같은 구조적 기준, 또는 기업활동 중 해외생산이나 해외매출액이 차지하는 비중 등과 같은 성과척도기준, 그리고 특정 기업체의 최고 경영층의 경영철학, 사고방식 등이 범세계지향적인가 여부와 같은 행태적 특성기준 등 여러 가지 기준에 의하여 정의될 수 있다.[1)] 일차적으로 2개국 이상에서 기업활동을 전개하는 기업체는 다국적기업으로 분류될 수 있으며, 주로 해외직접투자에 의한 생산활동을 중심으로 2개국 이상에서 국제경영활동을 하는 기업을 다국적기업의 범주에 포함시키고 있다.

다국적기업의 정의는 다국적기업이 지니는 복잡한 특성과 행태 때문에 그 실체를 한마디로 표현하기는 어려우나 여러 학자들의 견해를 종합하여 정의를 내려 본다면 다국적기업은 "범세계적인 경영기회에 대응하여 여러 나라에 진출해 있는 투자관계기업을 통하여 해외생산 및 마케팅 등 광범위한 국제경영활동을 2개국 이상에서 수행

---

1) Y. Aharini, "On the Definition of a Multinational Corporation," *Quarterly Review of Economics & Business,* Autumn, 1971, pp. 27 ~ 37.

하는 기업"이라고 할 수 있다.

2 다국적기업의 형태

다국적기업은 그 형태면에서 모기업 및 관계기업(affiliate)이 상호 유기적인 관련을 갖고 있는 조직체로서 전체적으로 하나의 시스템을 형성하고 있다. 모기업은 다국적기업의 의사결정 중심점으로서의 역할을 담당하고 있으며 시스템 전체의 종합적 경영성과를 극대화하기 위해 제품판매를 위한 목표시장, 진출국가 및 진출형태, 제품라인과 제품의 형태 등을 고려하여 이를 범세계적으로 배치(configuration)하고 관계회사를 조정(coordination)한다.[2)]

모기업과 관계기업 상호간에는 제품의 생산, 마케팅, 재무, 연구개발, 기업 하부구조(infrastructure) 등 기업경영의 제 측면에서 상호 유기적인 협조를 해나가게 되며 그 결과 다국적기업이라는 시스템 내에서 제품을 비롯하여 자본, 기술, 경영 등 생산요소의 흐름이 이루어진다. 이에 따라 다국적기업의 모기업과 관계기업 간에는 많은 국제거래가 발생하게 되는 것이다. 그러나 이러한 국제거래는 다국적기업의 입장에서 볼 때는 다국적기업이라는 시스템 자체 내에서 이루어지는 기업내부의 거래를 의미하며, 다만 그 거래가 국경을 초월한 수출, 수입의 형태로 나타날 뿐이다. 결국 다국적기업은 시스템을 통한 기업내 국제무역(intra-firm international trade)을 수행할 수 있는 형태의 기업조직을 가지는 것이다.

---

2) 지용희·이장호, 「전게서」, pp. 413 ~ 414.

Ⅱ 다국적기업의 경쟁우위와 경영전략

1 다국적기업의 경쟁우위

다국적기업이 해외에 잠재해 있는 유리한 시장기회와 생산기회를 자신의 수익기회로 활용할 수 있는 것은 다국적기업이 보유하고 있는 특별한 경쟁우위가 있기 때문이다. 이하에서는 이러한 경쟁우위에는 주로 어떠한 것이 있는지를 간략히 살펴보도록 한다.

(1) 해외진출의 전략적 대안의 다각적 활용

특정 기업이 국경을 넘어 해외시장국이나 지역시장에 진출할 때에는 해외진출을 위한 전략적 대안을 하나 또는 그 이상 활용할 수 있어야 한다. 예컨대 어느 기업체가 수출 또는 라이센싱이라는 방법 하나만으로 해외시장에 진입했다면 그 기업체는 수출기업에 불과하거나 라이센싱 기업에 불과할 것이다.

이러한 기업들과는 대조적으로 다국적기업은 대부분 해외진출의 전략적 대안을 다양하게 활용하고 있다는 것이다. 즉 다국적기업은 여러 전략적 대안 중 가장 중추적인 해외직접투자를 중심으로 특정한 지역시장 또는 국가를 대상으로 최적의 국제경영전략을 수립, 이를 다각적으로 적절히 활용할 수 있는 능력을 보유하고 있어야 한다.

(2) 기술적 리더십

연구개발, 기술도입 등을 통하여 기술혁신을 이룩한 다국적기업은 그들이 보유한 기술상의 리더십을 기업 특유의 독점적 우위로 활용하고 있다. 기술적 리더십의 형태는 구체적으로 선도적인 기술, 막강한 상표, 뛰어난 정보탐지능력, 그리고 마케팅 노하우 등으로 나타난다. 다국적기업은 이러한 기술적 우위를 바탕으로 해외시장국의 환경 특성에 맞게 다양한 국제경영전략을 수립하고 집행할 수 있으며, 세계적으로 가장 저원가로 생산 및 공급할 수 있는 최적생산기지를 구축하여 국경을 초월한 지리적 다변화를 통해 범세계적 기업관리를 합리적으로 수행할 수 있게 된다.

(3) 규모의 경제

다국적기업의 우위는 규모의 경제를 실현할 수 있다는 데서도 찾아볼 수 있다. 일반적으로 다국적기업은 생산규모가 대단히 크기 때문에 제품의 생산에 있어 제품 한 단위의 생산원가를 낮출 수 있는 규모의 경제를 실현할 수 있어 다른 여타의 중·소규모의 기업에 비해 몰아내기식 가격전략(shut-out pricing)을 구사할 수 있을 만큼 저원가우위를 달성할 수 있게 된다.

다국적기업은 제품생산에 있어서 원료, 중간재, 부분품 등과 관련하여 소위 수직적 통합(vertical integration)을 추구하여 규모의 장점을 최대한 활용할 수 있다. 이 결과 다국적기업은 다수의 시장과 다수의 공급원을 유지함으로써 생산, 마케팅, 이익 등에 걸쳐 경영의 안정성을 유지하면서 세계시장을 공략할 수 있게 되는 것이다.

(4) 강력한 교섭력

대부분의 다국적기업들은 경제력, 군사력, 외교력 등 국력이 막강한 국가에 속해 있으며, 이미 언급한 바와 같이 그 기업의 경제규모 또한 거대하기 때문에 현지국에서의 기업경영과 관련하여 일단 선량한 기업시민(good citizenship)이라는 인식이 주어지게 되면 현지국과의 협상에 있어 강력한 교섭력(bargaining power)을 행사할 수 있다. 사실상 많은 다국적기업들이 자신의 교섭력을 강화하고 현지국의 정부규제 등에 의한 사업 리스크를 줄이기 위해 현지국의 수출신장에 공헌하여 국제수지를 개선시키기도 하며, 현지국의 산업 개발에 많은 시설을 투자하고, 현지국 인력을 채용, 기술을 현지국에 이전시켜주는 등 선량한 기업시민으로서의 이미지를 쌓아 갈 수 있는 것은 거대한 다국적기업이 아니고서는 불가능한 일일 것이다.

2 다국적기업의 경영전략

다국적기업의 경영전략 중에서 가장 뚜렷한 특징의 하나는 시스템 전체의 종합적 경영성과를 높이기 위해 경영관리의 제 측면에서 시스템 통합전략(system integration strategy)을 전개한다는 점이다.

모기업은 경영전략을 수립하고 시행함에 있어서 관계기업(affiliate) 또는 자회사

(subsidiary)가 위치해 있는 특정 시장 또는 국가를 하나의 분리된 독립적 시장으로 보는 것이 아니라, 기업이라는 전체 시스템의 일부분으로 파악하고 시스템 전체의 효율성을 높이기 위해 모기업과 각 관계기업 내지 자회사를 조정·통제한다.

예컨대 모기업과 관계기업, 관계기업과 관계기업 간의 거래를 독립적인 제3자와의 거래(arm's length transaction)로 보지 않고 기업내 거래(corporate internal transaction)로 보고 전체 거래를 내부화(internalization) 한다는 것이다.

시스템 통합전략은 제품생산에 있어서 국제적인 수직적 통합전략(vertical integration strategy)을 포함하는 개념이다. 다국적기업은 그 경쟁우위를 강화하기 위해 완제품의 생산뿐만 아니라 이에 소요되는 원료, 중간재, 부분품 등의 생산도 함께 하는 수직적 통합전략을 추진하는 경우가 많다. 이 결과 다국적기업은 국제적 전문화와 규모의 경제를 달성하게 되며, 기업 전체적인 관점에서 볼 때 이러한 경영활동 내지 거래는 기업이라는 총체적 시스템 내에서 이루어지는 내부거래가 되는 것이다.

시스템 통합전략은 기본적으로 목표시장(target market)의 선정과 아울러 기업활동의 범세계적 배치(configuration)에서 출발한다.

다시 말해 기업제품에 대한 시장이 세계 어느 곳에 존재하는지를 파악한 후 완제품의 제조비용, 보관, 운송, 그리고 원재료 등의 조달, 운송비용 등 제반 물류비용을 종합적으로 분석·비교하여 가장 비교우위가 있는 나라들을 결정함으로써 각국별로 최적의 생산기지를 선정한다. 이처럼 각 기업활동을 각국별로 최적배치하게 되면, 이들 각국의 관계기업 내지 자회사는 완제품의 생산과 물류활동을 위해 상호간에 거래를 하게 되며, 이 거래는 수출과 수입이라는 외형적으로 국경을 달리하는 국제거래의 형태로 나타나지만 이러한 국제거래는 다국적기업의 입장에서는 자신의 시스템 내에서 이루어지는 기업내부의 거래에 불과하며, 국제거래이긴 하나 사내거래가 되어버리는 형태가 되는 것이다.[3)]

시스템 통합전략의 또 하나의 기본개념은 관계기업 내지 자회사를 모기업이 어떻게 통제하느냐 하는 조정(coordination)의 개념이다. 조정이라 함은 범세계적으로 배치되어 있는 다국적기업의 경영활동을 어느 정도로 유사하게 연관이 되도록 할 것인가와 각 자회사 내지 관계기업의 통제를 중앙 집중화하여 강하게 할 것인지 또는 분권화할 것인지의 과제를 의미한다.

다국적기업의 시스템 통합전략은 [그림 3]에서 보는 바와 같이 진정한 의미로는 A

3) 예를 들어 자동차를 수출하는 다국적기업은 관련 엔진부를 미국에서, 변속장치는 프랑스에서, 타이어는 태국에서 각각 생산하도록 하고 이들 부분품들을 관계회사에 수출하여 그곳에서 조립, 판매하는 경우이다.

또는 B에 속하는 전략으로 나타나게 되며 양자의 선택은 특정 다국적 기업의 기업문화, 최고경영자의 태도, 각 시장국의 경영환경 등에 따라 결정되어질 것이다.

한편, 다국적기업은 마케팅, 재무, 회계, 연구개발, 인사조직면에서도 시스템 통합전략을 추구하고 있기 때문에 모기업과 관계기업 또는 관계기업 상호간에는 원료, 중간재, 부분품, 완제품 등의 국제무역뿐만 아니라 자금, 기술, 용역의 국제적 거래도 함께 수반된다.

다국적기업은 사내거래라는 장점을 최대한 활용하여 이전가격(transfer price)[4]의 조작을 통해 고세율국의 관계회사에서 저세율국의 관계회사로 자금을 이전시켜 세금을 삭감한다든지 또는 관계회사의 경쟁력을 강화시키기 위해 중간재, 완제품에 대한 가격을 낮게 또는 높게 선정하여 전체 시스템의 극대화를 도모하기도 한다. 이러한 이전가격의 조작도 언급된 생산, 마케팅의 국제적 분업과 함께 국제거래를 기업내에 내부화한 시스템통합전략의 대표적 일면이 되는 것이다.

[그림 3] 조정과 배치에 의한 전략군의 식별

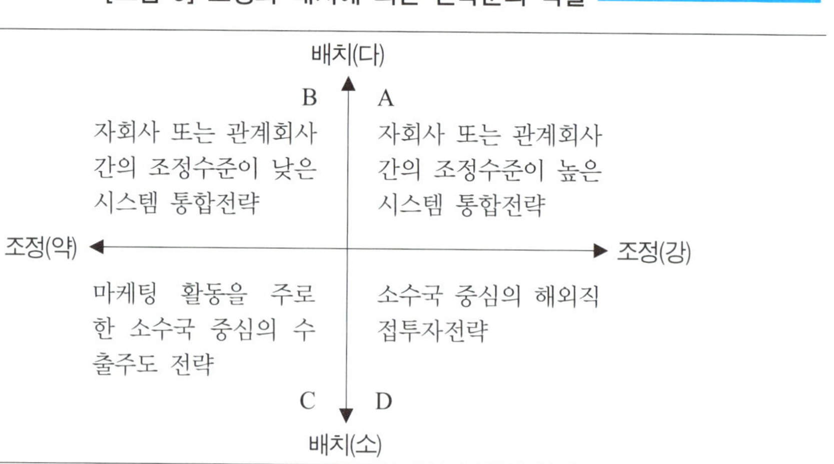

자료 : M. E. Porter, "Competition in Global Industries : A Conceptual Framework," in M. E. Porter(ed.), *Competition in Global Industries*, Harvard Business School Press, 1986, p. 28.

4) 이전가격이란 모회사와 관계기업 간에, 그리고 관계기업 상호간에 원재료, 부품, 서비스 이전 시에 적용되는 가격으로 이를 조작함으로써 계열기업 간에 자금이전을 할 수 있다.

다국적기업이 본사국과 현지국에 미치는 파급효과

1 본사국(home country)에 미치는 효과

다국적기업의 활동이 본사국에 어떠한 영향을 미치느냐 하는 문제는 자본과 기술 및 경영인력 등의 유출에 따른 단기적인 관점에서의 부정적 효과와 장기적인 관점에서의 긍정적 효과와의 비교에서 출발한다. 따라서 다국적기업의 활동에 대한 본사국의 정책결정은 단기적 부(負)의 효과와 장기적 정(正)의 효과와의 조정에 의해 결정된다.

(1) 본사국에 미치는 단기적 효과

① 생산직 근로자는 물론 전문직 근로자까지도 실업이 늘어나 고용수준이 저하될 수 있다.
② 자본 및 기술유출에 의한 국제경쟁력이 약화될 수 있다.
③ 조세도피처(tax haven)[5] 의 활용, 이전가격의 조작 등을 통해 정부의 조세수입이 약화될 수 있다.
④ 단기적으로는 국제수지를 악화시킬 수 있다.

(2) 본사국에 미치는 장기적 효과

① 자원지향형과 노동지향형 투자로 천연자원, 노동력 등을 확보할 수 있다.
② 해외 자회사로부터 과실송금과 로열티 수입, 상품시장 확보에 의한 수출 증진, 재화의 저가수입 등으로 높은 수익성을 실현하고 국민소득 및 산업생산성의 이익이 발생한다.
③ 국내의 유휴 경영자원과 자본을 유출시키므로 유발수출 등에 따른 수출증가로 고용기회의 증대를 가져온다.

5) 대표적인 조세피난처는 Bahama, Bermuda, Panama, British Virgin Islands 등이 있다.

2 현지국에 미치는 효과

다국적기업이 현지국에 미치는 파급효과는 모든 현지국에 대해 같을 수는 없다. 현지국이 개발국이냐 개발도상국이냐에 따라서 그 차이가 있을 수 있기 때문이다. 그러나 다국적기업들이 현지국에 미치는 파급효과는 일반적으로 다음과 같다.

① 다국적기업은 현지국에 자본, 기술 및 경영기법 등 경제개발에 필수적으로 소요되는 희소자원을 이전시킴으로써 현지국의 경제성장은 물론이고 고용증진에도 공헌한다.

② 다국적기업의 직접투자로 인한 자본유입으로 현지국은 단기적으로는 국제수지가 개선될 수 있다. 그러나 장기적으로는 외국으로부터의 자본재, 중간재, 원자재의 수입증가, 원리금의 상환, 이익배당 송금, 로열티 지불 등으로 국제수지가 악화될 수도 있다.

③ 다국적기업은 기업간에 경쟁을 유발시키고 촉진시키므로 현지국 기업은 다국적기업과의 경쟁에 대응하여 기술혁신, 생산성 향상, 경영혁신 등을 통해 경영합리화를 실현할 수 있다. 그러나 경우에 따라 다국적기업과의 경쟁에서 패배하여 도산하는 현지기업이 생길 수도 있다.

④ 다국적기업이 진입하게 되면 현지국의 주권이 손상될 수도 있다. 이는 다국적기업의 주요 의사결정이 본사국 중심으로 이루어져 현지국의 이해관계를 등한시하는 경향이 있을 수 있기 때문이다.

이상에서 살펴본 바와 같이 다국적기업은 현지국에 긍정적인 효과뿐만 아니라 부정적인 부(負)의 효과도 동시에 주기 때문에 현지국들은 다국적기업의 활동을 지원하거나 유치하기 위해 여러 가지 유인책을 제공하기도 하는가 하면 다국적기업을 규제하는 정책도 펴고 있다.

대표적인 현지국의 유인책은 주로 ① 다국적기업에 대한 일정기간 동안의 조세감면, ② 장·단기 차관의 저리 제공, ③ 외환의 송금보장, ④ 관세보호 또는 수입통제, ⑤ 원료 및 기자재의 면세수입 허용, ⑥ 하부구조의 확충 및 행정지원 등이 포함되며, 대표적인 현지국의 규제정책은 ① 진출 및 기업인 수의 제한, ② 소유권의 제한, ③ 자연자원 채취의 통제, ④ 부품의 국산화 비율, 인적 자원의 고용, 제품의 생산에 대한 통제, ⑤ 금융 및 재정상의 통제, ⑥ 외국인투자의 선별적 허용, ⑦ 외국인직접투자의 지리적 제한, ⑧ 수용, 몰수, 국유화 등이 있다.

Ⅳ 다국적기업의 리스크 관리

1 리스크 관리의 중요성[6)]

기업이 국제화되어 기업활동의 대상과 영역이 확대되면 리스크 관리의 중요성이 더욱 커진다. 특히 다국적기업은 세계의 여러 국가에서 다양한 사업을 하는 관계기업 내지 자회사들을 갖고 있기 때문에 국내기업의 경우보다 여러 가지 다양한 리스크에 직면하게 되며 그 때의 손실빈도(frequency of loss)와 손실규모(severity of loss)는 국가마다 또는 기업마다 차이가 크다.

따라서 다국적기업의 경영자 또는 리스크 관리자가 직면하는 심각한 문제는 자신의 해외 각지의 관계기업 내지 자회사가 갖고 있는 잠재적 손실의 형태, 손실의 빈도, 규모 등이 각국의 정치적·법적·경제적·사회적 환경의 차이 등으로 다양한 양상을 나타내고 있다는 것이다.

다국적기업의 리스크 관리는 다음과 같은 점에서 그 중요성이 크다고 하겠다.

첫째, 세계 여러 국가의 법적 환경은 동일하지 않다. 즉 외국기업의 활동에 영향을 미치는 현지국의 법체계는 물론 일반법의 내용도 상이하므로 각국에서 발생할 수 있는 법률적 잠재손실을 면밀히 검토해야 한다.

둘째, 다국적기업을 경영함에 있어 종업원의 인사관리는 매우 중요하다. 따라서 종업원에 대한 후생복지제도, 경제안정지원제도 등의 적절한 활용이 요구되며, 이를 위해 현지국의 특수한 사회보장제도 등을 면밀히 검토할 필요가 있다.

셋째, 다국적기업의 상품은 범세계적으로 판매되므로 다양한 상품을 여러 나라에서 생산하고 판매할 때의 생산과정에서의 리스크는 물론 상품의 결함에 따른 잠재적 손실의 리스크도 국내보다 더욱 복잡해진다.

---

6) 이경룡, 「기업의 전략적 리스크 관리」, 대한 상공회의소, 1987, pp. 103 ~ 105.

넷째, 다국적기업은 관계회사 내지 자회사와 원료, 부품의 공급관계, 기술의 지원, 판매망의 형성 등 긴밀한 관계를 갖고 있는 상태에서 이들의 문제는 관계회사간에도 영향을 미칠 뿐만 아니라 전체 다국적기업의 시스템에도 파급될 것이므로 리스크 관리는 더욱 중요한 의미를 갖게 된다.

다섯째, 리스크의 형태나 종류 면에서 순수 국내기업의 경우 크게 다름은 없으나 두 가지 특수한 예외인 정치적 리스크(political risk)와 외환 리스크(foreign exchange risk)를 관리하여야 한다.

2 정치적 리스크의 개념

정치적 리스크란 타국의 정부 또는 유사조직의 행위에 의해서 발생하는 손실의 불확실성(uncertainty)이라고 정의할 수 있다.

정치적 리스크에 의한 손실은 재산의 몰수·수용·국유화, 그리고 무역장애·외환규제·수출입 규제 등으로 나타날 수 있다.

한편 외환 리스크는 외환율의 불확실성에 기인하는 손실의 불확실성을 말하며 이는 환율의 변화가 정치적 결정 이외의 경제적 상황에 따라 발생한 것만을 지칭한다. 본 절에서는 정치적 리스크의 관리에 대한 내용을 중심으로 설명하고자 한다.

(1) 정치적 리스크의 본질

일반적으로 리스크란 어떤 사건의 발생과 그 결과에 대한 예측능력의 부족에 기인한 객관적 불확실성(objective uncertainty)이라 정의할 수 있다. 객관적 불확실성이란 어떤 상황에서 예측 또는 기대되는 결과와 실제로 나타난 결과와의 분산(variance)을 의미한다.

따라서 리스크란 주관적인 것이 아닌 객관적으로 측정 가능한 상태의 불확실성을 가리키는 것이다.

그러나 정치적 리스크는 객관적인 리스크라기 보다는 오히려 주관적 리스크의 성격을 갖는다. 더욱이 정치적 리스크는 정치적 불확실성을 보는 경영자의 주관에도 큰 영향을 받는다. 따라서 대수의 법칙(law of large number)[7]을 적용시키기 어렵고 평균기대값(expected average value)이라는 것이 큰 의미를 갖지 못한다.

---

7) 대수의 법칙이란 단위당 동일한 발생확률에 대해서 표본의 관찰대상이 늘어나면 늘어날수록 예측 결과가 실제 결과에 가까워지는 수리적 법칙을 의미한다.

또한 부보가 가능한 소위 순수 리스크(pure risk), 즉 불확실성의 결과가 손실로 나타나는 성격의 리스크가 아니라 해외직접투자 활동 등과 같이 그 잠재적 리스크가 이익과 손실이라는 두 가지 형태로 나타난다. 다시 말해 정치적 리스크란 기술, 생산공정, 경쟁력 등 이익과 손실의 잠재 가능성이 공존해 있는 일종의 인위적 성격이 강한 불확실성인 소위 보험을 통한 부보가 불가능한 투기적 리스크(speculative risk)의 성격을 가진다.

한편 정치적 리스크는 정치적 불안정성(political instability)과는 명확히 구별되는 개념이다. 정치적으로 불안정한 국가라 해도 정치적 리스크는 존재하지 않을 수 있으며, 정치적으로 불안정하지 않은 경우라 해도 정치적 리스크는 클 수 있기 때문이다.

나아가 정치적 리스크는 개도국이든 선진국이든 불문하고 존재하며, 한 나라의 채무상환 능력과 관련 있는 국가 리스크(country risk)와도 본질적으로 구별되는 개념임을 주의해야 한다.

(2) 정치적 리스크의 형태

정치적 리스크는 한 국가의 급격한 정치적 변화가 모든 다국적기업에 동일한 영향을 미치는 거시정치적 리스크(macro political risk)와 특정 산업, 기업, 그리고 프로젝트별로 독특하게 적용되는 미시정치적 리스크(micro political risk)로 구분되나 공히 이들은 다음과 같은 형태의 손실로 나타난다.

① 자산의 손실(loss of asset): 수용·몰수·국유화 또는 불공정한 보증의 요구 등으로 자산의 손실을 입게 된다.

② 통화 교환불능(currency inconvertibility): 국제수지의 악화 등과 같은 상황에서 현지국 통화를 달러와 같은 외국환으로 교환할 수 없게 하는 정부의 조치를 포함한다.

③ 사업활동 및 종업원에 대한 방해: 즉각적인 수용이나 몰수가 아닌 점차적인(creeping) 몰수 또는 수용시에 자주 발생하는 현상으로 계약의 파기, 수출입 허가의 취소, 가격통제 및 생산제한, 차별적 세제 등을 포함하며, 전쟁, 내란, 테러, 납치, 협박, 강탈 등으로 나타나 기업활동에 악영향을 미치게 된다.

$V_A = \frac{V_X}{\sqrt{N}}$ (V_A = 그룹전체의 리스크, V_X = 개별적 리스크, N = 표본의 관찰대상수)

3 정치적 리스크의 분석·평가방법

(1) 평가조사단의 파견(grand tours)

이는 기업이 해외투자를 고려할 때 투자 대상국 현지에 조사단을 파견하여 현지 지도자, 정부인사, 기업인들과 회의 및 면담을 하게 하는 등 현지출장에 의한 시장조사 및 탐사활동을 하는 방법이다. 이 방법은 단기간에 걸친 조사기간 동안에 소수의 면담자를 통해 정보를 수집하기 때문에 제한적인 정부수집만이 가능하다는 단점을 가지지만 정치적 리스크를 분석하는 데 있어 가장 기본적이며 필수적인 방법이다.

(2) 현지전문가의 활용(old hands)

이 방법은 투자대상국의 사정에 대해 전문적인 지식을 가진 학자, 외교관, 언론인, 경영자 등으로부터 현지에 대한 정보를 얻는 방법이다. 이들 전문가들은 상당 기간 동안 현지국에 거주했거나 또는 오랜 기간 현지국을 연구한 경험이 있어 어느 정도 신뢰성을 지닐 수 있다는 장점이 있으나 기업 사정이나 투자사업의 내용을 충분히 파악하지 못하는 기업 외부의 전문가들일 때는 부적절한 평가를 할 수 있다는 단점이 있다.

(3) 델파이 기법(delphi techniques)

이는 상기 방법보다 좀 더 체계적인 방법과 절차를 이용하여 아래와 같은 몇 단계의 과정을 거쳐 분석하는 방법이다.

① 정치적 리스크에 영향을 주는 주요 요인을 결정
② 다수의 각 분야의 전문가로 하여금 각 요인에 대해 평가
③ 평가자료의 수집과 점검표를 작성
④ 각 요인별로 가중치를 부여한 종합적 평가 또는 리스크 지수를 작성

델파이 기법은 다양한 측면에서의 포괄적인 요인선택과 분석이 요구되며 전문가의 질적 수준이 높아야 한다. 최근 들어 이 기법으로 정치적 리스크를 예측하는 서비스가 널리 이용되고 있다. 대표적 예로서는 BERI(Business Environmental Risk Index), BICCA(Business International Corporation's Country Assessment), NBI(Nikkei's Business Index), WPRF(World Political Risk Forecasts) 등을 들 수 있다.

(4) 계량적 방법(Quantitative Methods)

계량적 방법은 전문가로 구성된 패널을 사용하는 대신에 객관적 자료를 다변량통계기법(multivariate statistical analysis)과 같은 계량적 방법으로 분석하여 현재와 과거에 있었던 여러 가지의 역사적 정보를 이용하여 미래의 정치적 경향을 예측한다. 계량적 방법의 대표적인 예로서는 PSSI(Political System Stability Index)를 들 수 있다. PSSI는 사회경제적 지수, 사회적 갈등지수, 정치과정 지수 등 3개의 지수군으로 구성되어 있으며 이들은 15개의 독립변수들에 대한 계량적 평가에 의해 측정되어 해당 국가의 종합적인 위험지수가 산정된다.

(5) 통합적 방법

이 방법은 위에 설명된 주관적 방법과 객관적 방법을 종합적으로 고려하여 정치적 리스크를 예측하려는 방법이다. 정확한 정치적 리스크의 예측을 위해 가장 바람직한 방법이라 할 수 있다.

[그림 4] 정치적 리스크, 관리기법의 선정 시 고려사항

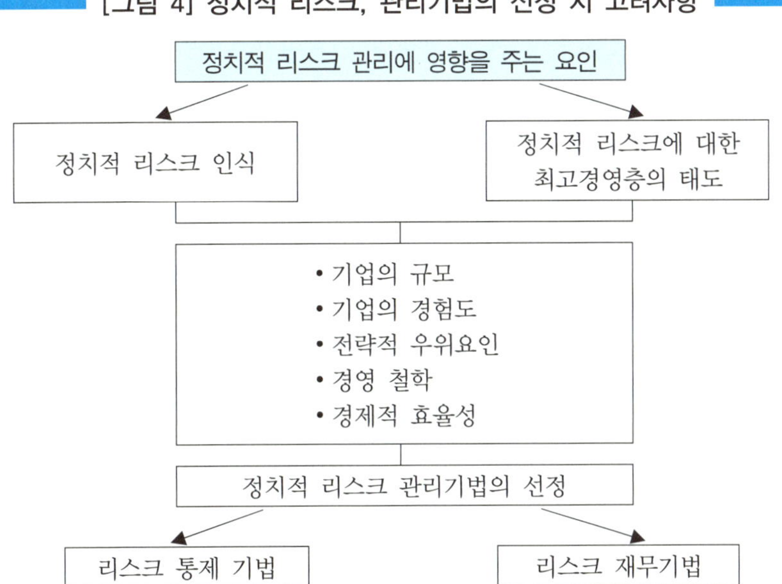

4 정치적 리스크의 관리기법

효율적인 리스크 관리를 위해서는 우선 정치적 리스크에 영향을 주는 요인을 결정함에 있어 어떠한 리스크가 있는지, 그 잠재성은 어떠한지를 인식하여야 한다.

한편으로는 리스크를 받아들인 최고경영자 또는 리스크 관리자의 태도도 고려되어야 한다. 그리고 기업의 규모, 기업의 경험도, 전략적 우위요인, 경영철학, 경제적 효율성 등을 고려하여 가장 최적의 관리기법을 선정하여야 한다.

(1) 리스크의 통제(risk control)[8)]

1) 회피(avoidance)

손실발생의 가능성이 있는 재산, 사람, 기업활동을 피함으로써 손실발생의 불확실성을 제거한다. 즉 위험이 높은 국가에 진출하지 않는다든지, 이미 그러한 국가에 진출했다면 철수하는 것도 포함한다. 이 방법은 회피에 따른 비용-이익 관계에서 피하지 않은 것이 나을 경우에는 아래의 여타 기법을 혼용할 필요가 있다.

2) 기술의 집중(concentration of technology)

수용에 대한 대책으로 독점적 연구, 상품개발, 가공기술 등을 본국 또는 정치적 리스크가 적은 국가에 집중시킨다든지 또는 기술에 대한 투자대상국의 의존성을 강하게 유지시키는 경우이다.

3) 기업의 의존성(corporate dependence)

현지국에 진출한 모기업의 관계기업 내지 자회사와 현지국의 기업과의 상호의존관계를 긴밀하게 한다. 예를 들어 원자재, 부분품 등의 수요·공급관계를 긴밀하게 한다든지 또는 제품시장에서의 역할을 상호간에 분담하는 경우이다.

4) 기업활동의 분산(diversification)

전 세계적으로 공장을 분산배치한다든지 공급원 또는 생산원을 다양화하여 손실의 규모를 감소시킨다.

---

8) 리스크 관리기법은 크게 리스크 통제기법과 리스크 재무기법으로 구체화된다. 리스크 통제는 손실을 미연에 방지하려는 의도가 강하며, 일단 발생된 손실을 최대한으로 감소시키려는 손실방지 및 손실경감 활동을 포함한다. 리스크 재무는 손실발생시 최소의 비용으로 손실의 결과를 최소화시키려는 의도가 강한 기법이다.

5) 소유권의 구성(composition of ownership)

합작투자를 적절히 활용하여 국유화 또는 수용의 위험을 감소시키도록 한다. 물론 합작투자는 절대적인 수단이 될 수는 없으므로 적절하게 구조화해야 할 필요가 있다.

6) 현지사업(local business)

외국기업은 가능한 한 현지국의 국내기업처럼 기업활동을 해야 한다. 다국적기업의 자회사라는 이미지를 많이 주면 불리해질 수 있기 때문이다. 또한 현지국 은행으로부터의 차입비율을 보다 더 높이고 현지국 경제에 대해 관심을 보일 필요가 있다. 리스크가 높은 나라일 경우 시설 및 기계투자를 최소로 하고 가능한 경우 임차계약(lease)을 통해 손실의 위험을 감소시킬 수 있으며 기술원조나 라이센싱을 통해 이윤을 획득할 수도 있다.

7) 현지국 통화의 잔액 최소화

과다한 현지국 통화의 보유는 통화교환의 리스크를 높인다.

8) 세계적 상표의 이용

가능한 한 현지 특수상표의 이용을 줄이고 세계적 상표를 활용함으로써 완제품이 판매되는 외부시장에 강한 의존도를 유지시켜 협상력을 증대시킬 수 있다.

(2) 리스크 재무(risk financing)

1) 리스크 보유(risk retention)

리스크 보유란 발생된 손실의 전부 또는 일부를 기업 스스로 보전하는 방법이며, 이때 손실의 재무적 보전책임을 제3자에게 전가시키지 않는 리스크 관리기법이다.

다국적기업은 해외활동과 관련된 잠재적 리스크를 발견, 규명하여 이를 계획적으로 보유해야만 한다. 그 대표적 보유방법을 소개하면 아래와 같다.

① 경상비용: 연간손실을 예측하여 이를 자본예산편성하는 방법이다. 작은 규모의 잦은 손실에 적합한 보유방법이다.

② 기금적립: 형식적이든 실제적이든 계정상에 기금을 적립하여 큰 규모의 손실에 대비하는 방법이다.

③ captive insurance: 다국적기업 자체의 보험수요를 충족시키기 위해 자회사 형태의 보험회사를 설립·운영한다.

④ **공동보험방식 또는 자가보험방식**: 리스크의 일부를 기업이 보유하고 나머지에 대해서는 보험제도를 이용하는 방식이다.

2) 리스크 전가(risk transfer)

리스크 전가란 사고발생에 따른 손실의 복구를 대외적으로 제3자에게 보장받도록 하는 기법을 의미한다.

① **보험제도의 이용**: 세계적으로 국제거래 또는 국제기업과 관련된 특수한 리스크의 보험제도가 다양하게 운영되고 있다. 특히 해외투자보험은 다국적기업에게 중요한 의미를 준다.

② **비보험제도 이용**: 보험 이외의 방법으로 특수한 리스크를 전가시킬 수 있다. 예를 들어 리스계약을 체결하여 소유권을 보호받는다든지, 무해계약(hold-harmless contract) 또는 보증계약을 활용할 수 있다.

이상에서는 다국적기업의 정치적 리스크에 대한 대표적인 관리기법을 설명하였다. 모든 리스크는 회피되거나 보험에 부보되거나 또는 완전히 통제될 수는 없다. 따라서 다국적기업은 언급된 제반기법을 종합적으로 관리할 수 있는 통합적 리스크 관리(integrative risk management) 체계를 보다 완벽하고 철저하게 구축할 필요가 있다.

제 7 장

국제경영전략

Ⅰ 경영전략의 개념과 수립절차

1 경영전략의 개념

경영전략을 간단히 정의한다면 조직의 목표를 달성하기 위하여 기업이 보유하고 있는 제한된 자원을 효율적으로 배분함에 있어 특정한 제품시장이나 산업 내에서 기업이 어떻게 다른 기업과 경쟁할 것인가를 결정하는 최적의사결정의 과정이라고 할 수 있다.

경영전략은 흔히 기업전략, 사업전략, 직능전략으로 분류된다.

(1) 기업전략(corporate-level strategy)

기업전략이란 기업이 보유하고 있는 자원을 현재 참여하고 있는 사업군과 앞으로 그 기업이 참여할 사업에 배분하는 전략을 말한다.

예를 들어 기업전략이란 그 기업이 어떤 사업을 할 것이며 경쟁에 참여할 사업의 종류는 몇 가지로 할 것인가 등 그 기업의 기본경영목표를 결정하고 이 목표를 달성하기 위해 인적·물적자원을 확보하고, 확보된 자원을 사업부서에 배분함을 의미한다.

(2) 사업전략(business-level strategy)

사업전략이란 고객의 수요를 충족시키기 위해 그 기업의 각 사업부서가 수행할 영업활동의 범위를 결정하고 특정한 제품시장이나 산업 내에서 그 기업이 어떻게 다른 기업과 경쟁할 것인가를 결정하는 것을 의미한다. 따라서 기업은 다른 경쟁기업의 사업전략 등 환경적 요인을 고려하여 매출액 규모, 광고규모, 신기술개발 등 여러 경쟁수단의 강화를 위해 어떻게 자원을 배분할 것인가를 결정해야 한다. 궁극적으로 사업전략은 자사의 경쟁적 우위를 어떻게 확보하여 이를 가지고 경쟁에 나설 것이냐를 결정하는 전략인 것이다.

(3) 직능전략(functional-level strategy)

직증전략이란 마케팅, 생산, 인사, 재무, 연구개발 등 각 직능분야의 목표를 설정하고 이를 달성하기 위하여 각 직능분야가 해야 할 역할을 설정하는 것을 의미한다. 따라서 직능전략은 각 사업부서가 사업전략을 성공적으로 수행하기 위한 직능별 세부 활동계획이라고 할 수 있으며 기업이 경쟁력을 최대한 발휘할 수 있도록 하는 구체적인 세부 실행계획에 그 초점을 두게 된다.

2 경쟁전략의 수립절차

기업이 자신의 경영전략을 수립하는 절차는 여러 가지가 있을 수 있다. 그러나 어느 방법이든 다음과 같은 몇 가지 요소는 필수적으로 고려해야 할 것이다.

첫째, 기업목표의 설정이다.

사실상 기업의 목표가 명확하면 그 목표를 달성하기 위한 수단의 선택이 쉬워진다. 따라서 어떠한 계획을 설정하기 전에 무엇보다도 먼저 목표가 명확히 인식되어야 한다. 기업목표의 명확한 인식은 궁극적으로 기업의 활동방향을 제시해 주며, 기업이 수행하고 있는 활동이 합리적인지를 판단할 수 있게 할 뿐만 아니라 경영성과의 판단기준이 되기 때문이다. 기업목표의 명확한 인식의 기초는 기업의 현재 상황에 대한 객관적 위치가 됨은 물론이다.

둘째, 기업 내부 및 외부의 환경분석이다. 기업의 입장에서 보면 환경은 거의 대부분 통제가 어려운 요소이다. 그러나 환경은 새로운 기업성장의 기회가 될 수도 있으므로 환경의 분석은 매우 중요한 의미를 가진다. 기업의 환경은 크게 정치, 경제, 사회, 법률, 기술환경을 포함하는 일반환경과 경쟁기업, 잠재적 진출기업의 위협, 구매자의 교섭력, 공급자의 교섭력, 대체품의 위협 등을 포함하는 산업구조적 경쟁환경, 그리고 기업내부의 자원, 조직구조, 기업문화 등과 같은 기업내부환경으로 구성된다.

셋째, 기업 자체의 강점과 약점을 분석하는 단계이다. 이는 제품시장에서 기업 자신이 보유하고 있는 기술 및 경영능력, 마케팅 능력, 생산기술 능력, 재무능력, 기업규모 등 모든 주요한 분야에 있어서의 자사의 능력을 철저히 분석하여 환경이 제공하는 기회와 위협, 제품시장에서의 경쟁자 등에 대비한 자사의 능력분석을 의미한다.

넷째, 전략의 선택과 개발이다. 기업은 자신에게 맞는 최적의 전략을 결정하기 위해 진출해 있거나 또는 진출하고자 하는 사업의 영역을 결정해야 하며, 그 사업영역에서 지속적으로 우위를 확보하고 강화하기 위한 전략대안을 선택하고 개발하여야 한다.

다섯째, 선택 또는 개발된 전략의 수행에 필요한 인적·물적·재무적 지원을 실행하는 단계이다. 기업은 선정한 전략대안을 효과적으로 활용하기 위해 세부적인 실행계획을 수립하여야 한다.

마지막 단계로는 일단 전략을 실행한 후 전략의 적합성 여부, 내외환경에 대한 정보분석 등을 종합적으로 고려하여 탄력적으로 전략을 조정하는 피드백(feedback)의 단계이다.

이상과 같은 경영전략의 수립절차는 [그림 5]와 같이 간략히 요약해 볼 수 있다.

[그림 5] 국제경영전략의 수립절차

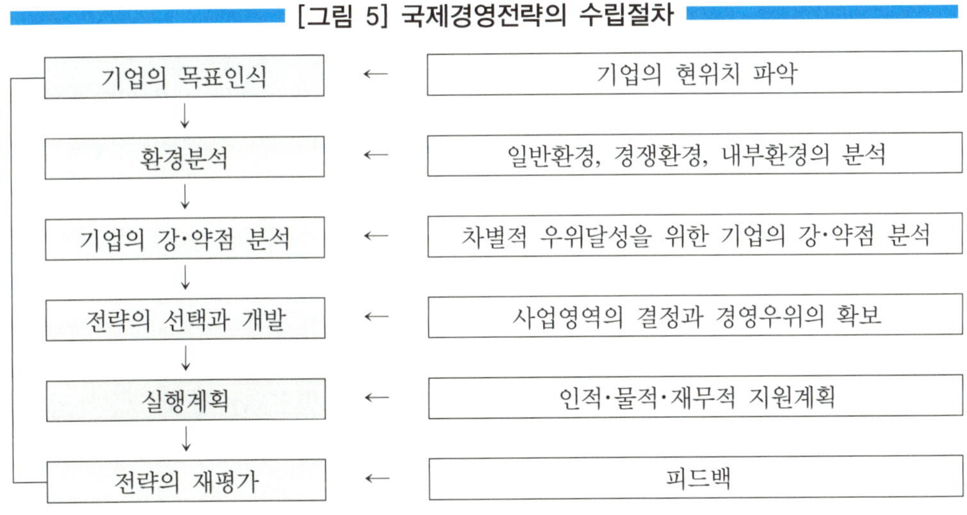

II 국제경영전략의 수립

1 국제경영전략의 수립을 위한 경쟁환경 분석

(1) 일반환경과 제품시장의 구조

이미 1절에서 언급한 바와 같이 기업을 둘러싸고 있는 환경의 분석은 중요한 의의를 가진다. 전략은 환경과의 관련성을 맺어가는 과정이라는 차원에서 정확한 환경분석은 경쟁전략의 효율성과 효과성 제고에 큰 역할을 한다.

일반환경의 분석에는 다음의 요소를 고려하는 것이 바람직할 것이다.

① **경제적 환경:** 선진국의 현 경제현황, 경제적 상호의존도, 국가별 경제규모, 물가상승률, 경제성장률과 부문별 성장추세, 경제정책 등

② **정치적 환경:** EU통합에 따른 거대국가(meganation)의 출현과 북미자유무역협정(NAFTA), 북방정책과 시장경제화 추세, 국가별 정치이념과 체제, 정치적 안정성, 국제관계, 법체계 및 각종 법규

③ **기술적 환경:** 선진국의 기술보호주의, 기술변화속도의 증가, 기술관련 지출액의 규모

④ **법률적 환경:** GATT의 WTO 체제로의 변화, 지적소유권, 특허권 보호강화 등

⑤ **사회·문화적 환경:** 수입품에 대한 태도, 수요의 동질화, 환경보호문제, 지구촌의 축소와 교육수준의 향상, 국가별 가치체계에 따른 문화적 편기(cultural bias)

이와 같은 일반적 환경에 대한 분석과 함께 현존하는 시장의 특성과 진입하고자 하는 시장의 특성을 종합적으로 이해하는 것이 바람직하다.

[그림 6] 일반환경과 제품시장의 구조

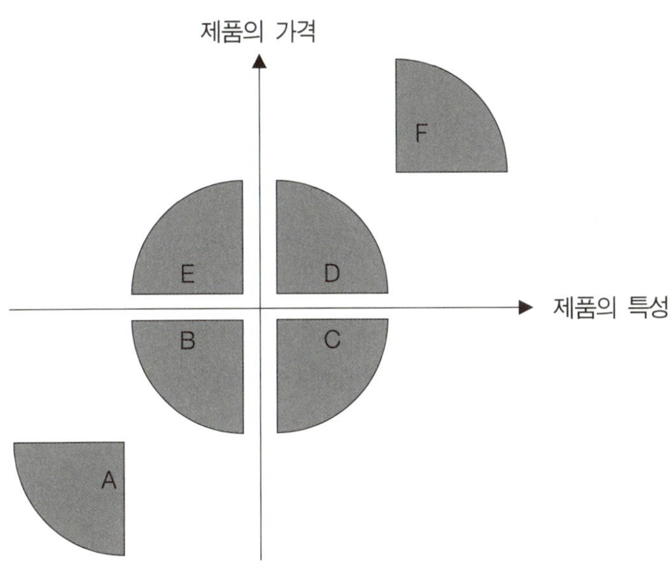

A: 제품의 특성은 거의 없지만 제품의 값이 상당히 낮은 상태로 일반적으로 대기업이 저원가 우위전략을 구사하는 시장
B: 시장보다는 제품의 값이 높고 차별화의 정도는 있지만 종합적으로 볼 때 저가의 비차별화된 시장
C: 제품의 값은 경쟁해 낼 수 있는 시장이지만 차별화 정도가 높지 않은 어느 정도로만 차별화가 진행된 시장
D: 어느 정도 차별화된 제품이지만 그 가격이 꽤 높아 마케팅이 중요한 기능을 하는 시장
E: 제품의 특성도 별로 없고 제품의 가격도 꽤 높아 장기적 측면에서 계속이 어려운 시장
F: 제품의 가격은 상당히 높지만 제품 특성에 있어서는 높은 차별화가 실현되고 있는 시장

(2) 산업구조 분석

경쟁을 이해함에 있어서 분석단위는 산업이다. 산업이란 상호간 직접 경쟁하는 상품을 제조하는 그룹이며, 산업구조란 경쟁구조를 의미하는 바, 이는 시간에 따라 변화하는 동태적인 환경이라 볼 수 있겠다.

체계적인 경쟁전략을 수립하기 위해서는 경영자는 경쟁환경의 변화에 대응하여 어떠한 분야에서 어떻게 경쟁할 것인가를 결정하여야 한다.

어떠한 사업이 매력적인가를 파악하기 위해서는 단순히 산업의 성장률과 자사의 상대적 시장지분만을 참작해서는 불충분하다. 산업의 성장성이 크다고 하여도, 또 당해 산업에서 상대적으로 높은 시장지분을 유지하고 있다고 하여도 이미 강력한 경쟁기업이 있거나 또는 잠재적으로 강력한 경쟁기업이 출현할 가능성이 크다면 산업내의 치열한 경쟁으로 인해 이익을 획득하기가 어렵게 된다.

나아가 대체품의 위협이 큰 경우에도 그 사업의 매력도는 낮게 된다. 또한 원료나 부품을 독점적인 구매자로부터 구매하여야 하거나 생산된 제품을 독점적인 구매업체에 판매하여야 하는 경우에는 구매조건이나 판매조건에 대한 협상력이 취약하게 되어 큰 이익을 기대할 수 없게 된다.

한편 어떤 특정산업으로의 진출과 그 산업에서의 철수여부, 그리고 경쟁시기를 합리적으로 결정하기 위해서는 제품의 진화형태도 고려하여야 한다. 도입기, 성장기, 성숙기, 쇠퇴기 등 제품의 수명주기에 따라 판매량 및 가격, 이익 가능성, 자금의 공급, 경쟁조건 등이 달라지게 되므로 제품수명주기에 따른 분석은 산업구조의 결정에 좋은 참고가 될 수 있다.

[그림 7] 산업구조의 분석

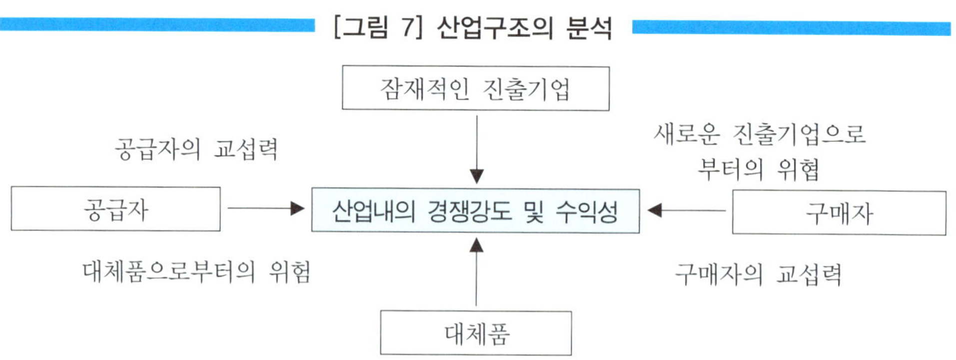

제품수명주기이론은 그 의미를 확정해 보면 제품의 수명주기에 따른 기술, 자본, 산업구조, 인적자원 및 시장수요구조의 면에서 특정제품의 특정시기에 있어서의 경쟁력을 결정하는데 도움을 줄 수 있으므로 효과적인 경쟁전략 수립에 큰 역할을 한다고 보겠다.

▌표 7▌ 제품수명주기와 각 요소별 특징적 차이

구분 \ 시기	도입기	성장기	성숙기	쇠퇴기
구매자 형태	• 고소득 구매자 제품사용 적극권장	• 구매자 확대 • 제품의 품질을 구매자가 인정	• 대량판매·반복구매 • 상표가 중요	• 제품선택이 까다로움 • 제품선택 능숙
제품 및 제품변화	• 품질 등 디자인과 개발이 관건이 됨 • 비표준화	• 제품의 차별화가 중요해 짐 • 신뢰성이 중요	• 제품 차별화 축소 • 제품의 표준화 실현	• 제품 차별화가 사라짐
제품가격	높음	낮음	제일 낮음	높아짐
마케팅	• 판매량 대비 광고비의 고율화	• 광고비 높은 수준 • 광고와 유통부문이 중요	• 시장세분화, 제품라인확대 • 광고경쟁 격화	• 마케팅 비용 감소
이익	낮음	가장 많음	감소함	아주 낮거나 없음
주요 고객집단	혁신자 그룹	일반 대중	일반 대중	느림보 그룹
경쟁자의 수	아주 적음	증가함	많음	감소함
경쟁의 초점	• 경쟁기업이 거의 없어 시장점유율 증대 최적기 • 집중적인 연구개발 자금 확보	• 시장침투가격이나 품질상의 이미지 변경요구 • 생산능력 확대 • 마케팅이 핵심	• 시장점유율의 방어 • 개별상품의 중요성 • 시장점유율 증대는 부적절 • 마케팅의 효율성이 관건	• 비용통제가 관건 • 원가절감·감축 및 철수전략의 모색이 요구됨

2 경쟁우위 달성을 위한 경쟁전략

기업이 투자수익률을 높이고 장기적으로 산업내에서 경쟁우위를 지키며 경쟁에서 이기기 위한 본원적 전략은 저원가우위전략(low cost leadership), 차별화전략(product differentiation), 그리고 집중전략(focus)의 세 가지 유형으로 대별된다. 이들을 그림으로 나타내면 아래의 [그림 8]과 같다.

[그림 8] 세 가지 유형의 본원적 경쟁전략

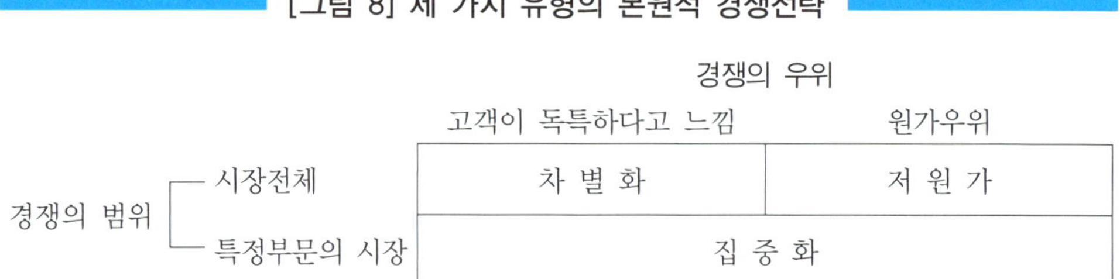

자료: M. E. Porter, *Competitive Strategy*, The Free Press, 1980, p.39.

(1) 저원가우위 전략

저원가우위 전략이란 특정 기업이 자기가 경쟁하는 산업에서 저원가라는 경쟁상의 이점을 이용하여 다른 기업들과 경쟁하는 전략을 말한다. 특정한 기업이 저원가우위 전략을 구사하여 자기가 생산한 제품을 산업내의 평균가격보다 낮은 가격으로 시장에 판매할 수 있다면 그 기업의 영업성과는 타기업에 비해 높아질 것이다.

저원가우위 전략의 이론적 근거는 기업의 경험이 증대될수록 제품 한 단위당 생산비가 감소한다는 경험효과(learning effect)에서 찾을 수 있으며, 저원가를 실현한 기업은 소위 규모의 경제(economy of scale)를 확보하고 가능한 모든 원천으로부터의 절대적인 비용상의 이점을 누리게 된다.

이 전략을 수행하기 위해서는 고객의 제품가격에 대한 민감도가 전제되어야 하고 생산, 마케팅, 재무, 연구개발, 구매, 유통 등에 있어 엄격한 원가통제가 필요하다.

저원가우위 전략에 성공하려면 타기업보다 앞서 시장확보에 나서는 것이 유리하다. 특정한 산업에서 저비용 생산자가 되려는 기업이 둘 이상이면 시장지분의 쟁탈을 놓고 경쟁이 치열해지기 때문이다. 또한 저원가우위 전략을 채택하는 기업이라 해도 어느 정도의 제품차별화는 무시해서는 안 된다. 제품의 값이 낮아도 구매자들의 관점에서 여러 가지 면에서 경쟁기업의 제품보다 떨어진다면 저원가를 달성했다 하더라고 경쟁상의 완벽한 우위를 달성할 수 없기 때문이다.

실제로 많은 우리나라 기업들이 그 동안 저원가우위 전략으로 여러 산업에서 상당한 시장점유율을 확보하였지만, 최근 그러한 산업에서 고전을 하는 이유도 바로 이 점에 소홀하였기 때문이다.

(2) 제품차별화 전략

제품차별화 전략이란 기업이 자기가 생산하는 제품의 질이나 특성이 같은 산업내의 타기업보다 우월하거나 독특하다는 인식을 줌으로써 경쟁상의 우위를 점하려는 전략을 말한다. 차별화전략을 택하는 기업은 그 산업의 고객들이 특히 중요시하는 제품의 속성을 정확히 파악하여 고객의 수요를 만족시켜야 한다.

차별화방법은 산업마다 다를 수 있지만 고객에 대한 서비스, 디자인, 상표이미지, 제품의 분배경로, 품질 등이 주요한 차별화의 원천이 된다.

차별화 전략은 차별화를 위하여 투입한 추가비용을 상쇄시킬 수 있는 높은 영업성과를 올릴 수 있도록 해야 한다. 따라서 차별화를 위한 비용이 너무 높아 영업성과가 이를 상쇄시킬 수 없다면 차별화 전략은 큰 의미를 갖지 못한다.

차별화전략은 차별화와 관련이 없는 모든 분야의 비용을 절감하여 경쟁기업과 비슷한 비용으로라도 제품을 생산하되 제품의 고객에 대한 인지도를 높이도록 노력하여야 완전한 의미의 경쟁우위를 확보하게 된다. 물론 일단 제품의 차별화가 성취되면 차별적 제품은 타기업에게 진입장벽(entry barrier)의 역할을 하게 되며 고원가 체계에서도 높은 수익을 올릴 수 있다. 자동차 산업에서의 Benz, Rollsroys 등은 차별화 전략을 통해 높은 가격을 받으면서도 성공하고 있는 좋은 사례가 된다.

저원가우위 전략은 저비용이라는 하나의 전략이 주가 되나 고객이 중요시하는 제품의 속성은 여러 가지이므로 성공적인 제품차별화 전략은 여러 측면에서 그 활용가능성이 커 우리 기업도 이를 주목할 필요성이 크다.

(3) 집중전략

이 전략은 산업 전반을 경쟁시장으로 하는 상기의 두 전략과는 달리 시장의 세분화(market segmentation)를 통해 경쟁의 범위를 좁히는 전략으로써 산업내의 특정한 세부 목표시장을 선정한 후 다른 경쟁기업들보다 더 효과적으로 시장의 수요를 충족시키는 데 그 초점을 둔다.

집중전략을 채택하는 기업은 목표시장에 가장 적합한 전략을 개발함으로써 산업 전체적으로는 경쟁상의 우위를 가질 수는 없으나 세분화된 목표시장 내에서는 경쟁우위를 확보할 수 있게 된다.

집중전략에는 목표시장에서 저원가로 경쟁하는 저원가우위 집중전략과 목표시장에서 제품의 차별화를 경쟁하는 차별화 집중전략이 있다.

우리나라 기업의 경우 비록 특정기업의 능력이 크다고 할지라고 산업전체를 대상으로 저비용 또는 차별화 전략을 구사하는 국제적인 다국적기업과는 상대적으로 열위에 있다. 대부분의 산업은 여러 세부시장을 가지고 있는 것이 보통이다. 따라서 우리나라 기업은 특히 우위가 있는 시장의 특정 부분에 특화하여 이 시장을 세분하여 그 분야에 집중하는 저원가 내지 차별화전략을 활용하는 것이 바람직하다.

이상에서 설명한 세 가지 본원적 전략은 기업의 생존과 성장에 필수불가결한 요건이 된다. 상호대체적인 상기의 전략 중 아무런 전략군에도 포함되지 못하는 기업은 시장점유율, 자본투자, 원가우위, 차별화, 집중화 등이 결여된 상태일 것이며 그 결과 주변의 경쟁기업에 밀려 도태될 것은 자명한 사실이다.

기업은 서로 다른 자원과 능력, 조직의 관리시스템을 가지고 있다. 따라서 특정기업이 자신에게 가장 적합한 전략이 무엇인가를 판단하고 선택하는 과정은 기업의 경영전략에 있어 대단히 중요한 의미를 가지게 되는 것이다.

국제경쟁전략의 유형과 전략적 대안의 선택

1 가치활동의 배치와 조정에 의한 국제경쟁전략

(1) 가치활동의 정의

1) 가치사슬

기업은 제품의 연구, 개발, 설계, 생산, 판매, 사후서비스 등에 이르기까지 기업의 제반활동을 가장 합리적으로 통합할 수 있는 능력을 가져야 국내뿐 아니라 범세계적으로 경쟁우위를 확보할 수 있게 된다.

기업의 활동부문들은 상호 독립적이거나 배타적인 것이 아니라 하나의 활동부문이 다른 활동부문들과 긴밀한 관계가 있는 동일한 연장선상의 집합이라고 볼 수 있다. 이러한 기업의 제반 활동부문은 결국 하나의 연결고리가 다른 연결고리와 맺어지는 사슬(chain)의 형태를 구성하게 된다.

가치사슬(value chain)이라 함은 이와 같이 기업내의 각각의 영역에서 부가가치를 창출해 내는, 마치 다수의 연결고리가 하나의 사슬을 이루듯 구성되어 있는 모든 가치활동들(value activities)의 연결된 집합체계를 의미한다.

이러한 가치사슬의 각각의 연결고리인 각각의 가치활동들을 보다 알기 쉽게 그림을 통해 살펴보면 [그림 9]와 같다.

[그림 9] 가치활동의 구성

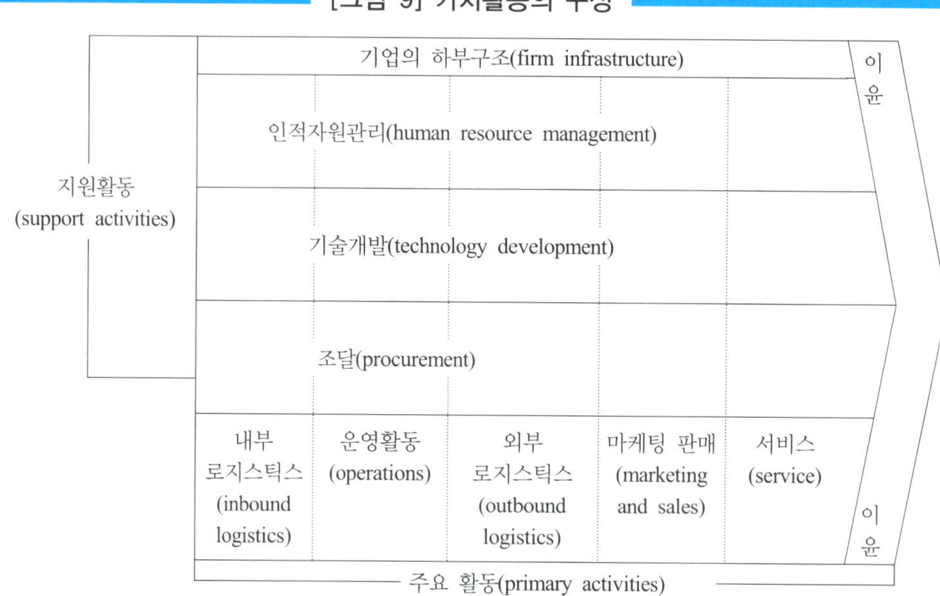

자료: M. E. Porter, *Competitive Strategy*, The Free Press, 1980, p. 39.

2) 가치활동의 정의

[그림 9]에서 보는 바와 같이 가치사슬은 크게 주요활동(primary activities)과 지원활동(support activities)으로 구성되어 있다. 지원활동은 주요활동을 지원하는 활동으로써 기업하부구조(일반경영관리, 계획, 재무, 회계, 법률, 품질관리, 대정부 활동 등), 인적자원관리(인력의 선발, 고용, 교육훈련, 개발, 보상 등의 인사활동), 기술개발(기술, 노하우 등 제품 및 기업의 제반 가치활동을 지원하는 R&D활동), 조달(원재료, 서비스, 기계 등의 구매활동) 등으로 구성된다.

주요활동은 내부 로지스틱스(원료공급원으로부터 자사 공장으로의 운송, 보관, 선적 등의 자료관리, 투입관리, 운송계획 등), 운영활동(최종 제품으로의 투입물의 전환과 관련된 생산, 포장, 조립, 설비유지 등), 외부 로지스틱스(최종 제품의 소비자에게로의 이전과 관련된 유통센터 내지 대리점으로의 물류활동), 마케팅 및 판매(소비자의 구매나 촉진에 관련한 광고, 판촉, 가격정책, 마케팅 경로결정 등), 그리고 제품의 가치를 향상 또는 유지시키기 위한 최종적인 서비스 활동으로 구성된다. 주요활동은 그림에서 왼쪽으로 갈수록 생산 지향적 활동이며, 오른쪽으로 갈수록 소비자 지향적 활동이 된다.

가치활동은 기업의 경쟁우위의 원천이 되는 요소들로 구성되어 있다. 따라서 가치사슬은 특정 기업의 경쟁우위분석을 위한 도구로 활동될 수 있으며, 더 나아가 기업의 경쟁우위의 창출 내지 유지를 위한 기본적 도구로 활동되어 질 수 있다.

(2) 가치활동의 배치와 조정에 따른 국제경쟁전략의 유형

1) 배치와 조정의 개념

성공적인 국제경쟁전략은 국가들 간의 비교우위(comparative advantage)와 기업의 경쟁우위(competitive advantage)를 최적으로 결합하는 것에서부터 비롯된다. 국가 특유의 비교우위는 특정 기업의 가치사슬상의 가치활동들을 어느 국가에서 수행할 것이냐는 의사결정에 중요한 결정요인이 되며, 기업특유의 차별화 내지 저원가 우위는 가치사슬상의 각각의 가치활동 중에서 어떤 가치활동에 기업의 자원과 노력을 투입하느냐 하는 의사결정에 역시 중요한 결정요인이 된다. 결국 기업의 경쟁우위는 가치사슬상의 각각의 가치활동을 범세계적으로 어떻게 배치하고 조정하느냐에 달려 있다고 볼 수 있다.

배치(configuration)라 함은 각각의 가치활동들을 얼마나 많이 각 국가별로 위치시키느냐는 것을 의미하며, 조정(coordination)이라 함은 각국별로 배치된 각각의 가치활동을 어느 정도로 연관이 되도록 통제 내지 통합하느냐는 것을 의미한다.

가치활동의 배치와 조정과 관련하여 기업이 취할 수 있는 대안은 다음과 같이 나누어 볼 수 있다.

① **가치활동의 집중배치**: 모기업이 위치한 본국을 중심으로 하나 내지 소수의 국가에 각 가치활동을 집중적으로 배치
② **가치활동의 분산배치**: 기업의 가치사슬상의 가치활동을 비교우위가 있는 국가들을 중심으로 분산하여 배치
③ **가치활동의 높은 조정**: 각 국가별로 집중 또는 분산배치된 가치활동 등을 엄격하게 통제하는 중앙집권화 된 조직구조
④ **가치활동의 낮은 조정**: 집중 또는 분산배치된 가치활동에 높은 자율성을 부여하는 분권화 된 조직구조

2) 배치와 조정에 의한 전략적 대안

특정 기업은 범세계적인 관점에서 기업의 다양한 가치활동을 적절히 배치하고 조정함으로써 저원가 우위 또는 차별화 우위를 창출시킬 수 있다. 가치활동들의 지역적 집중 또는 분산, 그리고 그 가치활동들의 높거나 낮은 조정수준이라는 두 가지 차원

을 기준으로 기업은 [그림 10]과 같은 네 가지 유형의 전략적 대안을 선택할 수 있다.

첫째, 가치활동을 지역적으로 가급적 하나 내지 소수의 국가에 집중시키되 가치활동의 조정을 엄격히 수행하는 전략이다. 이 전략은 가장 순수한 의미의 범세계적 전략으로 기업 활동 중 규모의 경제에 민감한 주요 부분들을 특정국에 집중시키고 소비자 지향적인 제반활동들은 표준화(standardization)를 통해 통제 내지 조정하게 된다. 예를 들어 R&D 활동은 기술선진국인 미국에 집중시키고 여타 활동은 적절히 분산시키는 가운데 소비자 중심의 상표, 마케팅, 애프터서비스 등을 전 세계적으로 표준화하는 전략이다. 일본의 도요타(Toyota), 복사기 제조업체인 제록스(Xerox) 등이 이 전략을 활용하는 대표적인 예이다.

[그림 10] 배치와 조정에 의한 전략적 대안

가치활동의 조정 (고 ↑ / ↓ 저)	분산 ← 가치활동의 배치	→ 집중
고	고도의 해외직접투자 전략	순수한 범세계적 전략
저	국가중심적 전략	수출주도 전략

자료: M. E. Porter, "Competition in Global Industries: A Conceptual Framework", in M. E. Porter(ed), *Competition in Global Industries*, Harvard Business School Press, 1986, p.28.

둘째, 가치활동은 지역적으로 각국에 분산시키고 가치활동의 조정은 별도로 강력하게 수행하지 않는 전략이다. 즉 언급된 단순한 범세계적 전략처럼 가치활동의 주요부분을 가급적 한 곳에 집중시켜 관리하고 최소한으로 현지화에 필요한 마케팅 기능만을 주로 하며 각 국가별 적응의 요구에 대응하는 수출주도의 전략이다.

셋째, 개별국가중심적 전략으로서 가치활동의 대부분을 각 국별로 분산시켜 수행하지만 각국에 위치한 자회사 또는 관계회사간의 가치활동의 조정은 하지 않는 유형이다. 이 전략은 개별국가에의 적응이 중요한 경우 그 국가들의 요구를 충족시키기 위한 다국적기업들이 추구하는 전략유형이다.

넷째, 대부분의 가치활동을 각국에 분산배치하는 면에서는 개별국가 중심의 전략과 유사하지만 분산된 가치활동들을 철저하게 중앙통제 내지 조정한다는 관점에서 큰 차이가 있는 소위 고도의 해외직접투자전략이다.

이상에서 살펴본 전략 중 어떠한 전략을 특정 기업이 선택하여야 하는가 하는 문제는 가치활동의 지역적 집중과 분산의 효과, 그리고 가치활동의 조정수준의 효과에 대한 철저한 분석이 선행되어야만 비로소 그 의미가 있을 것이다. 따라서 기업은 자기 자신과 산업의 특성에 맞게 가치활동을 전세계에 배치, 이를 적절하게 조정함으로써 자사 나름대로의 국제경쟁우위를 활보할 수도 있도록 하여야 할 것이다.

2 경쟁범위에 의한 국제경쟁전략1)

어떠한 산업이 범세계적인 산업이라 할지라도 그 산업내에는 지역, 제품, 기술의 특성 등이 다른 세분시장이 존재한다. 따라서 기업의 가치활동을 어떻게 전 세계적으로 배치하고 조정하여 경쟁우위를 확보할 것이냐의 여부와 시장의 세분화 범위를 어느 정도로 할 것이냐의 여부에 따라 그 국제경쟁의 전략적 대안이 달라진다. 이러한 맥락에서 이하에서는 경쟁의 지리적 범위를 범세계적으로 할 것인지 또는 개별국가 중심으로 할 것인지 여부 및 경쟁을 위한 시장의 범위를 넓게 할 것인지, 좁게 할 것인지 여부에 따라 도출할 수 있는 대안적인 방법에 대해 살펴보도록 하겠다.

[그림 11] 경쟁범위에 따른 국제경쟁전략

경쟁시장의 범위 (넓음 ↑ ↓ 좁음)	범세계적 ← 지리적 범위	→ 개별국가 중심적
넓음	범세계적 저원가 또는 차별화 전략	보호된 시장침투 전략
좁음	범세계적 세분화 전략	현지시장 적응 전략

자료 : M. E. Porter, *op. cit.*, pp. 4-6.

① **범세계적 저원가 또는 차별화 전략**: 이 전략은 광범위한 제품 라인에 걸쳐 경쟁하기 위해 각 개별시장을 독립된 개개의 시장으로 보지 않고 하나의 범세계적 시장으로 보고 기업의 저원가 우위 또는 차별화 우위를 구사하는 유형이다.
이 전략을 추구하는 기업들은 당해 산업에서 거대기업에 속하는 다국적기업인 것이 보통이다. 예를 들면 쉘(Shell), 제너럴 모터스(General Motors), IBM 등은 시장기회를 범세계적인 차원에서 파악하고 있는 대표적인 기업이라 할 수 있다. 이들 기업들은 가격결정, 제품의 범위, 기타 마케팅 활동에 있어 대규모 시장을 목표로 하여 범세계적 관점에서 표준화를 통한 규모의 경제, 범위의 경제를 추

1) 국제경영연구회, 「전게서」, pp. 254 ~ 256.

구한다. 이러한 기업은 합작투자나 기술제휴 등 다른 기업과의 동맹관계는 선호하지 않는 것이 보통이다.

이 전략은 기업의 가치활동을 범세계적으로 배치하고 고도로 통합, 조정하고 있기 때문에 소위 시스템 통합전략이라 할 수 있다.

② 범세계적 세분화전략: 이 전략은 주로 기업의 자원이 한정되어 있는 경우 범세계적 시장을 세분화(segmentation)하여 특정 세분시장을 대상으로 범세계적 경쟁을 하는 전략유형이다. 산업에 따라 차이가 있겠지만 전체 관련 시장을 기업의 경쟁시장으로 하기에는 요구되는 기업자원이 너무 큰 경우 기업은 범세계적인 안목으로 자사의 특화된 기술이나 제품을 갖고 세분시장에서 경쟁하게 된다.

따라서 이 전략은 비교적 소규모의 다국적기업에 적합한 전략일 뿐 아니라 장차 범세계적 저원가 또는 차별화 전략을 추구하는 세계적 기업으로 도약하기 위한 과정에서 채택하는 전략이라고 할 수 있다.

③ 보호된 시장침투전략: 특정산업을 보호하기 위해 현지국 정부가 고율의 관세나 수입쿼터, 수출자율규제, 국산부품 사용의무 등을 강제적으로 부과하게 되면 범세계적인 산업이면서도 그 경쟁이 현지국 정부의 정책적 간섭으로 개별국가 중심의 경쟁으로 변모하게 된다. 이러한 경우 기업은 경쟁우위를 유지하기 위해 현지국 정부의 지속적인 보호를 받아야 할 것이며, 그 경쟁우위는 현지국의 보호주의적 정책에 의해 창출되도록 최대한 활용하여야 할 것이다.

④ 현지시장순응전략: 특정 현지국이 독특한 시장상황으로 인해 생겨나는 세부시장에 선별적으로 진출하여 그에 적응 내지 순응하는 전략이다. 이 전략은 특정 국가내의 수요가 어느 정도 클 때, 그리고 제품, 유통경로, 마케팅 등 여러 면에서 국가별로 상당한 차이가 있는 경우 그 특정 현지국의 요구에 맞게 적응하는 전략유형이다.

3 국제시장 포트폴리오 분석에 의한 국제경쟁전략

지금까지 살펴본 국제경쟁전략의 유형들은 기업의 제반 가치활동의 범세계적 배치와 이의 조정에 따른 전략형태, 그리고 기업의 경쟁범위의 넓고 좁음에 따른 범세계적 경쟁 또는 개별국가 중심의 경쟁 등 다분히 거시적인 차원의 경쟁전략이라고 할 수 있다.

기업은 보유하고 있는 기업자원이 한정되어 있고 사업의 기회도 제한되어 있기 때문에 모든 시장과 소비자들을 대상으로 활동하는 것은 상당히 제약이 많다. 따라서 기업은 전 세계시장 중에서 가장 매력적인 국가시장을 선정하고 그 시장에서의 국제경쟁전략을 개발하는 것이 필요하다.

국제시장 포트폴리오 기법은 진출하고자 하는 산업의 국별 매력도와 자사의 산업내에서 차지하고 있는 경쟁상의 위치를 분석하여 각 개별국가의 전략적 위치를 평가하고 이를 바탕으로 특정 국가시장별로 어떠한 전략적 대안을 수행할 것인가를 결정하기 위해 사용되는 기법이다.

(1) 시장의 매력도

국제시장 포트폴리오를 결정하는 경우에는 단순히 특정 국가의 시장지분만 고려해서는 안 되며 특정 시장의 전체적인 매력도를 검토하여야 한다. 특정 시장이 어느 정도의 매력도를 가지고 있는지를 검토하기 위해서는 적어도 다음과 같은 몇 가지 요소를 고려하여야 한다.

① 시장의 규모: 시장규모는 규모의 경제 및 경험효과와 밀접한 관련이 있다. 특정한 산업의 규모가 크면 클수록 그 시장은 더 매력적이다.

② 시장성장률: 시장의 성장률이 높으면 그 산업은 매력적이다.

③ 정치적 요소: 특정한 산업의 성장률이 높으면 그 산업에 대한 각국 정부의 규제수준이 높기 때문에 시장의 성장률에 더하여 특정국의 규제요인도 고려해야 한다.

④ 새로운 기업의 진출위협: 산업의 매력도에 영향을 미치는 또 하나의 요소는 새로운 기업의 진출위협이다. 어느 나라의 기업이 특정한 산업에 새로이 진출하면 그 기업은 그 산업에서 나름대로의 세계시장지분을 확보하려할 것이기 때문이다. 따라서 새로운 기업이 진출할지 여부를 판단하기 위해 그 산업의 진입장벽과 기존 기업의 반응상태를 고려할 필요가 있다.

⑤ 공급원과 구매처의 힘: 특정한 산업내에서의 공급원과 구매처 역시 산업의 매력도에 영향을 준다.

⑥ 대체품의 존재: 예를 들어 플라스틱 산업의 발전은 철강산업의 매력도를 저하시키는 경향이 있듯이 대체품의 존재 여부도 중요한 고려 대상이 된다.

(2) 자사의 경쟁상의 위치

국내 시장의 경우 주요한 경쟁자는 비교적 적다. 그러나 국제산업에서 경쟁하는 경쟁기업의 수는 그보다 많은 경우가 보통이므로 기업의 현재 경쟁상의 위치와 전략능력 평가를 위해서는 아래의 요소를 종합적으로 고려할 필요가 있다.

① **지식-기술기반**: 제품의 디자인, 생산, 연구개발, 마케팅 능력 등은 국제기업의 전략적 능력 중에서도 가장 핵심이 되며 이는 경쟁기업과 비교하여 평가되어야 한다.
② **필요자원의 획득능력**: 기업이 국제경쟁에서 이기기 위해서는 필요한 자원을 기업의 내부와 외부에서 성공적으로 획득할 수 있어야 한다. 따라서 필요자원의 획득능력은 기업의 경쟁력을 평가하는 좋은 척도가 된다.
③ **일반관리능력**: 국제경영환경은 대단히 복잡하고 동태적이다. 변화하는 국제환경에 전략적으로 대응할 수 있는 기업의 최고경영층과 일반관리자의 능력, 그리고 조직구조의 효율성은 경쟁력의 주요한 요인이 된다.
④ **시장점유율**: 시장점유율은 기업의 경쟁력을 측정하는 데 있어서 핵심적인 지표의 하나가 된다.

이상에서와 같은 산업의 매력도와 자기 회사의 경쟁력을 나타내는 여러 요소를 지수화 하게 되면 [그림 12]와 같은 전략매트릭스를 만들 수 있다.

[그림 12] 전략매트릭스

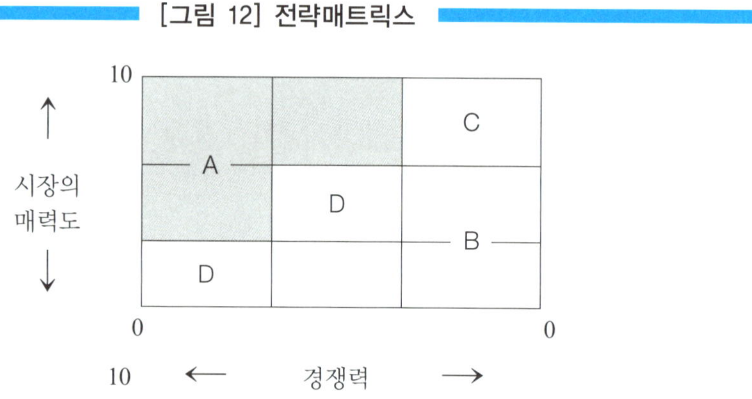

(3) 전략적 대안의 선택

1) 투자/성장전략

특정산업의 시장이 그림상의 사선 친 A부분에 있을 때 활용 가능한 전략이다. 기업의 경쟁능력도 높고 시장의 매력도도 높아 기업의 경쟁력을 바탕으로 투자를 증대하여 성장할 수 있는 전략을 구사할 필요가 있다.

투자/성장전략의 성공을 위해서는 다음을 고려하여야 한다.

① 상당한 투자자원의 투입이 필요하다.
② 특정 시장의 수요를 충족시킬 수 있는 연구개발의 투자가 필요하다.
③ 경쟁력을 유지하기 위해 인적자원에 대한 과감한 투자도 요청된다.
④ 새로운 모델, 새로운 옵션의 추가도 경우에 따라 선택할 수 있다.
⑤ 주요 경쟁자도 현지 생산하는 경우가 많으므로 신속한 인도와 서비스를 제공하기 위해 그 시장에 직접투자 할 필요가 있다.
⑥ 정부 압력이 거셀 우려가 있으므로 현지 적응도 중요한 요인이 된다.

2) 수확/철수/라이센싱 전략

그림상의 수평선에 위치한 B부분은 시장의 매력도도 그다지 높지 않고 자사의 경쟁능력도 크지 않은 경우이다. 이러한 시장에서는 단기이익을 추구하는 것이 바람직하다.

① 일반적으로 이러한 시장에서 시장지분을 유지하려면 상당한 현금지출이 예상되므로 시장지분을 줄이면서 이익을 내는 것이 유리하다.
② 가능하면 가격을 인상하고 광고비 등 마케팅 비용을 줄일 필요가 있다.
③ 이러한 시장을 여러 개 묶어서 적정 규모의 시장을 만들 수 있어야 한다.

3) 지배/철수/합작투자 전략

C부분에 해당되는 전략이다. 시장은 매력적이나 자사제품의 경쟁력이 낮아 특히 의사결정이 어려운 시장이다.

① 시장지배자적 위치에 서려면 대규모의 투자가 필요하며 손실의 리스크도 크다.
② 그러나 그 시장에서 철수하면 좋은 이익 기회가 상실된다.
③ 예컨대 자사제품의 디자인이나 품질이 우수하다면 분배나 마케팅 기능은 타기업에 맡겨도 좋다.
④ 합작투자가 적합한 시장이다.

4) 선택전략

그림상의 중앙과 좌하단에 위치한 D부분의 시장에 대한 전략이다.

① 국내의 경우라면 현금유입이 큰 산업이지만 국제시장에서는 극심한 경쟁이 벌

어지는 상태가 된다.

② 선택적으로 성숙기의 제품기술을 활용할 수 있다면 시장유지전략도 가능하다.

③ 시설의 증설보다는 시설을 합리적(경제성·효율성·효과성의 종합개념)으로 운용하는 것이 중요하다.

4 국제경쟁전략의 종합적 관점

지금의 국제경영환경은 범세계화(globalization)와 더불어 국가별 적응을 요구하는 현지화(localization)의 추세로 양극화되고 있다. 즉 혁명적인 교통·통신수단의 발달, WTO 체제의 등장으로 인한 국가간 무역장벽의 완화, 그리고 생산기술의 발달과 소득수준의 향상으로 인한 세계시장의 확대 및 소비자 욕구의 동질화 등으로 세계가 하나의 큰 시장이 되는 범세계화 추세에 있는 한편, 국가마다 상이한 시장구조, 국가별 제품에 대한 선호도의 차이, 특히 비관세장벽 등과 같은 정부의 규제 및 간섭 등은 현지적응을 유도하는 현지화 추세를 보인다. 따라서 이와 같은 상반된 국제경영환경에 대해 기업이 어떻게 대응을 하느냐가 국제경쟁전략의 중요한 핵심과제가 된다.

범세계화라는 환경 속에서 기업의 국제 경쟁력은 범세계적인 규모의 경제에 바탕을 둔 경쟁전략이 필요하며, 지역의 세분화, 정부정책의 다각화로 현지국의 수요를 충족시킬 수 있는 경쟁전략 또한 필요하다.

무엇보다도 경쟁전략의 수립을 위해서는 전략의 융통성(flexibility)이 중요하다. 따라서 제품의 생산 및 판매와 관련하여 범세계적인 규모의 경제 등이 필요한 기업의 가치활동은 비교우위가 있는 국가의 한 곳으로 집중시켜 관리하는 한편, 현지화에 충실할 수밖에 없는 가치활동은 각 국별로 적응해나가는 이원적인 접근방법이 필요하다.

이미 언급한 바와 같이 기업의 경쟁능력과 시장의 매력도를 중심으로 효과적인 전략을 선택하는 과정에서 각국의 비교우위와 자사의 경쟁우위를 결합시켜 가장 자신에게 유리하고 적합한 전략의 개발 내지 선택은 현재의 국제경영환경의 추세 속에서 살아남을 수 있는 유일한 방법이 될 것이다.

제 8 장

국제경영관리

Ⅰ 국제마케팅 관리

국제경영관리란 기업의 국제경영활동을 효율적으로 운영하기 위해 구체적인 경영기능별 내지 직능별 활동을 의미한다. 따라서 국제경영관리의 내용에는 국내기업의 경우와 같이 계획, 조직, 통제 등의 일반적인 관리기능은 물론 생산, 재무, 마케팅, 인사, 회계 등 직능분야별 관리기능이 모두 포함된다.

국제경영관리는 정치, 경제, 사회, 문화적 환경이 다른 해외시장국들을 대상으로 수행된다는 점에서 국내경영관리보다 어렵고 복잡할 수 있다. 기업의 국제경영활동과 관련된 제반 직능관리는 여기서는 자세히 언급하지 않고 다만 최근에 기업의 국제화와 관련하여 관심의 대상이 되는 국제마케팅 분야와 국제재무관리 분야에 대해서만 그 기초적 개념을 중심으로 살펴보도록 한다.

1 국제마케팅

(1) 국제마케팅의 개념

국제마케팅이란 해외시장 기회를 이익 실현의 기회로 활용하기 위하여 해외에 있는 고객과 잠재적 고객의 욕구를 파악하고 이를 충족시킬 수 있도록 재화와 용역의 생산을 계획하는 것에서부터 고객을 대상으로 한 제품 및 서비스에 관한 가격의 책정, 유통 등에 이르기까지의 기업활동을 의미한다.

국제마케팅은 2개국 이상의 고객을 대상으로 하는 경영활동이므로 국내와는 상이한 문화, 사회, 정치, 경제적 환경 등을 철저히 분석하여 기업의 목표를 가장 효율적으로 달성할 수 있도록 통제 가능한 마케팅 수단을 적절히 믹스(mix)할 수 있어야 한다.

(2) 국제마케팅 시장조사

세계에 존재하는 수많은 국가들은 그 국가별로 시장조건이 각각 다르기 때문에 해외시장에 진출하려는 기업은 상당한 불확실성에 직면하게 된다. 그러나 이와 같은 불확실성은 해외시장국에 대한 정보를 체계적이고 효과적으로 수집함으로써 감소시킬 수 있다.

국제마케팅 시장조사의 대상이 되는 주요한 내용들을 간략히 소개하면 다음과 같다.[1)]

1) 거시적 환경

① 지리, 기후
② 정치, 법률환경: 정치제도와 산업관련 법규, 지적재산권의 보호, 조세제도 등
③ 사회, 문화환경: 인종, 종교, 언어 등
④ 국토, 인구
⑤ 경제적 환경: GNP 규모, 경제성장률, 사회간접자본, 대외거래 규모, 금융사정, 노동시장, 외국인 투자환경

2) 마케팅 조사

① 소비자 조사: 고객층, 구매동기, 고객의 경쟁 회사에 대한 제품 이미지
② 상품조사: 상품의 수요와 추이, 현지국의 생산량, 수입·수출량과 그 추이, 경쟁품·대체품의 유무, 색상, 디자인, 포장 등의 수요 특성
③ 가격조사: 관련 상품의 가격추이, 시장별 가격 라인, 수입품·대체품의 가격
④ 유통경로 조사: 관련된 유통기구와 경로에 대한 조사
⑤ 판촉조사: 경쟁기업의 판촉활동, 판매방법, 판매업체의 조사, 광고미디어의 활용 가능성

2 국제마케팅 믹스 전략

기업은 시장조사를 거쳐 각국 시장의 마케팅 기회 및 잠재력을 평가·분석한 후 마케팅 믹스 전략을 수립한다.

마케팅 믹스(marketing mix)란 기업이 기업 내외의 통제 불가능한 시장의 환경변화에 대하여 창조적으로 대응하기 위하여 기업의 통제 가능한 제 요소를 유기적으로 조정·통제하는 활동을 의미한다.

기업의 통제 가능한 요소인 제품(product), 가격(price), 유통(place, physical distribution),

---

1) 보다 자세한 내용은 박대위, 「무역실무」, 법문사, 1994, pp. 44~51; 반병길, 「국제마케팅」, 박영사, 1991, pp. 69~82 참조.

판매촉진(promotion) 등 소위 전통적인 4P 전략을 중심으로 국제마케팅 믹스 전략을 살펴보기로 한다.

(1) 제품전략

마케팅 믹스 전략에 있어 제품전략은 가장 핵심적인 요소가 된다.

제품이란 고객에게 만족을 주는 단순히 눈에 보이는 물리적 형태의 재화뿐만 아니라 디자인, 상표, 포장 등과 같은 상징적 속성은 물론 이에 추가하여 제공되는 각종 서비스까지 포함하는 총체적 개념이다.

국제기업의 제품전략은 국내의 제품계획과 동일한 원리가 적용되나 세계시장은 그 환경과 특성이 국내와는 크게 달라 각 시장별로 어떤 제품으로 진입할 것인지를 충분히 고려해야 한다.

제품전략에서 우선적으로 고려해야 할 사항은 국제시장의 세분화(international market segmentation) 분석이다.

국제시장을 세분화하는 목적은 해외시장에는 구매자의 동질성과 이질성이 존재한다는 전제하에서 기업의 한정된 자원을 보다 효율적으로 이용하려는 데 있다. 국제시장을 세분화하여 각각의 세분시장별로 제품과 관련된 제반 사항들을 식별하게 되면 기업은 다음과 같은 세 가지의 제품전략을 활용할 수 있는 대안을 가지게 된다.

① 이미 국내에서 판매되고 있는 제품을 그대로 해외시장에 판매하는 제품의 표준화 내지 연장전략(product standardization strategy or product extension strategy).

제품을 표준화시켜 이를 여러 해외시장에 판매하게 되면 제품의 대량생산에 따른 규모의 경제의 효과를 볼 수 있게 된다. 그리고 제품을 표준화시키면 R&D 및 마케팅 활동에 소요되는 비용 또한 절약할 수 있게 된다. 그러나 제품의 사용조건의 차이, 소비자의 기호도의 차이, 소득수준의 차이, 정부의 각종 규제와 정책 등으로 판매액을 늘리는 데에는 한계가 있을 수 있다.

② 나라마다 이질적인 제품의 사용조건과 고객의 욕구를 충족시킬 목적으로 디자인, 상표, 포장, 서비스를 개선하거나 제품을 개량하는 적응전략(product adaptation strategy).

이 제품전략은 표준화전략이 당면할 수 있는 문제점을 해결한다는 차원에서 유효한 전략이 될 수 있다. 그러나 제품을 해외시장국의 각각의 수요에 맞추다 보면 제품의 표준화에 따른 규모의 경제성도 줄어들고, 제품 적응에 소요되는 추가비용도 부담해야 한다. 물론 해외시장에서의 제품의 사용조건, 소득수준, 고객의 기호 등에 맞게 제품을 적응시키면 판매액은 증대될 것이다. 따라서 제품의 적응으로 인한 비용을 제품의 적응으로 증대된 판매이익이 상쇄시킬 수만 있다면 제품을 적응시키는 것이 유리한 전략이 될 수 있을 것이다.

③ 범세계적인 관점에서 새로운 제품을 연구·개발하는 신제품개발전략(product invention strategy).

소비자는 끊임없이 새로운 제품을 원한다. 따라서 기업이 생존하고 계속해서 성장하기 위해서는 계속 신제품을 개발할 필요가 있다. 신제품의 개발을 위해서는 자금과 인력이 상당히 많이 투입되어야 하므로 그만큼 부담도 클 수 있다. 따라서 제품의 개발에 앞서 기업은 시장의 크기와 잠재수요의 측정을 통해 적정수준의 이익을 확보할 수 있는지를 면밀히 검토하여야 한다. 경쟁이 격심하고 기술이 급속히 진보하여 자동화가 활발히 진행되는 국제시장에서는 제품의 수명주기도 계속 단축이 되므로 신제품을 시장에 도입하려는 기업은 신제품의 도입속도를 단축시켜야 할 것이며 시장의 요구를 융통성 있게 받아들일 수 있어야 한다.

(2) 가격전략

국내시장에서도 적정한 가격을 책정한다는 것은 상당히 어려운 과제이지만 그것이 해외시장을 대상으로 할 경우에는 더욱 어렵고 복잡해진다. 그러나 가격을 어떻게 책정하느냐에 따라 판매액과 이익이 결정되므로 가능한 한 합리적으로 가격을 설정할 필요가 있다.

가격전략을 결정함에 있어 주로 고려해야 할 요소들은 제품에 대한 소비자의 인식된 가치, 여러 가격수준에서의 제품의 수요량, 경쟁제품의 가격과 대체품의 가격, 그리고 제품단위당 원가의 변동구조, 각종 중간업체의 마진율, 세금, 관세 및 물적유통비 등이며 이들을 종합적으로 분석하여 해외시장에서 판매 가능한 적격의 가격을 설정하여야 한다. 범세계적인 경쟁에 직면하는 다국적기업은 자사제품의 가격을 결정함에 있어 다음과 같은 가격전략을 택할 수 있다.

1) 시장유지 가격전략(market holding pricing policy)

이 가격전략은 특정 해외시장에서 목표로 정한 시장점유율을 이미 달성하여 가격경쟁을 원하지 않을 경우 경쟁기업이 정한 가격을 설정하는 전략이다.

이러한 수동적 가격전략은 가격 이외에 제품의 질이나 판촉기술, 또는 유통경로에 대한 지배력으로 해외시장에서 성공적으로 경쟁할 수 있는 다국적기업에 적합하다.

2) 침투가격전략(penetration pricing policy)

이는 단시일 내에 해외시장에 침투하고 판매액을 증대시키기 위해 처음에 해외시장국에 진출할 때 시장의 평균가격 이하로 가격을 낮게 책정하는 전략이다. 이 전략은 제품에 대한 수요의 탄력성이 높고 제품시장이 안정되어 있을 때, 그리고 판매의 증대로 상당한 규모의 경제가 실현될 수 있는 경우에 가장 효과적이다. 이러한 전략은 우리나라의 현대 자동차와 일본의 제조기업이 해외시장 진출의 초기 단계에 특히 많이 활용하고 있다.

3) 고가격전략(high pricing policy)

우수한 품질의 제품이나 유통경로, 판촉기법에 지배력이 있는 다국적기업이 판매량은 적더라도 판매단위당 높은 이윤을 확보하기 위하여 다른 경쟁제품보다 높은 가격을 책정하는 전략이다. 이 전략은 높은 가격을 지불하고서라도 제품을 구입하려는 특정의 고객을 겨냥하거나 또는 당해 제품이 고가격, 고품질이라는 이미지를 주기 위해 주로 사용된다.

(3) 유통전략

해외시장의 이익 기회를 극대화하기 위해서는 생산된 제품이 해외의 고객에게 효율적으로 분배되어야 한다. 이를 위해 기업은 생산지점으로부터 사용지점 또는 소비지점까지의 물적인 흐름인 물적유통(physical distribution)을 포함하여 제품이 고객에게 분배되는 판로(distribution channel)에 대한 전략을 수립하여야 한다.

그러나 각국별로 유통경로의 성격이 각각 다르기 때문에 국내경영에서 보다는 국제경영에서 물류관리의 문제는 중요성이 더욱 크다. 물류의 문제는 수송, 저장, 주문처리, 재고관리, 포장 및 고객에 대한 서비스 등 여러 과제를 포함한다. 따라서 운송수단의 선정과 관리, 창고의 설치, 재고관리, 인도스케줄의 결정, 판로의 개척 등은 국제유통전략상 중요한 문제들이다.

이러한 문제들에 대한 적합한 해답을 주기 위한 여러 가지 모델들이 개발되어 있지만 여기서는 구체적으로 언급하지 않고 다만 국제기업이 물류전략을 설계할 때는 각국 시장의 소비자 특성, 제품특성, 마케팅 구조, 경쟁의 정도, 기업 자체의 특성 등을 고려하여 최소의 물적유통비로 기업체의 총이익을 극대화할 수 있도록 해야 한다는 점만을 강조해 둔다.

(4) 촉진전략

기업이 해외시장의 이익기회를 극대화하기 위해서는 자신의 제품 및 기업 자체의 긍정적인 이미지를 심어 주어 고객이 자사 제품을 구입하도록 의도적으로 촉진활동을 펼쳐야 한다. 특히 다국적기업의 경우 각국마다 가치관, 태도, 언어 습관 및 행동의 유형이 상이하므로 이에 대한 세심한 분석이 요구된다.

촉진전략을 합리적으로 시행하기 위한 주요 방법에는 다음과 같은 것들이 포함된다.

1) 광고(advertising)

광고란 신문, 잡지, 라디오, 텔레비전 등과 같은 유상의 매체를 통해 전달되는 대중의사소통(mass communication)의 수단이다. 광고는 잠재고객에게 제품에 대한 정보 및 가치를 알려주고 인지도를 높이는데 주요한 수단이 된다. 그러나 광고에 대한 환경적 요소는 해외 시장국 별로 차이가 크므로 국제적인 광고전략을 수립할 때에는 각 시장국 별로 광고의 중요성과 역할, 구매동기, 언어 및 문화적 배경, 광고매체의 활용 가능성, 광고 대행기관의 가용성 여부 등을 종합적으로 고려하여야 한다.

2) 인적판매(personal selling)

인적판매란 대중적 커뮤니케이션을 통한 촉진활동이다. 인적판매는 고객 당 소요되는 비용이 다른 촉진수단에 비해 상대적으로 크지만 고객의 요구나 구매동기에 맞춰 제품정보를 제공할 수 있다는 장점이 있다.

3) 판매촉진(sales promotion)과 홍보(publicity)

판매촉진이란 구체적으로 경품전, 할인판매, 현금환불제시 등 소비자를 겨냥한 수단뿐만 아니라 상여금, 구매공제금, 경진대회 등 판매원과 중간상을 대상으로 한 강력한 다기능적 유인수단을 지칭한다. 일반적으로 판매촉진 수단은 나라에 따라 소비자 보호를 위해 법적으로 규제될 수도 있지만 소득수준이 낮은 나라일수록 그 효과가 크다고 평가되고 있다.

다국적기업은 해외에서의 자사에 대한 홍보활동에도 관심을 기울여야 한다. 해외의 고객, 정부기관, 경쟁업체, 그리고 일반대중들에게 기업에 대한 좋은 이미지를 불어넣어 줄 수 있도록 노력해야 할 것이다. 그 기업체가 선량한 기업시민(good citizenship)이라는 이미지를 부각시키면 시킬수록 장기적으로 기대되는 마케팅 효과는 상승하기 때문이다.

Ⅱ 국제재무관리

국제재무관리는 다국적기업의 국경을 초월한 자금의 흐름을 관리하며 이에 관한 의사결정 문제를 다루는 분야이다. 전통적으로 재무관리에서 다루어지는 기능은 투자(investment), 자금조달(financing), 운전자금관리(working capital management)의 세 기능이지만 국제재무관리에서는 이에 추가하여 국가별로 상이한 통화, 상이한 자본시장, 독특한 조세제도, 그리고 환위험 등을 관리하여야 한다. 여기서는 국제재무관리에서 특히 중요하다고 판단되는 환위험관리, 국제조세관리, 그리고 자금조달관리를 중심으로 살펴보도록 한다.

1 환위험의 관리

(1) 환위험 관리의 개념

다양한 해외시장국에 관계회사를 설치하고 국제경영활동을 수행하는 다국적기업은 외화로 표시된 자산, 부채, 수익 또는 비용을 가지게 되는데, 이때 해당 외국통화의 가치가 변동하게 되면 기업의 순이익이나 가치는 예상하지 못한 환율변동으로 환위험에 노출된다.

이와 같이 환율의 변동에 따른 수익성의 변동 가능성을 환위험(foreign exchange risk)이라 하고, 노출(exposure)된 환위험은 크게 거래노출(transaction exposure), 환산노출(translation exposure), 경제적 노출(economic exposure)로 구분된다.

거래노출이란 외화로 표시된 국제거래에서 계약체결 시점과 대금결제 시점 사이의 환율의 변동으로 인한 이익이나 손실 가능성을 말한다. 이러한 거래노출에는 외화표시의 외상매입, 외상매출, 외화대출, 외화차입 등이 포함된다.

환산노출이란 다국적기업이 연결재무제표를 작성하는 과정에서 외화로 표시된 자산, 부채, 수익, 비용 등을 자국의 화폐로 환산하는 과정에서 환율의 변동 이전에 발생한 거래를 환율변동 이후 회계적으로 재평가할 때 발생되는 환노출을 의미한다.

경제적 노출이란 환율의 변동으로 인한 예상되는 기업의 미래의 현금 흐름의 변화 가능성을 말한다. 기업의 가치는 미래에 기대되는 현금 흐름의 총 현재가치라고 할 수 있으므로 환율변동은 미래의 기업의 현금 흐름을 바뀌게 할 수 있고, 결국 기업의 경제적 가치도 변화시키게 된다.

(2) 환위험의 관리기법

1) 거래노출의 관리

거래노출에 대한 관리기법은 크게 대내적 관리기법과 대외적 관리기법으로 나뉜다.

대내적 관리기법은 환노출을 근본적으로 감소 내지 제거하기 위해 기업 내지 내부적으로 활용하는 방법으로 네팅(netting), 매칭(maching), 리딩(leading)과 래깅(lagging) 등을 포함한다.

네팅이란 다국적기업의 본사 및 현지 관계회사들 간에 발생하는 채권과 채무의 차액만을 일정한 기간마다 결제하는 방법을 말하며, 매칭은 다국적기업의 사내거래뿐만 아니라 제3자와의 거래에서도 통화별로 현금 흐름의 수입과 지급의 금액 및 시기를 의도적으로 일치시키는 방법을 말한다. 리딩과 래깅은 각종 대금지급시기를 앞당기거나 지연시키는 방법을 말한다.

한편, 대외적 관리기법은 외환시장이나 국제 금융시장에서의 거래를 통해 환노출을 제거하는 방법으로 선도환시장(forward exchange market), 국제금융시장(international money market), 옵션시장(option market)을 통한 헤징(hedging) 방법이 있다.

선도환시장을 통한 헤징은 미리 정해진 환율로 한 특정통화를 다른 특정통화로 교환하는 선도환계약을 체결하여 환율변동 위험을 제거하는 방법이다.

금융시장을 통한 헤징은 예를 들어 외화로 일정액을 받기로 되어 있을 때 국제금융시장에서 그만큼의 외화를 차입하여 국내통화로 바꾸고 만기에 받기로 되어있는 외화로 차입금을 상환하는 방법을 말한다. 금융시장을 통한 헤징의 비용은 두 국가간의 이자율 차이에 의해 결정된다.

끝으로 옵션시장을 통한 헤징은 미래 일정시점에서 일정환율로 외국통화를 사거나 팔 수 있는 옵션을 매입함으로써 환위험을 회피하는 방법이다.

2) 환산노출의 관리기법

환산노출을 관리하는데 주로 사용되는 기법은 대차대조표 헤지(balance sheet hedge)이다.

대차대조표 헤지란 다국적기업 전체의 연결재무제표상의 항목들 중 환위험에 노출된 특정 외화표시 자산항목들의 합계가 같은 통화표시 부채항목들의 합계와 일치하도록 하는 방법이다. 이 결과 순환산 노출액은 영(zero)이 되며 특정 외화표시 통화의 가치가 변한다 해도 환손실이나 환이익이 발생하지 않게 된다.

3) 경제적 노출의 관리

다국적기업의 미래 현금 흐름의 변동 가능성을 극소화하기 위해서 가장 효과적인 방법은 다국적기업의 영업활동 및 자금조달원천을 국제적으로 다변화시키는 것이다. 다시 말해 원재료의 공급원, 생산시설의 위치, 판매처 등을 분산시키고 여러 국가의 자본시장에서 여러 가지 통화로 자금조달을 하는 것을 말한다.

2 조세관리

다국적기업의 국제조세관리는 매우 복잡하지만 우선 다양한 현지국의 조세제도에 대해 올바로 이해하는 것이 선결조건이 된다.

법인세의 경우 선진국은 대개 높은 법인세율을 적용하지만 개발도상국들은 낮은 법인세율을 책정하여 다국적기업을 유치하기 위해 노력하기도 한다. 본사국 및 현지국의 조세제도가 다국적기업의 활동에 큰 영향을 미치기 때문에 이러한 조세 영향력을 감소시키고 이익을 극대화할 수 있는 적절한 방안을 강구할 필요가 있다.

한편 다국적기업의 해외원천소득에 관한 처리방법도 국가별로 상이하므로 이에 대해서도 충분히 고려할 필요가 있다. 해외원천소득에 대한 과세방식은 다국적기업의 해외영업 형태에 영향을 주므로 아래와 같은 특징을 이해할 필요가 있다.

(1) 해외영업 운영형태와 조세제도

다국적기업의 해외영업 운영형태는 크게 지점과 현지법인으로 나눌 수 있다. 기업의 해외진출시 어느 것으로 할 것인지를 현지 시장국의 여러 환경적 요인과 기업의 경영전략 등 여러 요인들을 고려하여야 하나 조세제도와 관련해서 다음과 같은 차이점이 있다.[2)]

첫째, 대부분의 국가는 다국적기업의 현지 법인이 본사로 이익배당금을 지급하는

2) 강호상, 「국제기업재무론」, 법문사, 1995, pp. 164 ~ 167 참조.

경우에 배당금에 대해 원천세(withholding tax)를 징수하지만 지점의 이익송금에 대해서는 원천세를 징수하지 않는다. 따라서 지점을 설립할 경우에는 현지법인 설립과는 달리 이익송금에 대한 원천세를 피할 수 있다.

둘째, 다국적기업의 현지 법인은 현지국 정부에 법인세를 납부하지만 본사국 정부는 현지 법인의 이익이 본사로 배당된 경우에만 과세하는 것이 일반적이다. 따라서 현지국의 세율이 본사국의 세율보다 낮을 경우에는 현지국에서의 이익배당을 유보함으로써 본사국에서의 과세를 이연(tax deferral)시킬 수 있다. 지점의 경우에는 지점의 이익이 본사로 송금되지 않더라도 본사의 과세대상에 포함되므로 조세의 이연효과를 기대할 수 없다.

셋째, 일부 국가들은 양허계약을 통해 천연자원 조사 및 개발활동을 하는 기업들로 하여금 그들의 천연자원 탐사비 또는 일부 개발비를 자본화해서 상각하는 대신 당기비용으로 처리하도록 허용하고 있다. 그러므로 이러한 이점을 활용하기 위해 해당 다국적기업은 천연자원 탐사 및 개발활동을 현지 법인보다는 지점의 형태를 통하여 행하는 경우가 많다.

넷째, 특정 국가에 현지법인을 설립하는 경우 이를 거점으로 제3국에 재투자가 가능하며, 그 특정국가와 제3국간에 체결된 조세조약상의 혜택을 향유할 가능성을 높일 수 있다. 그러나 최근 각국 정부는 다국적기업의 조세회피를 방지하기 위해 위와 같은 경우 조약상의 혜택을 부인하는 규정을 두고 있으므로 각국의 국내법과 조세조약상의 규제사항에 대해 사전적 검토가 필요하다.

(2) 이전가격의 조작

이전가격(transfer price)이란 다국적기업 등의 관계기업간의 원자재, 제품 및 서비스 수송시에 적용되는 가격을 말한다. 다국적기업은 이러한 이전가격을 조작함으로써 각국에 소재하는 관계기업의 세부담을 줄이고 기업 전체의 이익을 극대화하려 한다. 즉 고세율 국가에 소재하는 관계기업의 세부담을 줄이기 위해 해당 관계기업에 대한 이전가격을 상향조정하여 세전이익을 감소시키고, 반대로 저세율 국가에 소재하는 관계기업에 대한 이전가격을 하향조정하여 세전이익을 증가시킴으로써 다국적기업 전체의 세부담을 극소화하려 한다.

한편 다국적기업들은 조세피난처(tax haven)를 활용하여 과세를 회피하기도 한다. 조세피난처란 기업의 이익에 대해 부과하는 세율을 의도적으로 낮게 책정하고 기타 세제상의 유인을 제공하는 국가를 말한다. 이러한 조세피난처에 일단 자금을 이전시키는 경우에는 다시 본사로 이익배당을 할 때까지 과세의 이연이 가능해진다.

많은 국가들은 이와 같은 다국적기업들의 재무적 조작행위를 억제하기 위해 적극적으로 대처하고 있지만 오늘날 많은 다국적기업들은 이전가격의 조작을 통하여 기업 전체의 세부담을 줄이고 있으며, 조세피난처를 활용하여 본사국 또는 현지국의 과세를 회피하기도 한다.

(3) 다국적기업의 자금조달[3)]

다국적기업은 국내에서만 활동하는 기업에 비해 필요한 자금을 조달함에 있어 상대적으로 유리한 위치에 있다. 다시 말해 다국적기업은 국내외에 있는 자금조달원을 다각화하여 여러 가지 형태의 자금조달 원천으로부터의 조달비용을 서로 비교하여 가장 유리한 조건으로 자금조달을 할 수 있다.

첫째, 다국적기업의 해외 관계기업이 현지국내에서 현지국 통화로 자금조달을 하는 경우 현지 관계기업의 입장에서 볼 때 환율변동에 따른 원리금 상환액의 변동위험이 없다. 단지 이자비용은 조세감면 혜택이 있으므로 세후비용을 산출하기 위해 현지국 관계기업의 이익에 적용되는 세율을 고려할 필요가 있다.

둘째, 현지국 자본시장이 잘 발달되어 있지 못할 경우 현지 관계기업은 유로커런시(Eurocurrency) 시장 등과 같은 국제적 자금조달원을 활용할 수 있다. 이 경우 자금조달 비용을 산출하기 위해서는 환율변동에 따른 원리금 상환액 변동위험을 반드시 고려해야 한다.

셋째, 다국적기업의 현지 관계기업은 본사로부터 사내 대여의 형태로 자금을 조달하기도 한다.

이 외에도 여러 가지 자금조달원이 있을 수 있고 그 비용의 차이도 본사국의 환율, 현지국의 환율 등의 환율변동과 이자비용 등에 따라 달라질 수 있으므로 이들에 대한 면밀한 분석이 요구된다.

---

3) 강호상, 「전게서」, pp. 250 ~ 251.

제 9 장

무역의 형태별 구분

Ⅰ 무역의 의의

1 무역의 개념

일반적으로 무역이라 함은 동일한 국내에서 거래가 이루어지는 단순한 상거래 행위인 국내거래(domestic transaction)와는 달리 국경을 달리하는 국가간의 국제상거래(international transaction)를 말한다. 따라서 무역은 국제무역(international trade), 세계무역(world trade), 외국무역 또는 대외무역(foreign trade), 해외무역(overseas trade)이라고 표현되기도 한다.

무역거래의 대상이 되는 물품은 넓은 의미에서 보면 일반적인 상품 외에도 용역, 자본거래 등을 모두 포함하는 개념으로써, 정보통신망을 이용한 각종 소프트웨어와 같은 '전자적 형태의 무체물' 역시 무역거래의 대상이 된다.[1)]

2 무역의 형태별 구분

(1) 거래주체에 의한 구분

1) 민간무역과 국영무역

민간무역(private trade)이란 무역거래의 주체가 민간기업인 경우로써 자본주의 시장경제 체제하에서는 민간무역이 무역 형태의 대종을 이룬다. 그러나 예전의 소련, 중국 등과 같은 사회주의 국가의 경우에는 국가가 무역의 주체가 되어 국가기관의 계획하에 무역거래가 이루어지는데, 이를 국영무역(state trade)이라 한다.

---

1) 우리나라 대외무역법 제2조에서는 "무역이라 함은 물품 등(물품과 대통령령이 정하는 용역 또는 전자적 형태의 무체물)의 수출·수입을 말한다"고 규정하고 있다.

2) 정부무역

자본주의 국가에 있어서도 경우에 따라 정부 기관이 무역거래의 주체가 되는 때가 있는데, 이 경우를 정부무역(government trade)이라 한다.

(2) 규제정도에 따른 구분

1) 자유무역

국가가 수출입 행위에 일체 간섭하지 않고 무역의 주체들이 상품, 용역, 자본 등의 거래에 있어 자유롭게 무역을 이행하는 것을 자유무역(free trade)이라 한다.

18세기 후반 유럽을 중심으로 중상주의가 대두되면서 자유무역의 사상이 전파되기 시작하였으며, 이후 아담스미스(A. Smith)와 리카아도(D. Ricardo) 등에 의해 자유무역의 원리가 정립되었다. 오늘날 세계무역기구(WTO)체제도 자유무역을 지향하고 있다.

2) 보호무역

보호무역(protective trade)이란 국가가 외국의 경쟁으로부터 국내산업을 보호하고 당해 산업의 경쟁력을 강화하기 위해, 또는 자국의 국제수지를 개선하거나 재정수입을 확충하기 위해 관세 또는 비관세 장벽 등의 방법으로 무역에 직·간접적으로 간섭하는 무역제도이다.

3) 관리무역

외국과의 무역거래를 전면적으로 국가의 관리하에 두는 무역형태로 외환관리, 수입의 허가, 할당, 수출수량제한 또는 가격의 자율규제, 결제방법의 지정 또는 제한 등의 형태로 나타난다.

4) 협정무역

국가간 무역을 증진시키거나 균형을 이루기 위해, 또는 통상관계를 재개하거나 존속시키기 위해 무역협정(trade agreement)을 체결하는 형태의 무역을 협정무역(trade by agreement)이라 한다.

(3) 거래형태에 의한 구분

1) 가공무역

외화 획득을 위해 수출할 것을 목적으로 원료의 전부 또는 일부를 수입하여 일정한 공정을 거쳐 경제적 가치를 부가시킨 후 수출하는 무역의 형태이다.

2) 보세가공무역

보세가공무역(bonded process transaction)이란 정부가 지정한 특정 보세지역에 가공 설비를 설치하여 외국에서 들여온 원자재를 가공하여 다시 이를 외국으로 수출하는 형태를 말한다.

3) 중개무역

중개무역(merchandising trade)이란 제3국의 상인이 수출국과 수입국 사이에 개입하여 자기의 위험과 비용으로 수출국 상인과는 구매계약을 체결하고, 또 수입국 상인과는 판매계약을 각각 체결하여 수출업자에게는 매수인의 입장에 서고, 수입업자에게는 매도인의 입장에 서서 계약화물을 직접 수출업자와 수입업자 사이에 이동시키고 대금결제는 당해 제3국 상인을 통하여 이루어지게 함으로써 매도가격과 매입가격의 차액을 수취하는 형태의 거래를 말한다.

4) 중계무역

중계무역(intermediary trade)이란 제3국 상인이 실 공급국으로부터 물품을 수입하여 수입된 물품에 하등의 경제적 가치를 부가하지 않고 실수요국으로 재수출함으로써 수입금액과 수출금액의 차이를 일종의 중계 수수료 형식으로 수취하는 무역 형태를 말한다.

중개무역은 수출국에서 수입국으로 물품이 직송되나 중계무역은 중계상인이 위치한 제3국을 경유한다. 중계무역은 해상운송이 편리한 항구를 통해서 이루어지는 것이 보통이며 물품이 단순히 중계무역항을 통과하기에 통과무역(transit trade)이라고도 한다.

5) 수·위탁판매무역

수·위탁판매무역(consignment trade)이란 물품을 무환으로 수출 또는 수입하여 당해 물품이 판매된 범위 안에서 대금을 결제하는 계약에 의한 수출입을 말한다. 이는 위탁판매 수출과 수탁판매 수입으로 분류된다.

① 위탁판매수출

위탁판매수출(export on consignment)이란 물품을 무환으로 수출하여 당해 물품이 판매된 범위 안에서 대금을 결제받는 계약에 의한 수출 방식을 말한다.

이 방식은 제품의 신시장 개척을 위해, 또는 시장성이 확실하지 않은 신규상품의 수출을 위해 활용된다.

② 수탁판매수입

수탁판매수입(import on consignment)이란 물품을 무환으로 수입하여 당해 물품이 판매된 범위 안에서 대금을 결제해주는 계약에 의한 수입을 뜻한다. 이는 위탁판매수출을 수탁자의 입장에서 보는 거래라 할 수 있다.

6) 임대차 방식에 의한 무역

임대차 방식에 의한 무역이란 임대차 계약에 의해 물품을 수출입하여 임대료를 받거나 임차료를 지급한 후 임대차 기간이 만료되기 전 또는 만료된 후 당해 물품의 소유권을 임차인에게 이전하는 수출입 방식을 말한다.

이 방식은 주로 시설기재의 무역거래에 많이 활용되는데 상품을 생산함에 시설기재가 차지하는 비용이 클 경우 임시로 그러한 시설기재를 빌려서 사용하고 이에 대한 사용료만 지급하게 된다.

임대방식에 의한 수출은 시설기재의 제공에 따라 생산제품의 시장확보, 기술의 상호협력, 원자재 조달의 용이성 등을 통해 경제협력 체제를 공고히 할 수 있는 이점이 있다.

7) 연계무역

연계무역은 외화가 부족한 나라에서 국제수지의 악화를 방지하기 위해서 거래하는 두 나라 사이에 수출하는 금액만큼 수입하는 계약을 체결하여 실질적인 외화의 흐름이 없이 상품의 교역이 이루어지는 거래방식이다. 따라서 연계무역은 수출과 수입이 하나의 계약서로 작성되는 것이 원칙이며 별도의 계약서로 작성될 경우에는 상호 관련이 되어야 하며 대금결제가 상계되어야 한다.[2)]

연계무역은 수출·수입이 연계된 무역거래로서 크게 물물교환, 구상무역, 대응구매의 형태에 의해 이루어진다.[3)]

8) 각서무역

각서무역(memorandum trade)은 광의의 구상무역에 해당하는 거래형태로써 주로 국

---

2) 대외무역관리규정 제 3-2-9조.

3) 구상무역(compensation trade)이란 수출입 대금을 그에 상응하는 수입 또는 수출로 상계하는 수출입을 말한다. 이 방식은 두 국가 간의 수출입의 균형을 유지하기 위해 많이 이용되는데 크게 무환구상무역과 유환구상무역으로 구분된다. 대응구매(counter purchase)란 구 동구권 국가들이 서방측과의 동서무역에서 주로 활용했던 거래형태로 서방측의 당사자가 수출계약과 함께 일정한 기간 안에 동구권측 수입국의 상품을 구매하겠다는 또 다른 구매계약을 체결함으로써 두 개의 수출입 계약이 하나로 연계되는 무역형태이다.

교가 없는 두 나라 사이에 서로 동액의 신용장을 개설하는 것을 전제로 거래 일방이 먼저 신용장을 개설하면 상대방이 동액만큼 일정 기간 후에 신용장을 개설하겠다는 보증서를 발행함으로써 내도된 신용장을 발효시키는 독특한 교역형태이다. 각서무역은 일본과 중국 간에 국교가 정상화되기 전에 주로 활용되어졌다.

9) 보세창고도거래

보세창고도거래(bonded warehouse transaction: BWT)란 수출업자가 자신의 위험과 비용으로 수입국에 자기의 지점 또는 대리점을 설치하고 수입국 정부로부터 허가받은 보세창고에 상품을 무상으로 반출하여 현지에서 판매하는 방식을 말한다.

보세창고도거래는 수입지에서 수입통관하지 않은 상태로 특정 보세구역내의 보세창고에 입고시키고 가장 좋은 고객을 골라 판매할 수 있다는 장점이 있으나 수입업자와 계약을 체결하지 않는 상태에서 일단 수입국의 보세창고로 수출하는 형식을 취하기 때문에 수입국내의 시황이 불리하게 전개된다든지 또는 유행에 민감한 상품의 경우에는 적기 판매를 하지 못하여 손실을 입을 수도 있다. 또한 보세창고 입고 후 매매계약이 체결되므로 수출 후의 대금결제가 그만큼 늦어진다는 단점도 있다.

(4) 결제방식에 의한 구분

1) 송금방식에 의한 수출입

송금방식에 의한 수출입이란 이하에서 설명할 취소불능 화환신용장 방식 또는 추심결제 방식에 의한 수출입 이외의 방법으로써 다음의 세 가지 방식을 포함한다.

첫째, 수출하기 전에 미리 수출대금을 외화로 영수 또는 지급하는 단순 송금(simple remittance)방식

둘째, 물품의 인도 또는 인수와 동시에 또는 인도·인수 후 수출입 대금을 외화로 영수하거나 지급하는 방식으로 대금교환도 조건부 수출인 COD와 CAD[4] 방식을 포함한다.

셋째, 언급된 첫 번째와 두 번째 방식의 혼합방식에 의한 수출입 방법

---

4) COD(cash on delivery)란 현물상환불을 의미하는 것으로써 이 방식은 수출업자의 물품이 수입업자에게 인도되면 이와 동시에 수입업자는 물품의 검사를 한 후 계약물품과 상환으로 현금결제해 주는 방법이다.
CAD(cash against documents)란 수출업자가 물품을 수출하고 선적을 증명할 수 있는 선하증권(bill of lading), 상업송장(commercial invoice), 보험서류(insurance document)등 필요 선적서류 일체를 수출지의 수입업자 대리점 또는 수입업자의 계정이 있는 환거래은행에 제시하여 그 서류들과 상환으로 대금결제를 받는 선적서류상환불방식을 말한다.

송금방식에 의한 수출입은 일반적으로 아래와 같은 거래에 주로 이용된다.

① 외국의 수입상에게 상품 견본을 유상으로 송부할 때,
② 소량의 시험용품을 수출·수입할 때,
③ 비계속적인 소액거래의 경우, 즉 커미션, 해상선임, 보험료 등과 같이 신용장 개설이 번거롭거나 필요 없을 때.

(2) 추심결제방식에 의한 수출입

추심(collection)이란 수출업자가 계약조건에 따라 수출을 이행한 후 상품을 대표하는 관계 선적서류와 함께 화환어음(documentary draft)을 발행하여 거래은행을 통해 수입업자로부터 대금을 결제받는 것을 의미한다.

수출업자는 계약상품을 선적한 후 화환어음을 발행하여 제반 선적서류와 함께 자신의 거래은행(추심의뢰은행: remitting bank)에 제시하여 지급을 받으면 당해 추심의뢰은행은 수입지의 은행(추심은행: collecting bank)으로 수출업자의 환어음과 관계 선적서류를 송부하여 추심을 의뢰하게 된다. 수입지의 추심은행 역시 궁극적인 대금지급자인 수입업자에게 이들 환어음과 선적서류를 인도하고 이와 상환으로 대금을 수취하여 송금하게 된다. 추심결제 방식에 개입하는 은행들은 수출업자와 수입업자 사이의 대금결제 절차를 대행해 줄 뿐 대금지급을 보증해 주는 것은 아니다.

이 방식은 수출업자와 수입업자 간에 오랜 거래 관계가 있어 서로간의 신용을 확인할 수 있을 때, 또는 본·지사 간의 거래에 이용된다. 따라서 수입업자의 신용도가 낮거나 수입업자 소재국의 정치적 위험이 클 때에는 이 방식이 선호되지 않는 것이 보통이다.

한편 이 추심결제방식은 수출업자가 발행하는 화환어음이 일람불 환어음(sight draft)인지 또는 기한부 환어음(usance draft)인지에 따라 다음과 같이 지급도 방식과 인수도 방식으로 대별된다.

① 지급도 방식(document against payment ; D/P)

수출업자가 발행하는 환어음이 일람불 환어음이면 이를 지급도 방식이라 하는데 수입업자는 은행으로부터 서류가 제시되면 그 서류와 상환으로 일람지급을 하여야 한다.

② 인수도 방식(document against acceptance ; D/A)

수출업자가 발행하는 환어음이 기한부 환어음이면 이는 인수도 방식이 된다. 이 거

래는 추심은행이 수입업자에게 환어음을 제시하여 수입업자가 어음상에 "Accepted"라는 표시와 함께 서명을 하는 인수요식행위를 받으면 추심은행은 관계선적서류를 수입업자에게 인도하여 수입업자가 차후 수입상품을 매각한 후 정해진 기한 내에 은행에 대금을 갚는 일종의 외상거래이다.

3) 화환신용장에 의한 수출입

화환신용장(documentary letter of credit ; L/C)이란 국제무역거래에 있어 대금지급 및 상품입수의 원활을 도모하기 위해 수입업자의 거래은행(신용장개설은행 ; issuing bank, opening bank)이 수입업자(신용장개설의뢰인 ; applicant)의 지시와 요청으로 개설한 신용장의 조건과 내용에 일치하는 관계 선적서류 일체를 수출업자(수익자)가 신용장 개설은행 또는 당해 은행이 지정한 환거래취결은행에 제시하면 반드시 대금을 지급하겠다는 신용장개설은행의 약정증서를 말한다.

국제 거래에서 대두되는 다양한 위험 중에서 특히 그 중요성이 큰 것은 수출업자 입장에서는 수입업자의 신용상태의 변화로 야기되는 대금회수불능의 위험(credit risk)일 것이며, 수입업자 입장에서는 수출업자의 계약위반에 의해 계약에서 원하는 상품을 입수할 수 없는 상품입수불능의 위험(mercantile risk)일 것이다.

신용장은 언어와 관습이 서로 다른 국가에 거주하고 있는 거래 상인간의 신용을 더욱 확고하게 하여 수출업자 측면의 대금회수불능의 위험과 수입업자 측면의 상품입수불능의 위험을 제거하는 과정 속에서 은행이라는 공공성을 띤 중간매체를 개입시켜 대금지급 및 상품입수의 원활화를 도모하는 주요한 대금결제 방식이다.

신용장에 의한 수출업자와 수입업자의 효용을 간략히 살펴보면 다음과 같다.

① 수출업자에게 유용한 기능

㉠ 수출업자는 신용장을 일단 입수하면 신용장 개설은행의 파산이나 불가항력의 위험을 제외하고는 수출의 이행 후 대금결제를 받을 수 있다는 확신을 가진다.

㉡ 신용장에 의한 수출 대금은 선적이 끝나는 대로 회수될 수 있다. 환어음이 기한부라 할지라도 그 기간에 해당하는 이자와 은행 수수료만 공제받으면 대부분의 수출대금을 수출이행 즉시 지불받을 수 있다.

㉢ 수출업자는 신용장을 담보로 금융을 받을 수 있으므로 이 대금으로 수출상품 또는 상품제조에 필요한 원료를 확보할 수 있다.

② 수입업자에게 유용한 기능

㉠ 수입업자는 은행의 신용을 이용하여 자신의 신용을 강화할 수 있다.

㉡ 수출업자는 수입업자가 요구한 신용장상의 조건대로 계약상품을 선적하지 않으면 수출대금을 받지 못하므로 수입업자는 상품이 계약조건대로 입수될 수 있음을 확신할 수 있다.

㉢ 신용장에는 최종 선적기일과 유효기일이 명시되어 있으므로 언제까지 계약상품이 수입지에 도착하리라는 것을 예측할 수 있어 상품의 재판매 등을 위한 계획을 수립할 수 있다.

4) 국제팩터링 방식에 의한 수출입

국제팩터링(international factoring)이란 대금의 결제를 팩터링이라는 방식을 이용하는 것으로써 무신용장 거래방식의 하나라 볼 수 있다.

팩터링이라 함은 기업의 외상매출채권을 거래의 대상으로 하여 팩터(factor)라고 하는 금융기관이 수출업자와 수입업자 사이에 개입하여 수출업자에게는 수출채권의 범위 내에서 전도금융을 제공하고 수입업자에게는 대금지급을 보증해줌으로써 수출대금의 회수를 확실하게 하는 동시에 자금 부담을 경감시켜주는 금융기법이라 할 수 있다.

국제팩터링 방식하에서는 수출업자는 수입업자에게 상품을 외상으로 수출한 후 그에 해당하는 금액만큼을 매출채권으로 발행하고 이 매출채권을 수출팩터의 역할을 하는 금융기관이 매입하여 수출업자에게 대금을 전도금융해주고 수입업자 소재국의 수입팩터에게 당해 매출채권을 매도함으로써 정해진 기일 내에 수입업자로부터 상환된 대금을 수입팩터가 송금해주면 수출팩터는 전도금융 받은 수출업자의 계정에서 당해 금액을 상계하는 방식을 취하게 된다.

국제팩터링 방식은 매매당사자간의 신용을 바탕으로 하여 외상으로 수출입하는 새로운 형태의 국제간 무역거래 방식으로써 특히 담보력이나 자금력이 부족한 중소기업들에 의해 그 활용도가 높아지고 있다.

Ⅱ 무역관리제도

1 무역관리의 기본 개념

대외무역에 관하여 모든 국가들은 그 방법이나 정도에 있어서 차이는 있겠지만 국가의 산업정책 또는 경제상황 등에 따라 정부 차원에서 무역거래를 관리하거나 통제하고 있다. 그 이유는 정부의 관리나 감독이 없이 문자 그대로 자유무역하에서 무역업자들의 자율에 무역을 방임한다면 무역 행위 등의 질서가 문란해 질 수 있으며, 그 결과 많은 문제점들이 발생할 위험이 있기 때문이다.

따라서 무역관리라 함은 무역에 관한 제 법규들에 따라 정부가 무역거래에 대한 무역주체들의 활동에 직·간접적으로 개입하여 이를 통제 또는 관리하는 것이라 정의할 수 있겠다.

우리나라 헌법에서도 그 제125조에 "국가는 대외무역을 육성하여 이를 규제·조정할 수 있다"라고 규정하여 정부의 무역관리에 대한 법적근거를 마련해 주고 있다. 이러한 무역관리는 무역거래에 대한 정부의 인허가, 면허, 승인, 행정지도 등의 형태로 나타난다.

2 무역관리의 필요성과 목적

한 나라의 무역거래를 통제하거나 관리하는 목적을 좀 더 구체적으로 살펴보면 대체로 다음과 같다.

첫째, 수출입 거래를 촉진하거나 적절히 조정하여 국제수지의 균형 및 개선을 도모하여 외화보유고를 적정하게 유지하기 위함이다.

둘째, 국내의 유치산업을 보호하고 성숙산업의 국제 경쟁력을 강화하기 위함이다.

셋째, 희소한 국내자원을 보존하고 전략물자 등을 적절히 강화하기 위함이다.

넷째, 국내의 물자수급의 원활화와 소비형태의 건전화를 꾀하여 국민경제를 발전시키고 국민의 생활수준을 향상시키기 위함이다.

다섯째, 수출의 진흥과 수입의 조정을 통해 환율의 안정과 재정수입의 확보를 꾀하기 위함이다.

여섯째, 국민의 보건위생, 공공의 안녕질서 및 공서양속의 보전을 기하기 위함이다.

일곱째, IMF, WTO 등과 같은 각종 국제기구에의 참여와 무역 자유화의 국제적 조류에 편승하기 위함이다.

끝으로, 대외무역을 진흥하고 공정한 거래질서를 확립하여 통상의 확대를 도모하기 위함이다.

3 무역관리의 일반형태

무역관리의 형태는 국가에 따라 상이하지만 일반적으로 많은 국가들이 활용하는 무역관리의 수단은 아래와 같다.

(1) 수량제한

수출 또는 수입물품의 수량을 제한하는 방법으로써 국가별 또는 품목별로 일정한 한도를 설정하고 그 한도 내에서만 수출 또는 수입을 허용하는 제도이다. 소위 쿼터(quater) 또는 할당제로 알려진 이 방법은 수출입을 통제하는 가장 효율적인 수단이 된다. 그러나 수량제한 방법은 자유무역주의의 기조를 크게 침해하는 강력한 보호무역주의적 수단으로 간주되어 기존의 GATT체제 이후 현재의 WTO체제에서도 이의 사용이 억제되고 있다.

(2) 수입관세

수입관세라 함은 한 나라의 관세선(customs line)을 통과하여 물품이 그 국가의 관세 영역내로 들어올 때 그 국가의 정부가 부과하는 조세를 말한다. 수입관세의 부과는 단순한 재정수입만을 위한 것은 아니며 수입물량의 조절 기능도 수행한다. 따라서 국가의 재정수입을 주목적으로 하여 관세를 부과할 때 이를 재정관세(revenue tariff)라 하고 자국의 국내유치산업을 보호·육성하거나 기존 산업을 유지할 목적으로 관세를 부과할 때에는 이를 보호관세(protective tariff)라 한다.

(3) 수출입의 제한과 금지

대부분의 국가들은 자국 산업을 보호하거나 경제 사정에 따라 특정 물품 또는 특정 지역을 상대로 수출입을 금지하거나 제한할 수 있다. 예를 들어 우리나라의 권익을 부인하거나 또는 우리나라의 무역에 대하여 부당하거나 차별적인 제한을 하는 국가에 대해서는 그 국가와의 수출·수입을 제한 또는 금지시킬 수 있다. 또한 국민의 건강과 안전, 그리고 동·식물의 생명과 환경의 보호, 국내자원의 보호 등을 이유로 수출입을 제한하거나 금지시킬 수 있다.

(4) 수출입의 승인 및 허가

우리나라에 있어서도 물품의 수출·수입을 업으로 하고자 하는 자는 대통령령이 정하는 바에 따라 산업통상자원부장관에게 등록을 하여야 한다. 따라서 무역업은 누구나 자유로이 영위할 수 있는 것이 아니고 일정한 자격을 갖춘 자만이 무역거래를 할 수 있다.

(5) 수입담보금

수입담보금이란 수입업자가 수입신용장을 개설하고자 할 때 일정한 수입담보금을 미리 적립해야 하는 금액을 말하는데, 이는 수입업자에게 자금부담을 가중시키기 때문에 수입을 억제하는 효과가 있다.

(6) 연계무역

물물교환, 구상무역, 대응구매 등과 같은 방법에 의해 물품의 수출입에 따른 외화의 흐름을 억제하고, 자국이 수출한 만큼 무역 상대국으로부터 수입함으로써 수출입의 균형을 이루기 위해 연계무역이 활용되기도 한다.

(7) 수출자율규제 또는 시장질서유지협정

수출자율규제(voluntary export restraint: VER) 또는 시장질서유지협정(orderly marketing agreement: OMA)은 수입제한이라는 이름이 붙지 않았을 뿐 일부 상품만을 골라 교역 상대국으로부터의 수입을 규제함으로써 자국의 정책목표를 달성하려는 방법이다. 이들은 다분히 차별적이고 선별적인 소위 회색조치의 하나이기 때문에 국제무역 체제의 중대한 위협이 될 수 있다.

III 무역관련 법규에 의한 무역관리

1 대외무역법에 의한 관리

(1) 대외무역법제정의 목적

수출은 한 나라의 유효수요를 창출함과 아울러 고용이나 소득을 높이고 국민경제의 발전을 위해 필요한 외화의 획득을 가능케 하고 국내산업의 구조를 고도화하는 등 국가의 경제에 주는 효과가 크다.

수입 또한 국내에서 조달할 수 없는 자본재나 원재료를 외국으로부터 공급받음으로써 자본의 축적과 기술의 향상에 도움을 주고 장기적으로는 국내산업의 경쟁력을 강화시키는 등 그 파급효과가 크다.

이와 같이 수출과 수입이 국민경제에 미치는 중요성을 감안하여 수출과 수입을 중심으로 이에 대한 적절한 차원에서의 대외무역관리가 이루어질 필요가 있을 것이다.

대외무역법은 이러한 관점에서 대외무역법 제 1조에서 규정하고 있듯 궁극적으로 대외무역을 진흥하고 공정한 거래질서를 확립하여 국제수지의 균형과 통상의 확대를 도모함으로써 국민경제의 발전에 이바지함을 그 근본목적으로 하고 있는 것이다.

(2) 대외무역법의 특징

우리나라 대외무역법은 다음과 같은 특징을 갖고 있다.

첫째, 대외무역법은 우리나라의 대외무역에 관한 일반법이며 기준법이라 할 수 있다.

둘째, 대외무역법은 자유롭고 공정한 무역거래를 지향하고 있다.

셋째, 대외무역법은 대외무역의 자유화를 원칙으로 한다.

넷째, 대외무역법은 품목별로 수출입을 관리하고 있다.

다섯째, 대외무역법은 국제성을 인정하고 제한적 요소를 최소화함을 원칙으로 한다.

여섯째, 대외무역법은 수출입 질서와 대외신용의 유지 및 향상을 중요시 한다.

일곱째, 대외무역법은 위임과 위탁의 방식에 의해 수출입 관리를 하고 있다.

끝으로, 대외무역법은 수출입거래 전반에 걸쳐 사후관리를 실시하고 있으며, 당해 법규내용을 위반하거나 불이행하였을 때에는 행정적 제재조치를 가할 수 있도록 하고 있다.

2 관세법에 의한 관리

(1) 관세법의 목적

관세는 국내산업의 보호와 자원의 배분, 재정수입의 확보, 소득의 재분배, 소비의 억제, 교역조건의 개선 및 국제수지 개선 등의 기능을 가지므로 관세가 우리 경제전반에 미치는 영향은 지대하다 할 수 있다.

따라서 관세에 관한 정책은 국가의 경제정책 또는 무역정책에서 대단히 중요한 역할을 하고 있다. 이에 따라 관세법도 국가의 무역관련 정책수립에 있어 대단히 중요한 위치에 있음은 재론의 여지가 없다.

관세법은 제1조에서 규정하고 있듯이 "관세의 부과, 징수 및 수출입 물품의 통관을 적정하게 하여 국민경제의 발전에 기여하고 관세수입의 확보를 기함"에 그 궁극적 목적이 있다.

(2) 관세법의 특징

우리나라의 관세법은 다음과 같은 특징을 갖는다.

첫째, 관세법은 관세의 부과·징수를 통해 국민경제의 발전과 관세수입의 확보를 그 근본목적으로 하고 있다.

둘째, 관세법은 수출입 물품의 통관을 관리하는 통관법적 성격을 갖는다.

셋째, 관세법은 관세징수와 수출입 물품의 통관을 적정하게 하기 위한 엄격한 처벌조항을 가지고 있어 형사법적인 성격을 가지고 있다.

넷째, 관세법은 그 적용면에서 대외무역법을 보충해주는 역할을 한다.

3 외환환관리법에 의한 관리

(1) 외국환거래법의 목적

국제간에 이루어지는 모든 거래는 외국환에 의해 결제되는 것이 보통이다. 외국환은 국내의 내국환과는 달리 서로 다른 통화간의 교환이 전제가 되므로 환율의 등락에 따라 외국환의 수요와 공급에 영향을 받는다.

자유경제 원칙에 따르면 외환시장에서의 외국환의 수요·공급 상황에 따라 환율이 결정되는 것이 바람직하고 이에 대해 어떠한 간섭도 배제되어야 하겠지만 실제 많은 국가들은 이를 시장기능에 맡기지 않고 정부가 직접 환율 변동에 개입한다든지 또는 여타의 통제나 간섭을 함으로써 외환시장에서의 수요와 공급을 결정한다.

이처럼 정부가 외국환에 대하여 대외균형을 가격기구 내지 시장기능에 일임하지 않고 직접 개입하여 통제하는 것을 외국환의 관리라 한다.

우리나라는 이러한 관점에서 외국환과 외국환거래 및 기타 대외거래를 합리적으로 조정 또는 관리함으로써 대외거래의 원활화를 기하고 국제수지의 균형과 통화가치의 안정을 도모하여 국민경제의 건전한 발전에 이바지함을 목적으로 하는 외국환관리법을 제정하여 운용하고 있다.

(2) 외국환거래법의 특징

우리나라의 외국환거래법은 다음과 같은 특징을 갖는다.

첫째, 외국환거래법은 무역거래에 대하여 금지항목을 최소화하여 그 거래행위를 자유롭게 인정하되 필요하다고 판단되는 경우에만 예외적으로 금지하는 Negative System을 도입하고 있다.

둘째, 외국환거래법은 대외경제 여건과 환경의 변화에 신속하게 대처할 수 있도록 기획재정부장관이 그 권한의 일부를 대통령령이 정하는 바에 따라서 한국은행총재, 외국환은행의 장, 정부기관의 장, 기타 대통령령이 정하는 자에게 위임 또는 위탁할 수 있는 위임 입법체제를 가지고 있다.

셋째, 외국환거래법의 적용대상은 국제거래가 전제가 되기 때문에 국제적 성격을 가진다.

넷째, 외국환거래법은 대외무역법과의 관계에 있어 다 같이 수출입거래를 관리하므로 중복관계가 생길 수 있으므로, 대외무역법이 정하는 바에 의하여 인정된 물품의 수출·수입에 대해서는 외국환관리법상의 규제를 면제함으로써 대외무역법에 의해서만 관리를 받게 하고 있다.

다섯째, 외국환거래법은 국제수지에 중요한 영향을 미치지 않는다고 인정되는 소액의 대외거래에 대해서는 외국환관리법 상의 제한을 면제함으로써 대외거래의 자유화를 지향하고 있다.

4 특별법에 의한 관리

우리나라의 대외무역관리는 전술한 대외무역법, 관세법 및 외국환거래법의 3대 기본법 이외에도 무역보험법, 중재법, 자유무역의 지정 및 운영 등에 관한 법률, 전자무역촉진에 관한 법률, 외국인투자촉진법, 농수산물수출진흥법, 군납추진에 관한 임시조치법에 관한 특별법, 산업디자인진흥법, 수출용원재료에 대한 관세 등 환급에 관한 특례법, 조세감면규제법, 불공정무역행위조사 및 산업피해구제에 관한 법률 등 특별법에 의해 관리되고 있다.

IV 대외무역법에 의한 무역관리제도

1 무역거래자의 관리

무역거래자라 함은 수출 또는 수입을 하는 자, 외국의 수입자 또는 수출자의 위임을 받은 자 및 수출·수입을 위임하는 자 등 물품 등의 수출·수입행위의 전부 또는 일부를 위임하거나 행하는 자를 말한다.

우리나라에서는 무역거래를 직접 수행하든 위임하든 상관없이 무역거래에 관계하는 모든 자들을 통틀어 무역거래자로 정의하지만, 이하에서는 현재는 사라진 용어를 제외하고 편의상 전통적인 분류방법에 따라 구분하여 보기로 한다.

(1) 무역업자

무역업자란 영리를 목적으로 수출과 수입을 계속 반복적으로 행하는 자로서 우리나라는 2000년 1월 1일부터 무역업이 완전 자유화되어 누구나 사업자 등록증만 있으면 무역거래를 할 수 있다. 다만 산업통상자원부에서는 전산관리체제의 개발과 운영을 위하여 무역거래자 별로 무역업고유번호제를 운영하고 있다. 따라서 무역업을 영위하고자 하는 자는 한국무역협회에 무역업고유번호의 부여를 신청하여야 하는데 신청은 무역업고유번호부여 신청서를 작성하여 우편, 팩시밀리, 전자메일, 전자문서교환체제(EDI), 또는 직접방문 등의 방법으로 할 수 있으며, 한국무역협회장은 신청서를 접수하는 즉시 신청자에게 고유번호를 부여한다.

(2) 무역대리업자

무역대리업자란 무역거래자 중에서 외국의 수입자 또는 수출자의 위임을 받아 국내에서 수출물품을 구매하거나, 수입물품을 수입함에 있어서 그 계약의 체결과 이에 부대되는 행위를 업으로 영위하는 자를 말한다. 무역대리업자는 크게 구매대리업자와 판매대리업자로 구분된다.

① 구매대리업자(buying agent)

외국의 수입업자를 대리하여 외국의 수입업자의 명의와 비용으로 국내에서 물품의 구매, 구매알선, 또는 이에 부대되는 구매계약을 체결한 후 국내에서 물품을 구매하는 외국기업의 국내 대리점이나 국내지사를 말한다. 구매대리업자의 법률적 지위는 외국 수입업자의 국내 대리인이며 외국의 수입업자로부터 위임을 받아 우리나라 수출업자와 물품구매계약을 체결하고 구매한 물품을 외국의 수입업자에게 선적하는 일을 수행한 뒤 이에 대한 대가로 수수료를 수취한다.

② 판매대리업자(selling agent)

외국의 수출업자를 대리하여 외국의 수출업자의 명의와 비용으로 국내 수입업자들에게 물품매도확약서(offer)를 발행하고 부수적으로 수입 업무를 대행해주는 무역대리업자를 말한다. 소위 오퍼상으로 불리는 이들은 자신의 분야에 대한 전문지식과 정보를 갖고 있어 국내의 수입업자들이 필요로 하는 물품에 대해 가장 유리한 조건으로 수입할 수 있도록 거래선을 연결시켜주고 그 대가로 일정한 수수료를 수취한다. 판매대리업자는 단순히 물품매도확약서만을 발행하지 않고 수입거래에 따른 여러 부대업무도 처리해주므로 수입대행업자의 역할도 겸한다고 볼 수 있다.

(3) 무역대행업자

무역대행업자란 대행위탁자와의 대행계약에 따라 일정한 수수료를 받고서 자신의 명의로 거래하는 무역업자를 말한다. 무역대행업자는 자기명의로 거래한다는 점에서 외국의 수출·수입업자의 명의로 대리업무를 수행하는 무역대리업자와는 구별된다. 무역대행업자는 대외 무역거래와 금융거래상 무역업자로서의 책임을 부담한다.

2 수출입물품

대부분의 국가들은 정치적·경제적 목적에 따라 수출입 물품의 범위를 제한하고 있다. 우리나라의 경우 수출입 공고를 통해 수출입물품의 품목·수량·금액·대상지역 등을 관리하고 있다.

(1) 수출입 물품의 제한

대외무역법 제13조에서는 물품 등의 수출입 및 이에 따른 대금의 영수 또는 지급은 원칙적으로 아무런 제한 없이 이루어져야 한다고 규정하고 있어 원칙적으로 물품의 수출입은 제한받지 않고 자유롭게 이행될 수 있지만, 예외적으로 헌법에 의하여 체결·공포된 조약과 일반적으로 승인된 국제법규에 의한 의무의 이행, 생물자원의 보호 등을 이유로 필요하다고 인정하는 경우에는 물품 등의 수출·수입을 제한하거나 금지할 수 있다.[5)]

이에 따라 다음의 물품을 수출입 승인물품으로서 수출·수입이 제한 또는 금지될 수 있으며 이를 수출하거나 수입하고자 할 경우에는 산업통상자원부장관의 승인을 얻어야 한다.

① 헌법에 따라 체결·공포된 조약과 일반적으로 승인된 국제법규상의 의무의 이행을 위하여 산업통상자원부장관이 지정·고시하는 물품 등
② 생물자원보호를 위하여 산업통상자원부장관이 지정·고시하는 물품 등
③ 교역상대국과의 경제협력증진을 위하여 산업통상자원부장관이 지정·고시하는 물품 등
④ 국방상 원활한 물자수급과 과학기술의 발전 및 그 밖의 통상·산업 정책상 필요한 사항으로서 대통령령으로 정하는 사항에 대해 산업통상자원부장관이 당해 품목을 관장하는 관계행정기관의 장과 협의를 거쳐 지정·고시하는 물품 등

(2) 수출입지역의 관리

수출입은 원칙적으로 지역의 제한 없이 어느 국가와도 교역할 수 있다. 그러나 예외적으로 다음과 같은 경우에는 그 교역을 제한할 수 있다.[6)]

① 우리나라 또는 교역상대국에 전쟁·사변 또는 천재지변이 있을 때
② 교역상대국이 조약과 일반적으로 승인된 국제법규에서 정한 우리나라의 권익을 부인할 때
③ 교역상대국이 우리나라의 무역에 대하여 부당하거나 차별적인 부담 또는 제한을 가할 때

---

5) 대외무역법 제11조.
6) 대외무역법 제5조.

④ 헌법에 따라 체결·공포된 무역에 관한 조약과 일반적으로 승인된 국제법규에서 정한 국제평화와 안전유지 등의 의무의 이행을 위하여 필요하다고 인정한 때, 그리고 국제평화와 안전유지를 위한 국제공조에 따른 교역 여건의 급변으로 교역 상대국과의 무역에 관한 중대한 차질이 생기거나 생길 우려가 있는 경우

⑤ 인간의 생명·건강 및 안전, 동물·식물의 생명 및 건강, 환경보존 또는 국내 자원 보호를 위하여 필요한 때.

(3) 수출입공고

언급한 바처럼 산업통상자원부장관은 필요하다고 인정하는 경우에는 수출입승인대상물품 등의 품목별 수량·금액·규격 및 수출 또는 수입지역 등을 제한할 수 있다. 이를 위해 우리나라에서는 수출입의 제한·금지·승인·한정 및 그 절차 등을 정했을 경우 이를 공고하고 있다.

개별적인 수출 또는 수입물품에 대하여 수출·수입이 제한되는지의 여부와 이에 따른 추천 또는 확인사항 등을 산업통상자원부장관이 종합적으로 정리하여 공고하는 것을 수출입공고라 한다.

관세나 외환 등의 조작에 의한 수출·수입 규제가 간접규제방식이라 한다면 수출입공고는 수출·수입에 관한 직접규제방식의 하나라 할 수 있다. 따라서 수출입공고에는 수출제한품목 및 수입제한품목을 게기하는데[7] 수출입 공고상 수출제한품목과 수입제한품목으로 게기되지 않은 품목은 원칙적으로 수출입자유화품목이다. 수출입제한품목을 수출입하려면 수출입공고상의 품목별 수출입 요령에 따라 수출입 승인을 받아야 한다.

(4) 품목분류기준

우리나라의 경우 수출입공고 상의 수출입품목 분류는 1988년 1월 1일부터 HS 방식을 사용하고 있다. 우리나라가 사용해왔던 그간의 대표적인 수출입품목 분류기준을 살펴보면 다음과 같다.

---

7) 수출입 공고의 품목표시방법은 'Positive List System'과 'Negative List System'의 두 가지가 있다. 전자는 수출입 공고에 수출 또는 수입이 허용되는 품목만을 표시하고 여기에 표시되지 않은 품목은 원칙적으로 수출 또는 수입이 제한·금지된다. 후자의 경우에는 수출입공고에 수출 또는 수입의 제한품목만을 표시하고 여기에 표시되지 않은 나머지 품목은 수출 또는 수입이 허용된다. 우리나라는 1967년 GATT에 가입한 후 수출입공고 표시방법을 Positive List System에서 Negative List System으로 개편하였다.

① 표준국제무역분류(SITC)

표준국제무역분류(standard international trade classification ; SITC)방식은 1950년 유엔경제사회이사회에서 선포된 분류기준으로써 1960년에 전면 개정되었다. SITC는 경제분석과 상품별 무역자료의 통계를 내는데 편리하도록 되어있으며 총 45,000여개의 품목을 구분하고 있다.

② 관세협력이사회 품목분류(CCCN)

관세협력이사회품목분류(customs cooperation council nomenclature ; CCCN)는 1955년 관세협력이사회에 의하여 제정되었는데 이는 종전에 BTN(Brussels tariff nomenclature)으로 명명되었던 것이 1977년 개명된 것이다. CCCN은 관세를 부과하기 위한 방법으로 '재료를 중심으로 한 분류', '제조과정을 중심으로 한 분류', '노동과정을 중심으로 한 분류', '용도를 중심으로 한 분류' 등을 종합적으로 고려하여 총 60,000여개의 상품을 분류하고 있다.

③ 신국제통일상품분류(HS)

기존의 상품분류방식은 SITC와 CCCN으로 이원화 되어 있어 국가간 무역통계를 비교·산출하는데 따른 많은 어려움이 있었다. 또한 과학기술 발전에 따른 새로운 상품의 개발, 무역구조의 변화 등에 부응할 필요성이 제기되었다. 이러한 시대적인 요청에 부응하기 위해 관세협력이사회는 기존의 물품품목분류기준들을 하나로 통합한 신국제통일상품분류(harmonized commodity description and coding system ; HS)방식을 제정하였다.

HS는 여러 가지 기준을 통합하고 있지만 근본적으로는 CCCN 체계를 따르고 있으며 10단위까지 분류가 가능하여 거의 모든 상품을 분류할 수 있다. HS는 21개부(section)에 97개류(chapter), 1241호(heading)로 분류되어 있어 무역 통계의 수집 및 비교·분석과 국제간 자료 수집을 용이하게 한다. 우리나라는 1988년 1월 1일부터 HS를 사용하고 있다.

전자무역

1 전자무역의 개념

컴퓨터의 보급이 확산되고 정보통신기술이 급속도로 발전함에 따라 무역거래에서도 새로운 변화가 일어나기 시작했다. 대표적으로 무역거래 서식 일부를 전자식 표준문서로 변환하여 이를 컴퓨터를 통해 주고 받는 전자문서교환(electronic data interchange: EDI) 방식이 무역업무에 활용되기 시작하였다.

1990년대 후반 소위 정보통신혁명이라 불리는 인터넷의 등장은 무역거래에 새로운 지평을 열게 되었는데 특히 상품이나 서비스의 국제간 거래가 인터넷 시스템에 의해 이루어지게 됨으로써 전통적인 무역거래가 인터넷을 사용하는 방법으로 대체 되고 최근 개방형 네트워크인 웹을 통한 서비스가 가능해 짐에 따라 상당 부분의 무역업무가 인터넷에 의해 처리되고 있다.

이와 같이 무역거래에서 인터넷을 포함한 정보통신기술을 활용하여 이루어지는 형태를 기존의 무역형태와 구분하여 전자무역(e-trade)이라고 한다. 즉 전자무역은 무역의 모든 과정 또는 일부를 인터넷, 전자문서교환 등 각종 정보통신기술을 이용하여 전자적으로 처리함으로써, 시간과 공간의 제약 없이 무역 업무를 보다 편리하고 신속 정확하게, 그리고 경제적으로 수행하는 무역거래의 형태를 말한다.[8)]

2 전자무역의 특징

전자무역이 지니고 있는 특징을 기존의 무역거래와 비교해 살펴보면 다음과 같다.

첫째, 전자무역은 전 세계시장을 대상으로 한다. 인터넷을 통해 최소의 비용으로

---

8) 이하 박대위·구종순, 「무역개론」, 박영사, 2012, p. 32 이하 적의수정함.

시간과 공간의 제약 없이 전 세계를 대상으로 광고활동을 할 수 있고 전 세계 어느 곳의 누구와도 무역거래를 할 수 있다.

둘째, 전자무역에서는 시장에 관한 모든 정보를 쉽게 얻을 수 있다. 기존의 무역거래에서는 거래선을 물색하는 데 많은 시간과 비용이 들었고 정보가 부족하여 무역중개업자를 이용하기도 하였다. 그러나 전자무역에서는 인터넷을 통해 특정 상품을 어느 나라의 어떤 기업이 공급하고 있는가를 쉽게 찾아볼 수 있게 된다. 또한 시장 정보를 실시간으로 얻을 수 있기 때문에 특정 상품을 필요로 하는 거래당사자들 간에 가장 합리적인 기준에 의해 거래가 이루어지게 된다.

셋째, 무역거래 비용이 절감된다. 전통적인 무역거래에서는 거래상대방의 신용정보를 취득하거나 거래를 성사하기 위해서는 상담을 하거나 서류를 주고 받아야 하므로 비용과 시간이 많이 필요했다. 그러나 전자무역에서는 인터넷을 통해 정보와 서류를 주고받기 때문에 통신비용이 절감될 뿐만 아니라 전자적 결제시스템이 개발되어 안전하고 확실한 대금결제가 보장되고 있어 금융 수수료를 절감할 수 있다.

넷째, 전자무역을 하게 되면 원칙적으로 제품이나 서비스의 가격이 낮아진다. 전자무역은 인터넷을 통해 거래당사자간에 거래가 바로 성사되기 때문에 유통구조가 간단하여 유통비용이 하락한다. 또한 생산과정에 대한 정보가 공개됨에 따라 가격구조가 평준화되어 제품이나 서비스의 가격이 전반적으로 하락하게 된다.

끝으로, 중소기업들의 활동영역이 넓어질 수 있다. 인터넷을 이용해 일반 중소기업들도 네트워크를 구축하여 과거 대기업만이 독점했던 전 세계 대상의 광고나 시장개척활동을 할 수 있다.

우리나라 대외무역법(제2조)에서도 무역의 전부 또는 일부가 컴퓨터 등 정보처리능력을 가진 장치와 정보통신망을 이용하여 이루어지는 거래를 모두 전자무역으로 정의하고 있다.

오늘날 무역업체들을 그 동안 해외시장조사, 거래제의 및 알선, 계약 등 전통적으로 많은 시간과 비용이 소요되었던 무역과정을 인터넷이나 EDI를 이용하여 신속 정확하게 수행할 수 있게 되었다. 또한 수출입에 관련된 각종 상거래 서식이나 행정서식이 표준화되어 통관, 대금결제, 물류 등 주요 무역관련 시스템이 인터넷으로 연결되어 처리됨으로써 무역 부대비용을 절감할 수 있게 되었다.

3 전자무역 관련법규 및 관련기관

(1) 전자무역 관련법규

전자무역은 무역의 일부 또는 전부를 전자적 수단에 의해 수행되는 거래이기 때문에 기본적으로 대외무역법의 적용을 받는 것과 아울러 전자상거래의 한 분야이므로 다음과 같은 전자상거래와 관련된 법규의 적용을 받는다.

1) 전자문서 및 전자거래기본법

전자거래기본법(법률 제5834호)은 전자상거래를 기존의 상거래와 마찬가지로 안전하게 거래할 수 있도록 규율하는 기본법이다. 이 법은 1999년 7월 1일부터 시행되고 있는데, 전자상거래에 대한 정부규제의 최소화, 민간주도에 의한 추진, 신뢰성의 확보 및 국제협력강화를 기본원칙으로 하고 있다. 이 법에서는 전자상거래에서 반드시 필요한 전자문서 및 전자서명에 대하여 그 법적 효력을 인정하고 있다.

따라서 문서가 단지 전자적 형태로 되어 있다는 이유만으로 문서로서의 효력이 부인되지 않는다. 공인인증기관에서 인증한 전자서명도 다른 법률에서 특별히 그 효력을 부인하는 경우를 제외하고는 기명날인이나 또는 서명과 동일한 효력을 갖게 되었다. 전자거래기본법은 2013년 현재의 전자문서 및 전자거래기본법으로 개정되었다.

2) 전자서명법

전자서명법(법률 제5792호)은 전자서명에 대한 법적 효력을 부여한 법으로서 1999년 7월 1일부터 시행되고 있다. 그 핵심 내용으로는 전자서명인증 키(key)에 합치하는 전자서명생성 키로 생성한 전자서명은 법령에서 인정하는 서명 또는 기명날인으로 간주된다. 이에 따라 전자서명도 일반서류상의 서명과 마찬가지로 해당 전자문서 명의자의 서명 또는 기명날인으로 간주되며 해당 전자문서는 전자서명 후에는 그 내용의 변경 불가능성이 추정된다.

3) UNCITRAL 전자상거래모델법

UNCITRAL(United Nations Commission on International Trade Law)은 주로 국제무역 관계법을 통일하기 위해 활동하는 유엔의 국제사법위원회이다. 이 위원회의 전자상거래 작업반에서 세계 각국이 전자상거래 관련법을 제정할 때 참고하도록 1996년 제정한 것이 UN의 전자상거래모델법이다.

이 법은 EDI, 전자우편 등에 의하여 생성된 전자문서의 경우 일정한 조건이 충족되면 법률적으로 종이문서와 동일하게 취급하여야 함을 규정한 것으로 모델법의 형식을 취하고 있다. 전자문서의 법적 효력, 유효성 및 집행력의 법적 장애를 제거한다는 취지에서 제정되었다.

4) UNCITRAL 표준전자서명법

역시 UNCITRAL에서 2000년도에 제정한 전자서명에 관한 국제적인 표준규범이다. 이 법은 전자서명, 인증기관, 외국전자서명 등에 대한 규정을 두고 있어 전자무역의 법적 안정을 도모하고 있다.

4 전자무역 관련기관

(1) 전자무역기반사업자

전자무역기반사업자는 전기통신사업법 제2조 제8호에 따른 전기통신사업자로서 자본금, 인력 그리고 기술력 등 대통령령이 정하는 기준에 적합한 자 중 산업통상자원부장관이 지정한다. 전자무역기반사업자는 다음의 사업을 수행할 수 있다.

① 전자무역기반시설의 운영업무
② 전자무역기반시설과 외국의 전자무역망간의 연계업무
③ 제12조 제1항에 따른 무역관련 업무의 전자무역기반시설을 통한 중계·보관 및 증명 등의 업무
④ 전자무역문서의 중계사업
⑤ 위의 ②에 따른 연계를 활용한 사업
⑥ 전자무역기반시설을 활용한 전자무역서비스 관련사업
⑦ 전자무역문서의 표준화에 관한 연구사업
⑧ 전자무역문서 및 무역화물유통정보 등 무역관련 정보를 체계적으로 처리·보관하여 검색 등에 활용할 수 있는 집합체(데이터베이스)의 제작·보급과 이를 활용한 사업
⑨ 무역업자 및 무역유관기관에 대한 전자무역문서 중계 등에 관련된 기술의 보급 및 보급한 기술에 대한 사후관리사업
⑩ 그밖에 전자무역의 촉진을 위한 교육홍보 등 대통령령이 정하는 사업.

(2) 전자무역전문서비스업자

전자무역전문서비스업자는 무역업자의 전자무역을 효율적으로 지원하고 이를 확산시키기 위하여 다음 각 호의 사업을 하는 자로서 자본금·인력 등 대통령령이 정하는 등록요건을 갖추어 산업통상자원부장관에게 전자무역전문서비스업자로 등록한 자를 말한다.

① 정보통신망을 통한 무역거래의 알선 및 대행사업
② 정보통신망을 통한 무역업자의 해외마케팅 지원사업
③ 전자무역문서의 중계사업
④ 제6조 제2항 제2호에 따른 연계를 활용한 사업
⑤ 전자무역기반시설을 활용한 전자무역서비스 관련 사업
⑥ 전자무역문서 및 무역정보의 데이터베이스 제작·보급 및 이를 활용한 사업
⑦ 그밖에 전자무역의 촉진을 위한 사업으로써 대통령령이 정하는 사업

5 전자무역의 수단

(1) 인터넷

인터넷(Internet)은 'Inter'와 'Network'의 합성어로서 전 세계의 모든 컴퓨터와 통신망이 연결되어 있는 통신 네트워크를 말한다. 전 세계의 컴퓨터들은 서로 연결되어 있어 각 컴퓨터가 보유한 수많은 정보를 서로 이용할 수 있다.

인터넷을 이용하면 시간과 공간의 제약을 받지 않고 자신이 원하는 자료를 검색하거나 상대방에게 전자우편(e-mail)을 보낼 수 있다. 그리고 인터넷은 전통적인 문서내용만 전송하는 것이 아니라 그림, 이미지, 음성, 동화상 등 각종 멀티미디어까지 전송한다.

오늘날 인터넷은 화상회의, 전자출판, 전자상거래, 법률 서비스, 온라인 선거, 웹 기반의 경영활동 등 각종 용도로 활용되고 있다. 또한 월드와이드웹(www)을 바탕으로 거대한 가상세계를 창출해내고 현재의 물리적 공간에서 이루어지고 있는 많은 활동을 가상세계로 옮기는 플랫폼이 되고 있다. 이에 따라 인터넷은 점점 실물경제와의 연결을 추진하게 되면서 전자무역이라는 새로운 형태로 기업활동을 변화시키고 있고, 무역 분야에도 접목되어 전자무역 시대를 열어가고 있다.

(2) EDI

EDI(electronic data interchange)는 컴퓨터와 정보통신기술을 결합시켜 보다 효율적으로 정보를 전달하는 전자문서교환을 의미한다. 즉 EDI는 관련 당사자들이 종이서류 대신 컴퓨터를 이용하여 상거래 서식이나 공용서식을 표준화 시켜 이를 상호 합의된 통신표준에 따라 컴퓨터간에 교환하여 즉시 업무에 활용하는 무서류 정보처리방식을 말한다.

EDI를 이용하면 발신인은 정보를 표준전자문서로 변환시켜 데이터 통신망을 통해 수신인에게 전송하고 수신인도 표준전자문서를 통해 상대방과의 업무를 신속 정확하게 처리할 수 있게 된다.

EDI는 1960년대 국제운송회사들이 운송서류를 신속히 전달할 목적으로 전자문서를 표준화하여 사용한 것이 그 시초이다.

(3) EDI의 구성요소

EDI를 통해 자료를 송·수신하기 위해서는 다음과 같은 요소들이 필요하다.

가) EDI 표준(EDI Standard)

EDI 표준은 거래당사자가 동의하고 따라야 하는 표준양식을 정한 지침으로써 거래당사자 간에 교환되는 전자문서의 내용, 구조, 통신방법 등에 관한 표준양식 및 구문을 정의한 규칙을 말한다. 이러한 EDI 표준을 활용함으로써 거래당사자들은 상호 간에 업무 데이터를 정해진 양식과 절차에 따라 교환할 수 있다. 따라서 EDI표준은 언어, 업무처리방식, 컴퓨터시스템이 서로 다른 거래 당사자들이 전자문서를 자유롭게 교환하는데 필요한 공통언어라 할 수 있다.

UN의 유럽경제위원회가 개발한 '행정, 무역 및 운송에 관한 EDI 국제표준'(electronic data interchange for administration, commerce and transport: UN/EDIFACT)이 EDI국제표준의 대표적 예로써 UN/EDIFACT는 1987년 국제표준화기구에 의해 EDI국제표준으로 승인되어 현재 각국에서 널리 사용되고 있다.

나) EDI 사용자 시스템

EDI사용자 시스템은 거래당사자간에 데이터 통신망을 통해 전자문서를 송수신하기 위해 갖추어야 할 컴퓨터 및 컴퓨터 하드웨어, 변환 소프트웨어, 응용 소프트웨어 및 모뎀 등의 통신장비를 말한다.

개인, 기업, 국가마다 데이터베이스의 구조 형태가 다르고 행정서식이나 상거래서식을 작성하는 방식도 서로 다르기 때문에 이를 표준화할 필요가 있는데 EDI변환 소프트웨어는 이를 위해 대단히 중요한 기능을 한다.

다) EDI 네트워크

전자문서가 하나의 컴퓨터로부터 다른 컴퓨터로 전달되기 위해서는 전용 데이터회선이나 공중 데이터회선을 보유한 네트워크가 필요하다. 이러한 EDI 네트워크는 현재 제3자 네트워크와 인터넷 방식이 이용되고 있다.

제3자 네트워크는 부가가치통신망(value added network: VAN)이라고도 하는데, 이는 기존 방식에 있어서의 우체국과 유사한 기능을 수행하고 있다. 우리나라의 무역업무자동화시스템에서는 한국무역정보통신(KTNET), DACOM 등이 VAN 사업자로 지정되어 수출입거래 전반에 걸쳐 무역업체와 관련 기관을 연결해 주고 있다.

한편 인터넷을 EDI의 네트워크로 활용하는 방식도 그 사용이 급증하고 있다. 인터넷을 활용하게 되면 VAN을 이용할 경우 소요되는 초기 가입비용과 통신비용의 부담이 없다는 장점이 있다. 우리나라의 경우 EDI로 처리되는 수출입통관 절차도 2004년부터 인터넷 EDI가 도입되어 기존의 방식과 병행되고 있다.

라) 교환약정

EDI는 기업내부의 업무처리를 단순히 전산화하는 것이 아니라 전혀 다른 업무처리 시스템을 가진 거래상대방과 자료를 교환하는 것이므로 EDI로 업무를 처리하기 위해서는 거래당사자간에 거래약정을 맺는 것이 중요하다. 이러한 약정은 네트워크약정과 거래약정으로 구분된다.

① 네트워크약정(network agreement: N/A): 이는 사용자와 VAN사업자간의 EDI서비스 이용에 따른 제반사항을 약정하는 것을 말한다. 무역자동화시스템에서는 무역업체, 은행, 선박회사, 세관 등이 사업자와 서비스이용 약정을 체결한다. 약정사항은 보통 사용자에 관한 인적사항, 요금부담자, 비밀번호, 수신·발신인 식별, 접속방식 등이다.

② 거래약정(interchange agreement: I/A): 이는 사용자와 사용자 간의 EDI거래에 따른 제반 사항을 약정하는 것을 말한다. 거래약정의 주요내용은 전자문서 및 표준에 대한 합의, 해당업무별 사용자의 명시, 수신인·발신인 확정, EDI서비스 제공업자 및 데이터 통신망 합의 등이다. 무역업체가 은행과의 무역업무를 EDI로 처리할 때는 「무역업무자동화 이용 신청서」를 작성하여 관련은행에 제출해야 한다.

제 10 장

무역계약의 체결과 이행

Ⅰ 거래의 제의와 오퍼[1)]

1 오퍼와 승낙

오퍼(offer: 청약)란 원래 신청 또는 제공한다는 뜻으로 자기가 가진 것을 상대방에게 일정한 대가를 받고 제공한다는 것을 의미한다. 일반적으로 오퍼란 오퍼를 내는 자(offeror)가 오퍼를 받은 자(offeree)에게 일정한 조건으로 계약을 체결하고 싶다는 뜻의 의사표시를 말한다. 무역거래는 판매조건이나 구매조건을 제시하는 거래 일방의 오퍼에 대해 거래상대방이 승낙(acceptance)하는 과정을 통해 법적 구속력이 있는 계약이 성립한다.

(1) 오퍼의 종류

오퍼는 크게 구매오퍼(buying offer)와 매도오퍼(selling offer)로 대별되는데, 구매오퍼는 수입희망자가 어떤 물품을 어떤 조건으로 사고 싶다는 구매의 의사표시를 말하는 것으로 그 성질상 거래제의(inquiry)와 비슷하여 일반 무역거래에서는 많이 사용되지 않고, 주로 관공서의 입찰계약시 이용된다. 따라서 보통 무역거래에서 오퍼라 함은 수출희망자가 특정 상품에 관하여 구체적 매매조건과 함께 판매조건을 제시하는 매도오퍼를 의미한다.

매도오퍼는 그 성질에 따라 다음과 같이 구분된다.

① Firm offer

Firm offer(확정청약)란 오퍼의 유효기간과 선적기일을 필수 요소로 포함하고 있어 당해 오퍼의 유효기간 내에 오퍼를 받은 자가 그 조건을 승낙하면 오퍼발행자는 오퍼의 내용대로 선적을 이행할 법적 의무를 지게 되는 확정오퍼를 말한다.[2)]

---

1) 박대위·구종순, 「무역실무」, 박영사, 2007, pp. 308～311 참조.
2) Firm Offer에는 다음과 같은 문언이 명기된다.: "We offer you firm subject to your acceptance

② Free offer

Free offer(불확정청약)란 유효기간 내의 승낙을 요건으로 하지 않거나 오퍼 내에 확정적(firm) 또는 취소불능(irrevocable)이라는 문언이 명시되지 않은 오퍼를 말한다. Free offer는 보통 권유장(circular letter)과 함께 여러 곳으로 보내어지며, 만일 수입희망자가 오퍼의 내용을 수락하여도 오퍼 발행자의 재확인(confirmation)이 필요하다.

Free offer는 오퍼의 내용만 알려주는 것이지 유효기간이나 선적기간에 구애받지 않는다. 따라서 오퍼를 받은 자가 수락한다 하여도 오퍼 발행자가 재고나 선적기한에 이상이 없다고 판단, 이를 재확인하여야만 비로소 법적으로 책임을 지게 된다.

③ Conditional offer

이는 조건부 오퍼를 말하는데 수입희망자가 오퍼의 내용을 승낙할 당시에 해당 물품이 아직 판매되지 않았을 경우에만 유효해지는 오퍼이다. 이 오퍼에는 다음과 같은 문언이 명시되는 것이 보통이다.

"Subject to prior sale" 또는 "Subject to being unsold".

이 조건부 오퍼는 한정된 재고품을 판매하려 할 때 유용하게 이용된다.

④ Offer on Approval

점검부 오퍼 또는 승인조건부 오퍼라 불리는 이 오퍼는 오퍼와 함께 견본이나 시험용 현품을 보내면서 수입 희망자가 그것에 만족하면 당해 오퍼가 유효해지는 형태이다. 예를 들면 새로 개발된 품목이나 물품은 오퍼에 기재된 명세만 보고서는 정확히 판단을 내리기 어려우므로 견본이나 현품을 참고하여 구매결정을 내리도록 하는 경우이다.

⑤ Offer on Sale or Return

이는 반품이 인정되는 오퍼로 주로 서적 등의 거래에 이용되는데, 오퍼와 함께 물품을 대량으로 송부한 후 오퍼를 받은 자가 이를 기한부로 판매하다 남은 것은 다시 반납하도록 허용하는 형태이다. 일반 무역에서는 거의 사용되지 않는다.

(2) 오퍼의 기재사항

오퍼는 구두로 행하여도 무방하지만 무역거래에서는 일정한 서식을 갖춘 오퍼장(offer sheet)을 사용하는 것이 일반적이다. 오퍼는 매매의 조건을 구체적으로 제시하

---

reaching us by May 5, 2018 as follows."

는 것이기 때문에 특정 거래물품에 관련한 모든 사항을 기재하는 것이 바람직하다.

가장 일반적인 기재사항은 다음과 같다.

▌표 8▌ 오퍼의 주요 기재사항

오퍼의 주요 기재사항
• 품명(commodity name) • 규격(grade or specification) • 수량(quality) • 단가(unit price) • 원산지(origin) • 포장방법(packing method) • 대금결제방법(terms of payment) • 보험조건(insurance) • 선적일자(shipment date) • 발행일자(offer date) • 유효기간(validity) • 비고(remarks)

(3) 반대오퍼와 승낙

반대오퍼(counter offer)란 오퍼를 받은 자가 원래의 오퍼를 발행한 자에 대하여 가격·수량·선적일 등 오퍼의 중요사항에 대해 그 조건의 변경을 요구함으로써 자신의 수정 의사를 표시하는 일종의 대응오퍼를 말한다.

실제로 무역거래에서 오퍼 발행자가 보낸 오퍼에 대해 수입을 희망하는 자는 반응을 보이기 마련인데, 주로 가격을 조정한다든지 또는 기타의 제 조건에 대해 절충을 시도하는 것이 보통이다. 이때 유의해야 할 점은 일단 반대오퍼가 제시되면 이전의 원 오퍼는 무효가 되고 당해 반대오퍼가 법적 효력을 갖게 된다는 사실이다.

승낙(acceptance)이란 상대방의 오퍼에 대하여 계약을 성립시킬 목적으로 행하는 수락의 확정적 의사표시를 말한다. 계약은 오퍼에 대한 승낙으로써 성립된다. 따라서 승낙은 원칙적으로 오퍼의 모든 사항에 대하여 무조건적으로 동의하는 형태여야 하며, 새로운 조건을 추가 하거나 오퍼의 중요사항을 제한하거나 변경하는 경우 이는 반대오퍼가 되며, 승낙으로 간주되지 않는다.[3)]

---

3) 오퍼의 조건 중 대금지급, 품질·수량, 인도장소 및 시기, 상대방에 대한 당사자의 책임범위, 또는 분쟁해결 등에 관한 조건의 변경은 오퍼의 조건을 실질적으로 변경하는 것으로 간주된다.

Ⅱ 무역계약의 체결

1 무역계약의 개념과 의의

(1) 무역계약의 개념

무역계약은 서로 다른 국가에 거주하고 있는 수출업자와 수입업자가 자신들의 의사에 따라 물품을 사고팔기 위해 체결하는 법적 구속력을 가진 합의이다. 무역계약이 성립되면 수출업자는 정해진 인도기일 내에 계약물품을 선적해야 하고, 수입업자는 그에 상응한 대금을 지불해야 할 법적의무를 진다.

무역계약은 오퍼의 제시와 이에 대한 승낙의 의사표시만으로도 성립하지만 추후 분쟁이 야기될 경우에 책임과 의무의 소재를 명확히 하기 위해 구체적인 거래조건을 명기한 매매계약서(contract of sale)를 작성하고 각각 서명을 한 후 1부씩 보관하는 것이 일반적이다.

계약이 성립되는 형식은 대개 다음의 네 가지 종류로 구별된다.

① 판매장(sales note)

오퍼를 발행한 매도인 측에서 오퍼의 내용과 동일하게 또는 그 외의 추가 및 정정 사항이 있으면 이를 보완하여 판매장을 두 통 작성하여 정식으로 서명한 후 매수인에게 보내면 매수인 측에서 그 내용에 이의가 없을 경우 서명하여 한 통은 자신이 보관하고 나머지 한 통은 매도인에게 보냄으로써 법적 구속력을 갖게 되는 매매계약서를 의미한다.

② 구매확인서(purchase order)

판매장과는 반대로 매수인이 특정한 물품을 일정한 조건으로 구매하겠다는 주문서를 일방적으로 기재 및 서명하여 매도인에게 두 통을 보내면, 매도인은 제 조건을 자세히 검토하여 이의가 없을 경우 서명하여 한 통은 보관하고 나머지 한 통은 매수인에게 보내면 이것이 곧 매매계약서가 된다. 이러한 형태를 구매확인서라 한다.

③ 오퍼장(offer sheet)

오퍼장에는 매매계약서의 주요 내용이 명기되어 있기 때문에 별도의 계약서를 작성할 필요없이 당해 오퍼장을 계약서로 이용할 수 있다. 즉 매도인이 발행한 오퍼장에 매수인이 승낙의 의사표시로 서명을 하거나 또는 매수인이 발행한 오퍼장에 매도인이 서명함으로써 이를 매매계약서로 이용하는 경우이다. 이 경우도 두 통을 작성하여 각각 한 통씩 보관하게 된다. 물론 이때의 오퍼장은 Firm Offer여야 함은 당연하다.

④ 각서(memorandum)

계약의 당사자들이 한 곳에 모여 오퍼를 중심으로 모든 계약조건을 합의한 후에 함께 계약서를 작성하여 서명 날인하는 형식이다.

(2) 무역계약의 종류

계약의 종류는 무역업을 영위하는 자의 거래형태, 자신의 해외마케팅 조직의 운영형태, 의도하는 해외시장 진출방법 등에 따라 다양하다. 예를 들면 독립적 제3자와의 거래로부터 자신의 해외지사, 합작기업 등과의 계약, 라이센싱 계약, 프랜차이징 계약 등에 이르기까지 계약의 종류와 형태는 다양해질 수 있다. 그러나 모든 계약은 크게 다음과 같이 분류할 수 있다.

① 개별계약(case by case contract)

개별계약이란 거래가 성립될 때마다 그 거래에 대해서 계약서를 작성하는 경우를 말한다. 대개가 매도인이 오퍼 내용대로 빠짐없이 기재한다. 계약서에는 오퍼 발행시 포함되지 않았던 환적 및 분할선적 여부도 기록하며 그 외 검사조건, 클레임 해결방법 등도 밝혀둘 필요가 있다.

② 포괄계약(master contract)

거래당사자간에 서로 오랜 기간 동안 거래를 하여 잘 알고 있고 같은 품질의 동종물품이 매월 정량 선적되는 경우 그때그때마다 매월 개별계약을 체결하는 것은 번거로울 수 있다. 이러한 경우 1년에 한 번이나 두 번 정도 포괄적으로 계약을 체결하고 이에 의해 매월 선적해주게 되면 당사자 상호간에 편의가 도모될 수 있다. 이 같이 일정기간 또는 연간계약을 체결하고 필요할 때마다 선적할 것을 합의한 계약을 포괄계약이라 한다.

③ 독점판매계약(exclusive contract)

독점판매계약이란 특정 품목의 수출입에 있어 수출업자는 수입국의 지정 수입업자 외에는 같은 품목을 오퍼하지 않으며, 수입업자는 수출국의 다른 업자들의 동일 품목을 취급하지 않는다는 조건으로 체결되는 계약이다.

독점판매계약이 체결되면 수출업자는 계약품목을 수입업자 시장의 다른 업자에게 제공해서는 안되고 다른 명의나 제3자를 통해서라도 그 시장에 침투할 수 없으며, 저렴한 가격으로 계약물품을 제공함과 아울러 당해 물품의 품질을 보장해 주어야 한다.

수입업자 역시 수출업자로부터 제공받은 물품의 판매에 최선을 다해야 하며, 수출국의 다른 업자의 동종물품을 취급하지 말아야 하며 연간 최소 판매량을 보장해 주어야 한다.

이와 같은 조건들은 반드시 계약서상에 명시되어야 하며 계약의 유효기간 및 계약 연장의 조건들도 포함하여 작성되어야 한다.

2 무역계약의 제 조건

국내거래와는 달리 국제무역거래는 언어·관습·화폐·법률 및 기타 여러 가지 면에서 고려할 사항이 많아 무역계약 체결시 오퍼에 포함되었던 내용은 물론 그 외의 다른 조건 및 차후 발생할 수 있는 분쟁과 마찰에 대비해 분쟁해결절차와 클레임에 대한 해결방법까지도 상세히 명기할 필요가 있다.

무역계약에 포함되는 사항은 크게 계약서의 기본사항, 개별약정사항 및 무역거래 일반약정으로 구분된다. 계약서의 기본사항은 계약 당사자의 명시, 계약성립 확인문언, 계약체결일, 유효기간, 서명 등을 포함한다. 개별약정사항에는 품질, 수량, 가격, 선적, 보험, 대금결제, 포장, 분쟁해결방안 등이 포함되며, 무역거래 일반약정은 일반거래에 공통적으로 적용되는 매매당사자의 의무, 불가항력, 클레임의 제기, 분쟁 및 중재, 준거법 등에 관한 일반조건으로써 계약서의 뒷면에 인쇄되어 있다.

계약서 본문의 개별약정사항에는 다음과 같은 주요 조건과 내용들이 명시된다.

(1) 품질조건

1) 견본매매(sale by sample)

견본에 의해 상품의 품질을 결정하는 방법으로 이는 상품의 품질을 거래 상대방에게 정확히 인식시킬 수 있는 가장 좋은 방법이다. 견본의 종류는 매도인이 보내는 매도인 견본과 매수인이 희망하는 품질의 매수인 견본, 그리고 상대방이 보낸 견본의 색상이나 부피, 크기 등을 수정한 대응견본(counter sample)등이 있다.

2) 점검매매(sale by inspection)

거래물품을 매수인이 직접 확인한 후 계약을 체결하는 방법이다. 이 방법은

첫째, 수출국에 상주하는 매수인의 대리인이 거래물품의 품질을 확인한 후 매매계약을 체결하는 경우,

둘째, 매수인이 수입국의 보세창고에서 거래물품의 품질을 직접 확인한 후 매매계약을 체결하는 보세창고도거래(bonded warehouse transaction: BWT),

셋째, 매매계약을 체결하고 계약물품을 선적한 후 수입국에 상주하는 매도인의 대리인에 의해 제시된 물품을 매수인이 그 품질을 확인한 후 대금결제하는 현물인도지급조건(cash on delivery: COD)거래 등에 사용된다.

3) 상표매매(sale by brand or trade mark)

생산업자의 상표나 생산되는 특수 물품의 상표가 세계적으로 널리 알려져 있어 구태여 견본을 보낼 필요 없이 당해 상표만을 가지고 매매계약을 체결할 수도 있다.

스마트폰의 Apple, 시계의 Rolex, 청량음료의 Coca-cola 등은 상표만으로도 품질이 보증된다.

4) 명세서 매매(sale by specification)

선박이나 공작기계, 의료기구 등과 같은 거대한 기계류 제품이나 중장비 물품은 견본을 보내기도 어렵고 상표매매로도 부적합하기 때문에 이들 물품들은 성능, 규격, 모양, 색상 등을 상세히 명시한 설명서(description), 명세서(specification), 도해목록(illustrated catalog), 설계도(design), 청사진(blue print) 등에 의하여 품질을 결정하게 된다.

5) 규격매매(sale by type or grade)

국제적으로 정해져 있거나 수출국에서 공식적으로 인정되고 있는 상품의 규격 또는 등급으로 품질을 결정하는 방법이다. 예를 들어 국제표준화기구(International Standardization Organization ; ISO), 일본의 JIS(Japan Industrial Standard), 우리나라의 KS(Korea Standard) 등의 규정을 이용한다.

6) 표준품매매(sale by standard)

표준품 매매란 농·수산물과 같은 1차 상품의 경우는 공산품의 경우처럼 같은 품질,

같은 규격으로 생산하기 어려우므로 해당 연도, 또는 해당 계절의 표준품을 기준으로 그 품질을 결정하는 방법이다. 표준품매매에 있어서 거래물품의 표준품질을 결정하는 방법에는 다음과 같은 기준이 있다.

가) 평균중등품품질조건(fair average quality: FAQ)

곡물, 과실, 면화, 차 등 농산물의 거래에서 주로 이용되는 이 조건은 선적지에서 해당계절 출하품의 평균 중등품이 품질의 기준이 된다. 선물거래(futures transaction)일 때에는 가격은 전년도 수확물의 평균 중등품을 기준으로 하고, 인도될 물품의 품질은 당해 연도 수확기의 평균 중등품이 그 기준이 된다.

나) 판매적격품질조건(good merchantable quality: GMQ)

목재나 냉동어류 등과 같이 내부가 부패되어도 외관상으로 식별해내기 어려운 물품의 경우 매도인이 인도한 물품이 수입지에 양륙되어 현물인수 될 때 수입국 시장에서의 판매가능성을 전제로 당해 물품의 품질을 결정하는 방법이다.

다) 통상품질조건(usual standard quality: USQ)

인삼, 오징어, 해태, 원사 등은 그 품질에 따라 1등품·2등품 또는 A급·B급 등으로 구분되듯이 공인 검사기관이나 해당조합의 전문 인력이 판정, 분류한 통상적 품질을 그 품질의 기준으로 하는 방법이다.

7) 기타 조건

이외에도 품목에 따라 선적시의 품질을 기준으로 하는 것과 양륙시의 품질을 기준으로 하는 것으로 다음과 같은 조건들이 있다. 영국 런던의 곡물시장을 중심으로 정립된 특수 조건들이다.

가) TQ(tale quale)

이 조건은 선적완료 시점에서의 품질을 기준으로 하는 방법으로써 수송 도중의 변질에 대해서 책임을 지지 않는 선적품질조건(shipping quality terms)이다.

나) RT(rye terms)

이 조건은 호밀(rye)거래에서 사용되었다고 해서 RT라 하는데 품질의 기준이 양륙시점인 양륙품질조건(landed quality terms)이다. 따라서 수송 도중의 변질에 대해서는 매도인이 책임을 져야 한다. 대개의 곡식은 이 조건으로 거래된다.

다) SD(sea damage)

이 조건은 계약 물품에 대해 매도인이 선적할 때까지만 책임을 지고 양륙시에는 책임을 지지 않는 선적품질조건의 하나이다. 그러나 해상운송 도중에 해수에 의해 발생한 품질변화에 대해서는 추가적으로 매도인이 책임을 부담하게 된다.4) 따라서 일종의 조건부 선적품질조건이라고 할 수 있다.

(2) 수량조건

수량을 결정할 때 사용되는 수량단위는 중량, 용적, 개수, 길이, 면적, 포장 등이 있다.

① 중량(Weight)

중량의 단위는 다양하여 국가마다 다소 차이가 있으나 무역거래에서는 주로 다음과 같은 단위가 사용된다.

㉠ English Ton(Long Ton) = 1,016kg = 2,240lbs

㉡ American Ton(Short Ton) = 907.2kg = 2,000lbs

㉢ Kilo Ton(Metric Ton) = 1,000kg = 2,204lbs

중량의 측정방법에는 다음과 같은 것들이 있다.

㉠ 총중량(gross weight): 상품을 포장한 채로의 중량으로 포장재료를 모두 합한(ware and tare) 총 무게를 말한다.

㉡ 순중량(net weight): 상품의 순중량, 즉 포장무게를 제외한 순 상품중량을 말한다.

㉢ 법적중량(legal weight): 상품의 겉포장(tare)무게는 제외하지만 상품이 소매될 때 포장되어 있는 상태의 포장 무게는 포함한 것을 말한다. 예를 들어 비누의 경우 비누를 싼 상자나 포장지의 무게는 포함되지 않는다.

㉣ 순순중량(net net weight): 상품에 따라 순중량을 좀 더 상세히 구분한 중량 측정 방법으로써 그 상품을 구성하고 있는 주된 원료의 순 무게를 말한다. 예를 들어 치약의 경우 튜브의 무게를 뺀 순수한 치약의 무게가 순순중량이 된다.

② 길이(length)

생사, 직물류, 전선 등의 경우에는 meter, yard, foot, inch 등의 단위가 사용된다.

---

4) SD조건은 통상 다음과 같은 문구가 사용된다. "Seller shall be liable for damages by sea water" 또는 "Damaged by sea water, if any, to be seller's account", 또는 "All sweeping and damaged by sea water or condensation to be rejected."

③ 용적(measurement)

석유 등 액체에는 barrel, gallon, liter, 곡물에는 bushel, 목재에는 cubic meter(㎥: CBM), cubic feet(CFT), super foot(SF) 등의 단위가 사용된다.

④ 개수(number)

대부분의 잡화 제품의 기준이 되는 수량의 단위로 piece, dozen, gross 등이 있다.

1dozen = 12 pieces(양말이나 스웨터)
1gross = 12dozen = 12 × 12 pieces(핀이나 조화 등)
1small gross = 10dozen = 12 × 10 pieces
1great gross = 12gross = 12 × 12 × 12 pieces

⑤ 포장(package)

주로 면화, 소맥분, 시멘트, 비료, 유제품, 통조림 등의 측정기준으로 case, bale, bag, sack, can, keg, cable, drum, bundle 등이 사용된다.

⑥ 과부족 용인조항(more or less clause: M/L clause)의 활용

계약물품의 수량이 포장단위(packing unit)나 개별품목(individual item)의 개수로 명시되어 있는 경우에는 정확한 수량을 측정할 수 있다. 그러나 곡물, 광산물 등과 같은 것은 일시에 대량 거래를 하는 거대화물(bulk cargo)의 형태이기 때문에 정확한 양을 측정하기 어렵다. 또한 유류와 같은 휘발성 제품은 장기간의 운송으로 도중 감량이 있을 수 있다. 따라서 이 같은 형태의 물품을 거래할 때에는 계약 수량·중량에 있어 어느 정도의 과부족을 인정할 필요가 있다.

이 같은 약간의 과부족을 허용하는 계약서상의 특별약관을 과부족 용인조항이라 한다. 과부족의 용인과 관련하여 신용장 거래에서는 물품의 수량에 "about" 또는 "approximately"라는 용어가 사용되었을 경우에는 10%의 과부족을 허용하며, 이러한 용어가 사용되지 않았을 때에는 신용장상에 특별히 반대합의가 없는 한, 그리고 관련 거래 물품이 포장단위 또는 개별품목이 아닌 한, 5%의 과부족이 용인된다.[5)]

그러나 만일 신용장거래가 아닐 경우에는 가급적 계약당사자 간에 특약의 형태로 과부족 용인조항을 계약의 조건에 포함시키는 것이 바람직 할 것이다.[6)]

---

5) 제6차 개정 신용장통일규칙 제30조(a)항.
6) 예를 들면 "Quality shall be subject to a variation of 5% more or less at seller's option."의 형태이다.

(3) 가격조건

1) 가격조건의 의의

국제무역거래는 국내거래와는 달리 물품 한 단위를 구성하는 가격의 요소들이 더 많아지는 것이 보통이어서 수출 또는 수입가격은 여러 가지의 가격 구성요소들의 총체적 형태로 나타나게 된다. 이러한 가격 구성요소들은 물품의 원자재 가격으로부터 수입지에서의 통관비용에 이르기까지 다양하나 가장 기본적인 구성요소는 크게 물품의 생산원가, 운송비용, 보험비용, 관세, 각종 부대비용 등으로 대별해 볼 수 있고 이들을 가격결정에 산입하느냐 여부는 무역거래에서 대단히 중요한 의미가 있다.7)

나아가 또 하나 고려해야 할 사항 중의 하나는 궁극적으로 물품가격을 결정함에 있어 가장 중요한 내용이라 할 수 있는 책임의 분담문제이다. 즉 수출업자 또는 수입업자 중 어느 당사자가 비용(expense)과 위험(risk)을 과연 어느 시점까지 부담 하는가라는 문제이다.

이 같은 사항을 고려한 가격의 결정문제는 당사자 간에 명시적인 합의가 없다면 각 국가마다 그리고 각 지역마다 관습과 관행의 차이로 분쟁과 마찰의 원인이 된다.

이와 같은 문제점을 해결하기 위해 국제상업회의소(International Chamber of Commerce ; ICC)에서는 가격의 결정과 관련한 제반 비용부담과 위험부담의 통일적 해석을 제공하기 위해 1936년 "무역거래 조건의 해석에 관한 국제규칙(International Rules for the Interpretation of Trade Terms: Incoterms 1936)"을 제정하였다. Incoterms는 변화하는 상관습을 반영하기 위해 계속적으로 개정을 거듭하며, 현재 Incoterms 2010에 이르고 있다.

Incoterms 2010에 관한 보다 자세한 내용은 제4장에서 상세히 다루도록 한다.

2) 가격조건과 환위험

한편 가격조건의 결정과 관련하여 고려해야 할 중요한 또 다른 사항 중의 하나는 국제무역거래의 고유한 위험 중 하나라 할 수 있는 환위험에 대한 관리이다. 수출업자와 수입업자는 계약체결 후 발생할 수 있는 환율변동의 위험을 적절히 관리할 수

---

7) 예를 들어 FOB 조건의 경우 생산원가(제조원가, 수출포장비, 물품검사비, 수출허가 등 제세공과금, 통신비 및 잡비), 운송비(국내운송비, 국내운송보험료, 선적비용 및 B/L 취득비용, 부두사용료, 창고료, 수출통관비용, 수입국 및 제3국 통과시 필요한 제반 서류취득비용, 검수·검량비) 그리고 금융비(금리, 은행수수료), 기대이익 등으로 이루어진다. CFR 조건일 경우 해상운임이, CIF 조건일 경우 해상운임과 해상보험료가 더 추가된다.

있는 기법들을 다양하게 활용할 필요가 있다.

환위험을 관리할 수 있는 기법에는 여러 가지가 있으나 가장 활용도가 높은 관리기법은 국제금융시장에서의 거래를 통해 환노출을 제거하는 방법들로 선도환시장, 국제금융시장, 옵션시장 등을 통한 헤징(hedging)방법이 있다.

① 선도환시장(forward exchange market)을 통한 헤징

환노출이 발생한 시점에서 미래의 일정시점, 즉 결제시점의 두 통화의 교환비율을 미리 결정해 두고 실제 외환의 인수·인도를 결제시점에서 이루어지도록 하는 선도환계약을 체결하는 것을 말한다.

② 국제금융시장(international money market)을 통한 헤징

환노출된 외화표시자산에 대해서는 외화표시부채를, 그리고 환노출된 외화표시부채에 대해서는 외화표시자산을 서로 대응·발생시켜 순노출 포지션을 영(零)으로 만들어 환노출을 제거하는 방법이다. 예를 들어 외화로 일정액을 받기로 되어 있을 때 국제금융시장에서 그 만큼의 외화를 차입하여 국내통화로 바꾸고 만기에 외화로 차입금을 상환하는 방법을 말한다. 국제금융시장을 통한 헤징의 비용은 두 국가 간의 이자율 차이에 의해 결정된다.

③ 옵션시장(option market)을 통한 헤징

옵션시장을 통한 헤징이란 미래 일정 시점에서 일정 환율로 외국통화를 사거나 팔 수 있는 옵션을 매입함으로써 환위험을 회피하는 방법이다.

3) price-escalation 약관의 활용

한편 환위험의 관리와 더불어 무역계약 체결시 유의해야 할 사항은 계약체결 당시의 물품가격과 계약이행 시점의 물품가격의 변동에 따른 가격 부담을 어느 당사자가 부담하는가라는 문제이다. 상술한 바처럼 물품의 가격은 원자재 비용, 운임, 보험료, 관세, 각종 부대비용, 임금 등 다양한 가격 구성요소가 통합된 형태이므로 이들 가격 구성요소의 예기치 않은 비용증가는 물품가격의 상승을 초래한다.

따라서 이러한 가격변동의 위험과 부담을 사전에 예방하기 위해 무역업자들은 다음과 같은 소위 price-escalation 약관을 계약체결시에 계약서에 삽입하는 것이 현명하다.[8)]

(4) 선적조건

일반적으로 선적(shipment)이라는 의미는 본선적재(loading on board), 탁송(dispatch),

---

8) 이 같은 계약체결을 "cost-plus basis"로 계약한다고 한다.

수취(taking in charge), 수령(pick up)의 개념을 모두 포괄하는 것으로 해석하지만 이를 엄밀히 구별한다면 본선적재는 주로 해상운송수단에, 탁송은 항공운송수단에, 수취는 복합운송수단에, 그리고 수령은 기타 형태의 배달운송수단에 적재·인도 하는 것을 의미한다.

그러나 실무적으로는 선적이라는 표현은 선박뿐만 아니라 항공기나 기타의 운송수단에 적재하는 경우에도 통칭하여 사용되기도 한다.

선적일은 선적준비완료일, 선적개시일, 선적완료일, 본선출항일 중 어느 날을 뜻하는지 문제가 될 수 있는데,[9] 복합운송의 경우에는 운송인의 관리와 통제하에 인도된 날인 선적준비완료일을, 해상운송의 경우에는 선적완료일을 의미한다.

선적조건에는 주로 선적시기, 분할선적, 환적의 허용여부, 선적지연 또는 선적불이행에 따른 면책조항, 선적일자의 해석기준 등이 포함된다.

1) 선적시기

선적시기를 약정할 때에는 선적일을 어느 한 날로 정하지 않고 보통 최종 선적일을 지정하여 그날까지 선적을 이행하게 한다든지 또는 어느 한 달을 지정한다. 경우에 따라서는 “not earlier than...”, “not later than”이라고 해서 선적해야 할 기간을 정하는 수도 있다.

① **단월선적조건**: 선적시기를 특정 월로 약정하는 방법으로써, “shipment shall be made during September, 2018.” 등의 방법으로 정하는 경우이다. 이 경우 선적시기는 그 달의 1일부터 말일까지의 기간이 된다.

② **연월선적조건**: 선적시기를 어떤 특정 월에서 또 다른 특정 월까지 연속해서 약정하는 방법으로써 “Shipment shall be made during June and July.” 또는 “June / July shipment”와 같이 약정한다. 이 경우 선적은 6월 1일부터 7월 31일 사이에 이루어진다.

③ **특정기간선적조건**: 선적시기를 어떤 특정 월의 전반부(first half) 또는 후반부(second half)[10]로, 경우에 따라 초순(beginning), 중순(middle), 하순(end)[11]등으로 약정하는 방법이다.

---

9) 이용근, 「무역계약론」, 법문사, 1994, p. 214 참조.

10) 특정월이 전반부는 1일부터 15일, 후반부는 16일부터 말일까지를 의미한다(제6차 개정 신용장통일규칙 제3조).

11) 특정월의 초순은 1일부터 10일, 중순은 11일부터 20일, 하순은 21일부터 말일까지를 의미한다(제6차 개정 신용장통일규칙 제3조).

④ **최종일 선적조건**: 선적시기와 관련하여 가장 많이 사용되는 방법으로써 선적시기를 최종선적일로 약정하는 방법이다. 이 경우에는 명시된 최종선적일까지만 선적하면 된다. "shipment shall be made not later than September 10, 2018."과 같이 합의된다. 경우에 따라 최종선적일 앞에 'on or about September 10, 2018'과 같이 표기할 수도 있는데, 이는 9월 10일의 전후 양 단일을 포함하여 각각 5일의 기간 내에 선적한다는 의미이다.12) 따라서 9월 5일부터 9월 15일까지 선적이 이루어져야 한다.

⑤ **특정일 이전 또는 이후 선적조건**: 선적기일 표시와 관련하여 "from", "till", "until", "to", "after", "before" 등과 같이 일부 표시 용어를 활용하여 약정하는 방법이다. "from", "till", "until", "to"는 그 날까지를 포함하며 "after", "before"는 그 날을 제외하고 기산한다.

⑥ **즉시선적조건**: 선적시기를 표시할 때 구체적인 일자나 기간을 명시하지 않고 "신속히(prompt)", "즉시(immediately)", "가능한 한 빨리(as soon as possible)" 등과 같은 표현을 사용할 때를 말한다. 이 같은 표현은 특정 연월일이 포함되지 않은 막연한 표현이므로 이러한 불명확한 표현방법은 자제되어야 한다.

2) 분할선적·할부선적 및 환적

① 분할선적

분할선적(partial shipment)이란 계약물품을 1회에 전량 선적하지 않고 2회 이상 나누어 선적하는 경우를 말한다.

매도인의 경우에는 계약물품의 주문 물량이 많아 이를 한꺼번에 전량 제조하거나 선적하기 어려운 때, 또는 원자재 조달 비용이 과다하여 이를 한 번에 조달하기 어려운 때, 그리고 매수인의 경우에는 계약물품에 대한 지급능력이나 시장상황 등의 제약으로 계약물품을 한 번에 전량 인수하기 어려운 때 분할선적은 대단히 유용하다. 따라서 계약서상에 분할선적을 금지한다는 명시적인 문언, 예를 들어 "partial shipments are prohibited, "partial shipments are not allowed." 등과 같은 표현이 없을 경우에는 분할선적은 항상 허용되는 것으로 간주한다.

신용장 거래에 있어 문면상 선적이 동일한 항로(same voyage)를 따라 동일한 운송수단(same means of conveyance)으로 이루어졌음을 표시하고 있는 운송서류는 그것이 동일한 목적지(same destination)를 표시하고 있으면, 비록 그 운송서류가 다른 선적일자 또는 다른 선적항, 인수지 또는 적송지를 표시하고 있을지라도 분할선적으로 간주

12) 제6차 개정 신용장통일규칙 제3조.

하지 않는다. 그러나 동일한 운송방식이라 할지라도 여러 운송수단(예를 들어 여러 선박들)에 의해 선적되는 경우, 비록 이 같은 여러 운송수단이 동일한 일자에 동일한 목적지를 향해 출발한다 해도 이를 분할선적으로 간주함에 유의할 필요가 있다.[13)]

② 할부선적

할부선적(shipment by instalment)이란 계약물품의 인도계약시 할부의 횟수, 수량, 선적시기 등을 명시적으로 합의하여 정해진 일자와 방법에 따라 나누어 선적하는 경우로써 계약물품을 1회에 전량 선적하지 않고 2회 이상 나누어 선적한다는 점에서 분할선적과 유사하지만 지정된 기간 내에 일정한 할부 선적분을 반드시 선적하고 이에 대해 할부어음(instalment drawing)을 발행한다는 점에서 분할선적과는 구별된다.

신용장거래에서 할부선적이 이루어지는 경우 어느 한 할부선적분이 당해 할부를 위해 허용된 기간 내에 선적되지 아니하면 당해 할부부분은 물론 그 이후의 모든 할부 부분에 대해 할부 계약이 무효가 됨을 유의할 필요가 있다.[14)]

③ 환적

환적(transhipment)이란 선적항으로부터 양륙항까지의 운송과정 중 한 운송수단으로부터 다른 운송수단으로 양하(unloading)하여 재적재(reloading)하는 형태를 말한다. 매수인의 입장에서는 물품이 환적될 경우 그 과정에서 파손위험이 커지고 지연(delay)의 가능성이 높아지기 때문에 일반적으로 무역거래에서는 계약시 명시적인 환적허용문언이 없는 한 환적은 금지되는 것이 보통이다. 따라서 목적항까지 직접 가는 선편이 없을 경우나 여러 운송수단을 동시에 사용하는 복합운송인 경우에만 환적을 허용하게 된다.

3) 선적지연·선적불이행과 불가항력 조항

무역거래를 하다보면 여러 가지 사정으로 인해 계약에서 정해진 기간보다 선적이 늦어지거나 선적자체가 불가능해지는 경우가 있다.

매도인의 고의·과실 또는 태만에 의해 선적지연이나 선적불이행 등이 초래된 경우에는 매도인이 물론 책임을 지는 것이 당연하나 이와는 달리 천재지변·파업·전쟁·수출금지·폭동 등 불가항력에 의한 선적지연이나 선적불이행 때에는 매도인은 면책될 수도 있다. 그러나 이와 같은 불가항력(force-majeure)의 경우라 할지라도 매도인은 자신이 면책될 수 있음을 명확히 해두기 위해 계약서상에 특약의 형태로 불가항력 조항

13) 제6차 개정 신용장 통일규칙 제31조(b)항.
14) 제6차 개정 신용장 통일규칙 제32조.

을 삽입해 두는 것이 현명하다.[15)]

(5) 보험조건

계약물품의 운송에 수반하여 발생하는 우발적 사고에 대해 부보하는 보험은 운송방식에 따라 해상보험, 육상보험, 항공보험 등으로 구분되지만 무역거래에서 주로 이용하는 것은 해상보험이다.

해상보험계약은 Incoterms 조건에 따라 매수인 혹은 매도인이 체결한다. 현행 Incoterms의 CIF나 CIP 계약조건과 같이 매도인이 매수인을 위해 해상보험을 부보할 경우에는 구체적 보험조건에 대해 당사자간에 사전에 합의가 있어야 한다. 해상보험에 있어 실무적으로 가장 많이 이용되는 협회적하약관(Institute Cargo Clause)에는 ICC(A), ICC(B), ICC(C) Clause 등 세 가지 기본 약관이 있는데 매매계약 당사자들은 담보범위와 보험료 등을 고려하여 계약화물에 가장 적합한 형태의 보험조건을 선정하여야 한다. 해상보험에 관해서는 제6장에서 좀 더 상세히 다루도록 한다.

(6) 포장조건

포장(packing)이란 물품의 운송·보관·사용·판매 등에 있어서 물품을 안전하게 보관하고 상품으로서의 가치를 유지하기 위한 계약물품의 기술적 보호 상태로써 무역거래의 필수요소이다. 수출화물의 포장은 가볍고 튼튼해야 하며 외관상 한 눈에 계약물품임을 알아볼 수 있도록 해야 한다.

포장조건에서는 포장방법, 포장의 종류, 화인 등을 약정해야 한다.

① 포장의 방법

포장의 방법은 다음과 같다.

첫째, 물품의 최소 소매단위 하나하나를 개별적으로 포장하는 개장(unitary packing),

둘째, 개장된 물품을 운송 또는 취급하기에 편리하도록 일정한 양의 개장물품을 묶어 다시 한번 포장하는 내장(interior packing),

셋째, 운송 도중 화물의 변질, 파손, 도난, 유실 등을 방지하고 하역에 편리하도록 몇 개의 내장을 목재나 골판지 등으로 된 상자에 다시 포장하는 외장(outer packing)

---

15) "Force majeure: Seller shall not be responsible for non-performance or late performance of all or part of contract due to order, regulations, and / or ordinance by the Government, Act of God, war, blockade, insurrection, mobilization or due to any other causes of circumstances beyond seller's control."

등이 있다.

② 포장의 종류

이외에도 수출화물을 포장하는 방법도 화물의 종류에 따라 각각 다르다.

가장 일반적인 것이 상자(case)포장으로 wooden case(box), paper packing case(carton), fiber case이며, 파손 방지를 위해서 그 외부에 철대(iron hoop)를 두르는 수가 많다. wooden case의 내면에 상품을 보호하기 위하여 주석, 아연판, 알루미늄 등으로 내부를 포장하는 경우도 있으며, 외부에서 내용물을 볼 수 있도록 한 skeleton case 포장방법도 있다.

③ 하인(shipping marks: cargo marks)

운송관계자나 수입업자가 쉽게 식별할 수 있도록 포장의 외장에 기호, 번호 등으로 계약물품을 표시하는데 이를 통틀어 하인 또는 화인이라 한다. 이에는 화물의 외장에 표시하는 송하인, 원산지국명, 화물번호(화번), 개수, 목적지, 취급상의 주의 표시 등을 포함한다.

대부분의 경우 하인은 수입업자가 그 형태나 모양을 지시하며 수출업자는 지시내용대로 하인을 표시하여야 한다. 그러나 수입업자의 별도 요청이 없을 경우에는 수출업자가 임의대로 하인을 하면 된다.

주하인(main mark)은 다른 화물과 식별을 용이하게 하도록 하기 위해 외장 면에 삼각형, 다이아몬드형, 정방형, 마름모형, 타원형 등의 표시를 하고 그 안에 상호의 약자를 기입한다. 부하인(counter mark)은 주하인만으로 타 화물과의 구별이 어려울 경우 같은 선적분의 다른 화물과 식별할 수 있도록 약호 등의 방식으로 표시한 것을 말한다.

(7) 대금결제조건

대금결제조건(terms of payment)이란 계약물품을 인수하는 대가로 지불하는 결제의 형태를 말하는 것으로 대금결제조건은 계약물품과 거래선에 따라서 다양하다. 이하에서는 무역거래에서 가장 많이 이용되는 조건들을 결제시기와 결제수단을 중심으로 살펴본다.

① 전불(cash in advance ; cash with order ; CWO)

이는 물품구입 주문과 동시에 물품이 인도되기 전에 대금을 전부 지불하는 것으로써 매도인에게는 유리한 조건이지만 매수인에게는 아주 불리한 조건이기 때문에 특별한 주문이거나 소량의 견본 대금을 치르는 데 주로 사용된다. 경우에 따라 매수인이 주문과 동시에 대금의 20~30%를 지급하고 잔금은 선적이 끝나고 지급하는 방법도 있는데 이를 일부선불방식(X % advance money)이라고 한다.

② 분할지급(progressive payment ; instalment payment)

상품의 대금을 계약시· 선적시·도착지 등으로 나누어 공정에 따라 일정액씩을 결제하는 방법으로써 선박·기계 및 플랜트와 같은 주문생산이나 거액의 금액을 필요로 할 때 많이 사용된다.

③ 선적서류상환불(cash against document ; CAD)

수출업자가 물품을 수출하고 선적을 증명할 수 있는 선하증권, 보험서류, 상업송장 등 선적서류를 수출지에 있는 수입업자의 대리점이나 거래은행에 제시하여 이들 선적서류와 상환으로 수출대금을 영수하는 방식을 말한다. 이 방식은 수출지에서 수입업자를 대신해서 대금을 결제해 줄 수 있는 대리점이나 은행이 없으면 활용에 어려움이 있다.

④ 현물인도결제(cash on delivery: COD)

물품이 목적지에 도착하면 물품과 상환으로 현금 결제해 주는 방식을 말한다. 이는 선적서류상환불 방식의 반대 개념으로써 수입지에 수출업자의 대리인이 있어 현금을 받지 못하면 활용하기 어렵다. 이 결제방식은 국제무역에서보다는 국내에서의 상품판매에 더 많이 이용된다.

⑤ 후불(deferred payment)

계약물품이 선적되거나 혹은 목적지에 도착하고 난 후 일정기일이 지나서 물품대금을 결제받는 조건을 말한다. 수출업자에게는 매우 불리하기 때문에 특수 플랜트(plant)수출이나 본·지점간의 거래 외에는 거의 사용되지 않는다.

⑥ 장부결제(open or current account ; O/A)

서로 거래가 많은 기업이 매 선적시마다 대금결제를 하려면 복잡하고 비용이 많이 들게 되므로 수출업자는 계속해서 상품을 선적하고 일정 기간에 한 번씩 누적된 대금을 결제하게 되는 방식이다. 일종의 외상거래이며 신용거래이다.

⑦ 무담보어음결제(clean bill of exchange)

이는 수출업자가 선적 후 제반 선적서류를 수입업자에게 직접 송부한 후 단지 환어음 하나만을 작성하여 거래은행을 통하여 추심(collection)하여 결제받는 방식을 말한다. 이 방식은 수입업자가 당해 환어음을 인수하지 않을 위험이 내재된 무담보 형태이기 때문에 수출업자에게는 불리하므로 서로 믿을 수 있는 거래선이나 운임·수수료 등의 소액 거래에만 쓰이는 일종의 후불조건이다.

⑧ 화환어음결제(documentary bill of exchange)

이는 수출업자가 물품을 선적한 후 제반 선적서류와 환어음을 발행하여 자신의 거래은행에 매입시키면 거래은행은 이들과 상환으로 대금지불을 하는 방식이다. 수출지의 거래은행은 당해 환어음과 선적서류를 수입지의 지점이나 거래은행에 송부하고 이 서류를 받은 수입지 은행은 수입업자에게 다시 당해 환어음을 제시한다. 이때 환어음이 기한부 환어음이어서 인수도조건(document against acceptance: D/A)으로 되어 있으면 수입업자는 당해 환어음에 "accepted"라고 표기하고 서명을 하면 은행으로부터 선적서류를 인도받아 선적화물을 찾게 된다. 한편 당해 환어음이 일람불 환어음이어서 지급도조건(document against payment: D/P)으로 되어 있으면 수입업자는 당해 환어음 금액을 지불하지 않으면 선적서류를 인도받을 수 없으므로 내용상으로는 선적서류상환불(cash against document: CAD)과 같다.

⑨ 환결제방식(transfer)

환결제는 송금은행이 수입업자에게 수표를 발행하는 대신 수출지에 있는 지급은행에 일정금액을 수출업자에게 지급해 줄 것을 위탁하는 지급지시서(payment order)를 발급하는 방식이다. 이러한 지급지시서를 우편으로 우송하는 것을 우편환(mailing transfer: M/T)이라고 하고, 전신방식으로 지급지시서를 송부하는 것을 전신환(telegraphic transfer: T/T)이라고 한다.

⑩ 신용장방식(letter of credit: L/C)

신용장은 수입업자의 요청과 지시에 따라 수입업자의 거래은행(개설은행)이 수출업자에게 신용장에서 요구한 제반 서류 및/또는 환어음과 상환으로 개설은행 또는 개설은행이 지정한 은행으로 하여금 대금을 지급·인수·매입 하도록 약정한 증서를 말한다. 신용장은 화환어음에 은행의 보증이 추가된 형태로서 수출업자가 신용장상에 요구하고 있는 제반 조건과 내용을 충족시킨 서류들을 제시하면 대금지급을 받게 된다.

화환어음은 수입업자 개인의 신용도에 의해 결제되나 신용장에 의한 결제는 수입업자의 거래은행, 즉 개설은행의 신용도로 대체된 개설은행의 지급보증서이기 때문에 만일 수입업자가 대금지불을 못하더라도 개설은행이 책임을 지고 지불하여 주므로 현대의 무역거래에서 가장 많이 이용된다.

⑪ 팩토링(factoring)

추심결제에 개입하는 추심의뢰은행(remitting bank)과 추심은행(collecting bank)대신 수출팩터와 수입팩터의 팩토링 회사가 수출업자와 수입업자 사이에 개입하여 수입업자에 대한 신용조사 및 신용위험 인수뿐만 아니라 수출업자에 대한 금융제공, 대금회수, 기타 업무처리의 대행 등의 서비스를 제공하는 결제방식이다.

수출팩터는 수출업자에게 수출대금의 지급을 보장하고, 수입팩터는 수입업자에게 신용을 공여하는 무신용장방식의 새로운 결제방식이다.

⑫ 포페이팅(forfaiting)

다국적 금융기관인 포피터(forfaitor)가 물품이나 서비스의 연불수출 거래에 따른 환어음 또는 약속어음을 수출업자 또는 이전의 소지인에게 상환청구권을 행사하지 않는 조건으로 고정이자율로 할인·매입하는 결제방식이다.

포페이팅은 수입업자의 신용을 보증한 은행의 파산이나 수입국의 지불불능의 경우에도 이미 수출업자에게 지급된 대금을 상환청구하지 않기 때문에 수출대금을 확실하게 회수할 수 있다는 장점이 있다. 따라서 이 방식은 정치적 위험도가 높은 국가의 거래선과 거래할 때 유용하다.

(8) 클레임 및 중재조건

무역계약을 체결할 때는 언급한 중요조건 이외에도 계약상품의 품질, 수량, 선적, 포장 등의 문제로 인한 당사자 간의 분쟁을 효율적으로 해결할 수 있도록 하는 중재조항을 사전에 명시해 둘 필요가 있다.

1) 클레임

무역계약에서 클레임(claim)이라 함은 매매계약에 있어 어느 한 당사자의 매매계약 불이행 또는 위반행위에 대한 상대방의 손해배상청구행위를 말한다.

이와 같이 클레임은 계약당사자 중 어느 일방이 상대방에게 제기하는 형태가 되나, 대부분의 경우에는 주로 수입업자가 수출업자에 대해 제기하는 클레임이 대부분이다.

수입업자의 수출업자에 대한 클레임은 크게 인도받은 상품에 대한 클레임과 포장에 관한 클레임, 선적에 관한 클레임, 운송에 관한 클레임, 결제에 관한 클레임 등이 주종을 이루나, 수입업자 측의 시황의 변화로 고의적으로 클레임을 제기하는 마켓클레임(market claim)도 적지 않다.

① 상품에 관한 클레임: 인도된 계약상품의 품질이 계약에 규정한 품질기준에 미치지 못할 때(품질불량), 또는 제시된 상품의 규격이나 수량 등이 계약과 일치하지 않을 때(규격상이 또는 수량의 과부족), 또는 계약내용과 전혀 다른 상품이 선적된 경우 등을 포함한다.

② **포장에 관한 클레임**: 견고하지 못한 포장으로 내용물이 손상을 입었을 경우, 또는 계약에 규정한 포장단위와 일치하지 않는 포장단위로 선적한 경우(예를 들어 계약서에는 200 lbs 짜리 부대자루 포장을 명시하고 있었으나 실제로 선적된 상품은 100 lbs 짜리 포장 2개로 나누어 선적한 경우) 등을 포함한다.

③ **선적에 관한 클레임**: 선적의 지연 또는 선적의 불이행 등으로 인한 클레임이다. 수출업자는 불가항력적인 상황에 의한 선적지연, 선적불이행으로 면책되기 위해서는 불가항력조항(force-majeure clause)을 삽입하는 것이 바람직하다.

④ **운송에 관한 클레임**: 운송 도중에 일어나는 계약상품의 멸실, 손상에 관한 클레임이라 할 수 있다. 이는 대부분 선박회사 또는 보험회사와의 운송계약이나 해상보험계약에 근거해 해결할 수 있다.

⑤ **마켓클레임**: 계약 당시에 비해 상품의 시장상황이 악화되었을 때 계약에 근거하지 않은 여타의 구실로 매수인이 제기하는 악의의 클레임을 말한다.

그러나 시황이 악화된 상태에서의 악덕 수입업자라면 어떠한 트집을 잡고서라도 클레임을 제기할 것이므로 시황의 변화에 민감한 품목을 거래할 때에는 특히 주의하여야 할 것이다.

2) 클레임의 해결 – 중재요건의 합의

클레임의 해결책으로는 "중재는 재판보다 낫고, 조정은 중재보다 나으며, 분쟁의 예방은 조정보다 낫다"는 말처럼 무엇보다도 클레임의 예방이 최선의 방책이 될 것이며, 최악의 경우 소송까지 문제가 확대되어서는 곤란하다.

클레임에 대한 문제가 조정(conciliation)이나 타협(compromise) 등의 방법으로 해결되기 어려울 때 가장 보편적으로 활용하는 방법이 중재(arbitration)에 의한 방법이라 할 수 있다.

따라서 무역계약을 체결할 경우에는 중재조건을 반드시 합의하여 이를 계약조항으로 삽입하는 것이 바람직하다.[16]

---

16) 우리나라에서 작성되는 모든 매매계약서에는 만일 상사분쟁이 발생하면 대한상사중재원의 중재에 회부할 것을 골자로 하는 다음과 같은 문언이 삽입되어있는 것이 보통이다.
"All disputes, controversies, or differences which may arise between the parties, out of or in relation to or in connection with this contract, or for the breach thereof, shall be finally settled by arbitration in Seoul, Korea in accordance with the Commercial Arbitration Rules of the Korea Commercial Arbitration Board and under the Law of Korea. The award rendered by the arbitrator(s) shall be final and binding both parties concerned."

중재는 반드시 중재조항이 계약서에 기재되어 있거나 교환된 서신 또는 전보 등에 중재합의의 의사가 명시되어야 한다(중재법 제2조 2항).

(“본 계약 또는 본 계약과 관련하여 발생하거나 또는 계약의 위반으로 인한 모든 분쟁, 대립, 의사의 불일치는 대한민국 서울의 대한상사중재원의 상사중재규칙 및 대한민국법에 의해 최종적으로 해결된다. 중재인(들)에 의해 결정된 중재판정은 최종적이며 관련된 양 당사자 모두를 구속한다.”)

제 11 장

무역거래조건

Ⅰ Incoterms 개관

1 무역거래의 특징과 국제규칙의 필요성

무역거래는 국내거래와는 달리 거래의 당사자들이 서로 다른 나라에 거주하고 있어 각 국마다 물품거래에 대한 상관습이 상이하기 때문에 특정 거래를 놓고 거래당사자 간에 마찰과 분쟁이 발생할 가능성이 높다. 나아가 무역거래는 물품가격을 결정함에 있어서도 생산비용과 이윤뿐만 아니라 수출통관비용, 수입국까지의 운송비와 보험료, 수입통관비용 및 수입관세, 경우에 따라 수입국 내에서 최종 목적지까지의 운송비 등을 필수적으로 고려하여야만 한다.

따라서 서로 다른 국가 간에 이루어지는 무역거래에서는 거래당사자들은 상호간에 부담해야하는 제반 비용과 책임한계를 명확하게 합의해야 할 필요가 있다. 그러나 실질적인 차원에서 볼 때 거래당사자들이 각자가 부담해야 할 제반 비용과 책임한계를 계약을 체결할 때마다 일일이 합의하는 것은 현실적으로 불가능할 때가 많기 때문에 무역거래에서는 거래당사자들간의 효율적 거래행위를 촉진시키기 위해 어느 정도 정형화된 국제규칙을 제정할 필요성이 불가피하게 되었다.[1)]

2 Incoterms의 제정

무역거래상의 분쟁요소를 없애주고 국제무역의 확대성장을 도모하기 위해서 무역거래관습의 통일화 운동이 제1차 세계대전 이후 국제상업회의소(International Chamber

1) 정형화된 국제규칙의 필요성에 따라 국제법협회(International Law Association ; ILA)는 CIF에 관한 Warsaw-Oxford 규칙(Warsaw-Oxford Rules for CIF Contract, 1932)을 제정하였고 2차 세계대전 이후 세계무역의 지도적 위치에 서게 된 미국에서는 전미무역협의회(National Foreign Trade Council)가 주축이 되어 개정미국무역정의(Revised American Foreign Trade Definitions)를 1941년 제정하였다.

of Commerce ; ICC)에 의해 활발히 전개되어오다 1936년 1월 국제상업회의소의 산하에 무역거래조건위원회의 조사를 토대로 국제상업회의소는 「무역거래조건의 해석에 관한 국제규칙」(International Rules for the Interpretation of Trade Terms ; Incoterms 1936)을 제정하였다.2)

Incoterms는 그 서문에서 밝히고 있듯이 불확실하고 불명료한 데서 야기되는 거래상의 마찰과 불충분한 자료 및 정보에서 발생하는 오해 등을 제거하기 위해서 매매당사자들 사이의 최소한의 책임관계를 명료하고 정확하게 규정하고자 함을 그 목적으로 하고 있다.

Incoterms는 무역관습의 변화와 새로운 무역관습의 태동 등에 발맞추기 위해 1953년, 1967년, 1980년, 1990년, 2000년, 2010년에 각각 개정되었으며 현재 사용하고 있는 것은 2010년에 개정된 규칙, 즉 「Incoterms 2010」이다.

3 Incoterms 2010

Incoterms 2010의 가장 큰 변화를 살펴보면 다음과 같다.

첫째, 종전의 무역거래조건 DAF, DES, DEQ, DDU가 폐지되고 DAT(Delivered at Terminal: 터미널인도조건)와 DAP(Delivered at Place: 목적지인도조건)가 신설되었다.

둘째, 해상운송이 이루어지는 경우 비용 및 위험의 분기점으로서의 상징적 개념이었던 본선난간(ship rail) 기준이 본선적재(on board the vessel)의 기준으로 개정되었다.

셋째, Incoterms는 전통적으로 국경을 달리하는 국가간의 거래에 사용되는 것으로 이해하고 있었으나 최근 자유무역지역의 확대로 경제영토가 확장되고 국경의 의미가 퇴색됨에 따라 Incoterms 2010은 국가간 거래뿐만 아니라 국내거래에서도 모두 사용 가능하다는 것을 공식적으로 인정하였다. 이에 따라 Incoterms의 부제목도 국내 및 국제거래조건의 사용에 관한 국제상업회의소 규칙(ICC Rules for the Use of Domestic and International Trade Terms)이라고 명명하고 있다.

끝으로, Incoterms 2010의 11가지 조건을 두 그룹으로 범주화하였다. 즉, 해상운송과 내수로 운송에서와 같이 운송수단으로 선박만을 이용하는 데 사용하는 조건(FAS, FOB, CFR, CIF)과 복합운송을 포함하여 운송방식에 구애를 받지 않는 조건(EXW, FCA, CIP, DAT, DAP, DDP)으로 대별하였다.

---

2) Incoterms는 International Rules for the Interpretation of Trade Terms의 약칭으로 International Commercial Terms를 사용함으로써 그 머리문자를 따온 것이다.

4 Incoterms 2010의 특징과 성격

(1) Incoterms 2010의 특징

표 9 Incoterms 2010 11가지 거래조건

그룹	약어	인도조건	설 명
E	EXW	Ex Work 공장인도조건	수출업자의 공장, 농장, 창고에서 직접 상품을 구매하는 경우 공장 출고 이후 수입상이 모든 것을 책임짐.
F	FCA	Free Carrier 운송인 인도조건	계약서에 지정된 장소에서 수입업자가 지정한 운송인(carrier)에게 수출 통관이 완료된 물품을 인계함.
	FAS	Free Alongside Ship 선측인도조건	선적하게 될 선박의 선측인 부두에 수출통관이 완료된 물품을 인도함.
	FOB	Free On Board 본선인도조건	본선에 물품을 선적하는 것까지 수출업자가 책임짐.
C	CFR	Cost and Freight 운임포함인도조건	FOB가격 조건에 해상운임을 더함. 정기선의 경우 양하비까지 수출상이 부담하지만 보험은 수입상이 부보함.
	CIF	Cost, Insurance and Freight 운임·보험료포함인도조건	CFR + 해상보험
	CPT	Carriage Paid to 운송비지불인도조건	비용 및 위험부담상으로는 CFR과 같지만 "Carriage Paid to" 다음에 기재된 장소까지의 운임을 수출업자가 부담하고 최초의 운송인에게 물품을 인도함.
	CIP	Carriage and Insurance Paid to 운송비, 보험료 지불인도조건	비용 및 위험부담상으로는 CIF와 같음. CPT + 보험료
D	DAT	Delivered At Terminal 터미널 인도조건	수출업자는 화물을 수입국의 지정된 터미널까지 운송하는데 수반되는 비용과 위험을 부담하지만 수입국에서의 통관이나 관세지급의 의무가 없음.
	DAP	Delivered At Place 지정장소 인도조건	수출업자가 화물을 계약에서 지정된 수입국의 일정 지점까지 운송하는데 수반되는 비용과 위험을 부담하지만 수입국에서의 통관이나 관세지급의 의무가 없음.
	DDP	Delivered Duty Paid 관세지급 인도조건	수출업자가 수입업자의 관세를 부담하여 통관을 끝낸 상태로 인도. DAP와 같은 조건에 수입통관만 더하는 것. 양하 불필요.

현행 Incoterms 2010은 거래조건별로 매도인과 매수인의 의무를 10가지씩 대칭 배열하고 있다. 즉, 모든 조건에서 매도인의 첫째 의무에는 매매계약과 일치하는 물품 및 증명 서류 등을 제공해야 하는 일반적 의무가 규정되어 있고, 매수인의 첫 번째 의무도 매매계약에서 정한 대금지급의무를 일반적 의무로 규정하고 있다. 그리고 마지막 의무로 정보에 의한 협조와 관련 비용 항목을 매수인과 매도인 모두 동일하게 규정함으로써 매도인의 거래행위에 상응하는 매수인의 대응행위가 무엇인지, 그리고 그러한 의무적 행위가 어떠한 방식으로 이루어져야 하는 지를 명료화 하였다.

Incoterms 2010을 이해함에 있어 가장 중요한 것은 매도인과 매수인 각자가 부담해야 하는 책임한계이다. 책임한계는 거래를 이행함에 있어서 발생하는 비용(expense)과 위험(risk)을 누가 어디까지 부담해야 하는가라는 분기점을 의미한다.

따라서 Incoterms 2010의 11가지 거래조건을 완벽하게 활용하기 위해서는 거래 물품의 인도 내지 인수를 중심으로 비용과 위험의 분기점이 어디인가라는 이해가 그 핵심이 된다.

무역거래에서는 매매당사자들의 비용부담과 책임한계가 생산비와 이윤에 추가되어 거래물품의 가격으로 표출되기 때문에 이의 분기점을 규정하고 있는 Incoterms상의 각각의 조건들은 국제물품매매계약에서의 '가격조건'으로 활용된다.

(2) Incoterms 2010의 성격

Incoterms는 무역거래에 있어 가격 및 거래조건에 관해 보편적으로 존재하는 국제적인 거래관습에 통일적인 의의를 부여한 규범으로서 국제적 상관습의 법률적 효력을 갖는다. 여기서 상관습과 대비되는 법률적 효력을 가진 형태 중 대표적인 것이 상법인데, 상관습과 상법의 법률상의 효력에 있어서 근본적 차이점은 상법의 경우는 거래당사자간의 입증 여하에 관계없이 의당 그 존재가 확인되고 적용되는 강행규범이고, 이에 반해 상관습은 거래당사자들이 그 존재를 인정하고 이에 따른다는 합의가 전제되어야만 당사자 간의 의사해석의 기준으로 적용되는 임의규범이라는 데 있다.

법률제정의 권리를 수권(authorization) 받지 못한 민간단체인 국제상업회의소가 제정한 Incoterms는 국제상관습으로서의 법원성에 머물러 있기 때문에 당사자간에 그 채택을 두고 합의의 요건을 충족시켜야 하므로, 합의 여하에 관계없이 해당 거래에 의당 적용되는 국제상법의 법적 지위에 도달한 것은 아니다.

따라서 Incoterms가 무역거래에서 준거규범으로서의 역할을 하기 위해서는 거래 당사자 간에 Incoterms를 채택한다는 명시적인 합의가 선결요건이 된다.

무역거래에서의 Incoterms를 채택하기로 합의 한 경우에는 다음과 같이 약정하는 것이 보통이다.

"The trade terms used in this contract shall be governed and interpreted by the provisions of Incoterms 2010, unless otherwise agreed."

II Incoterms 2010 거래조건의 해설

1 모든 운송방식에서 사용가능한 거래조건들

이 그룹에 속하는 조건들은 운송방식에 관계없이 사용할 수 있으며 두 가지 이상의 운송방식이 결합된 복합운송방식의 경우에도 사용할 수 있다.

(1) 공장인도조건(Ex Works .... named place of delivery: EXW)

공장인도조건은 매도인이 자신의 작업장 영역 또는 다른 지정된 장소, 예를 들어 공장, 작업장, 창고 등에 자신의 계약물품을 매수인이 임의처분할 수 있는 상태에 놓아두었을 때 매도인의 인도의무가 완료되는 조건이다.[3] 따라서 이 조건에서는 매도인이 자신의 작업장 영역에서 매수인으로 하여금 계약물품을 수령해 갈 수 있도록 인도만 하면 매도인의 매매계약상의 책임과 의무가 종결된다.

공장인도조건은 지정된 장소, 즉 공장을 분기점으로 비용과 위험의 이전이 이루어진다. 따라서 이 조건에서 비용과 위험의 분기 장소와 시점은 계약물품을 지정된 인도장소에서 매수인의 임의처분 상태에 둘 때이며, 그 이후부터 매수인은 당해 계약물품에 대한 위험과 비용을 부담하게 된다.

공장인도조건은 매도인의 입장에서 볼 때 가장 편리하고 유리한 조건으로써 계약물품의 적재와 운송, 나아가 운송 중의 위험부담에 대해서도 아무런 책임이 없다. 이 조건은 매수인이 매도인의 작업장까지 와서 계약물품을 인수해 가기 때문에 국내거래와 다를 바가 없다. 따라서 매도인은 계약물품의 적재와 수출통관 업무를 이행할 의무가 없으므로 만일 이를 이행한다하여도 이는 모두 매수인의 요청에 따라 매수인

3) 공장인도조건은 그 인도의 장소가 비단 공장만을 의미하는 것은 아니며 "Ex Plantation"이라 하여 농장에서의 인도 및 "Ex warehouse"와 같이 창고에서의 인도, 나아가 기업 관할의 물류창고를 통칭하는 개념이다.

의 비용과 위험 부담으로 이루어진다.

유럽에서는[4] 이러한 형태의 거래를 'Ex Loco' 또는 'Spot'이라고 표현하여 계약물품이 있는 현장에서 물품을 인도하는 경우에 사용하고 있다. 개정미국무역정의에서는 매수인이 계약물품을 현장에서 인수해 갈 때까지의 모든 비용과 위험만을 매도인이 부담하며 그 이후의 모든 책임은 매수인이 지도록 하고 있다.

공장인도조건에서는 수출국 법령에 따라 매수인이 직접 또는 간접으로 수출허가를 취득할 수 없을 때에는 사용할 수 없다. 이러한 경우에는 운송인인도조건(FCA)을 사용하는 것이 보다 더 적절하다.

(2) 운송인 인도조건(Free Carrier.... named place of delivery: FCA)

운송인 인도조건은 매도인이 계약에 지정된 장소와 시간에 매수인이 지정·통보한 운송인의 관리 하에 수출통관된 물품을 인도하면 자신의 책임이 종료되는 조건이다.

운송인 인도조건은 Incoterms 1980에서 처음 적용된 FRC 조건에 화차인도조건(FOR/FOT)과 공항인도조건(FOA)을 흡수·통합한 조건으로 Incoterms 1990부터 정형화된 조건이다.

Incoterms 2010에서는 이 조건은 매도인이 자신의 영업장 구내 또는 기타 지정 장소에서 매수인이 지정한 운송인이나 제3자에게 계약물품을 인도하는 조건이라고 규정하고 있다.

따라서 이 조건에서는 지정 인도지점에서 위험이 매수인에게 이전하기 때문에 지정 인도구역 내라 할지라도 그 특정지점을 가능한 한 명확하게 명시하는 것이 대단히 중요하다.[5] 만일 매매당사자 간에 매도인의 작업장 구내에서 물품을 인도하기로 하였다면, 매도인의 작업장 구내의 주소가 지정된 인도장소가 되며, 만일 또 다른 경우로 매매당사자간에 다른 장소에서 물품을 인도하기로 하였다면 명기된 특정 인도장소가 지정된 인도장소가 된다.

이처럼 Incoterms 2010에서 인도장소의 지정을 강조하고 있는 까닭은 운송인인도조건에서는 지정된 장소에서 운송인에게 계약물품이 인도되는 시점이 매매당사자 간의

---

4) 박대위·구종순, 「무역실무」, 법문사 2012, p. 59 이하 참조 ; Loco는 라틴어의 Locus라는 장소를 의미하는 말로서 영어의 Spot의 의미와 같으며, 무역거래에서는 물품이 현존하는 장소에서 계약물품을 그대로 매수인에게 인도하는 조건이며, 인수에 필요한 일체의 비용과 위험을 매수인이 부담하게 된다.

5) 만일 매수인이 항공운송인을 지정하여 통보하면 FCA Incheon Airport, 육상운송인을 지정하면 FCA Seoul Station, 또는 FCA Yongsan Cargo Terminal 등으로 표기한다.

비용부담과 위험의 분기점이 되기 때문이다.

운송인인도조건에서 매도인은 계약물품의 수출에 필요한 모든 수출통관 절차를 밟은 후 지정된 인도장소에서 지정된 운송인에게 물품을 인도하여야 한다. 지정된 운송인은 매수인이 운송계약을 체결하여 매도인에게 그 명의를 통보한 운송인이며, 운송수단을 실제로 보유하지 않은 계약운송인(contract carrier)도 포함하는 개념이다. 따라서 매수인은 실제 운송인(actual carrier)이 아닌 운송주선인(freight forwarder)에게 물품을 인도하라는 지시를 할 수도 있다. 좀 더 자세히 각 당사자들의 의무와 책임을 살펴보도록 한다.

(3) 운송비지불인도조건(Carriage Paid to.... named place of destination: CPT)

운송비지불인도조건은 이미 Incoterms 1953에서 "Freight or Carriage Paid to"로 제정되어 도로, 철도, 내수로를 포함한 내륙수송에만 사용되었던 조건이었다. 이 조건은 Incoterms 1980에서는 복합운송에 적합한 "Freight or Carriage Paid to"(DCP)로 바뀌었다가 Incoterms 1990에서는 CPT로 개정되었는데 이는 운송의 형태에 관계없이 매도인이 적출지, 즉 수출국에서 운송인에게 계약물품을 인도해 주는 조건으로 보완되었다.

Incoterms 2010에 이르러 이 조건은 선택된 운송방식에 구애받지 않고 사용될 수 있으며, 둘 이상의 운송방식이 채택된 복합운송 방식에서도 사용될 수 있는 조건으로 분류하고 있다.

운송비지불인도조건은 매도인이 수입국 목적지까지 운송계약을 체결하고 계약에 합의된 장소에서 자신이 운송계약을 체결한 운송인에게 수출통관된 물품을 인도함으로써 매도인의 책임이 종결되는 조건이다. 따라서 이 조건에서는 매도인은 자신의 위험과 비용으로 수출에 필요한 모든 통관절차를 이행해야 한다. 그리고 합의된 목적지까지 운송계약을 체결하고 운송비를 지급하여야 한다.

이 조건에서 특이할만한 사항 하나는 위험과 비용이 이전하는 분기점이 각각 다르다는 것이다.

위험의 경우 매도인이 운송인과 운송계약을 체결하고 물품을 인도하는 장소에서 위험이 매수인에게 이전되는 반면, 비용의 경우에는 운송계약상 지정된 목적지까지의 운임을 매도인이 지불하기 때문에 비용의 이전은 합의된 목적지까지의 운임부담으로 추가·연장된다. 따라서 운송비지불인도조건을 활용할 때에는 매매당사자들은 위험이 분기되는 물품의 인도장소와 비용이 추가적으로 연장되는 목적지를 가능한 한 정확하게 지정할 필요가 있다.

이 조건에서는 여러 운송방식이 사용될 수 있기 때문에 합의된 목적지까지 복수의 운송인이 개입하게 된다. 이 경우 매매당사자간에 특정한 물품인도지점을 정하여 놓지 않은 때에는 물품이 최초의 운송인(first carrier)에게 인도되는 시점에 위험이 이전한다. 최초의 운송인은 보통 수출국 내의 운송인이므로 매수인의 입장에서는 당해 계약물품의 통제가 불가능하므로 만일 여러 운송단계 중 어느 특정 지점에서 위험이 이전하기를 바란다면 매매계약 당사자들은 매매계약에서 이를 확실하게 명기할 필요가 있다.

나아가 매매계약당사자들은 목적지를 합의할 경우 가능한 한 명확하게 그 목적지 내의 특정 지점을 지정할 필요가 있다. 지정된 특정한 지점이 비용의 분기점이 되기 때문이다. 따라서 매도인 입장에서는 그 지점까지 비용을 부담해야 하기 때문에 이 같은 내용을 정확하게 만족시키는 운송계약을 체결해야 할 것이다.

한편 매도인은 운송계약의 내용에 의해 지정된 목적지에서 물품의 양하와 관련된 비용을 지불하게 된 때에는 달리 반대합의가 없는 한 매수인으로부터 당해 비용을 구상(求償)받을 수 없음을 주의할 필요가 있다.

앞서 설명한 운송인인도조건(FCA)은 매수인이 계약물품을 입수하기 위해 매수인 자신이 운송계약을 체결하고 운송비를 지급하는 형태이지만 운송비지불인도조건(CPT)은 매도인이 계약물품을 목적지까지 운송해주고 관련 운송비를 지급해주는 조건이다.[6] 운송비지불조건은 운송인인도조건과 마찬가지로 물품의 수출통관 절차를 이행할 의무를 부담하지만 수입통관 절차를 수행할 의무는 부담하지 않는다.

(4) 운송비·보험료지불 인도조건(Carriage and Insurance Paid to .... named place of destination: CIP)

운송비·보험료지불인도조건이라 함은 매도인이 계약물품에 대한 수출통관을 필하고 수입국 목적지까지 보험계약을 체결하고, 매도인이 운송계약을 체결한 후 당해 계약물품을 운송인에게 인도하는 조건이다.

이 조건은 이미 설명한 운송비지불인도조건(CPT)과 같으나 다만 매도인이 운송중

6) Incoterms 상의 C-조건들, 즉 CPT, CIP, CFR, CIF 조건들은 모두 매도인이 목적지까지의 운송비를 부담해주는 조건이지만 매도인의 의무와 책임이 계약의 목적지에서 종결되는 양륙지 인도조건은 아니다. 이들 C-조건들은 적출지, 즉 수출국내에서 물품인도 절차를 완료함으로써 매도인의 의무와 책임이 종결되는 선적지(적출지) 인도조건이다.

의 물품의 멸실이나 손상의 위험에 대한 보험의 부보까지 책임져야 한다는 점만 다르다. 따라서 이 조건에서는 매도인은 합의된 목적지까지 운송계약과 보험계약을 체결하여 운송비 및 보험료를 지불하고 계약물품을 운송인에게 인도함으로써 매도인의 의무와 책임이 종결된다.

운송비·보험료지불인도조건은 운송비지불인도조건과 마찬가지로 물품이 목적지에 도착한 때가 아니라 수출국에서 운송인에게 물품을 인도하는 시점에 매도인의 책임과 의무가 종결되는 적출지 매매조건이다.

운송비·보험료지불인도조건에서 매도인은 원칙적으로 매수인을 피보험자로 하여(경우에 따라 당해 물품에 피보험이익을 갖는 제3자) 매수인이 직접 보험자에 대해 직접 구상할 수 있는 권리를 갖도록 보험계약을 체결해주고 이러한 보험증권을 매수인에게 제공하여야 한다. 보험계약은 평판이 양호한 보험인수업자나 보험회사와 체결하여야 하며, 명시된 합의가 없는 한 매도인의 판단에 따라 거래의 관례, 화물의 성질이나 위험을 충분히 고려하여 보험계약을 체결해야 한다.7)

한편 이 조건의 보험계약에서 주의할 것은 매수인과의 다른 별도의 합의가 없는 한 보험계약은 대부분 로이드시장협회(Lloyd's Market Association ; LMA)/국제보험협의회(International Underwriting Association ; IUA)의 협회적하약관 C-약관이나 그와 유사한 약관에서 제공하는 최소담보조건으로 체결된다는 점이다. 이 유형의 약관들은 보험의 보장범위가 협소하여 매수인의 입장에서는 충분한 보상이 이루어지기 어렵기 때문에 매수인은 매매계약시 필요하다면 자신의 비용부담으로 보험의 범위가 보다 넓은 협회적하약관 A-약관이나 B-약관 또는 그와 유사한 약관 내지는 전쟁위험이나 파업·폭동·내란 등의 위험도 담보되는 보험을 구매하여야 할 것이다.

(5) 터미널인도조건(Delivered at Terminal .... named terminal at port or place of destination: DAT)

터미널 인도조건은 매도인이 계약에서 합의된 지정 목적항의 터미널 또는 지정 목적지 내의 터미널에서 운송수단으로부터 물품을 양하하여 수입통관을 필하지 않고 매수인의 임의처분 상태로 인도하는 조건을 말한다. 이 조건에서 의미하는 터미널이라 함은 부두, 창고, 컨테이너장치장(CY), 또는 도로·철도·항공화물 터미널과 같은 장소를 포함하며 지붕(덮개)의 유무를 불문한다.

---

7) 보험계약은 매매계약 금액에 10%의 기대이익(expected profit)을 가산한 금액을 기준으로 하며, 계약에 명시한 통화단위로 한다.

Incoterms 2010에서 처음 신설된 터미널 인도조건은 전통적인 분류방식인 양륙지 인도조건으로써 매도인의 의무와 책임이 양륙지 또는 도착지에서 종료되며 그 종료 지점은 목적지의 터미널이 된다. 따라서 매도인은 자신의 비용으로 합의된 목적항 또는 목적지까지 물품을 운송하기 위한 운송계약을 체결한 후 양륙지의 터미널까지 운송하여 계약물품을 양하하는 데 수반되는 모든 위험을 부담해야 하며, 매수인은 물품이 지정 터미널에 인도된 이후의 모든 위험과 비용을 부담해야 한다.

지정된 목적항 또는 지정 목적지의 터미널은 매도인과 매수인의 위험 및 비용의 분기점이 되므로 매매 당사자들은 지정된 목적항 또는 목적지의 터미널 또는 터미널 내의 특정지점을 가능한 한 명확하게 명시하는 것이 바람직하다.

이 조건에서 매도인은 수출통관은 필하여야 하나 수입통관에 대해서는 의무가 없다. 만일 매매당사자 간에 터미널에서 다른 장소까지 물품을 운송하는데 따른 위험과 비용을 매도인이 부담하도록 의도할 경우에는 목적지인도조건(DAP)이나 이에 더하여 매도인이 수입통관까지 필하여 주는 관세지급인도조건(DDP)을 활용하여야 한다.

(6) 목적지인도조건(Delivered at Place .... named place of destination: DAP)

목적지인도조건이란 매도인이 지정 목적지에서 수입통관을 필하지 않은 계약물품을 도착된 운송수단으로부터 양하하지 않은 채 양하준비된 상태로 매수인의 임의 처분하에 인도하는 조건을 말한다.

목적지인도조건은 터미널인도조건과 마찬가지로 Incoterms 2010에서 처음 도입된 조건으로 Incoterms 2010에서 사라진 부두인도조건(DEQ), 착선인도조건(DES), 국경인도조건(DAF), 관제미지급인도조건(DDU)을 보완하고 강화하는 기능을 수행한다.

앞서 설명한 바와 같이 터미널인도조건(DAT)은 매도인의 인도의무를 목적항 또는 목적지의 터미널로 규정해 놓음으로써 종전의 부두인도조건(DEQ)의 경우 그간 목적항 부두에서 양하하여 보세창고(bonded warehouse)에 입고하여 인도하였던 해상운송조건을 복합운송까지 확대하였다.

이와 같은 취지로 목적지인도조건(DAP)의 경우에도 역시 해상운송조건으로만 사용되었던 종전의 착선인도조건(DES)을 목적지의 특정지점까지 확대하여 항구뿐만 아니라 내륙의 특정지점까지 매도인의 인도 의무를 확장함으로써 비단 해상운송뿐만 아니라 운송방식에 구애를 받지 않고 복합운송에서까지 활용될 수 있도록 개정하였다.

따라서 목적지인도조건의 경우 지정된 목적지는 수입국 목적항이 될 수도 있으며, 경우에 따라 내륙의 매수인의 영업지까지 확대될 수도 있다.

이 조건은 터미널인도조건(DAT) 및 관세지급 인도조건(DDP)과 더불어 모두 양륙지 인도조건으로써 계약물품이 도착지의 특정 지점에서 인도되어야 매도인의 책임과 의무가 종결된다.

따라서 목적지인도조건에서는 매도인은 합의된 목적지의 지정 장소까지 물품을 운송하는데 수반되는 모든 위험을 부담해야 한다. 이 조건에서는 합의된 목적지의 지정 장소가 매도인과 매수인의 위험 및 비용 분기점이 되기 때문에 양 당사자들은 가능한 한 그 지정 장소를 명확하게 명시하는 것이 바람직하다.

한편 목적지인도조건에서는 매도인은 도착지에서 계약물품을 양하할 의무는 없으나 운송계약이나 관습에 따라 양하작업을 수행하여 양하비용을 지출한 경우에는 당사자 간의 합의가 없는 한 매도인은 매수인으로 부터 당해 양하비용을 구상(求償)할 수 없다.

목적지인도조건에서 매도인은 물품의 수출통관을 하여야 한다. 그러나 매도인은 물품의 수입통관 및 수입관세를 부담할 의무는 없다. 만일 당사자 간에 매도인에게 계약물품의 수입통관절차를 수행하도록 할 때에는 관세지급 인도조건(DDP)을 사용하여야 한다.

(7) 관세지급인도조건(Delivered Duty Paid .... named place of destination: DDP)

관세지급 인도조건은 매도인이 계약물품을 매수인 소재국의 지정된 장소까지 운송하여 도착된 운송수단에서 양하하지 않은 채 양하 준비상태로 매수인에게 인도하는 조건으로 공장인도조건(EXW)과 대비되는 개념이다.

이 조건에서 매도인은 수출국에서 수출통관을 필하고 수입국에서의 수입통관절차까지 모두 밟은 후 수입에 소요되는 제세공과금을 모두 지불해야 한다.[8)] 따라서 매도인이 직·간접적으로 수입허가를 취득하지 못할 경우에는 관세지급인도조건을 사용할 수 없으며, 만일 매수인이 수입통관절차를 밟고 관세나 조세 등을 납부하길 원한다면 앞서 설명한 목적지인도조건(DAP)을 사용하여야 한다.

한편 관세지급인도조건은 목적지인도조건과 마찬가지로 매도인은 계약물품을 목적지에서 양하해 줄 의무는 없기에 양하비용은 매수인이 부담한다. 따라서 양하준비 상

8) 수입시에 부과되는 부가가치세도 매도인이 부담하나 매도인이 이를 부담하지 않기로 합의할 경우에는 다음과 같이 명확히 계약서에 표기하여야 한다. “Delivered duty paid, VAT unpaid .... named place of destination.”

태로 인도된 후의 모든 위험은 매수인에게 이전된다. 만일 운송계약상 또는 목적지의 관례에 따라 계약물품의 양하작업을 매도인이 수행함으로써 발생한 양하비용이 있다면 당사자 간에 반대합의가 없는 한 매도인은 매수인으로부터 당해 비용을 구상(求償)할 수 없다.

매도인의 의무와 매수인의 의무는 언급한 매도인의 수입통관의무를 제외하고는 앞서 설명한 목적지인도조건과 크게 다르지 않다.

2 해상 또는 내수로 운송에서만 사용가능한 조건

현행 Incoterms 2010상의 11가지 조건 중 선측인도조건(FAS), 본선인도조건(FOB), 운임포함인도조건(CFR), 운임·보험료포함인도조건(CIF) 이 네 조건은 해상운송 또는 내수로 운송에서만 사용가능한 조건들이다.

(1) 선측인도조건(Free Alongside Ship .... named port of shipment: FAS)

선측인도조건이라 함은 지정된 선적항에서 매수인에 의해 수배된 본선의 선측에 매도인이 계약물품을 놓아둠으로써 인도가 이루어지는 조건을 말한다. 본선 선측에 계약물품이 인도되면 그 이후에 발생하는 물품의 멸실이나 손상위험, 그리고 모든 비용은 매수인이 부담한다. 선측인도조건에서 위험과 비용의 분기점은 '본선 선측'이 된다는 의미이다.

이 조건은 매도인이 본선 선측까지만 계약물품을 인도하므로 일반 화물의 매매에는 별로 사용되지 않으나 주로 본선에 선적하는데 비용이 많이 드는 부피가 큰 거대물품(bulky cargo), 즉 원목·원면·원맥 등의 매매에 많이 이용되고 있다.

여기서 본선 선측이라 함은 본선이 지정된 선적항에 정박하고 있을 때 본선 상용의 양화기 및 그 밖의 선적용구가 도달할 수 있는 장소를 의미한다. 따라서 본선이 정박중인 부두(quay)에 계약물품을 반입하였다 하더라도 본선의 선적용구가 도달하지 못하는 지점에 계약물품을 인도한 것은 이 조건에서의 매도인의 의무를 다한 것이라 볼 수 없다. 만일 수출국의 바다가 얕아 본선이 부두로 진입할 수 없는 경우에는 매도인은 바지선(barge)에 계약물품을 실은 채 깊은 바다에 정박하고 있는 본선의 선측, 즉 본선상용의 양화기가 도달할 수 있는 범위에 놓아두면 매도인은 자신의 인도책임을 다하게 된다.

일반적으로 물품이 컨테이너에 적재되는 경우에는 매도인이 물품을 본선 선측이 아니라 국내의 터미널에서 운송인에게 인도하는 것이 보통이다. 이러한 경우에는 선측인도조건 보다는 운송인인도조건(FCA)을 사용하는 것이 바람직하다.

선측인도조건에서 매도인은 계약물품의 수출허가 및 수출통관에 관련한 비용을 부담하여야 한다. 무역거래에서 외항선에 반입·인도되는 물품은 관세법상 외국물품으로 간주된다. 그리고 물품을 본선에 반입하려면 수출국의 관계 법규에 따라 수출승인과 그 밖의 인증을 받아 수출통관을 필해야 한다.

따라서 물품을 선적함으로 내국물품을 국제 재화화하여야 할 의무는 매수인에게 있는 것이므로 원칙적으로는 수출허가 및 수출통관은 매수인의 책임이 된다. 그러나 수출허가나 수출통관 등의 업무는 국내거주자로서 매도인이 이행하는 것이 편리하기 때문에 Incoterms 2000부터 이를 매도인의 부담으로 규정해 놓고 있다. 소위 거주자통관원칙과 실무적 관행을 반영한 것이다.

(2) 본선인도조건(Free on Board.... named port of shipment: FOB)

본선인도조건이라 함은 매도인이 계약물품을 지정된 선적항에서 매수인에 의하여 지정·통보된 선박에 적재하여 인도하거나 이미 그렇게 인도된 물품을 조달함으로써 매도인의 의무가 완료되는 조건을 말한다. 따라서 매매당사자간의 위험 및 비용의 책임부담의 분기점은 계약물품이 본선상에 적재되는 시점이 된다.[9)]

이 조건에서 매도인은 합의된 선적기간 내에 매수인이 지정한 운송선박에 계약물품을 선적하면 자신의 책임이 끝나며 선적 이후의 모든 책임과 비용은 매수인이 부담한다. 매수인은 계약물품을 수입지까지 운송할 선박과 운송계약을 체결해야 하며 선박명, 정박지, 선적기일 등을 매도인에게 충분히 통지해야 한다.

본선인도조건은 전형적으로 해상운송조건이기 때문에 국내 터미널에서 인도되는 컨테이너화물과 같이 물품이 본선에 적재되기 전에 운송인에게 인도되는 경우에는 적절하지 않다. 이러한 경우에는 운송수단에 구애를 받지 않고 복합운송에 활용되는 운송인인도조건(FCA)를 사용하는 것이 바람직하다.[10)]

---

9) Incoterms 제정 당시부터 Incoterms 2010 이전까지는 해상운송조건으로 분류되었던 FOB, CIF, CFR 등과 같은 조건에서 위험의 분기점은 물품이 본선의 난간(ship's rail)을 통과하는 시점이었다. 원래 '본선의 난간을 통과 한다'는 의미는 '안전하게 갑판위에 적재됨'을 전통적으로 뜻하는 것으로 책임의 분기점으로의 판단에 대한 상징적 기준으로서의 역할을 해왔다. Incoterms 2010 에서는 '본선 난간'이라는 상징적 분기점을 '본선적재'라는 구체적 기준으로 개정하였다.

10) 본선인도조건(FOB)은 원래 영국에서 발생하여 해양무역에 사용되어왔으나 대륙국인 미국은 대륙적인 특수한 사정으로 FOB라는 용어로 6종류의 형태가 있다(1941 개정미국무역용

본선인도조건에서 매도인은 물품의 수출통관을 하여야 한다. 그러나 수입관세 등을 부담하는 수입통관절차를 수행할 의무는 없다.

가) 비용부담의 제 문제

Incoterms의 규정에 따라 본선인도조건에서는 매도인은 매수인이 제3국 통과시 및 수입통관시 필요한 수출국 발행의 제반 서류를 매수인의 요청에 따라 매수인의 위험과 비용으로 매수인이 입수할 수 있도록 모든 노력과 편의를 제공하여야 한다. 그러나 원산지증명서, 영사송장 등은 수출지에서 발행하는 것으로 매수인의 수입통관시 필요한 서류이다. 그러나 이들 서류는 비록 수입에 관계되는 서류라 할지라도 사실상 매도인이 자신의 부담으로 매수인에게 제공하고 있다.[11)]

또한 Incoterms상 본선인도조건에서는 수출통관비용 및 수출에 관련된 제세공과금은 당연히 매도인이 부담한다.

나) 적합선박의 지정

본선인도조건에서 매수인은 자신의 위험과 비용으로 선박을 수배·지정하여야 한다. 선박의 수배·지정이 완료되면 매수인은 선박의 이름, 선적항 및 인도기일에 관하여 매도인에게 충분한 통지(sufficient notice)를 해주어야 한다. 만일 통지의무를 해태한 경우에는 매수인은 합의된 인도기일 또는 인도기간의 종료일부터 물품의 위험을 부담하며, 발생한 추가비용이 있다면 이것도 부담해야 한다. 나아가 매수인은 당해 선적기간 중 합의된 선박명, 적재지점, 그리고 필요한 경우 반드시 선적기간 중의 특정한 인도시점을 매도인에게 충분히 통지하여야 한다.

한편 여기서 주의해야 할 것은 매수인이 수배·지정한 선박은 반드시 적합선박(suitable ship)이어야 한다는 점이다.

적합선박이란 다음의 두 가지 요건을 구비한 선박을 의미한다.

첫째, 지정선박은 반드시 계약물품과 같은 종류의 물품을 운송하는데 적합하여야 하며 계약물품의 특성을 수용할 수 있는 형태여야 한다.

어정의). 이중 FOB조건이 Incoterms의 운송인인도조건(FCA)과 유사한 형태가 있기 때문에 미국에서는 Incoterms의 본선인도조건을 의미하기 위해서는 "FOB vessel"이라고 명시해야 한다.

11) 실제로 이들 서류 취득비용은 전체 수출액수에 비하면 극히 미미한 금액이어서 별도로 금액을 청구하는 것은 실무상 무의미할 수도 있다. 대개 매도인은 매수인에게 가격제시를 할 때 이미 원가상에 이런 제반 부대비용까지 포함해서 FOB가격을 산출해 내므로 형식상으로는 매도인이 비용을 부담하는 것처럼 보이나 사실은 매수인이 부담하고 있는 결과이다.: 박대위, 「무역실무」, 법문사 1998, p. 81 참조.

둘째, 지정선박은 반드시 선적기간 내에 계약물품을 선적할 수 있어야 한다.

(3) 운임포함인도조건(Cost and Freight .... named port of shipment: CFR)

운임포함인도조건이라 함은 매도인이 물품을 본선에 적재하여 인도하거나 또는 이미 그렇게 인도된 물품을 조달함으로써 인도가 완료되는 조건을 의미한다. 물품의 멸실 또는 손상의 위험은 물품이 본선에 적재된 때 매도인으로부터 매수인에게 이전한다. 그리고 매도인은 물품을 지정 목적항까지 운송하는 데 필요한 해상운송계약을 체결하고 그에 따른 비용과 운임을 부담하여야 한다.

운송비지불인도조건(CPT), 운송비·보험료지불인도조건(CIP), 운임포함인도조건(CFR), 운임·보험료포함인도조건(CIF) 등과 같은 C-조건들은 물품이 목적지에 도착할 때까지 매도인의 인도의무가 연장되는 것이 아니라 계약조건에 명시된 방법으로 수출국 내의 운송인에게 물품을 교부하는 때에 매도인의 인도의무가 완료된 것으로 본다.

운임포함인도조건은 전형적으로 수출국내 터미널에서 인도되는 컨테이너 화물과 같이 물품이 본선에 적재되기 전에 운송인에게 인도되는 경우에는 적절하지 않다. 이러한 경우에는 운송비지불조건(CPT)이 사용되어야 한다.

이 운임포함인도조건은 앞서 설명한 운송비·보험료지불인도조건(CIP)과 운송비지불인도조건(CPT)과 마찬가지로 위험과 비용이 서로 분리되어 이전되기 때문에 두 가지의 분기점을 갖는다.

우선 위험은 선적항에서 본선 적재시에 매수인에게 이전한다. 반면에 합의된 목적항까지의 운임과 비용을 매도인이 부담하기 때문에 목적항이 비용의 분기점이 된다. 매도인은 목적항에 도착한 계약화물을 양하할 의무는 없다. 그러나 만일 매도인이 자신이 체결한 운송계약 하에서 목적항에서의 양륙비용을 부담한 경우에는, 당사자 간에 반대합의가 없는 한 이 비용을 매수인에게 구상(求償) 할 수 없다.

일반적으로 목적항에서의 부선료(lighterage)이나 양륙비용(unloading charge)이 운임에 포함되어 있지 않은 경우에는 이 비용은 관례적으로 매수인이 부담하지만, 정기선운송 운임과 같이 이들 비용이 운임에 포함되어 있을 때에는 결과적으로 매도인이 부담하는 형태가 되므로 당사자 간에 별도의 반대합의가 없다면 이 비용을 구태여 따로 매수인에게 청구하는 것은 무역거래에서 큰 의미가 없다는 의미이다.

운임포함인도조건에서 매도인은 계약물품의 수출허가를 포함해 수출통관에 필요한 제세공과금을 부담한다. 그러나 당해 물품을 수입통관하거나 수입관세를 부담하는 등 수입통관절차를 수행할 의무는 없다.

(4) 운임·보험료포함인도조건(Cost, Insurance and Freight ... named port of destination: CIF)

운임·보험료포함인도조건은 앞서 설명한 운임포함인도조건(CFR)에 보험만 추가한 조건으로 다른 모든 내용은 운임포함인도조건과 똑같다.

Incoterms 2010 규정에 따라 운임·보험료포함인도조건의 사용지침을 살펴보면 다음과 같다.

운임·보험료포함인도조건이라 함은 매도인이 물품을 본선에 적재하여 인도하거나 또는 이미 그렇게 인도된 물품을 조달함으로써 인도가 완료되는 조건을 의미한다. 물품의 멸실 또는 손상의 위험은 물품이 본선에 적재될 때 매도인으로부터 매수인에게 이전한다. 매도인은 물품을 지정 목적항까지 운송하는데 필요한 운송계약을 체결하고 그에 따른 비용과 운임을 부담해야 한다.

또한 매도인은 운송중 물품의 멸실이나 손상의 위험에 대비하여 보험계약을 체결한다. 이때 매수인이 유의할 것은 본 조건에서 매도인은 단지 최소부보조건(minimum cover)으로 부보되도록 요구된다는 것이다. 따라서 보다 광범위한 보험의 부보를 원한다면 매수인은 매도인과 명시적으로 그러한 내용을 합의하든지 아니면 스스로 추가보험을 들어야 한다.

매도인은 매수인과 다른 별도의 합의가 없는 한 보험계약은 대부분 로이드시장협회(LMA)/국제보험업협의회(IUA)의 협회적하약관 C-약관이나 그와 유사한 약관으로 최소담보조건으로 체결된다. 따라서 매수인은 필요하다면 자신의 비용으로 보험의 담보 범위가 넓은 A-약관이나 B-약관 또는 그와 유사한 약관을 포함해 전쟁위험이나 파업·폭동·내란 등의 위험도 담보되는 보험을 구매하여야 할 것이다.

운송비지불인도조건(CPT), 운송비·보험료지불인도조건(CIP), 운임포함인도조건(CFR), 운임·보험료포함인도조건(CIF) 등과 같은 C-조건들은 물품이 목적지에 도착한 때가 아니라 운송인에게 물품을 인도하는 때에 매도인의 인도의무가 이행된 것으로 본다.

운임·보험료포함인도조건은 앞서 설명한 운임포함인도조건과 마찬가지로 위험과 비용이 서로 다른 장소에서 이전하기 때문에 두 가지의 분기점을 갖는다. 우선 위험은 선적항에서 본선 적재시에 매수인에게 이전한다. 따라서 매수인이 위험의 이전과 관련하여 선적항에 특별한 이해관계가 있다면 계약에서 가능한 한 명확하게 선적항을 특정해 놓는 것이 필요하다.

또한 당사자간에 합의된 목적항까지 매도인이 비용을 부담하기 때문에 목적항은 비용의 분기점이 된다. 따라서 매도인은 합의된 목적항내에서도 자신의 비용부담의 분기점이 될 수 있는 특정 지점을 가급적 명확하게 특정해 놓는 것이 바람직하다.

만일 매도인은 자신이 체결한 운송계약 하에서 목적항의 양륙비용을 부담한 경우에는 당사자간에 반대합의가 없는 한 이 비용을 매수인에게 구상(求償) 할 수 없다. 운임·보험료포함인도조건은 전형적으로 터미널에서 인도되는 컨테이너화물과 같이 물품이 본선에 인도되기 전에 운송인에게 인도되는 경우에는 적절하지 않다. 이러한 경우에는 운송비·보험료지불인도조건(CIP)이 사용되어야 한다.

이 조건에서는 매도인은 계약물품의 수출허가를 포함해 수출통관에 필요한 제세공과금 등을 부담한다. 그러나 당해 물품을 수입통관하거나 수입관세를 부담하는 등 수입통관절차를 수행할 의무는 없다.

이하 매도인과 매수인의 의무는 매도인의 보험계약 체결의무를 제외하고는 운임포함인도조건(CFR)과 동일하다.

제 12 장

국제운송

Ⅰ 해상운송

무역거래는 국제간에 이루어지는 상거래이므로 필연적으로 운송이 수반된다. 무역을 위한 운송은 운송수단에 따라 해상운송, 육상운송, 항공운송 그리고 복합운송으로 구분할 수 있는데 물동량 면에서 볼 때 해상운송의 비중이 전통적으로 상당히 높다고 볼 수 있다. 근래에는 대형 항만의 개발과 대형 컨테이너선의 등장으로 해상운송의 중요성은 더 더욱 높아지고 있다. 최근에는 항공기의 발달로 항공운송도 증가 일로에 있으며, 컨테이너의 다양한 활용으로 여러 운송수단을 동시에 사용하는 복합운송 역시 대단히 중요한 의미를 준다.

이 장에서는 국제물품운송과 관련하여 그 주된 내용을 해상운송, 항공운송, 복합운송으로 나누어 자세히 살펴보기로 한다.

1 해상운송의 의의

해상운송이란 선박이라는 수단을 이용하여 상업적 목적하에서 해상을 통해 화물 및 여객을 운송하는 것을 말한다. 해상운송은 물품의 운송수단으로서 오래 세월 전부터 가장 많이 활용되어 왔다. 3면이 바다로 둘러싸인 우리나라는 무역 물품운송의 99%이상을 해상운송에 의존하고 있다. 이러한 해상운송의 의의를 살펴보면 다음과 같다.

① 화물의 대량운송

해상운송은 노로운송, 항공운송, 철도운송 등에 비해 화물을 대량으로 운송할 수 있다. 최근 대형화된 컨테이너선을 통한 일반화물 운송량과 전용선을 통한 벌크화물의 운송량은 타 운송수단과 비교할 수 없을 만큼 크다.

② 저렴한 운송비

해상운송은 대량운송과 원거리 운송시 다른 운송수단과 비교하여 가장 운임이 저렴하다.

③ 국제수지 개선기능

무역거래에서 수출입 화물을 자국선박에 의해 운송함으로써 외화지불을 절약하고 외국의 화물을 운송함으로써 외화를 획득하여 국제수지를 개선시키는데 큰 역할을 한다. 또한 각종 해운 종사자들이 벌어들이는 외화도 상당하다.

④ 조선산업 및 연관산업의 발전효과

해상운송은 조선 및 철강산업의 발달과 관련 연관산업의 동반성장에 큰 역할을 한다.

⑤ 고용증대 효과

해상운송을 뒷받침하는 해상보험 사업의 고용증대 효과뿐만 아니라 해상운송을 위한 각종 포워더(forwarder), 검수원, 부두 종사자, 조선업 종사자 등과 같은 고용에 미치는 효과가 높다.

2 해상운송의 운항형태

해상운송은 선박의 운항형태에 따라 정기선 운항, 부정기선 운항으로 대별되며, 이들 운항에 투입된 선박을 각각 정기선, 부정기선이라 한다.

(1) 정기선과 부정기선

1) 정기선

정기선(liner) 운송이라 함은 엄격한 운송계획하에 운항 일정에 따라 정해진 항로를 규칙적으로 반복 운항하는 형태의 운송을 말한다. 대부분의 정기선은 선박 자체가 상대적으로 고가이며 컨테이너 화물에 적합하도록 선박이 설계되어있어 주로 공업제품, 컨테이너 화물 등의 일반잡화를 운송하는데 이용된다.

정기선은 운항계획에 따라 정해진 항로를 하주의 화물 유무와 관계없이 규칙적으로 반복 운항하므로 운송서비스의 질이 높고, 많은 선박이 필요하며 고정비용이 높아 운임률도 부정기선에 비해 높다.

일반적으로 정기선의 운임은 부정기선과는 달리 각 정기항로의 해운동맹에서 일률적으로 정한 동맹운임표(tariff)에 의하여 운임이 책정된다.

정기선 운송에서는 선박회사가 불특정다수의 하주와 화물에 대한 운송을 개별적으로 계약하는 개품운송계약(contract of affreightment)을 체결하고 이 계약의 증거서류로 선하증권(Bill of Lading: B/L)을 발급한다.

2) 부정기선

부정기선(tramper) 운송이라 함은 정기항로를 규칙적으로 취항하는 정기선과는 달리 고정된 항로나 정해진 운항계획 없이 하주의 필요에 따라 부정기적으로 운항하는 운송형태를 말한다.

부정기선은 특정 하주의 화물 수요에 따라 선복의 전부 또는 일부를 용선하여 운송하게 된다. 부정기선은 정기선과는 달리 주로 광물이나 곡물, 원목 등 주로 1차 상품과 같은 저가의 대량동종화물을 주로 운송대상으로 하고 있다. 운임은 계약 당시의 수요와 공급에 의하여 결정되므로 수시로 변동한다. 부정기선의 운임은 정기선 운임과 같이 안정되지 않고 해운 시황에 따라 등락을 거듭하며, 치열한 경쟁을 통해 운임이 결정되므로 정기선보다 그 운임률이 낮다.

부정기선 운송에서는 특정 화물의 하주와 선박회사 간에 용선계약(contract of charter party)이 체결되고 용선계약서 하에서 선하증권과는 법률적 성질이 다른 용선계약 선하증권(charter party Bill of Lading: C/P B/L)이 발행된다.

▌표 10▐ 정기선과 부정기선 운송의 주요 특징 비교

구 분	정기선(liner)	부정기선(tramper)
항로	• 특정한 항구 사이를 일정에 따라 규칙적으로 반복운항.	• 운송화물의 수요에 따라 항로가 결정되고 변동됨.
선박의 형태	• 일정규모의 선대(fleet)가 취항. • 선박의 종류는 일반화물선 또는 컨테이너선.	• 개별취항. • 주로 전용선.
화물의 형태	• 불특정다수 하주로부터 다양한 고가의 잡화물(general cargo). • 주로 완제품 형태의 포장화물.	• 1인 또는 소수의 하주로부터의 저가의 대량만재화물. • 주로 원자재 형태의 거대화물(bulky cargo).
운임	• 표정운임 또는 동맹운임.	• 시황에 따라 운임이 가변적인 시장운임 또는 경쟁운임.
운송계약	• 불특정다수의 하주와 개품운송계약(contract of affreightment) 체결.	• 특정한 용선자와 용선계약(contract of charter party) 체결.
운송서류	• 통일된 양식의 선하증권(B/L).	• 계약조건에 따라 융통성 있는 용선계약 선하증권(C/P B/L).
선박운항자	• 공공운송인(common carrier) 또는 대중운송인(public carrier)	• 계약운송인(contract carrier) 또는 개인운송인(private carrier)

3) 특수전용선[1)]

특수전용선은 광의로 말하면 부정기선박의 일종이라 할 수 있으나, 선박의 구조상 일반 선박과는 다르기 때문에 특별히 구별할 필요가 있다.

특수전용선은 운송할 대상 화물의 성질과 특성에 맞게 선박자체 내에 특수시설이 갖추어졌으며, 대개가 용선계약으로 운송된다. 특수전용선에는 수산물과 청과물을 운송하는 냉동선(refrigerated ship), 유류만 수송하는 유조선(oil tanker), 곡물이나 광석의 수송에 쓰이는 전용선, 목재 전용선, 자동차 수송 전용선 등이 있다.

(2) 정기선 운송

1) 정기선 운송계약

정기선 선박회사는 다수의 하주로부터 화물에 대한 운송을 개별적으로 인수하는 해상운송계약을 체결한다.

정기선사가 각각의 하주들과 별도의 운송계약을 체결한다고 하여 하주와 정기선사와의 운송계약을 개품운송계약(contract of affreightment)이라고도 한다.

정기선은 재래식 화물선과 컨테이너 전용선으로 구분되는데 오늘날 대부분의 정기선 화물은 컨테이너화물이므로 컨테이너 전용선이 정기선운송에 사용된다. 따라서 컨테이너 전용선을 이용해야 할 경우에는 정기선사와 하주 간에 개품운송계약을 체결한다.

개품운송계약에서 하주는 Incoterms의 조건에 따라 수출업자가 될 수도 있고 수입업자가 될 수도 있다. 본선인도조건(FOB)에서는 선복수배와 운송계약의 책임이 수입업자에게 있으므로 수입업자가 하주가 되며 운임·보험료포함인도조건(CIF)에서는 수출업자가 하주가 되어 운송계약을 체결하고 운임을 지불하여야 한다.

2) 해상운임

정기선운임은 크게 재래 정기선 운임과 컨테이너 단위 운임으로 대별된다.

가) 재래 정기선 운임

컨테이너 화물이 아닌 재래식 운임은 용적 및 중량 등을 고려하여 결정된다. 용적을 기준으로 하는 화물을 용적화물(measurement cargo)이라 하고 중량을 기준으로 하는 화물을 중량화물(weight cargo)이라 한다.

---

1) 박대위, 「무역실무」, 법문사, 1998, p. 105 참조.

① 중량톤(weight ton)

1000kg의 중량을 1중량톤으로 하여 운임을 산정하는 방법으로 통상 Metric Ton(M/T)이라 한다. 이 밖에 지역에 따라 Long Ton(English Ton: E/T), Short Ton(American Ton: A/T) 등이 있다.

Metric Ton = Kilo Ton: 2204lbs = 1,000kg
Long Ton = English Ton: 2240lbs = 1,016kg
Short Ton = American Ton: 2000lbs = 906kg

② 용적톤(measurement ton)

1입방미터(㎥=cubic meter: CBM)를 1톤으로 한다.

한편 용적과 중량의 구별은 40cubic feet, 즉 한 용적톤의 화물이 중량 2240lbs를 초과하면 중량화물로 취급된다. 대개 정기선 운임은 용적톤과 중량톤 중 높은 운임에 해당하는 운임을 적용한다. 이를 운임톤(revenue ton)이라 한다.

③ 종가운임(ad valorem freight)

고가품일 경우에는 용적 또는 중량에 관계없이 가격에 따라 운임이 부과된다.

④ 개수·단위 기준 운임

관례상 화물이 개별적 포장단위로 이루어져 있어 내용물의 용적 또는 중량이 일정한 화물, 즉 석유제품 또는 자동차 등과 같은 화물은 개수 또는 단위를 기준으로 운임을 정한다.

나) 컨테이너 단위 운임

정기선은 최근 주로 컨테이너 화물을 취급하기 때문에 정기선 운임은 다음과 같은 컨테이너 단위를 기준으로 운임을 산정한다.

① 품목별 운임(commodity rate)

이는 컨테이너 내용물의 가치에 따라 운임을 정하는 방식으로 고가치 화물일 경우에는 높은 운임을 적용하고, 저가치 화물일 경우에는 낮은 운임을 적용하는 종가 운임제이다. 항로별 해운동맹이 정한 운임률표(tariff)에서 해당 품목의 운임을 찾아 계산해야 하는 번거로움이 있다. 대부분의 정기선은 품목별 운임을 적용하고 있다.

② 무차별운임(freight all kinds rate: FAK rate)

컨테이너 내용물의 품목에 관계없이 컨테이너 1단위당 동일한 운임을 적용하는 방식이다. 운임을 계산하는 것이 손쉽다는 장점으로 컨테이너 운송에서 보편화 추세에 있다.

③ 품목별 박스운임(commodity box rate)

이는 위에서 언급한 품목별 운임과 무차별운임을 절충하여 물품을 몇 가지 등급으로 분류하여 운임을 차등 적용하는 방식이다. 컨테이너 운송의 경우 항로에 따라 적용되고 있다.

다) 할증운임

정기선은 정기적으로 기항하는 한 구간에 대해 상술한 기본 운임이 적용되나 화물이나 항로에 따라서는 다음과 같은 할증운임(surcharge)이 추가로 부과된다.

① 중량 할증운임(heavy lift charge): 포장된 화물 한 단위(package or unit)가 일정한 중량을 초과할 때 할증료를 지불하여야 한다.
② 용적 및 장척 할증운임(bulky or lengthy charge): 용적할증운임이란 화물 한 개가 일정한 용적을 초과할 때 부과되는 할증료를 말하며, 장척할증운임이란 화물 한 개의 길이가 일정 길이를 초과할 때 부과되는 할증료를 말한다.
③ 양륙항선택 할증료(optional charge): 본선 출항시까지 화물의 최종 양륙장소를 지정하지 못하였거나 양륙항으로 여러 항을 선택하였을 때에는 그 항구들의 수에 비례하여 할증료를 부과한다.
④ 양륙항변경 할증료(diversion charge): 화물의 선적시에 정한 양륙항 이외의 다른 항구로 양륙항을 변경한 경우에 부과되는 할증료이다.
⑤ 체선할증료(congestion surcharge): 지정된 양륙항의 체선이 극심한 경우 하주에게 통보하고 그 화물에 대해 부과하는 할증료이다. 혼선할증료라고도 한다.
⑥ 반송운임(back freight): 화물의 목적지에서 수하인(consignee)이 화물의 인수를 거절하는 경우 선주는 화물을 원래의 송하인(consignor)에게 반환할 수 있는데 이때 송하인에게 청구하는 운임을 말한다.
⑦ 통화할증료(currency charge): 해상운임의 지급통화가 환율변동될 때 환차손을 보전하기 위해 부과하는 할증료이다. CAF(currency adjustment factor)라는 항목으로 부과된다.
⑧ 유가할증료(bunker charge): 국제유가의 변동에 따른 손실을 보전하기 위해 부과되는 할증료이다. BAF(bunker adjustment factor)라는 항목으로 부과된다.

3) 해운동맹

해운동맹이란 특정항로에 배선하고 있는 둘 이상의 정기선 운항업자가 상호간에 기업적 독립성을 유지하면서 경쟁을 피하고 상호이익을 증진하기 위하여 해상운임 및 기타 운송조건에 대하여 협정 또는 계약을 체결하는 국제해운카르텔이다.

정기선 해운에서는 각 선사 간에 집하경쟁이 치열하게 되고 일단 특정 항로가 선복과잉에 직면하게 되면 당해 항로에 참가한 모든 선사의 존립을 위태롭게 할 수 있는 파멸적인 운임경쟁이 불가피해진다. 이러한 파멸적 경쟁에 이르기 전에 당해 특정 항로에 참가하는 선사들은 상호간에 협조체제를 확립하여 과당경쟁을 배제하고 운송에 관한 각종 협정을 체결함으로써 선사 상호간의 이익을 도모할 목적으로 생겨난 것이 해운동맹이다.

그러나 해운동맹은 가맹선사간의 공동합의를 전제로 운영되어왔기 때문에 해운시장의 민감한 환경변화에 탄력적으로 대응할 수 없어 대형 선박회사들이 점차 해운동맹을 탈퇴하기 시작하였고, 시간이 지남에 따라 해운동맹 운영의 독점적 폐해성이 선사 상호간에 경쟁을 제한하여 해운시장을 왜곡시키는 악영향이 두드러지기 시작하였다.

더욱이 대하주 국가인 미국에서 독점을 강력히 규제하는 신해운법(Shipping Act, 1984) 및 외항해운개혁법(Ocean Shipping Reform Act, 1998)이 연달아 제정됨에 따라 해운동맹의 기능이 매우 약화되었다.

그리고 해운동맹의 본거지였던 유럽연합(EU)에서도 2003년부터 오랜 논의 끝에 유럽집행위원회(European Commission)에서 해운동맹의 폐지를 확정하였고, 2008년부터 유럽지역을 운항하는 선사는 해운동맹, 콘소시움, 전략적 제휴 등 그 명칭에 관계없이 어떠한 형태로도 운임 또는 할증료에 대한 협의, 담합, 선복조정, 감축 등 경쟁제한 행위를 할 수 없게 되어 해운동맹은 사실상 그 기능을 상실하였다.[2)]

(3) 부정기선 운송

부정기선(tramper)이란 정규적으로 정기항로를 취항하는 정기선과는 달리 고정된 항로나 정해진 운항계획 없이 하주의 필요에 따라 화물의 수요가 있으면 어느 지역이나 운항하는 선박의 형태를 말한다.

부정기선은 주로 광물이나 원유 등과 같은 원자재 형태의 화물이나 1차상품인 곡물 등과 같은 저가의 동종화물(homogeneous cargo)을 운송 대상으로 하며, 운임도 정

---

2) 박대위·구종순, 「무역실무」, 법문사, 2012, p. 86 참조.

기선의 표정(表定)운임률이 아닌 계약 당시의 수요와 공급에 의해 결정된다.

부정기선과의 운송계약을 용선계약(contract of charterparty)이라 하는데 이는 하주가 선박회사로부터 선복의 전부 또는 일부를 빌려 화물을 운송하고자 할 때 체결된다.

개품운송계약에 의해 선하증권이 발급되는 정기선운송과는 달리 부정기선운송은 하주와 선주간의 용선계약에 의해 성립되며, 계약의 증거로 용선계약서가 발급된다. 용선계약에서는 선박의 전부를 빌리는 전부용선(whole charter)과 선복의 일부만을 빌리는 일부용선(partial charter)이 있으며, 전부용선은 다시 기간용선, 항해용선, 나용선으로 구분된다.

1) **기간용선**(time charter)

기간용선이라 함은 용선자가 선박소유자(선주)로부터 선박 운항에 필요한 모든 용구와 선원까지 승선시킨 내항성(seaworthiness)[3)]을 갖춘 선박을 일정기간 동안 용선하여 그 기간을 기준으로 용선료를 지불하는 용선계약을 말한다. 기간용선계약 중에서 가장 중요한 형태는 정기용선계약이다.

일반적으로 선박소유자(선주)는 선박의 감가상각비·보험료 등의 간접비와 선원비·수리비 그리고 선용품비 등의 직접비를 부담해야 하며, 용선자는 용선료를 포함하여 연료비·항구세 등의 운항비용을 부담한다.

2) **항해용선**(voyage charter, trip charter)

항해용선이라 함은 특정항구(1개 또는 수개의 항)에서 특정항구(1개 또는 수개의 항)까지 화물의 운송을 위해 선주와 하주인 용선자간에 체결하는 용선계약 형태를 말한다. 정기용선의 경우는 일정기간 선박을 용선하는 것이기 때문에 화물 적재시마다 운임을 산정할 필요가 있지만, 항해용선의 경우에는 화물의 양에 따라 그때그때 마다 운임을 산정해야 한다.

항해용선계약은 선박소유자가 선박의 운항·관리권과 선장·선원의 선임 및 감독권을 가지며, 선박자본비용 외에 항비, 연료비, 도선료, 예선료, 보험료, 수선·보수비용 등의 비용을 부담하고 제3자에 대한 권리와 의무를 갖는다.

3) **나용선**(bareboat charter)

나용선이라 함은 선주가 아무런 장비를 갖추지 않은 선체만 빌려주고 용선자가 선박의 운항에 필요한 선원, 장비, 소모품, 선용품비용, 항해비용 등 일체의 비용을 부담하는 용선계약을 말한다. 선박운항에 필요한 선원이나 장비 등을 유리한 조건으로 구

3) 선박이 특정항해를 감당할 수 있는 능력을 갖춘 상태를 말한다.

비할 수 있는 경우에는 나용선을 통해 용선료를 절감할 수 있다.

많은 경우 외국 선박을 나용선하여 국내의 선원과 장비를 갖추어 다른 나라에 다시 용선해 주는 재용선(sub-charter)을 활용할 수 있다. 특히 선박회사가 자신의 선박을 외국에 판매하였다가 다시 그 선박을 재용선하는 경우도 있는데 이를 Charter Back이라고 한다.

나용선계약시 용선기간의 종료와 함께 선박의 소유권이 용선자에게 이전되는 조건으로 나용선 할 수 있는데 이를 Demise Charter라 한다.

(4) 하역비용의 부담

하역비용이란 운송화물을 본선에 선적하는 적재비용(또는 선적비용)과 양륙하는데 소요되는 양륙비용(또는 양하비용)을 총칭하는 비용이다.

정기선 운송의 경우는 이런 하역비용을 포함하여 운임이 결정되기 때문에 하역비용에 대한 별도의 약정이 필요하지 않다. 그러나 부정기선을 사용하는 용선계약의 경우는 하역비용이 많이 드는 대량화물을 대상으로 하기 때문에 선적비용과 양륙비용을 누가 부담할 것인가에 대해서는 다음과 같은 별도의 약정이 필요하다.

① Berth Term(Liner Term): 본선 선적비용 및 양륙비용 모두를 선주(선박회사)가 부담하는 조건이다. 정기선운송의 경우에는 하주가 지불하는 운임 속에 포함되어 있는 것이 보통이다. 이 조건은 정기선운송에 사용된다 하여 Liner Term이라고도 한다.

② FI(free in): 이 조건은 선주가 선적비용(in)에 대해 책임을 지지 않는다는 조건이다. 따라서 선적비용은 하주가 부담하며, 대신 양륙비용(out)에 대해서는 선주가 부담하게 된다.

③ FO(free out): 이 조건은 선주가 양륙비용(out)에 대해 책임을 지지 않는다는 조건이다. 따라서 양륙비용은 하주가 부담하며, 대신 선적비용(in)에 대해서는 선주가 부담한다.

④ FIO(free in & out): 이 조건은 선주가 선적비용(in) 뿐만 아니라 양륙비용(out) 모두에 대해 책임을 지지 않는다는 조건이다. 따라서 선적비용과 양륙비용 모두를 하주가 부담한다.

⑤ FIOST(free in & out, stowed, trimmed): 이 조건은 선주가 선적비용(in), 양륙비용(out), 선내적부비(stowage)[4], 그리고 선창내정리비(trimming charge)[5] 모두에 대해 책임을 지지 않는다는 조건이다.

(5) 정박기간

정박기간(laydays, laytime)이란 용선계약하에서 하주가 계약화물의 전량을 완전히 적재 또는 양륙하기 위하여 용선한 선박을 선적항 또는 양륙항에 정박시킬 수 있는 기간을 말한다.

용선계약에서 하주와 선주는 정박기간을 약정한 후 이를 용선계약서에 기재하게 되며, 이 약정된 정박기간 내에 하역을 끝내지 못하여 그 기간을 초과한 경우에는 초과기간에 대해 하주는 체선료(demurrage)를 지급하여야 한다.[6)]

반대로 약정된 정박기간 이전에 하역이 종료되면 선주는 하주에게 조출료(despatch money)를 지급하여야 한다.[7)]

정박기간은 화물의 종류, 항구의 상황 및 관습에 따라 다음과 같은 방법들이 통용된다.

① 관습적 조속하역(Customary Quick Despatch: CQD)

관습적 조속하역이란 항구의 관습적 하역방법 및 하역능력에 따라 가능한 한 조속히 하역하는 것을 약정하는 방법으로 일정한 기간을 정하지는 않는다. 불가항력적인 사태에 의한 하역 불능일은 정박기간에서 공제되나, 일요일과 공휴일, 그리고 야간작업 등을 하역 일수에 포함하는지 여부는 특약이 없는 한 당해 항구의 관습에 따르지만 이에 대해서는 당사자 간에 분쟁이 초래될 여지가 많으므로 유의할 필요가 있다.

② Running Laydays

이 방법은 하역 개시일부터 종료일까지 계속된 하역일수를 모두 정박기간으로 정한다. 우천·파업 및 기타 불가항력 등으로 하역이 실제 이루어지지 않았어도 모두 정박기간에 계산되며, 일요일과 공휴일도 특약이 없는 한 정박기간으로 산입된다.[8)]

---

4) 선내적부비(stowage)란 선박의 안전과 물품의 보호 측면에서 선박 내의 적절한 장소에 물품을 적재하고, 물품이 손상되거나 이동하지 않도록 조치를 취하는데 소요되는 비용을 말한다.
5) 선창내정리비(trimming charge)란 물품을 균형있게 적부하고 운송 중에 물품의 손상이 없도록 정리함으로써 선박 및 선박용구의 안정성을 유지하는데 소요되는 비용을 말한다.
6) 체선료는 초과 정박일수에 대해 하주(용선자)가 선주(용선주)에게 지불하기로 한 일종의 벌과금(penalties)으로써 보통 하루 용선료로 계산할 때 용선료의 60~80% 정도이다. 체선료는 사전에 미리 합의하여 정해 놓는 것이 일반적이나 그러하지 못했을 경우에는 초과 정박기간에 대해 현실적인 실손해액(actual damages)을 계산하여 청구하기도 한다. 이 실손해액을 지체손해금(damages for detention)이라 한다.
7) 조출료는 통상 체선료의 절반 정도이다.
8) Running Laydays의 계산은 1일 하역량으로 총 적재량을 나눈 일수로 표시되며, 1일 하역량은 대개 석탄 1일 몇 톤, 목재 1일 몇 B/M 등 1일 표준 하역량으로 표시된다.

③ Weather Working Days(WWD)

이 방법은 하역이 가능한 기후 하에서만의 작업일을 정박기간으로 정하는 것으로 현재 가장 많이 사용하고 있다. 우천 또는 폭설 등에 기인하여 하역이 불가능한 작업일은 정박기간에 산입되지 않는다. 그러나 화물의 종류에 따라 어떤 기후하에 하역이 가능한지, 불가능한지 여부가 애매한 경우에는 선장과 하주의 협의에 의해 결정한다. 또한 하루 작업시간에 대해서도 문제가 발생할 수 있으므로 이에 대한 약정이 필요하다. 예를 들어 하루 24시간을 기준으로 하려면 'Weather Working Days of 24 consecutive hours'라고 약정한다.

한편 이 조건에서는 일요일과 공휴일은 작업일이 아니므로 제외되나 특히 WWDSHEX 또는 SHEX(Sundays and Holidays Excepted even if used)라고 부기되는 경우에는 일요일과 공휴일에 작업을 하였어도 정박기간에 계산되지 않는다. 그러나 WWDSHEXUU 또는 SHEXUU(Sundays and Holidays Excepted Unless used)라고 부기되는 경우에는 일요일과 공휴일에 하역한 것은 정박기간에 산입된다.[9]

9) WWDSHEXUU의 경우 1시간이라도 작업을 하면 하루로 계산할 것인지, 아니면 실제 작업시간수만 계산할 것인지는 문제가 될 수 있으므로 "Unless Used, but only time actually used to count" 등의 방법으로 기재할 필요가 있다.

II 컨테이너 운송

컨테이너 운송이란 컨테이너[10]를 이용하여 운송화물의 단위화와 규격화를 통해 경제성·신속성·안전성이라는 화물운송의 3대원칙을 실현시키고 운송구간 중 화물의 이적없이 육·해·공의 상호 결합으로 협동일관수송(intermodal through transportation)을 가능하게 하는 운송방법을 말한다.

컨테이너 운송은 운송기간의 단축뿐만 아니라 화물운송에 관련된 조작, 보관, 적재 및 양륙 등의 하역에 소요되는 시간과 비용을 절약시키고, 정박기간을 단축시킴으로써 운송원가를 절감시킬 뿐만 아니라 육·해·공의 서로 다른 운송수단의 결합을 통해 일괄수송체계를 확립시켜 소위 문전에서 문전까지의 Door to Door 서비스를 가능케 함으로써 오늘날 무역거래에 있어서 복합운송의 근간이 되고 있다.

1 컨테이너운송의 장·단점

(1) 장점

① **정박기간의 단축**: 컨테이너는 규격화되어 있어 기계화된 장비를 사용하여 하역작업을 할 수 있기 때문에 재래식 하역 작업에 비해 현저하게 정박기간을 줄일 수 있다. 또한 컨테이너는 독립적이고 유개화 된 운송용기이기 때문에 악천후에도 작업을 수행할 수 있어 정박기간을 단축시킬 수 있다.

② **창고료 절감**: 컨테이너는 그 자체가 별개의 독립된 창고 역할을 하므로 부두의 유료창고에 보관할 필요가 없다. 특히 컨테이너야드(CY)나 컨테이너 화물집하장(CFS) 자체가 통관화물에 대한 보세창고의 역할을 하기 때문에 화물의 통관

10) 컨테이너(container)란 반복 사용이 가능한 내구성을 갖춘 운송용구로써 신속한 하역작업을 가능하게 하고 내용화물의 안전성을 확보한 상태에서 서로 다른 운송수단간의 연결을 용이하게 하기 위해 고안된 대형 운송용기이다.

을 위한 별도의 창고료 및 보관비를 지출할 필요가 없다.

③ **인건비 절감**: 컨테이너는 기계화된 장비를 사용하므로 많은 부두하역인부가 동원되는 재래식 운송에 비해 인건비를 절감할 수 있다.

④ **화물의 안전성**: 유개화 되고 내구성을 갖춘 컨테이너 용기에 의해 화물이 운반되므로 파손과 도난의 위험이 적다.

⑤ **신속성**: 컨테이너 화물은 컨테이너 전용선에 의해 운송되며, 컨테이너 전용선은 고속엔진을 장착하고 있어 항해기간이 단축된다.

⑥ **운임절감**: 컨테이너 화물은 복수의 운송수단에 의해 목적지까지 운송되므로 운송의 전 구간에 적용되는 단일운임(through freight) 체제이기 때문에 운송수단이 바뀔 때마다 개별적으로 운임을 지급할 때보다 저렴하다. 또한 컨테이너 전용선의 항해기간 단축과 정박기간의 단축으로 선복공급의 회전률과 가동률이 높아 저율의 운임이 적용된다.

(2) 단점

① **막대한 고정자본**: 컨테이너의 조작 및 하역에 필요한 여러가지 관계기구를 구비하기 위해서는 사회간접자본의 형태로 막대한 투자가 이루어져야 한다.

② **부적합 화물**: 컨테이너에 운송하지 못할 화물들이 있다.

③ **갑판적재 컨테이너 화물**: 컨테이너 화물은 재래선에 선적할 때와는 달리 갑판적재가 되기 때문에 선박 자체의 복원력에 영향을 줄뿐만 아니라 보험에 부보할 때 갑판적재에 따른 할증보험료를 지불해야 한다.

④ **새로운 법적제도의 필요성**: 컨테이너 운송에 따른 적합한 법적 제도가 필요하므로 이에 대한 사회적 합의가 필요하다.

2 컨테이너의 종류

컨테이너는 여러 종류의 화물들을 운송하기 위해 다음과 같은 종류들이 사용되고 있다.

① **표준 컨테이너(dry container)**: 온도조절이 필요하지 않은 일반잡화(general cargo)를 운송하기 위한 컨테이너이다.

② **냉동 컨테이너(reefer container)**: 육류, 생선, 과일, 야채 등 냉동장치가 필요한 화

물을 운송하기 위한 컨테이너로 -28℃에서 +26℃까지의 온도를 임의로 조절할 수 있다.

③ 보냉 컨테이너(insulted container): 과일이나 채소 등과 같이 보냉을 필요로 하는 화물을 운송하기 위해 외벽에 냉열재를 넣어 보냉성능을 유지할 수 있는 컨테이너이다.

④ 오픈톱 컨테이너(open top container): 파이프, 목재 등의 장척화물이나 기계류 등의 중량화물을 운송하기 위한 지붕 없는 개방식의 컨테이너이다. 크레인에 의해 컨테이너 위쪽으로 하역작업하기 편리하도록 제작되어있다. 천막용 덮개 처리를 할 수 있다.

⑤ 하드톱 컨테이너(hard top container): 오픈톱 컨테이너의 경우 방수성이 취약하므로 천정부분에 천막용 덮개 대신 견고한 천정 판넬을 설치한 컨테이너이다.

⑥ 플랫랙 컨테이너(flat rack container): 컨테이너에 천정과 벽을 제거하여 승용차, 기계류 등의 중량화물을 측면에서부터 하역할 수 있도록 한 컨테이너이다.

⑦ 플랫폼 컨테이너(platform container): 플랫랙 컨테이너와 마찬가지로 천정과 벽이 없으나 강도가 높은 바닥과 모서리에 밧줄(Sling)을 걸 수 있는 4개의 구멍이 있는 컨테이너이다. 중량물이나 부피가 큰 화물을 운송하기에 적합하다. 길이 6.75m, 너비 4.10m, 높이 4.50m, 중량 40톤까지의 화물을 적재할 수 있다.

⑧ 펜 컨테이너(pen container): 소나 말과 같은 동물을 운반하기 위한 컨테이너로써 통풍과 먹이를 줄 수 있다. live stock container라고도 한다.

⑨ 탱크 컨테이너(tank container): 유류, 화학물 등과 같은 액체 상태의 화물을 운송하기 위해 내부에 원통형의 탱크를 끼운 컨테이너이다.

⑩ 행어 컨테이너(hanger container): 의류 등을 운반하기 위해 옷걸이 장치가 장착된 컨테이너이다.

3 컨테이너 전용선의 종류

컨테이너만을 적재하도록 설계된 컨테이너 전용선(full container ship)은 하역 방식에 따라 다음과 같이 구분된다.

① Lo/Lo(lift-on / lift-off)

본선 또는 육상에 설치되어 있는 갠트리 크레인(gantry crane)으로 컨테이너를 수직으로 들어올려, 수직으로 적양하는 방식이다.

② Ro/Ro(roll-on / roll-off)

본선의 선수, 선미, 선측의 램프(ramp)로부터 컨테이너 또는 트레일러를 수평으로 적양하는 방식을 말한다.

③ Fo/Fo(float-on / float-off)

부선(barge)에 컨테이너를 적재하고 여기에 설치되어 있는 크레인이나 엘리베이터로 적양하는 방식이다. 대표적인 전용 선박으로는 LASH(lighter aboard the ship)선이 있다. LASH선은 컨테이너를 적재한 부선을 크레인을 이용하여 선미로 끌어올린 후 그대로 선박에 실어 수송한다.

4 컨테이너 터미널

컨테이너터미널(container terminal: CT)은 컨테이너전용 부두에 설치되어 있는 육상운송과 해상운송을 연결해 주는 컨테이너 전용 대합실로써 컨테이너화물의 본선하역, 보관, 컨테이너와 컨테이너 화물의 인수 및 인도가 수행되는 장소이다.

컨테이너터미널은 철도나 도로운송이 쉽게 연결되는 접점에 위치해 있어 모든 컨테이너화물은 내륙지역으로부터 컨테이너터미널로 집결된 후 컨테이너 전용선의 출항시간에 맞춰 반출되어 선적된다.

컨테이너 터미널에는 컨테이너 선박이 자유롭게 입출항할 수 있도록 충분한 수심이 확보되어 있고, 여러 기간시설들을 갖추고 있다.

5 내륙컨테이너기지(inland container depot: ICD)

내륙컨테이너기지는 내륙컨테이너 통관기지로써 항만이 아닌 내륙지점에 설치된 컨테이너 집결지를 말한다. UNCTAD에 따르면 내륙컨테이너기지라 함은 "항만 혹은 공항이 아닌 공용 내륙시설로써 공적기구의 권한(public authority)을 지니고 있으며, 고정설비를 갖추고 있고, 여러 내륙운송형태에 의해 미 통관된 상태에서 이송된 여러 종류의 화물(컨테이너 포함)의 일시 저장과 취급에 대한 서비스를 제공하고 있으며, 세관의 통제하에 통관과 수출, 그밖에 즉시 연계수송을 위한 일시적 장치, 창고 보관, 일시적 상륙, 재수출 등을 담당하는 대리인들이 있는 곳"으로 정의하고 있다.[11)]

---

11) UNCTAD, *Multimodal Transport Workshop Handbook*, 1987, CH.IV, p. 19 ; 전일수, 「국제복

내륙컨테이너기지의 주요 기능은 다음과 같다.[12)]

첫째, 내륙컨테이너기지는 항만과 동일하게 컨테이너야드(CY) 및 컨테이너 화물집하장(CFS)의 기능을 수행하며, 이곳에 입주한 업체는 보세화물 창고를 직접 운영할 수 있다.

둘째, 내륙컨테이너기지는 수출입화물을 컨테이너 배후 수송도로망을 통하여 운송함으로써 내륙과 항만의 연결기지 역할을 수행한다.

셋째, 내륙컨테이너기지는 통관 관련기관이 입주하고 있어 수출입화물에 대하여 원스톱 통관서비스를 제공한다.

6 컨테이너화물의 유통경로

컨테이너화물의 유통경로는 컨테이너화물이 컨테이너 한 개에 만재되는 FCL(또는 CL)화물인지, 또는 컨테이너 한 개를 채우지 못한 소량화물(LCL)인지에 따라 약간의 차이가 있다.

우선 FCL화물인 경우에는 하주의 공장이나 창고 또는 영업소에서 세관원 입회하에 수출통관이 이루어진 후 컨테이너터미널(CT)내에 있는 컨테이너야드(CY)로 곧장 보내어지지만, LCL화물일 경우에는 직접 내륙컨테이너기지(ICD) 또는 내륙데포(inland depot)로 보내거나 또는 컨테이너터미널(CT)에 부설되어 있는 컨테이너화물집하장(CFS)로 보내어진다. 이곳에 집결된 LCL화물은 다음 목적지로 가거나 또는 다른 화물과의 혼적의 적부를 고려하여 다른 화물과 혼재(consolidation)되어 FCL화물로 만들어 컨테이너 전용열차(container unit train)로 컨테이너터미널(CT)까지 수송된다. 컨테이너터미널에 최종적으로 집결된 컨테이너화물은 컨테이너 전용선에 의하여 목적항까지 운송되며, 그곳에서 다시 트럭, 컨테이너 전용열차, 또는 항공기에 의해서 최종 목적지까지 운반된다.

컨테이너를 운반함에 있어 여러 운송수단이 결합되어 활용되어지는데, 이에는 다음과 같은 세가지 형태가 일반적이다.

① piggy back: 컨테이너를 철도화차에 적재하는 것을 말한다.
② fish back: 컨테이너를 선박에 적재하는 것을 말한다.

합운송시스템」, 21세기한국연구재단, 1997, pp. 348 ~ 349.
12) 경운범, 「무역실무론」, 형설출판사, 2012, p. 318 참조.

③ birdy back: 컨테이너를 항공기에 적재하는 것을 말한다.

한편 대형 컨테이너선박을 충족시킬만한 화물이 없거나 항만이 협소하여 선박의 출입이 불가능하여 원하는 목적지까지 운송서비스를 할 수 없을 경우에는 인접한 큰 항구의 컨테이너터미널까지 소형 컨테이너선을 이용하여 컨테이너화물을 운반할 수 있는데 이를 지선운송 또는 피더서비스(feeder service)라 한다.

7 컨테이너화물의 운송형태

컨테이너에 의해 화물을 운송하는 경우에는 재래식 해상화물의 운송과는 달리 화물의 양과 목적지, 집하방식 등에 따라 그 운송형태가 다르며, 이에 따른 운임구조와 책임한계 등에 상당한 차이가 있다.

컨테이너화물의 운송형태는 보통 다음의 네가지로 구분된다.[13)]

① CFS/CFS(LCL/LCL: Pier to Pier)

선적항의 CFS로부터 목적항의 CFS까지 컨테이너에 의한 화물운송 형태로서 재래선에 의한 화물의 해상운송구간을 컨테이너를 통해 운송한다는 차이가 있을 뿐 컨테이너 서비스의 가장 초보적인 방법이다. 즉 운송인이 여러 하주들로부터 컨테이너에 가득 채울 수 없는 소량화물인 LCL화물들을 집하하여 운송인이 지정한 선적항 CFS에서 당해 LCL화물을 목적지별로 분류해 한 컨테이너에 혼재하여[14)] 목적지까지 운송한 후 목적항의 CFS에서 여러 수하인에게 화물을 인도하는 운송방법이다.[15)] 따라서 이 운송형태에서는 자연히 송하인 및 수하인이 각각 여러 사람으로 구성되며, 운송인은 선적항과 목적항 간의 해당 해상운임만을 징수하고 이에 따른 운송책임도 선적항 CFS에서 목적항 CFS까지이다.

② CFS/CY(LCL/CL: Pier to Door)

운송인이 지정한 선적항의 CFS에서 목적지의 CY까지 컨테이너에 의한 화물운송 형태로서 운송인이 여러 송하인들로부터 LCL화물을 받아 선적항의 CFS에서 이를 집

---

13) 박대위, 「전게서」, pp. 119 ~ 120 참조.

14) 운송인이 여러 송하인의 화물을 집하하여 CFS에서 혼재하기에 이를 forwarder's consolidation이라 한다.

15) 운송인(통상 포워더)은 여러 송하인의 화물을 모아 FCL로 만들어 선사에게 이를 운송의뢰하고 집단 선하증권(groupage B/L 또는 master B/L)을 발급한다. 집단선하증권을 발급받은 운송인은 이 선하증권을 근거로 각각의 LCL 송하인에게 House B/L을 교부한다.

하·혼재하여[16] 컨테이너에 적입한 후 최종 목적지의 수하인 공장 또는 창고까지 운송한다. 이 운송형태는 CFS/CFS에서 한 단계 발전한 운송방법으로써 일반적으로 대수입업자가 여러 사람의 수입업자들로부터 각 LCL화물을 수입하여 일시에 자신의 지정창고까지 운송하고자 하는 경우에 이용한다.

이 운송형태의 경우 하주는 선적항의 CFS로부터의 해상운임과 도착항으로부터 최종 목적지 CY까지의 운임을 지불하게 되며, 운송인의 운송책임은 선적항 CFS로부터 최종 목적지의 CY까지이다.

③ CY/CFS(FCL/LCL: Door to Pier)

이 운송형태는 선적지의 운송인 지정 CY로부터 목적항의 지정 CFS까지의 컨테이너에 의한 화물운송방식으로 단수 송하인·다수 수하인의 구조를 갖고 있다. 즉 선적지에서 한 수출업자가 FCL화물로 운송하여 수입항의 CFS에서 화물을 각각의 수하인에게 인도하도록 하는 운송방법이다. 이 방식은 한 명의 수출업자가 수입국의 여러 가지 상품의 수입업자에게 일시에 화물운송을 하고자 할 때에 많이 이용되며, 하주는 선적항의 CY로부터 수입항의 지정 CFS까지의 운임을 지불하게 되며, 운송인의 책임도 이 구간에 한한다.

④ CY/CY(FCL/FCL: Door to Door)

컨테이너운송의 장점을 최대한 활용한 이 방식은 수출업자의 창고 또는 영업지로부터 수입업자의 창고 또는 영업지까지 육·해·공의 일관수송이 이루어지는 형태이다. 즉 화물의 생산지 혹은 공장에서 컨테이너에 만재한 화물을 선적항과 양륙항을 그대로 통과하여 최종 목적지의 수하인 창고까지 컨테이너의 개폐 없이 운송하는 방법이다. 이 운송형태는 대 수출업자와 대 수입업자간에 활용될 수 있는 방식으로 하주는 CY/CY 운송에 따른 육·해·공 구간의 운임을 지불하여야 하며, 운송인의 책임은 수출국 CY부터 수입국 CY까지이다.

---

16) 이 운송형태에서는 통상 대 수입업자가 자신의 포워더에게 운송을 의뢰하거나 수출지에 있는 포워더를 지명하여 LCL화물을 집하하고 혼재하도록 하여 buyer's consolidation이라고 한다.

III 복합운송

1 복합운송의 개념

복합운송(multimodal transport, intermodal transport, combined transport)이란 복합운송계약에 근거하여 출발지에서 최종 목적지까지 복합운송인이 전체 운송구간에 대하여 책임을 지고 적어도 두 가지 이상의 운송형태를 결합하여 운송하는 방식을 말한다.

복합운송이란 용어는 1929년 항공운송조약인 Warsaw Convention 제31조의 'combined carriage'라는 용어에서 비롯되었으며, 1973년 ICC의 「복합운송에 관한 통일규칙」(Uniform Rules for Combined Transport Document)에서 복합운송이란 용어를 'combined transport'로 사용하여 왔다. 그 후 각 지역마다 다양하게 표기되어오던 복합운송의 용어는 1980년 UN에서 제정한 「UN국제물품복합운송조약」(United Nations Convention on International Multimodal Transport of Goods)에서 'multimodal transport'라고 통일하였다. 그러나 미국에서는 복합운송을 협동일괄운송이란 의미로 'intermodal transport'라고도 표기하고 있다.

2 복합운송의 특징과 요건

이상과 같은 복합운송의 개념을 종합해볼 때 복합운송은 다음과 같은 특징과 요건을 갖는다.

① 단일책임주의: 복합운송은 하주와 체결한 복합운송계약이라는 단일 운송계약에 따라 복합운송인이 운송구간 전체에 대해 단일책임을 진다. 이를 Single Liability System이라 한다.

② 단일운임의 설정: 복합운송에서는 서로 다른 운송수단이 개입되지만 각 운송구간

마다 별도의 운임을 부과하는 것이 아니라 전 운송구간에 대해 단일화된 운임을 부과한다.

③ 복합운송서류의 발행: 복합운송서류는 복합운송계약의 증거로서 화물이 복합운송인에게 인수된 시점부터 전 운송구간에 대해 복합운송인이 책임을 진다는 유가증권으로서의 운송서류이다.

④ 두 가지 이상의 운송방식의 결합: 복합운송은 반드시 두 가지 이상의 서로 다른 운송수단에 의해서 이루어져야 한다. 이러한 서로 다른 운송수단은 각각 다른 법적 규제를 받는 것이어야 한다.

3 복합운송인

복합운송인(multimodal transport operator: MTO)이란 '자신 또는 자신의 대리인을 통하여 복합운송계약을 체결하고 송하인이나 운송인의 대리인(agent)이 아닌 본인(principal)으로서 행위를 하고 운송인으로서 그 계약의 이행에 대해 책임을 부담하는 자'를 말한다.[17] 이미 설명한 바와 같이 복합운송인은 적어도 두 가지 이상의 서로 다른 운송수단을 이용해 일괄운송서비스를 제공하고 전 운송구간에 대해 책임을 지며 복합운송증권을 발행한다.

복합운송인은 크게 다음과 같이 구분된다.

① 실제운송인(actual carrier)

자신이 직접 선박, 트럭, 항공기 등의 운송수단을 보유하고 하주에 대하여 전 운송구간을 책임지면서 복합운송증권을 발행하는 운송인을 말한다. 선박회사, 트럭회사, 항공사 등이 대표적인 예이다.

② 계약운송인(contracting carrier)

자신이 직접 선박, 트럭, 항공기 등의 운송수단을 보유하고 있지 않으면서도 실제운송인처럼 운송의 주체로서 화물의 인수에서 인도까지의 모든 운송 단계에 대해 책임을 지는 운송인을 말한다. 이러한 유형의 복합운송인으로는 해상운송주선인(ocean freight forwarder), 항공운송주선인(air freight forwarder) 등이 있다.

17) UN국제물품복합운송조약 제1조(2)항 ; 한편 TCM조약안에서는 복합운송인을 combined transport operator(CTO), 미국에서는 intermodal transport operator(ITO)라 표기한다.

③ 포워딩 에이전트(forwarding agent)

한편 복합운송인은 아니지만 운송주선인과 유사한 개념으로 포워딩 에이전트(forwarding agent)가 있는데, 이는 하주인 수출업자를 대리하여 선적수속, 선적서류의 작성, 화물의 본선인도 등의 업무를 대행한다.

4 복합운송의 주요 경로

복합운송의 주요 경로는 일반적으로 해공복합운송경로와 해륙복합운송경로가 주로 활용된다.

(1) 해공복합운송경로

해공복합운송경로는 해상운송이 갖고 있는 저운임과 항공운송이 갖고 있는 신속성을 효율적으로 결합한 운송경로로서 우리나라를 중심으로 다음과 같은 경로들이 주로 활용된다.

① 북미 경유 해공복합운송

미국서해안을 중계지점으로 하여 우리나라에서 유럽, 중남미 등까지 복합운송하는 경로이다. 즉 한국, 일본 등의 극동지역 항만에서 컨테이너선을 이용, 미국 서해안의 항만까지 해상운송하고, 양륙된 화물을 트럭으로 공항까지 운송한 후 항공기를 이용하여 유럽이나 중남미 지역으로 항공운송한다.

② 동남아·중동 경유 해공복합운송

홍콩, 싱가폴, 두바이 등을 중계지점으로 하여 우리나라에서 유럽, 중동, 아프리카 등지로 복합운송하는 경로이다. 즉 한국, 일본 등의 극동지역 항만에서 컨테이너선을 이용하여 이들 중계지점까지 해상운송하고, 양륙된 화물을 공항까지 트럭으로 수송한 후 항공기를 이용하여 유럽이나, 중동, 중남미, 아프리카 등지로 항공운송한다.

(2) 해륙복합운송 경로

해륙복합운송 경로는 선박을 이용한 해상운송수단과 철도 또는 트럭을 이용한 육상운송수단이 결합되어 이루어지는 운송경로로서 랜드브리지 방식이 주로 이용되고 있다.

랜드브리지(land bridge)란 해상-육상-해상으로 이어지는 운송구간에서 해상과 해상운송구간을 연결시켜주는 가교로서의 내륙운송구간을 의미한다. 랜드브리지 방식은 대륙을 횡단하는 철도 또는 도로를 통해 해상과 해상을 연결하는 오늘날 복합운송의 전형적인 유형이다. 랜드브리지를 이용한 해륙복합운송시스템의 최대 장점은 운송비용의 절감과 운송시간의 단축이다.

랜드브리지를 이용한 전형적인 해륙복합운송 경로는 다음과 같다.

① 시베리아 랜드브리지(Siberia Land Bridge: SLB)

이는 시베리아 대륙횡단철도를 이용하여 한국, 일본 등의 극동지역에서 유럽과 중동, 그리고 아프리카에 이르기까지 화물을 운송하는 경로이다.

SLB는 극동지역의 항만으로부터 러시아의 나호트카(Nakhodka)나 보스토치니(Vostochny)까지 컨테이너선으로 해상운송한 후 그곳에서 시베리아 횡단철도(Trans Siberia Railroad: TSR[18]))를 이용하여 동유럽까지 운송한 후 유럽의 철도나 트럭으로 운송하여 유럽 전역과 중동, 아프리카 지중해 연안까지 운송하게 된다.

② 중국횡단철도(Trans Chinese Railway: TCR)

중국횡단철도를 이용한 복합운송경로는 중국 동부의 연운항에서 출발하여 중국대륙과 중앙아시아의 카자흐스탄을 통과하여 시베리아대륙횡단철도에 연결하여 유럽대륙까지 운송하는 형태이다.

TCR은 1992년 12월에 중국, 카자흐스탄, 독립국가연합(CIS), 유럽, 아시아 각국 간의 국제철도화물 연계수송과 컨테이너화물운송을 개시하였다. TCR은 동북아지역과 중앙아시아, 러시아 및 유럽을 연결할 수 있는 주요 복합운송경로로 구축되었으며 현재 지속적인 개선작업을 진행 중이다.

③ 아메리카 랜드브리지(America Land Bridge: ALB)

아메리카 랜드브리지(ALB)는 한국 등의 극동지역에서 미국대륙을 횡단한 후 유럽까지 화물을 운송하는 복합운송경로이다.

ALB는 한국 등의 극동지역 항만에서 컨테이너선을 이용하여 미국 서해안까지 해상운송한 후, 그 곳에서 미국 대륙횡단철도를 이용하여 미국 동해안의 항만까지 육상운송하고 거기에서 다시 해상운송으로 유럽지역의 항만 또는 내륙까지 일괄수송하게 된다. ALB는 파나마운하를 통과하는 해상운송보다 운송시간을 단축할 수 있는 장점이 있다.

18) TSR은 모스크바에서 블라디보스토크에 이르는 총 연장 9,288.2㎞의 유라시아 대륙을 가로지르는 세계 최장 철도구간이다.

④ 미니 랜드브리지(Mini Land Bridge: MLB)

미니 랜드브리지(MLB)는 극동과 미국 대서양 연안이나 걸프연안, 혹은 유럽과 미국 태평양 연안의 항로에 있어서 태평양 연안과 대서양 연안간의 대륙횡단철도를 이용하는 복합운송경로이다. ALB와 마찬가지로 극동지역에서 해상운송된 화물이 미국 서해안에 양륙된 후 대륙횡단철도를 통해 미국 동해안 지역이나 맥시코만의 항만까지 육상운송된다.

⑤ IPI(Interior Point Intermodal)

미국 동해안까지 운송하는 MLB와 달리 한국, 일본 등지의 극동지역에서 미국 서해안까지 해상운송한 후 그 곳에서 미국내륙의 주요 도시까지 화물을 운송하는 경로를 말한다. 이 IPI는 미국 내륙을 목적지로 하며 미국의 대륙횡단철도를 이용하여 미국 내 주요 내륙 지점의 컨테이너터미널에서 화물의 인도가 이루어진다.

⑥ RIPI(Reverse Interior Point Intermodal)

극동지역에서 출발한 IPI는 파나마운하를 경유하지 않는 반면 RIPI는 파나마운하를 경유하여 미국 동해안 또는 맥시코만 항만까지 해상운송되며, 그 곳에서 미국 내 주요 내륙 지점 컨테이너터미널까지 화물의 운송이 이루어지는 경로이다.

⑦ OCP(Overland Common Point)

한국, 일본 등지의 극동지역 항만에서 미국 서해안까지 해상운송 된 후 그 곳에서 OCP지역[19]까지 육상으로 운송되는 복합운송경로이다.

19) OCP는 록키산맥 동쪽의 원격지 내륙지점으로써 North Dakota, South Dakota, Nebraska, Colorado, New Mexico의 5개주에 걸쳐 23개의 OCP지역이 있는데, 이 지역은 거리에 관계없이 운임이 모두 같다. 파나마운하를 거쳐 걸프만을 경유하여 OCP 지역으로 들어오는 해상운송화물과의 경쟁을 위해 저렴한 운임을 부과하고 있다.

Ⅳ 항공운송

1 항공운송의 의의와 특성

항공운송은 다른 운송수단에 비해 역사가 일천한 후발 운송수단임에도 불구하고 비약적인 발전을 하여 운송수단으로서의 독자적 기능은 물론 타 운송수단과의 연계를 통한 일괄수송에 중요한 역할을 담당하고 있다.

항공운송이 가지는 최대의 장점은 첫째, 신속성이다. 따라서 항공운송은 빠른 수송서비스로 고객의 만족도를 높여줄 수 있을 뿐만 아니라 물류비용의 측면에서 볼 때 재고비용, 보관비용을 절감시켜준다.

둘째, 항공운송은 해상운송에 비해 수송조건이 좋아 파손, 분실, 훼손의 위험이 적어 내항성 내지 방수성을 필수 요건으로 하는 해상운송의 경우와는 달리 포장이 가볍고 간편하여 포장비용 역시 절감시켜주는 효과가 있다.

셋째, 운반상태가 양호하고 안전하여 운임 부담력이 있는 상품과 파손 및 도난의 위험이 높은 모피, 미술품, 귀금속, 시계류, 약품, 전자기기, 통신 및 광학기기 등의 경우 적절한 운송방식이 된다.

넷째, 변질되기 쉬운 상품(perishable goods) 또는 판매수명이 짧은 상품도 적기에 공급할 수 있어 시장 경쟁력을 제고 할 수 있다.

끝으로, 항공운송의 경우는 수송 중인 상품의 소재 파악이 용이하다는 것이다. 즉 항공사만이 누리는 화물추적시스템과 같은 광범위한 정보시스템에 의해 상품의 소재를 쉽게 파악할 수 있어 무역업자들이 생산 및 판매 계획을 세우는데 유리한 측면이 있다.

2 항공운송계약

항공운송계약은 송하인과 항공회사가 직접 체결하기 보다는 항공화물운송대리점이나 항공화물주선업자를 통해 체결되는 것이 관례화되어 있다.

(1) 항공화물운송대리점(air cargo agent)

항공화물운송대리점이란 항공사 또는 총대리점과의 대리계약(contract of agency) 하에서 유상으로 항공화물운송계약 체결을 대리하는 업체를 말한다. 항공화물운송대리점은 항공사의 운송약관과 규칙에 준하여 항공사의 운임률표 및 운행 시간표에 의거하여 항공화물운송을 유치하고 하주를 위해 수출입 통관수속과 보험부보를 대행해 주는 등 제반 업무를 수행하고 항공화물운송장(air waybill)을 발행한다.

항공화물운송대리점은 항공사로부터 대리계약에 의거한 소정의 수수료를 받는다.

▌표 11▐ 항공운송대리점과 항공운송주선인의 비교

구 분	항공운송대리점	항공운송주선인
업무영역	모든 화물(LCL화물은 항공화물주선인에게 혼재 의뢰함)에 대한 항공회사의 대리인(agent)으로서의 운송업대리.	운송화물의 수요에 따라 항로가 결정되고 변동됨. 항공화물의 혼재.
운임률 및 운송약관	항공사 사용의 운임률표와 운송약관.	자체의 운임률표 및 운송약관 사용.
하주에 대한 책임	대리인의 지위이므로 항공사 책임.	본인으로서의 지위에 있는 항공운송주선인의 책임.
항공화물운송장	항공사의 Master Air Waybill 발행.	혼재업자용(운송주선인용) House Air Waybill 발행.
수수료	IATA의 5% 수수료 및 기타 취급수수료.	LCL송하인들로부터의 수취운임과 항공사에 지급운임과의 차액 또는 IATA의 5%수수료.

(2) 항공운송주선인(air freight forwarder)

항공운송주선인이란 자신의 명의로 여러 송하인으로부터 의뢰받은 항공화물을 혼재(consolidation)하여 운송하는 것을 업으로 하는 자를 말한다.

항공운송주선인은 자체 운송약관과 운임률표를 가지고 자신에게 운송을 의뢰한 송하인들과 운송계약을 체결하고 혼재업자용(또는 항공주선인용) 항공화물운송장(house air waybill)을 발행하고, 송하인들로부터 집하한 화물에 대해 항공사와 새로운 운송계약을 체결하여 항공사 발행의 항공화물운송장(master air waybill)을 발급받는다.

이러한 관점에서 볼 때 항공운송주선인은 항공화물집하업자로서 항공사에 대해서는 하주의 위치에, 그리고 그에게 화물의 운송을 의뢰한 여러 송하인에 대해서는 운송인의 지위에 서게 된다.

(3) 항공화물운송장

1) 항공화물운송장의 개념의 의의

항공화물운송장(air waybill, air consignment note)[20]이란 송하인과 운송인간에 화물의 항공운송계약이 체결되었음을 증명해주는 증거서류이며, 동시에 화물을 운송하기 위하여 송하인으로부터 화물을 수령하였다는 증거서류이다.

항공화물운송장은 항공화물의 유통을 보장하는 가장 기본적인 운송서류로서 다음과 같은 기능을 한다.

① **항공운송계약체결의 증거서류**: 송하인과 항공운송인간의 운송계약이 성립되었음을 입증하는 항공운송계약의 증거서류이다. 항공운송장은 원본 3장과 6장의 부본(dummy air waybill)으로 구성되어있는 것이 원칙이나 항공사에 따라 5장까지 추가할 수 있다.[21]

② **운송화물의 수취증**: 항공운송인이 운송을 위해 송하인으로부터 화물을 인수(acceptance for carriage)하였음을 증명하는 수취증(receipt)의 성격을 갖는다.

③ **운임 및 요금의 계산서**: 운송화물과 함께 수입국에 송부되어 수하인이 운임 및 요금을 계산하는 계산서(freight bill)의 기능을 한다.

④ **보험가입증서**: 송하인이 하주보험을 부보한 경우에는 항공화물운송장에 보험금액 및 보험가액을 기재하여 보험계약의 증거가 된다.

⑤ **세관신고서류**: 항공화물운송장은 수출입 신고서 및 세관자료로 사용될 수 있다.

⑥ **화물운송의 지침서**: 송하인이 항공화물운송장에 화물의 운송, 취급, 중계, 인도에 관한 지시사항을 기재하여 운송시 지침서의 역할을 하도록 할 수 있다.

---

20) 항공운송서류는 1929년 바르샤바조약(Warsaw Convention)에서 항공화물수탁증(air consignment note)라고 표기하였다가 1955년 개정 헤이그의정서(Hague Protocol)에서 Air Waybill이라 변경표기하기 시작했다.

21) 대한항공이 발행하는 항공화물운송장은 원본 3장과 부본 9장, 총 12장으로 구성되어 있다.

2) 항공화물운송장과 선하증권의 비교

항공운송장은 많은 경우 선하증권과 유사하지만 이 둘의 법률적 성격에는 큰 차이가 있다. 항공운송장과 선하증권의 주된 차이점을 비교하면 다음과 같다.

첫째, 항공운송장과 선하증권은 모두 송하인과 운송인간의 운송계약의 증거서류라는 점, 그리고 운송인이 송하인으로부터 운송을 위해 화물을 수취하였다는 것을 증명하는 증거서류라는 점은 동일하다.

그러나 선하증권은 그것이 양도성(transferability)이나 유통성(negotiability)을 갖고 있는 권리증권(document of title)인데 반해 항공운송장은 유통성과 양도성이 없는 증권으로서 수하인의 물품에 관한 권리증권이 아니다. 즉 항공운송장에는 항상 'Non-negotiable'이라고 표시하여 유통이 금지된 비유통증권의 성격으로만 발행된다.

둘째, 선하증권은 선적식으로 발행되는 데 반해 항공운송장은 수취식으로 발행된다. 선하증권은 선적을 증명하는 증권이기 때문에 반드시 선적이 완료되었음을 증명해 주어야 한다. 그러나 항공운송장은 화물이 공항 구내의 항공사 창고에 반입되어 운송인의 관리와 통제하에 놓여지면 항공기에 적재 전이라 할지라도 항공사 수취식의 형태로 발행된다.

셋째, 선하증권은 지시식으로 발행되어 정당한 배서(endorsement)에 의해 제3자에게 양도될 수 있는 유통성 권리증권임에 비해 항공운송장은 기명식으로 되어있어 항공운송장에 기재되어있는 수하인이 아니면 당해 화물을 인수할 수 없다.

넷째, 선하증권은 원본 3부를 전통(full set)으로 하여 원본 3부가 함께 교부되어야 법률적 효력을 지님에 비해 항공운송장은 원본 3부가 송하인용, 운송인용, 수하인용으로 구성되어 있어 송하인은 자신이 작성한 항공운송장 원본 3부중 제3본인 송하인용은 운송인의 서명을 받아 스스로 보유하고 나머지 원본 2부, 즉 제1본은 운송인에게 그리고 제2본은 수하인에게 교부하는 방식을 취한다.

끝으로, 선하증권은 선적이 완료된 후 선박회사가 작성하여 송하인에게 원본 전통을 교부하지만, 항공운송장의 경우에는 송하인이 표준양식의 항공운송장에 세부사항을 스스로 기재한 후 항공사에 운송인용 원본 1부를 교부하는 방식을 취한다.

선하증권

선하증권(Bill of Lading ; B/L)이란 하주와 선박회사 간에 해상운송계약에 의해 선박회사가 하주로부터 위탁받은 화물을 선적하여 이를 양륙항까지 운송한 후 선하증권의 소지자에게 당해 증권과 상환으로 운송화물을 인도할 것을 약속하는 선박회사 발행의 운송증권이다.

선하증권은 선적화물의 소유권을 대표하는 권리증권(document of title)이자 유통유가증권으로서의 기능을 한다. 따라서 선하증권을 소지하고 있다는 사실은 선적화물 그 자체를 소유하고 있다는 것과 동일한 효과가 있고 선하증권의 소지인은 선하증권의 제시로 선박회사에 화물의 인도를 청구할 수 있으며, 유가증권으로서 배서 또는 인도에 의해 소유권을 이전할 수 있다.

오늘날 무역거래에서 선하증권은 대단히 중요한 역할을 수행하기에 이하에서는 선하증권의 역사적 배경과 주요 규칙, 그리고 선하증권의 종류와 특색, 기능 등을 살펴보도록 한다.

1 선하증권의 본질

선하증권은 국제물품거래에서 반드시 요구되는 필수 선적서류 중 하나로써 다음과 같은 본질적 기능을 갖는다.

첫째, 선하증권은 선주와 하주 간에 운송계약이 체결되었다는 사실을 증명하는 증거서류이다.

둘째, 선하증권은 물품을 선적했다는 사실, 또는 선적을 위해 물품을 수취했음을 증명한 수취증의 역할을 한다. 아울러 운송을 위한 운임이 선불되었거나 지불된 것임을 표시하고 있는 운임 영수증 역할을 한다.

셋째, 선하증권의 소지인은 선하증권과 상환으로 물품의 인도를 청구할 수 있는 물품에 대한 권리증권이다. 즉, 정당한 절차에 의해 선하증권을 소지한 자는 선하증권이 대표하는 물품에 대한 인도청구권과 물품의 처분권을 갖는다. 따라서 물품의 운송인은 선하증권을 제시하는 자에게 물품을 인도해야만 한다. 결국 선하증권의 소지인은 당해 물품을 소유한 것과 같다고 할 수 있다.

넷째, 선하증권의 양도는 곧 당해 물품을 양도하는 것과 같기 때문에 선하증권의 소지인은 운송중인 물품이라 할지라도 이를 매매할 수 있으며 담보수단으로도 활용할 수 있다.

2 선하증권의 종류

(1) 선적선하증권과 수취선하증권

1) 선적선하증권(shipped / on board B/L)

선하증권은 보통 본선 상에 화물이 선적된 후에 발행되는 것이 일반적이다. 선적선하증권이란 본선상에 화물이 적재되었다는 것을 확인하고 발행하는 선하증권으로써 선하증권의 문면에 "Shipped(Loaded) in apparent good order and condition on board the vessel..."과 같이 기재되어 화물이 양호한 상태로 적재되었음을 표시한 선하증권을 말한다.

2) 수취선하증권(received B/L)

지정된 선박이 아직 부두에 정박하지 않았거나 입항조차 하지 않았을 경우 우선 화물은 선박회사의 부두창고 또는 부두 장치장에 입고된 후 당해 화물을 선박회사가 선적을 위해 수취했음(received for shipment)을 증명하는 형태로 선하증권을 발급하게 되는데 이를 수취선하증권이라 한다. 수취선하증권은 선적될 화물을 단지 선박회사가 수령했다는 것만을 의미하기 때문에 수취선하증권이 발행된 후 선적이 실제로 이루어진 날을 당해 수취선하증권 상에 부기함으로써 실질적인 선적선하증권의 요건을 갖추게 된다. 이같이 수취선하증권 상에 화물이 선적완료 되었다는 문언과 일자를 기입하고 발행자가 이를 증명해주는 것을 본선적재필(on board notation)이라 한다.

선적선하증권의 선적일은 발행일이 됨은 당연하지만, 수취선하증권의 발행일은 화물 수취일을 의미할 뿐이다. 그러나 본선적재필 형태로 부기된 일자가 실제 선적일이 됨을 유의할 필요가 있다.

(2) 무사고 선하증권과 사고부 선하증권

1) 무사고 선하증권(clean B/L)

무사고 선하증권이란 본선상에 계약화물을 선적할 때 그 화물의 상태가 양호하고 신고한 수량대로 선적되어 비고란(remarks)에 당해 물품의 수량, 포장상태 등에 관해 아무것도 기재하지 않고 발행한 선하증권을 말한다.

무사고 선하증권에는 계약화물이 외관상 아무런 하자사항이 없이 양호한 상태로 본선 상에 선적되었음을 증권상에 나타내기 위해 "Shipped on board in apparent good order and condition"이라는 표현이 명기되지만 이 자체가 무사고 선하증권임을 증명해주는 것은 아니다. 무사고 선하증권인지의 여부는 선하증권 비고란에 화물이나 포장에 관한 기재가 있는지 없는지 여부로 판단한다.

2) 사고부 선하증권(foul or dirty B/L)

사고부 선하증권이란 무사고 선하증권과는 달리 선적화물이나 포장상태가 불완전하거나 수량이 부족할 경우 선하증권의 비고란에 그와 같은 내용, 예를 들어 '5 bags torn', '5 packages short in dispute', '5 cases loose strap' 등과 같이 표기된 선하증권을 말한다. 사고부 선하증권은 무역거래에서 부적격 선하증권으로 취급되며, 대금결제를 해주는 수입업자 또는 은행에서도 별다른 반대합의가 없는 한 수리거절된다.

한편 수출업자가 운송의뢰한 계약화물의 포장 불완전이나 수량부족 등의 형태가 비교적 경미한 경우, 그리고 이의 보완에 시간적 여유가 없을 경우 수출업자는 선박회사에 파손화물보상장(letter of indemnity: L/I)을 제공하고 선박회사로부터 무사고 선하증권을 교부받을 수 있다.

파손화물보상장이란 선하증권의 비고란에 기재된 단서조항, 즉 선적화물의 파손이나 결함에 대해 송하인인 수출업자가 책임을 지겠다는 것을 약속하는 각서형태의 보증장을 말한다. 선박회사는 이 파손화물보상장을 근거로 후에 파손화물의 책임관계로부터 면책되며, 보험회사 역시 해당 파손화물에 대해서도 책임을 지지 않는다.

(3) 기명식 선하증권과 지시식 선하증권

1) 기명식 선하증권(straight B/L)

기명식 선하증권이란 선하증권의 수하인 란에 화물의 수취인으로서 수입업자나 은행 등 특정인의 이름이 구체적으로 표시된 선하증권으로써 당해 선하증권에 기재된 특정인만이 화물을 인수할 수 있기 때문에 기명된 수하인이 배서양도하지 않는 한 다른 사람에게 유통될 수 없다.

2) 지시식 선하증권(order B/L)

지시식 선하증권이란 선하증권의 수하인 란에 특정인을 기재하지 않고 단순히 "order", "order of shipper", "order of Bank" 등과 같이 표시한 선하증권을 말하는 것으로 수출업자는 당해 선하증권의 뒷면에 백지배서(blank endorsement)만 하면 자유롭게 유통된다.

(4) 해양선하증권과 내국선하증권

1) 해양선하증권(ocean B/L)

해양선하증권 또는 해상운송 선하증권이란 부산으로부터 뉴욕까지와 같이 한나라의 영해를 벗어나는 국외 해상운송의 경우 발행되는 선하증권을 말한다.

2) 내국선하증권(local B/L)

내국선하증권이란 부산에서 인천까지와 같이 국내 해상운송의 경우 발행되는 선하증권을 말한다.

(5) 유통가능 선하증권과 유통불능 선하증권

1) 유통가능 선하증권(negotiable B/L)

유통가능 선하증권은 당해 선하증권의 소지인 또는 선하증권 상에 기재되어 있는 자가 배서·양도함으로써 자유롭게 유통가능해지는 선하증권을 말한다.

2) 유통불능 선하증권(non-negotiable B/L)

유통불능 선하증권이란 선하증권이 대표하고 있는 화물의 권리의 양도가 불가능한 비유통성 선하증권으로써 선박회사가 발급하는 원본 이외의 모든 선하증권에는 "non-negotiable" 또는 "copy"라는 표시가 되어 있어 선하증권으로서의 본질적 기능이 없기 때문에 당해 선하증권으로는 화물 상환이나 대금결제가 불가능하다.

(6) Port B/L과 Custody B/L

선적 될 화물이 운송인에게 인도되어 운송인의 보관 하에 있으며 지정된 선박이 입항은 되어 있으나 아직 화물이 본선에 적재되어 있지 않을 경우 발행되는 수취선하증권을 Port B/L이라 한다.

선적 될 화물이 운송인에게 인도되었으나 선박이 아직 입항하지 않았을 때 발행되는 수취선하증권을 Custody B/L이라 한다.

(7) 약식 선하증권(short form B/L)

선하증권의 뒷면에는 선박회사의 운송약관이 소위 이면약관으로 인쇄되어 있어야 한다. 그런데 이면약관을 포함하고 있는 선하증권은 그 크기가 너무 크고 길뿐만 아니라 이를 인쇄하거나 기록하는 데도 번거로움이 따르기 마련이다. 일반적으로 이 같은 정식 규격의 선하증권을 통상 Long Form B/L 이라 하는데, 이에 반해 선하증권의 이면약관을 생략한 채 선하증권의 필수 기재사항만을 앞면에 기재한 약식 또는 간이 선하증권을 Short Form B/L 이라 한다.

(8) 통과선하증권(through B/L)

운송화물을 목적지까지 운송함에 있어 해상운송과 육상운송 등 두 가지 이상의 운송수단을 이용할 경우, 또는 선주가 자신의 선박 외에 다른 회사의 선박을 추가로 이용하여 운송할 경우 최소의 운송업자가 전 구간의 운송에 대해 모든 책임을 지겠다고 발행하는 운송증권을 통과선하증권이라 한다.

미국에서는 육상운송과 해상운송을 겸한 선하증권을 Overland B/L 또는 Overland Common Point B/L이라 하여 사용하고 있다.

(9) 환적선하증권(transhipment B/L)

환적선하증권이란 화물을 목적지까지 운송하는 과정에서 목적항까지 직접 가는 직항선박이 없는 경우 운송 도중 중간항에서 다른 선박으로 운송화물을 옮겨 실어 최종 목적지까지 운송할 때 발행하는 선하증권을 말한다.[22]

(10) 용선계약 선하증권(charter party B/L)

하주가 대량의 거대화물(bulky cargo)을 운송하기 위해 항구에서 항구간, 또는 일정 기간 동안 부정기선(tramper)을 용선하는 경우 하주와 선박회사 간에 체결된 용선계약(contract of charterparty)에 의해 발행되는 선하증권을 말한다.

---

22) 환적이 허용되지 않고 목적지까지 관습적 항로를 따라 직항선에 선적하고 발행하는 선하증권을 Direct B/L이라고도 한다.

(11) 집단 선하증권(groupage B/L, master B/L)

여러 하주들로부터 의뢰받은 화물을 컨테이너로 운송할 경우 한 컨테이너 분량이 안되는 화물(LCL Cargo)일 경우에는 화물운송주선인은 같은 목적지로 가는 화물을 한데 모아 컨테이너를 가득 채운 하나의 단위화물(FCL Cargo)로 만들게 된다. 이 같이 여러 하주들의 소량 화물을 집단화(grouping)하여 선적할 때 선박회사가 운송주선인 앞으로 발급하는 선하증권을 집단선하증권(groupage B/L)이라 한다.

이 같이 중간에서 이들 소량화물의 운송을 주선한 운송주선업자는 선박회사로부터 정상적인 집단선하증권을 발급 받게 되고, 이 운송주선인은 개개의 소량화물 하주들에게 일종의 선적 증명서를 발급해 주는데 이를 House B/L이라 한다.

(12) Third Party B/L

선하증권 상에 표시되는 송하인은 일반적으로 수출업자이지만 중계무역의 경우 수출입 거래의 당사자가 아닌 제3자(third party), 특히 선박회사의 이름을 기재하는데 이 같은 선하증권을 Third Party B/L이라 한다.

이처럼 수출업자의 이름을 기재하지 않는 이유는 중계무역의 경우 수입업자가 선하증권 상에 기재된 송하인으로서의 수출업자를 알게 되면 추후 중계무역을 하지 않고 직접 수출업자와 거래할 수 있기 때문에 중간 중계무역업자의 이익을 보호해 주기 위해서이다.

(13) Surrender B/L

경우에 따라 송하인은 자신이 발급받은 선하증권 상에 "surrender"란 문구의 도장을 찍어 선하증권 원본(original)을 선박회사에 반납하는 때가 있다. 이렇게 되면 화물의 도착지에서 수하인은 선하증권 원본의 제시 없이 전송받은 사본으로 화물을 인수받을 수 있다.

우리나라와 일본 같이 인접한 국가 간에는 항해일수가 짧아 선하증권 원본보다 화물이 먼저 목적지에 도착하는 경우가 많은데, 이런 경우 수입상의 편의를 위해 신속하게 화물인수를 할 수 있도록 이 같은 관행을 활용할 수 있다. 유의할 점은 수입상이 화물은 인수하고 대금의 결제를 하지 않을 위험이 있으므로 본·지사간의 거래나 신용도가 높은 거래선 간에만 사용이 가능하다.

(14) Stale B/L

모든 선하증권은 발행 후 은행으로부터 대금지급을 받기 위한 필수 서류로서의 기능을 하게 되는데, Stale B/L이란 선하증권의 발급 후 21일이 지나 은행에 제시되는 선하증권을 말한다. 법적 유효기간이 만료된 선하증권이라는 의미이다.

보세창고도거래(bonded warehouse transaction: BWT)에서는 물품은 이미 수출국에서 미리 선적되고 이에 따라 선하증권이 발급된 후 상당한 운송기간이 지나 수입국의 보세창고에 장치된 후에야 매매계약이 체결되기 때문에 해당 선하증권은 이미 발급일 후 21일이 지나게 되어 선하증권으로서의 법적 유효성을 상실(stale)하게 된다. 이 경우 신용장 또는 계약서상에 "Stale B/L Acceptable"이란 특약이 없이는 당해 선하증권은 수리될 수 없다.

(15) 해상화물운송장(Sea Waybill: SWB)

해상화물운송장이란 선박회사가 운송화물의 수취를 증명하고 송하인에게 발행해주는 화물수취증을 말한다.

해상화물운송장은 단지 송하인이 수하인에게 화물을 탁송했음을 증명하는 화물수취증이므로 권리증권(document of title)이 아니기 때문에 배서하여 양도할 수 없으며, 운송 중의 화물을 전매할 수도 없다.

따라서 해상화물운송장은 유통금지문언(non-negotiable)이 표시되어 있는 비유통서류라 할 수 있다.

제 13 장

해상 보험

Ⅰ 해상보험의 기초

1 해상보험의 개념

해상보험(marine insurance)이란 해상운송과정에서 일어나는 사고에 대하여 보험자가 손해를 보상하여줄 것을 약속하고, 피보험자는 그 대가로서 보험료를 지불할 것을 약속하는 손해보험의 일종이다.

영국해상보험법(Marine Insurance Act: MIA, 1906)[1] 제1조에 의하면 "해상보험계약은 보험자가 피보험자에 대하여 그 계약에 의해 합의된 방법과 범위 내에서 해상손해, 즉 해상사업에 수반하여 발생하는 손해를 보상할 것을 약속하는 계약이다." 라고 규정하고 있다. 해상사업(marine adventure)이란 해상에서 영리를 목적으로 이루어지는 상업적 활동을 말하며 해상보험의 주요 대상물은 선박과 화물이다.

2 해상보험의 당사자

(1) 보험자(insurer)

보험자란 보험계약을 인수하고 이에 따라 피보험자에게 손실보상을 약속하는 당사자이다. 보험자는 보험의 내용에 따라 피보험자에게 발생할지도 모를 미래의 손실을 금전적으로 보상한다. 우리나라에서는 보험자는 모두 법인체인 보험회사(insurance company)로 되어있으나 영국의 로이즈(Lloyd's)와 같은 개인보험업자(underwriter)도 있다.

1) 1906년에 제정된 영국의 해상보험법은 영국에서 근대 해상보험이 발달하기 시작한 17세기 말부터 영국 해상보험법의 초안이 마련되는 시점인 19세기 말까지 축적되어 온 2,000 여개의 해상보험 사건의 판례와 그때까지 확립된 상관습을 정리하여 성문법화 한 것이다. 94개 조문으로 구성된 본문이 있고 여기에 로이즈 보험증권의 표준양식 및 보험증권의 해석에 관한 규칙(Rules for Construction of Policy ; RCP)을 부칙으로 두고 있다.

(2) 보험계약자(policy holder)

보험계약자란 자기명의로 보험자와 보험계약을 체결하고 보험료를 지불할 의무가 있는 자를 말한다.

(3) 피보험자(insured)

피보험자란 손실이 발생할 경우 보험계약에 의거하여 보상을 받을 수 있는 당사자이다. 피보험자는 보험목적물에 대해 피보험이익(insurable interest)을 가지고 있는 자로서 보험계약조건에 따라서 보험계약자와 동일인이 될 수도 있고 그렇지 않을 수도 있다.

예를 들어 CIF계약에서는 수출업자는 수입업자를 위해 해상보험계약을 체결해주어야 하는데, 이때 수출업자는 해상보험계약을 체결하고 보험료를 지불하는 보험계약자가 되고 수입업자는 보험사고가 발생하였을 때 보상을 받는 피보험자가 된다.[2)] 반면에 CFR계약인 경우에는 처음부터 수입업자가 자신을 피보험자로 하여 보험계약을 하게 된다. 그러므로 수입업자가 보험계약자인 동시에 피보험자가 된다.

2) 그러나 실제로는 수출업자는 자기를 피보험자로 하여 보험계약을 체결하여 보험자로부터 보험증권을 입수한 후 이를 배서하여 수입업자에게 양도하는 형식을 취한다. 보험사고가 발생할 경우 수입업자는 보험증권의 소지자로서 손해보상을 보험자에게 요구한다.

해상보험의 기본원칙

1 손실전보의 원칙(principle of indemnity)

해상보험계약은 실제적인 손실(real loss) 발생시 실질적인 손실분(actual loss)만을 보상한다는 손실전보 원칙을 기초로 하고 있다.

보험계약에 있어 손실전보(塡補)라 함은 보험사고로 인해 손해를 입은 경우 보험사고가 없었을 때의 상태로 그대로 복구해준다는 것을 의미하므로 보험보상으로 더 좋은 상태가 되었다든지, 또는 더욱더 악화된 상태가 되었다든지 하는 것이 없는 원상회복의 원칙을 의미한다.

따라서 감상적 손실(sentimental loss)과 같은 비실제적인 손실형태는 해상보험의 대상이 될 수 없다.[3)]

2 최대선의의 원칙(principle of utmost good faith)

영국해상보험법 제17조에서는 "해상보험계약은 반드시 당사자들의 최대선의에 의해 체결되어야 한다. 만일 그러하지 않을 경우 그 해상보험계약은 무효이다."라고 규정하고 있다.

최대선의의 원칙은 비단 보험계약에서 뿐만 아니라 모든 형태의 계약에서 요구하는 기본원칙이라 할 수 있는데, 특히 보험계약에서 강조되는 이유는 보험계약은 불확실한 사건의 발생과 더불어 우연적 사고를 대상으로 하고 있기 때문이다.

해상보험계약에 있어 최대선의의 원칙은 고지 및 진술 그리고 담보의 형태로 구체

3) 감상적 손실이란 함께 운송 중이었던 물품들은 보험사고로 인해 손실을 입었으나 실제 손실을 입지 않은 물품이 시장가치가 떨어짐으로써 입는 손실이나 기타 이와 유사한 손실을 말한다.

화된다.

(1) 피보험자의 고지 및 진술(disclosure & representation)

해상보험계약은 다른 보험계약과는 달리 보험의 대상이 되는 적하나 선박에 대한 보험자의 실제조사가 병행되지 않는데다가 무역의 형태로 거래되는 물품이 다양하여 보험자가 그 많은 물품의 위험정도와 속성에 관한 정보를 일일이 모두 취득하기란 불가능하기 때문에 피보험자가 제공하는 상황만을 토대로 보험료가 산정되어 계약이 체결된다.

따라서 피보험자는 해상보험계약체결시에 자기가 알고 있는 모든 중요한 사실(material facts)에 대해 보험자에게 최대선의의 원칙에 입각하여 고지 및 진술하여야 한다. 만일 피보험자가 이러한 고지 및 진술 의무를 소홀히 하게 되면 보험자는 보험계약을 해제할 수 있다.

(2) 담보 준수의 의무

1) 담보(warranty)의 개념

해상보험에 있어 담보란 피보험자가 반드시 지켜야 할 약속을 의미한다.

영국해상보험법 제35조에 따르면 담보는 첫째, 피보험자가 특정한 행위를 할 것인가 또는 하지 않을 것인가를 약속하는 사항이다. 둘째, 피보험자가 특정조건을 충족시킬 것을 약속하는 사항이다. 셋째, 피보험자가 특정한 사실의 존재를 긍정하거나 부정하는 약속 사항이다.

담보는 그 내용이 중요하든 그렇지 않든 관계없이 엄격하게 지켜져야 하며, 만약 피보험자가 담보조건을 위반하였을 경우에는 그 시점부터 보험계약은 자동으로 무효가 된다. 나아가 설령 담보조건의 위반 사실과 발생한 손해와의 사이에 아무런 인과관계가 없다 하더라도 담보조건이라는 약속의 위반만으로 보험자는 당해 보험계약을 해지할 수 있다.

2) 담보의 종류

가) 명시담보(express warranty)

명시담보는 보험증권상에 담보조건의 내용이 문언으로서 명시적으로 기재되어 있거나, 또는 담보조건의 내용이 별도로 인쇄된 서류가 보험증권상에 첨부될 경우의 담보를 말한다.

명시담보의 대표적 형태는 다음과 같다.

① 항해제한담보(Institute Warranty): 이는 선박이 운항해서는 안되는 해역을 명시하는 담보이다. 예를 들어 'Bering Sea Warranty', 'Baltic Warranty' 등은 겨울철에 항해를 금지하는 명시담보이다.
② 안전담보(Warranty of Good Safety): 이는 보험목적물이 특정한 일자에 정상적인 상태나 안전한 상태에 있을 것을 조건으로 하는 담보이다. 보험계약이 체결될 경우 그 기간 동안 안전하면 담보는 충족된 것으로 본다.
③ 중립담보(Warranty of Neutrality): 보험목적물이 중립재산이어야 한다는 담보이다. 보험목적물은 보험기간 동안 중립적 성격을 갖고 있어야 한다.

나) 묵시담보(implied warranty)

묵시담보는 비록 보험증권에 명시되어 있지는 않으나 피보험자가 반드시 지켜야할 약속사항을 말한다.

묵시담보의 대표적인 것으로는 내항성담보와 적법담보의 두 가지 형태가 있다.

① 내항성담보(Warranty of Seaworthiness): 내항성담보란 선박이 맡은 바 특정항해를 감당해 낼 수 있는 능력을 말한다. 다시 말해 선박이 통상적인 해상위험에 대처할 수 있도록 모든 면에서 적합성을 가져야 한다는 의미이다. 따라서 이를 감항능력이라고도 한다.
   선박은 선체와 기관뿐만 아니라 자격을 갖춘 선장, 선원과 선용품, 연료 등과 같이 특정 항해에 필요한 모든 것을 구비하고 있어야만 한다. 보험증권상에 '선박은 내항성을 갖추고 있어야한다' 라는 명시규정이 없다 해도 선박은 반드시 내항성을 확보하고 있어야 한다.
② 적법담보(Warranty of Legality): 해상사업은 합법적이어야 하며 피보험자가 통제할 수 있는 한 불법적으로 수행되어서는 안된다는 묵시담보를 의미한다. 해상보험이 커버하는 해상사업은 밀무역이나 적대국가와의 통상이 아니어야 하며, 항해금지구역을 항해하지 말아야 하며, 출항 전에 반드시 출항허가를 받아야 한다.[4)]
   보험계약, 보험목적물 등 모든 보험관련 사실은 합법적이어야 한다는 것이 보험증권상에 명시되지 않았다 해도 이는 당연히 그러해야 한다는 피보험자의 약속이라 할 수 있다.

4) 영국해상보험법 제41조.

3 피보험이익의 원칙(principle of insurable interest)

(1) 피보험이익의 개념

영국해상보험법 제4조에서는 도박이나 사행을 위해 보험의 목적물과 하등의 이해관계 없이 이루어지는 보험계약은 무효라고 하면서 보험계약이 성립되기 위해서는 반드시 피보험자가 보험의 목적물에 대해 재산상의 이해관계를 갖고 있어야만 한다고 규정하고 있다.

피보험이익(insurable interest)이란 피보험자가 보험의 목적물에 관하여 일정한 사고가 발생함으로써 재산상의 손해를 입을 우려가 있는 경우에 그 보험목적물에 대하여 피보험자가 갖는 이해관계라고 할 수 있다.

피보험자가 자신의 보험목적물에 대해 보험계약을 체결할 수 있고, 보험계약 체결 후 불확실한 미래의 사고로부터 재산상의 손실을 보상받을 수 있기 위해서는 피보험자와 피보험목적물 간에는 금전적·재산적 관계[5]가 있어야 하는데 이 같은 피보험자와 피보험목적물 간의 경제적 이해관계(economic relationship)를 바로 피보험이익이라 한다.

(2) 피보험이익의 요건

보험계약이 유효하게 성립하려면 다음과 같은 피보험이익의 요건이 갖추어져 있어야 한다.

① 적법성: 피보험이익은 법률이나 금지규정 및 공서양속, 기타 사회질서에 위반되지 않는 합법성을 갖추어야 한다. 따라서 밀수행위, 도박, 탈세 등과 관련한 화물의 보험은 유효한 보험이 될 수 없다.

② 경제성: 피보험이익은 객관적인 재산의 가치를 가지며 금전적으로 계산·평가 될 수 있어야 한다.

③ 확정성: 피보험이익은 피보험자와 피보험목적물간의 이해관계가 금전적으로 확정되어 있거나 확정될 수 있는 것이어야 한다. 적하보험에서는 피보험이익이 현재 확정되어 있지 않더라도 장래에 확정될 것이 확실하면 보험의 대상으로 인

---

5) 반드시 재산상의 이해관계 또는 금전적으로 계산이 가능한 이해관계를 의미하며 정신적·감상적 이해관계를 의미하는 것은 아니다. 우리나라 상법 제668조에서도 "보험계약은 금전적으로 산정할 수 있는 이익에 한하여 보험계약의 목적으로 할 수 있다."라고 규정하고 있다.

정된다.

(3) 피보험이익의 존재시기

일반적으로 보험계약을 체결할 때 피보험자는 피보험이익을 가지고 있어야 한다. 그러나 해상적하보험의 경우는 그 자체가 원격지간의 거래물품을 대상으로 하고 있어 보험의 대상이 되는 물품의 소유권의 유통성으로 말미암아 사실상 많은 경우 피보험이익이 없는 상태에서 보험계약이 체결된다.[6)]

이러한 국제무역의 특수성을 고려하여 영국해상보험법과 협회적하약관에서는 보험계약을 체결할 당시에는 반드시 피보험이익을 가질 필요는 없지만 보험사고가 발생한 시점에는 당해 피보험이익은 확정되어 있어야 한다고 규정하고 있다.[7)] 따라서 해상보험계약에서 피보험자가 피보험이익의 존재를 증명해야 할 시기는 보험사고가 발생한 때이다.

(4) 피보험이익의 대상

가) 선주의 피보험이익

선주는 자신이 소유하고 있는 선박에 대하여 소유이익의 주체로서 피보험이익을 갖는다. 여기서 선박이란 단순히 선체(hull)에만 국한된 것이 아니라 선박자재(material), 의장용구(outfit)뿐만 아니라 선박의 부속물인 보일러, 엔진, 석탄, 연료 등도 선박의 의미에 포함된다.

또한 선주는 항해를 준비하고 수행하는 과정에서 소요되는 연료·식량·기타 소모품의 구입비나 통관 제 비용 등 선비(disbursement)에 대해서도 피보험이익을 갖는다.[8)]

나) 하주의 피보험이익

하주는 자신의 화물에 대하여 소유이익을 갖는 피보험이익의 대표적 당사자이다. 따라서 하주는 적하보험계약을 체결할 수 있으며 이 경우 대개 CIF 기준으로 환산한 송장가격(invoice amount)의 10%를 기대이익(expected profit)으로 추가하여 함께 부보

---

6) 국제적으로 거래되는 물품의 소유권은 선하증권을 소지한자, 이를 양도 받은 자에게 있는데 당해 선하증권의 양도성 또는 유통성은 적하보험의 유통성과 피보험이익의 유통성이라는 독특한 특질을 파생시킨다.

7) 영국해상보험법 제6조(1)항, 협회적하약관 제11조 피보험이익약관.

8) 선박이 운항 중 멸실되면 선주는 이미 지급한 선비까지 상실한다. 따라서 선주는 선비에 대해 당연히 피보험이익을 가지며 선비보험에 가입할 수 있다. 현재 사용되고 있는 선비담보약관에 따라 선박보험가액의 25%까지를 선비 등으로 인정받을 수 있다(협회기간약관 제21조).

한다.[9)]

(4) 근인주의 원칙(principle of proximate cause)

1) 근인주의 원칙의 정의

해상보험계약에서는 보험자는 손해가 발생한 경우 이를 보상해 주어야 할 책임이 있지만 손실원인과 관계없이 무조건 보상하는 것은 아니다. 해상보험에서 보험자가 보상해주는 손해는 반드시 보험증권상 담보된 위험이거나 이 담보된 위험에 근인하여 발생하여야 한다.

영국의 해상보험법 제55조에서는 "본 법률의 제 조항에 저촉되지 않는 한, 그리고 보험증권에 별도도 규정되지 않는 한, 보험자는 담보위험에 근인하여 발생한 손해에 대해서만 책임을 진다. 그러나 보험자는 상기의 조건에 따라 담보위험에 근인하지 않는 손해에 대해서는 보상책임을 지지 않는다."라고 규정하고 있다.

이 규정에 따르면 보험사고가 발생하면 사고를 야기한 원인이 근인으로써 담보되는 위험(insured perils)에 속하는지 아니면 면책위험(excepted perils)에 속하는지를 판단하여야 한다는 것이며, 당해 근인이 된 손실원인이 담보위험에 속해 있으면 보험자는 이를 보상하여야 한다는 원칙이 근인주의 원칙이다.

2) 근인의 판단기준

담보위험에 근인하여 발생한 손해만을 보상한다는 근인주의 원칙을 해상보험에서 채택하고 있는 이유는 손해를 발생케 한 손실원인과 그에 따른 결과로써 발생한 손실 사이에 근인이라는 인과관계가 존재해야 한다는 상당인과관계론을 채택하고 있기 때문이다.

일반적으로 근인(proximate cause)이라 함은 반드시 시간적으로 사고발생시점과 가장 가까운 원인만을 뜻하는 것이 아니라 당해 손해를 야기한 가장 직접적(direct)이고, 지배적(dominant)이고 효과적(effective)인 손실원인을 말한다.

---

9) 기대이익이란 항해가 무사히 끝나 목적지에서 화물을 판매 또는 전매함으로써 얻을 수 있는 희망이익(anticipated profit)을 의미한다. 제6차 개정 신용장통일규칙과 Incoterms 2010에서도 하주가 체결하는 최저의 보험금액을 이 기대이익을 포함하여 CIF금액의 110%로 규정하고 있다(제6차 개정 신용장통일규칙 제28조(a)항(iii) 참조).

4 대위의 원칙(principle of subrogation)

해상보험과 같은 손해보험에서는 보험자가 보험금을 지불하게 되면 보험자는 피보험자를 대신하여 보험목적물에 관련된 일체의 권리를 취득하게 되는데 이렇게 취득한 권리를 대위권(right of subrogation)이라 한다.

대위는 피보험자가 발행한 대위권 양도서에 대해 보험금을 지급함으로써 그 효력이 발생한다. 대위는 보험자가 보험금을 지급한 후 멸실 또는 손상된 피보험목적물에 대해 피보험자가 가지고 있던 소유권리와 손해를 발생케 한 귀책사유가 있는 제3자에 대한 구상권을 보험자가 승계할 수 있다는 보험원리로 그 행사의 범위는 보험자가 피보험자에게 지불한 보험금액의 한도 내이다.

III 해상손해

1 해상손해(maritime loss)의 유형

해상손해는 손해의 정도와 성격에 따라 다음과 같이 물적손해와 비용손해, 그리고 손해배상책임으로 구분된다.

물적손해(physical loss)는 직접손해라고도 하며 선박, 화물 등과 같은 보험목적물 자체의 손실을 의미한다. 물적손해는 손해의 정도에 따라 전손과 분손으로 구분된다.

비용손해(expense)는 보험목적물의 손해와 관련하여 부수적 또는 간접적으로 비용이 발생하는 손해로써 간접손해라고도 한다. 손해방지비용, 구조비용, 특별비용 등과 같은 비용손해를 포함한다.

손해배상책임은 피보험자의 과실, 태만 등으로 인하여 제3자에게 끼친 배상책임손실을 말한다. 선박의 충돌로 인하여 상대방 선주에게 배상하게 되는 충돌손해배상책임이 이에 해당한다.

[그림 13] 해상손해의 유형

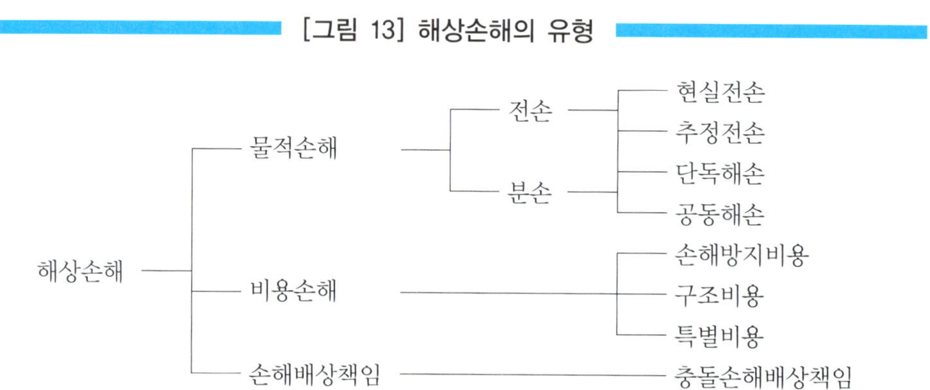

2 전손(Total Loss)

(1) 현실전손(actual total loss: ATL)

현실전손이라 함은 다음의 경우를 말한다.

첫째, 부보된 보험목적물이 완전히 파괴되어 상품으로서의 가치가 없어질 정도로 손상된 경우,

둘째, 보험목적물의 점유권이 박탈되어 이를 회복할 수 없을 경우,

셋째, 보험목적물이 상품으로서의 가치를 잃어버릴 정도로 원래의 성질이 변한 경우,

넷째, 위험에 당면한 선박이 행방불명되어 상당한 기간이 경과하여도 그 행방을 알 수 없을 때[10]를 말한다.

(2) 추정전손(constructive total loss: CTL)

추정전손이라 함은 실제적인 현실전손으로 현재 확정할 수는 없지만 추후 시간의 경과나 비용의 발생 등에 비추어 현실전손이 불가피할 수도 있다는 개연적(likely) 추정에 의해 전손으로 인정하는 해상보험제도에서만 유일하게 인정하는 손해이다.

영국해상보험법 제60조(1)항은 "추정전손은 보험목적물의 현실전손이 불가피하다고 간주되거나, 또는 현실전손을 면하기 위해 비용이 발생할 경우 그 소요비용이 보험목적물의 가액을 초과할 것으로 예상하여 이를 합리적으로 위부할 경우 성립된다." 라고 규정하고 있다.

나아가 영국해상보험법 제60조(2)항에서는 특히 다음과 같은 경우 추정전손이 성립한다고 구체적으로 규정하고 있다.

첫째, 피보험자가 선박 또는 화물을 담보위험으로 인해 소유하지 못하게 되었을 경우 피보험자가 선박 또는 화물을 회복할 가망이 없거나 회복하는데 소요되는 제비용이 회복한 후의 선박 또는 화물의 가액을 초과할 때,

둘째, 선박이 담보위험으로 심하게 손상되어 이를 수리하는 비용이 수리한 후의 선박가액을 초과할 때,

---

10) 영국의 해상보험법 제58조에서는 선박의 행방불명 기간을 상당한 기간(reasonable time)으로만 명시하고 있지만 대부분의 유렵국가들은 통상적으로 선박의 출항일로부터 1년으로 보고 있다. 우리나라의 경우에는 선박출항 후 2개월이 경과하면 행방불명으로 간주한다(상법 제711조).

셋째, 화물이 손상되었을 경우 화물을 수리하는 비용과 그 화물을 최종 목적지까지 운반하는데 소요되는 비용이 도착시의 화물가치를 초과할 때이다.

결국 추정전손은 보험목적물이 현실적으로 완전히 전손되지는 않았으나 그 손해의 정도가 심하여 당초의 그 목적물이 가진 용도에 사용할 수 없게 되었을 때, 또는 그 보험목적물이 전부 멸실될 것이 거의 확실하지만 이를 입증하기 곤란할 때, 또는 그 보험목적물을 수선할 경우 그 수리비가 수리 후 그 목적물이 갖는 시가보다 클 때 성립한다고 볼 수 있다.

(3) 위부(abandonment)

추정전손으로 인정될 수 있는 상황이 발생하였다고 해서 자동적으로 추정전손이 성립하는 것은 아니다. 영국해상보험법 제60조(1)항에서는 추정전손이 성립하기 위해서는 반드시 피보험자의 위부행위가 있어야 한다고 규정하고 있다.

추정전손으로 인정될 수 있는 사유가 발생하였을 때 피보험자는 당해 손해를 추정전손으로 인정받기 위해 피보험목적물에 대해서 갖는 일체의 권리를 보험자에게 이전하고 대신 전손에 해당하는 보험금을 청구할 수 있는데 이러한 행위를 위부라 한다.

위부를 통해 피보험자는 부보한 보험목적물에 대해 자신이 소유하고 있던 피보험이익과 그에 수반되는 일체의 소유권리를 보험자에게 포기(abandonment)함으로써 전손보험금을 취득하게 된다.

피보험자의 이 같은 위부의 의사표시[11]에 대해 보험자가 승낙(acceptance)하게 되면 추정전손이 성립한다. 결국 추정전손이 성립하기 위해서는 피보험자 측면의 위부의 의사표시와 보험자 측면의 위부의 승낙이 상호간에 합치되어야 한다. 만일 보험자가 위부를 승낙하지 않을 때에는 피보험자는 위부의 원인 및 불가피성을 증명할 의무를 지며, 만약 위부가 보험자에 의해서 승낙되지 않으면 그 손해는 분손으로 처리된다.

물론 피보험자 측면에서도 추정전손 상황이 발생한 경우라 할지라도 전손보험금을 수취하는 것보다 분손으로 처리하는 편이 자신에게 유리하다고 판단되는 경우에는 위부를 하지 않고 분손으로 처리할 수도 있다.[12]

---

11) 위부의 의사표시는 서면이나 구두로 할 수 있다. 피보험자가 보험자에게 무조건 위부하겠다는 의사를 표시하는 것이면 어떠한 방법을 사용해도 무방하다(영국해상보험법 제62조(2)항). 그러나 보통 위부의 통지는 서면으로 이루어진다. 이것을 위부서(notice of abandonment)라고 한다.

12) 영국해상보험법 제61조 ; 피보험자가 추정전손으로 처리하지 않고 분손으로 처리하는 것이 유리한 경우라 함은 예를 들어 선박보험에서 피보험자가 100% PA(particular average) 보상방식으로 부보하게 되면 피보험자인 선주는 보험금액을 한도로 수리비 전액을 보상받고 선

해상보험에서는 다른 보험과는 달리 선박이나 화물 등과 같은 보험목적물이 피보험자의 통제범위를 벗어나 광범위한 해역을 이동하므로 손해의 발생여부에 대한 정보가 불분명하거나 그 증명이 용이하지 않고, 손해의 산정에도 상당한 비용과 시간이 소요된다.

이같은 상황에서 볼 때 실제적인 현실전손으로 현재 확정할 수는 없지만 추후 시간의 경과나 비용의 발생 등에 비추어 현실전손이 불가피할 수도 있다는 개연적(likely) 가능성이 상당히 높다면 이를 방치해 두고 있기 보다는 어차피 지불해야 할 현실전손 보험금을 감안하여 법률상 전손으로 처리하고 피보험자에게 보험금액의 전액을 지급하여 줌으로써 피보험자가 겪고 있는 손상된 해상사업의 부담을 덜어주고, 보험자 입장에서는 피보험자가 보험목적물에 대해 갖는 일체의 권리를 이전받아 잔존물에 대한 관리 또는 기타의 권리행사를 신속하게 수행하도록 하는 것이 더욱 더 합리적일 수 있다.

이러한 취지에서 해상보험제도에서만 유일하게 인정하는 제도가 바로 위부이다.

(4) 대위와 위부의 비교

대위란 보험자가 보험료를 지급함으로써 피보험자가 가지고 있던 보험목적물에 관련된 일체의 권리를 피보험자로부터 승계하는 것을 의미하고, 위부란 피보험자가 피보험목적물에 대하여 가지고 있는 모든 권리를 보험자에게 이양하고 보험금액의 전액을 청구하는 행위를 말한다. 보다 구체적으로 이 둘의 개념을 비교하면 다음과 같다.

첫째, 대위는 피보험자가 이중으로 보상받는 것을 방지하기 위해 해상보험뿐만 아니라 모든 형태의 손해보험에 적용되는 보험의 기본원칙이지만 위부는 해상보험에만 적용되는 독특한 제도이다.

둘째, 제3자에 대한 구상권 대위는 전손이든 분손이든 상관없이 보험자가 피보험자에게 보험금을 지급하면 보험자가 자동으로 승계하는 권리이다. 그러나 위부는 추정전손이라는 애매한 상황 속에서 전손보험금 청구를 위한 형식적 요건이다.

셋째, 대위는 보험자의 승낙의 여부와는 관계없이 보험자에게 이전되는 권리이다. 그러나 위부는 보험자의 승낙이 필수조건이 된다. 물론 위부가 승낙되면 보험목적물에 관련된 피보험자의 일체의 권리가 보험자에게 이전되기 때문에 대위권도 자동적으로 승계되어 위부와 대위를 구분할 필요는 없다.

체도 보험자에게 인도할 필요가 없으며 보험계약의 효력도 당초의 만기일까지 복원되는 등 여러 가지 유리한 점이 있을 수 있다(구종순, 「전게서」, p. 319).

3 분손(partial loss)

분손은 담보위험으로 인해 보험목적물의 일부만이 손상을 입는 경우를 말한다. 분손은 전손의 상대적 개념으로 전손이 아닌 손해는 모두 분손으로 간주된다.[13)]

분손은 보험목적물의 손해를 피보험자가 단독으로 부담하는가 아니면 이해관계자가 공동으로 부담하는가에 따라 단독해손과 공동해손으로 구분된다.

(1) 단독해손(particular average)

영국해상보험법 제64조에 따라 공동해손이 아닌 모든 형태의 분손은 단독해손이다. 구체적으로는 단독해손이란 보험목적물의 일부 멸실이나 손상으로써 보험목적물에 대하여 재산상의 이해관계를 갖는 자가 단독으로 부담하는 손해를 말한다.

분손의 형태는 주로 선박의 일부 파손, 화물의 일부 손실, 운임의 미취득 등으로 나타난다.

(2) 공동해손(general average)

공동해손이란 선박, 화물 및 기타 해상사업에서 피보험목적물에 이해관계자 공동의 위험이 발생했을 경우 선박이나 화물 등의 위험을 구조하기 위하여 선장의 책임으로 선체, 장비, 화물 등의 일부를 희생시키거나 혹은 필요한 경비를 지출했을 때 이러한 손해와 경비를 공동해손이라고 한다. 공동해손이 발생하면 그 손해와 비용은 선박 및 화물의 모든 이해관계인이 공동으로 분담하게 된다.

공동해손은 선체, 장비, 화물 등의 일부가 희생되는 공동해손희생손해(general average sacrifice)와 경비가 발생하는 공동해손비용손해(general average expenditure)로 구분된다.

공동해손이 성립하기 위해서는,

① 위험은 현실적으로 절박해야 한다.
② 위험은 해상사업의 전부 즉, 선박 및 화물, 운임 모두를 위협하는 것이어야 한다.
③ 공동의 희생손해나 비용손해는 이례적(extraordinary)이어야 한다.
④ 공동해손 행위는 합리적(reasonable)이고, 고의적(intentional)으로 취해져야 한다.
⑤ 손해는 공동해손 행위의 직접결과여야 한다는 것이다.

13) 영국해상보험법 제56조(1)항.

4 비용손해(expenses)

일반적으로 보험자는 담보된 위험에 대하여 이미 체결한 보험금액만 보상한다. 그러나 사전에 명시될 수 없는 다음과 같은 손해는 비용손해로써 보상된다. 대표적인 비용손해로는 구조비용, 특별비용, 손해방지비용 등이 있다.

(1) 구조비용(salvage charge)

구조(salvage)라 함은 위험에 직면한 선박이나 화물 또는 기타의 재산 등을 구출하는 행위를 말한다. 해상보험에서 의미하는 구조는 구조계약을 체결하지 않은 상태에서 구조자가 자발적으로 위험에 직면한 재산을 구조하는 활동을 말한다.[14)]

한편 구조비가 청구되기 위해서는 다음과 같은 세 가지 요건이 구비되어야 한다.[15)]

첫째, 구조행위가 성립되기 위해서는 선박, 화물 등 보험목적물이 위험한 상태에 놓여 있어야만 구조비가 보상된다.

둘째, 구조행위는 임의성이 있어야 한다. 구조자는 계약에 의거하거나 법적의무로서 구조를 하는 것이 아니라 자신의 의사에 따라 구조행위를 한 경우에 한한다. 선장과 선원이 자기 선박을 구조하는 행위는 손해방지행위라 간주되어 구조비는 지급되지 않는다.

셋째, 구조행위가 성공하여야 한다. 구조행위의 결과 구조물이 존재해야 구조자는 구조비를 청구할 수 있다. 나아가 구조행위의 성공은 인적구조를 포함하는 것은 아니며 보험목적물인 물적구조여야 한다.[16)]

---

14) 구조는 그 성격에 따라 군사적 구조와 민간구조 그리고 순수구조와 계약구조로 나뉜다. 여기서 순수구조(pure salvage)란 구조계약을 체결하지 않은 상태에서 구조자가 자발적으로 재산을 구조하는 것을 말하고, 계약구조(contract salvage)는 구조계약을 체결한 상태에서 구조하는 것을 말하는데 해상보험에서 구조비가 성립되기 위한 구조행위는 순수구조다. 구종순, 「전게서」, p. 348 ; Victor Dover, *A Handbook to Marine Insurance*, 8th ed., Witherby, 1982, p. 691.

15) Victor Dover, *op.cit.*, pp. 698 ~ 700.

16) 인명을 구조하는 것은 해상보험에서의 영역이 아니다. 그러나 인명을 구조한 경우에는 인명구조자에 대한 응분의 대가를 지급하는 것이 해상협약법상의 규정이다. 따라서 인명구조자의 경우에는 보상이 다른 법적차원에서 간접적으로 이루어진다.

(2) 특별비용(particular charge)

특별비용이란 담보위험으로부터 자신의 보험목적물의 손실을 방지하기 위해 피보험자 혹은 그 대리인이 지출한 비용을 말한다.

영국해상보험법 제64조(2)항에 따르면 보험목적물의 안전과 보전을 위하여 발생한 비용 중 공동해손과 구조비 이외의 비용을 특별비용이라 정의하고 있다.

따라서 특별비용은 피보험자가 자신의 보험목적물의 안전과 보전을 위해 지출한 비용이므로 공동의 안전과 이익에 관련되어 발생한 공동해손과는 다르며, 제3자의 구조활동에 소요된 비용인 구조비와도 다른 성격을 갖는다.

(3) 손해방지비용(sue & labor charge)

손해방지비용이란 피보험자나 그의 대리인이 손해방지 및 경감의무를 이행하다가 지출한 비용을 말한다. 손해방지비용은 피보험자 자신의 재산을 보전하고자 지출한 비용이지만 궁극적으로는 보험자를 위한 의무이행차원에서 지출한 비용이므로 당연히 보험자가 보상한다.

손해방지비용은 보험증권상의 손해방지약관에 따라서 공식적으로 보험자가 보상하는 형태를 취한다. 손해방지약관은 보험계약을 보충하는 것으로 간주되어 보험목적물의 손해를 추가적으로 보상해주는 보충계약(supplementary contract)의 기능을 한다. 따라서 만일 손해방지행위가 실패로 돌아가 전손이 발생하여 화물의 손해와 손해방지비용의 합계가 보험금액을 초과한 경우에도 보험자는 이를 보상하여야 한다.[17)]

영국해상보험법에서도 보험조건에 상관없이 피보험자는 정당하게 지출된 손해방지비용에 대해서는 보험자로부터 보상받을 수 있도록 규정하고 있다.[18)]

손해방지비용으로 성립되기 위해서는 다음과 같은 요건을 갖추어야 한다.

첫째, 해상보험에서 손해방지비용으로 인정되기 위해서는 손해방지행위의 주체가 반드시 피보험자 자신이나 그의 대리인이어야 한다. 따라서 제3자나 보험자가 손해방지행위를 했다면 그 비용은 손해방지비용으로 성립될 수 없다.

둘째, 손해방지약관은 원 보험계약에 대해 추가적인 계약이기 때문에 적절하고 합리적으로(properly and reasonably) 지출된 것이라면 전손이 발생하더라도 이에 추가하여 보상된다.

---

17) 보험자의 보험목적물에 대한 보상책임과 손해방지비용에 대한 보상책임은 별개의 것이다.
18) 영국해상보험법 제78조(1)항.

셋째, 위험이 실제로 발생하여야 한다. 즉 손해방지비용은 보험목적물이 실제로 위험에 처해 있는 상태에서 임박한 손실을 방지하거나 또는 이미 발생한 손실을 경감하기 위해 지출한 비용이어야 한다는 것이다.

넷째, 손해방지비용은 반드시 담보위험에 근인하여 발생한 것이어야 한다. 보험증권에 의해 담보되지 않은 위험에 의해 발생한 손해방지비용은 손해방지약관에 의해 보상받을 수 없다.

5 충돌손해배상책임(collision liability)

해상보험에서는 선박의 충돌로 인한 손해배상책임을 담보해 주고 있다. 영국해상보험법 제3조(2)항에서는 선박·화물 등을 소유하고 있는 자가 제3자에 대해서 배상책임을 부담하게 될 경우에 대비하여 해상보험계약이 체결될 수 있다고 규정하고 있다.

선박보험인 협회기간약관(ITC-Hull)의 충돌손해배상책임약관은 종래의 'Running Down Clause'에서 1983년 현재의 '3/4ths Collision Liability Clause

'로 변경되었다.

IV 협회적하약관(Institute Cargo Clauses)

해상보험증권은 단순히 해상보험계약의 성립을 확인해 주는 문서에 불과하고 해상보험계약의 내용과 핵심은 현재 모두 협회약관(Institute Clauses)들에 의해서 결정된다. 따라서 해상보험증권은 반드시 협회약관이 첨부되어야만 그 역할을 할 수 있다.

협회약관은 런던보험자협회(Institute of London Underwriters ; ILU)와 로이즈 보험자협회(Lloyd's Underwriters Association ; LUA)가 합동으로 만든 약관이다. 1912년 협회적하약관이 처음 제정된 이래 수차례의 개정을 거쳐 현재 2009년 개정된 신약관을 사용하고 있다.

협회적하약관의 기본약관은 A약관·B약관·C약관으로 구성되어 있으며 각 약관은 8개의 그룹으로 구성되어 있고 이들은 다시 19개의 개별약관으로 나뉘어져 있다.[19)]

이들 세 가지 기본약관은 제1조의 위험약관, 제4조의 일반면책약관 및 제6조의 전쟁약관만 서로 다르고 나머지는 모두 동일하다.

---

19) 협회적하약관의 세가지 기본약관은 과거의 전위험담보(all risks ; A/R), 분손담보(with average ; W/A) 및 분손부담보(free from particular average ; FPA) 조건이 그 명칭상 불합리한 점이 많아 각각 A약관, B약관 및 C약관으로 변경된 것이다.

▌표 12▌ 협회적하약관의 성질별 분류

구 분	약관명(1982년)	약관명(2009년)
담보위험 (Risks Covered)	1. 위험약관 2. 공동해손약관 3. 쌍방과실충돌약관	1. 위험 2. 공동해손 3. 쌍방과실충돌약관
면책조항 (Exclusions)	4. 일반면책약관 5. 불내항성 및 부적합면책약관 6. 전쟁면책약관 7. 동맹파업면책약관	4. 구분없음 5. 구분없음 6. 구분없음 7. 구분없음
보험기간 (Duration)	8. 운송약관 9. 운송계약종료약관 10. 항해변경약관	8. 운송약관 9. 운송계약종료 10. 항해변경
보험금 청구 (Claims)	11. 피보험이익약관 12. 계반비용약관 13. 추정전손약관 14. 증액약관	11. 피보험이익 12. 계반비용 13. 추정전손 14. 증액
보험이익 (Benefit of Insurance)	15. 보험이익불공여약관	15. 약관명칭삭제
손해경감 (Minimizing Losses)	16. 피보험자의무약관 17. 포기약관	16. 피보험자의무 17. 포기
지연의 방지 (Avoidance of Delay)	18. 신속조치약관	18. 약관명칭삭제
법률 및 관례 (Law and Practice)	19. 법률 및 관례약관	19. 약관명칭삭제

* 1982년 약관에는 각 조별로 약관이름이 있었지만 2009년 약관에서는 약관명칭이 혼란을 초해할 수 있다는 이유로 그 이름을 삭제한 조문이 많고, 특히 면책조항과 관련된 약관에서는 모두 이름을 삭제하였다.

1 협회적하약관 A Clause

(1) 담보위험(risks covered)

1) 위험(risks)

위험약관은 보험자가 보상해주는 담보범위를 구체적으로 규정하고 있는 약관이다. 이 약관에서는 다음의 제4조(일반면책위험), 제5조(선박의 불내항성 및 부적합 위험), 제6조(전쟁위험) 및 제7조(동맹파업위험)에서 규정하고 있는 보험자의 면책위험을 제외한 일체의 피보험목적물의 멸실 또는 손상의 위험을 담보한다고 규정하고 있어 보험자의 포괄책임주의를 명백히 하고 있다.

보험사고가 발생할 경우 그 사고의 원인이 무엇인가를 증명할 책임은 보험자에게 있다.

(2) 면책(exclusions)

이 약관은 기존의 일반면책약관(general exclusion clause), 불내항성(unseaworthiness) 및 부적합성(unfitness) 면책약관, 전쟁면책약관(war exclusion clause), 그리고 동맹파업면책약관(strikes exclusion clause)을 통합하여 구성한 약관이다. 어떠한 경우라도 보험자는 다음의 손해를 보상하지 않는다.

1) 일반면책사항

① 피보험자의 고의적인 비행에 의한 멸실·손상 및 비용

② 보험목적물의 통상적인 누손, 중량 또는 수량의 자연 감량, 통상적인 자연소모

③ 운송에서 통상 발생하는 사고에 견딜 수 있는 보험목적물의 포장 또는 운송준비의 불충분한 상태로 인하여 발생하는 멸실, 손상 및 비용(이 조항에서 포장은 컨테이너에 적부하는 것을 포함하며, 포장이나 운송준비는 이 보험의 개시 전에 행하여져야 함)

④ 보험목적물 고유의 성질과 하자로 인한 멸실, 손상 및 비용

⑤ 담보위험으로 인하여 발생한 지연(delay)일지라도 지연을 근인으로 하여 발생한 멸실, 손상 및 비용

⑥ 본선의 소유자(owners), 관리자(managers), 용선자(charterers) 또는 운영자(operators)의 파산 또는 재정상의 채무불이행으로부터 생긴 멸실, 손상 및 비용

⑦ 원자력 또는 핵의 분열 및 또는 융합, 기타 이와 유사한 반응 또는 방사능이나 방사성 물질을 응용한 무기의 사용으로 인한 멸실, 손상 및 비용

2) 불내항성(unseaworthiness) 및 부적합성(unfitness) 면책사항

① 선박 또는 부선의 불내항성[20] 및 보험목적물의 안전운송을 위한 선박 또는 부선의 부적합성(다만 보험목적물을 적재할 때 피보험자가 그와 같은 불내항성 및

20) 선박은 맡은 바 항해를 수행하기 위해 선체 및 기관 등이 모두 해상위험에 견딜 수 있도록 관리되어야 할 뿐만 아니라 항해를 위해 적절한 설비·기구·용품 등이 준비되고 선원 및 그들의 일용품까지 완비되어야 감항능력, 즉 내항성이 인정된다. 만일 선박의 불내항성이 입증되면 이로 인한 손해에 대해 보험자는 책임을 지지 않는다.

부적합성을 알고 있을 경우에 한한다.)[21]

② 보험목적물의 안전운송을 위한 컨테이너 또는 운송용구의 부적합성(다만 그 적재가 이 보험이 개시되기 전에 실행되는 경우 또는 피보험자 또는 그의 사용인에 의해 실행되고 또한 그들이 적재시에 그러한 부적합성을 알고 있을 경우에 한한다.)

3) 전쟁면책사항

전쟁위험에 대한 보험자의 면책범위를 규정한 사항으로 다음의 사유로 발생한 멸실, 손상 또는 비용에 대하여 보험자는 보상책임이 없다.

① 전쟁(war), 내란(civil war), 혁명(revolution), 모반(revellion), 반란(insurrection), 또는 이로 인하여 발생한 국내투쟁(civil strife), 교전국에 의하여 또는 교전국에 대하여 행해진 적대 행위

② 포획(capture), 나포(seizure), 압류(arrest), 억지(restraint) 또는 억류(detainment, 이때 해적행위는 제외) 및 그러한 행위 또는 그러한 행위의 기도(attempt)

③ 유기된 기뢰(derelict mines), 어뢰(torpedoes), 폭탄(bombs) 또는 기타의 유기된 전쟁무기

4) 동맹파업면책 사항

동맹파업, 폭동 및 소요 등의 사유로 발생한 손해는 보상되지 않는다.

① 동맹파업자(strikers), 직장폐쇄(lock-out)를 당한 노동자 또는 노동분쟁(labor disturbances), 소요(riots) 또는 폭동(civil commotions)에 가담한 자에 의해서 발생한 것

② 동맹파업, 직장폐쇄, 노동분쟁, 소요 또는 폭동의 결과로 생긴 것

③ 일체의 테러행위, 즉 합법적 또는 불법적으로 설립됐는지 여부와 관계없이 정부를 무력으로 또는 폭력으로 전복하려 하거나 그런 영향을 주기 위해 행동하는 조직 또는 그와 연관 있거나 그를 대신하여 행동하는 조직에 있는 자의 행위에 의한 것

④ 정치적, 사상적 또는 종교적 동기에 따라서 행동하는 자에 의하여 발생한 것.

---

21) 보험목적물을 적재할 당시 피보험자가 불내항성의 사실을 모르고 있었던 경우에는 묵시담보의 위반으로 보지 않는다. 즉 선박이 내항성을 갖추고 있지 않더라도 피보험자가 선적시 그러한 사실을 알고 있지 않는 한 보험금을 지급받을 수 있다.

2 협회적하약관 B Clause

협회적하약관 B약관은 A약관과 마찬가지로 19개 조항으로 구성되어 있다. 그러나 제1조, 제4조, 제6조만 차이가 있고 나머지는 동일하다. 이하에서는 제1조, 제4조, 제6조를 검토하기로 한다.

(1) 담보위험(risks covered)

협회적하약관 B약관은 보험자가 담보하고자 하는 위험이 열거되어있는 열거책임주의 방식을 택하고 있다.

즉 제4조, 제5조, 제6조 및 제7조의 보험자 면책사유를 제외하고 다음과 같은 원인에 정당하게 기인한 손실에 대해 보상한다.

① 화재[22] 또는 폭발
② 선박 또는 부선의 좌초, 교사, 침몰 또는 전복
③ 육상운송용구의 전복 또는 탈선
④ 선박, 부선 또는 운송용구와 물 이외의 타 물체와의 충돌 또는 접촉
⑤ 조난항에서의 화물의 양하
⑥ 지진, 분화 또는 낙뢰
그리고 다음의 위험으로 인해 발생하는 보험목적물의 멸실 또는 손상도 보상한다.
⑦ 공동해손 희생손해(general average sacrifice)
⑧ 투하 또는 파도에 의한 갑판상의 유실(jettison or washing overboard)
⑨ 선박, 부선, 선창, 운송용구, 컨테이너 또는 보관장소에 해수, 호수 또는 하천수의 유입
⑩ 선박 또는 부선에 선적 또는 양하 작업 중 바다 또는 갑판에 추락하여 발생된 포장 당 전손

(2) 면책(exclusions)

협회적하약관 A약관에서는 제4조(일반면책을 규정한 약관)에 보험자가 면책되는 위험을 7가지로 규정하고 있는데 B약관에서는 여기에 '제3자의 고의적 불법행위에

22) 화재의 방지 또는 소화를 위하여 발생하는 파손이나 소실 및 화재의 연기 등에 의한 화물의 손실과 다른 화물에 발생한 화재에 기인하는 손해도 포함된다.

의한 손실'(deliberate damage to or deliberate destruction of the subject-matter insured or any part thereof by the wrongful act of any person or persons)에 대해 면책됨이 추가된다.23)

또한 A약관에서는 제6조 전쟁면책약관에 해적행위(piracy)가 전쟁위험에는 제외되어 있지만 B약관에서는 해적행위가 포함된다. 따라서 A약관에서는 해적행위가 보험자의 담보위험이 되고, B약관에서는 해적행위가 보험자의 면책사유가 된다.

3 협회적하약관 C Clause

(1) 담보위험(risks covered)

C약관도 B약관에서처럼 열거책임주의 방식을 택하고 있기 때문에 보험자의 담보위험이 열거되어 있는데 B약관보다 담보위험의 수가 적다. 따라서 C약관은 기본약관 중에서 보험자의 담보범위가 가장 협소하다.

▌표 13▐ 담보위험의 비교

담보위험(1조)	각 약관에서의 담보 여부		
	(A)	(B)	(c)
화재·폭발	○	○	○
본선·부선의 좌초·교사·침몰·전복	○	○	○
육상운송용구의 전복·탈선	○	○	○
본선·부선·그 밖의 운송용구와 물 이외 타물체와의 충돌·접촉	○	○	○
피난항에서의 화물의 양하	○	○	○
지진·분화·낙뢰	○	○	×
공동해손희생	○	○	○
투 하	○	○	○
갑판유실	○	○	×
본선·부선·선창·운송용구·컨테이너·리프트밴·보관장소에 해수·호수·하천수의 유입	○	○	×
추락손	○	○	×
그 밖의 모든 위험에 의한 멸실·손상	○	×	×

23) 따라서 B약관에서는 제3자의 방화, 선장 및 선원의 악행 등과 같은 불법행위에 대해서는 보험자가 면책된다. 그러나 '악의적 손상약관'(malicious damage clause)을 특약으로 구매하면 담보가 가능해진다.

B약관에서 담보되는 위험 중 C약관에서는 담보되지 않는 위험은 다음과 같다.

① 지진, 분화 또는 낙뢰
② 파도에 의한 갑판상의 유실
③ 선박, 부선, 선창, 운송용구, 컨테이너 또는 보관장소에 해수, 호수 또는 하천 수의 유입
④ 선박 또는 부선에 선적 또는 양하 작업 중 바다 또는 갑판에 추락하여 발생된 포장당 전손

제 14 장

무역대금결제

Ⅰ 무신용장결제방식

국제무역거래는 관세선(customs line)을 사이에 두고 상관습·법률·통화·제도 등을 서로 달리하는 원격지 국가의 수출입업자간에 이루어지는 특성을 갖고 있어 계약체결에서부터 거래의 종료에 이르기까지의 전 과정에서 매매당사자간의 이해의 대립이 국내거래와 비교하여 대단히 크다고 볼 수 있다.

특히 국제무역거래에서 그 중요성이 큰 것은 대금결제와 관련한 부분이라 할 수 있다. 아무리 다른 계약의 조건들에서 자신에게 유리하게 계약을 체결하였다 해도 궁극적으로 대금결제를 받지 못하면 아무런 의미가 없을 것이다. 따라서 영리를 목적으로 무역거래를 하는 상인 간에는 다른 무엇보다도 대금결제조건이 가장 중요하다는 것은 재론의 여지가 없다.

무역대금결제방식은 거래되는 물품과 거래선에 따라 다양하나 이하에서는 일반적으로 국제무역거래에서 가장 많이 사용되는 형태를 중심으로 무신용장결제방식과 신용장결제방식으로 크게 나누어 설명하도록 한다.

1 송금결제방식

송금결제(remittance)방식이란 수출업자가 물품을 인도하기 전이나 물품의 인도와 동시에 또는 물품을 인도한 후 수입업자가 수출업자에게 대금을 송금함으로써 결제하는 방식을 말한다. 수출업자가 물품을 인도하기 전에 수입업자가 미리 대금의 전액을 송금할 경우 이를 사전송금방식(또는 단순송금방식)이라 하며, 수출업자가 물품이나 서류를 인도할 때 또는 인도한 후 수입대금을 송금할 경우를 대금상환도방식이라 한다.

송금결제방식은 송금의 수단에 따라 전신송금환(telegraphic transfer ; T/T), 우편송금환(mail transfer ; M/T), 그리고 송금수표(demand draft ; D/D) 방법이 있다.

(1) 사전송금방식

가) 전신송금환과 우편송금환

송금환이란 채무자가 채권자에게 채무를 지급하기 위하여 외국환은행에 지급을 위탁하는 방식으로 순환이라고도 한다.[1] 송금환은 지급지시를 하는 지급지시서(payment order)[2]에 의해 이루어지는데, 지급지시서에 의한 송금은 수입업자가 물품금액을 외국환은행에 입금시키면서 해당금액을 외국에 있는 수출업자에게 외화로 지급하여 줄 것을 외국환은행에 위탁한다. 이때 지급지시서를 전신으로 송부할 경우를 전신송금환 또는 전신환(telegraphic transfer ; T/T)이라고 하며 우편으로 송부하는 경우를 우편송금환 또는 우편환(mail transfer ; M/T)이라고 한다.

따라서 전신송금환이란 수입업자(송금인)로부터 송금의뢰를 받은 수입국 소재의 외국환은행(송금은행)이 수출국에 소재하는 자신의 본·지점 또는 환거래취결은행(지급은행)에게 무역대금을 수출업자(수취인)에게 전신으로 지급지시하는 것을 말한다. 반면 우편송금환이란 무역대금의 지급지시를 우편으로 수출국 소재의 지급은행에게 통지하여 지급지시하는 것을 말한다.

전신송금환은 전신에 의하여 당일 결제되므로 환율변동의 위험이나 분실의 위험이 적고 이자문제가 개입되지 않기 때문에 거액의 송금에 이용된다. 우편송금환은 지급지시서가 우편으로 직접 송달되기 때문에 소액송금의 경우에 많이 이용된다.

전신송금환 및 우편송금환의 대금결제과정을 요약하면 다음과 같다.

---

1) 송금환과는 반대로 채권자가 자신의 채권액을 회수하기 위해 외국에 있는 채무자 앞으로 환어음이나 수표를 발행하여 추심(collection)하는 추심환의 경우에는 송금환의 순환과 대비시켜 역환(negotiation by draft)이라고 한다.

2) 지급지시서는 별도로 공통된 양식은 없으나 상대은행명, 송금액, 수취인, 의뢰인, 결제방법 등이 반드시 기재되어야 하며 지급지시의 문언이 필수적이다.

[그림 14] 전신송금환 및 우편송금환의 대금결제 과정

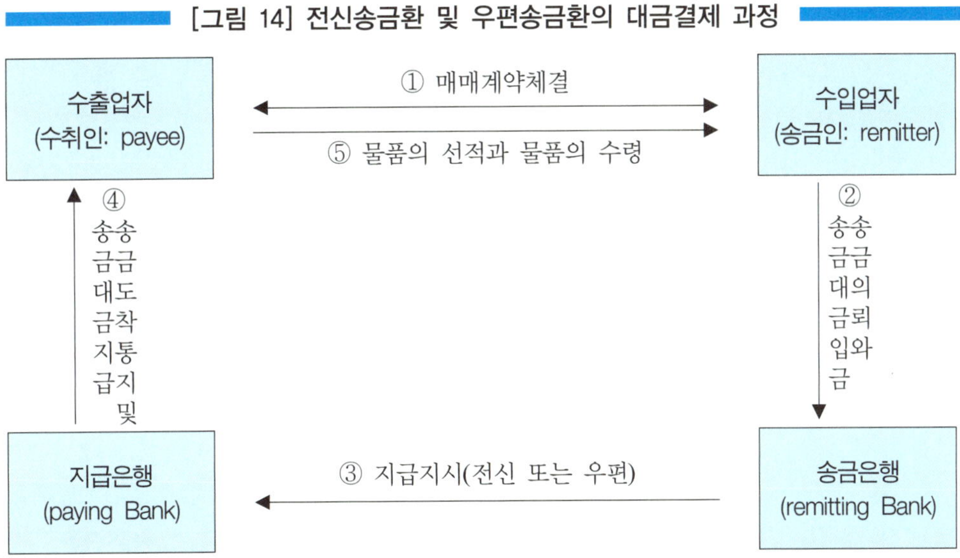

① 수출업자와 수입업자는 매매계약을 체결하고, 대금결제방법으로 전신송금환 또는 우편송금환 방식으로 결제하기로 합의한다.
② 수입업자(송금인)는 자신이 거래하는 외국환은행(송금은행)에 송금할 대금을 입금하고 송금을 의뢰한다.
③ 송금은행은 수출업자(수취인) 거주지역에 있는 자신의 환거래취결은행(지급은행)에게 수출업자에게 대금을 지급하라는 지급지시서를 전신환 또는 우편환 방식으로 전송 또는 송부한다.
④ 지시받은 수출국 소재의 지급은행은 수출업자(수취인)에게 송금액이 도착하였다는 통지를 하고 이 금액을 수출업자에게 지급한다.
⑤ 수출업자(수취인)는 계약에 약정된 물품을 선적하고 선적서류 일체를 수입업자에게 송부한다. 수입업자는 수출업자로부터 송부된 선적서류일체를 수령하고 이를 근거로 물품을 수령한다.

나) 송금수표방식

송금수표(demand draft ; D/D) 방식은 수입업자가 무역결제금액을 자신이 거래하는 외국환은행에 지급하고 그 금액만큼 송금수표를 발급받아 이를 직접 수출업자(수취인)에게 우송하고, 수출업자는 수령한 송금수표를 자신의 외국환은행에 제시하여 현금으로 교환받는 방식이다.

이 방법은 수입업자가 직접 수표를 우송하기 때문에 우송도중 도난이나 분실의 우려가 있어 이용 빈도는 그리 높지 않지만 소액의 물품거래에 종종 이용된다.

[그림 15] 송금수표방식의 대금결제과정

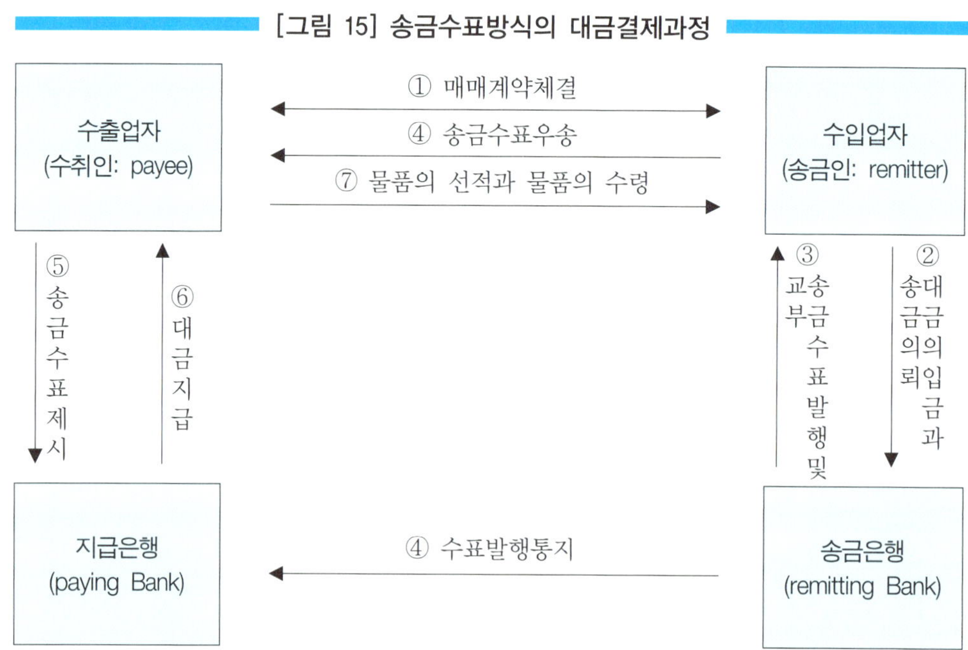

송금수표방식의 결제과정을 요약하면 다음과 같다.

① 수출업자와 수입업자는 매매계약을 체결하고, 이때 대금결제방법으로 대금의 전액을 송금수표로 결제하기로 합의한다.
② 수입업자(송금인)는 자신이 거래하는 외국환은행(송금은행)에 송금할 대금을 입금하고 외화표시 송금수표의 발행을 의뢰한다.
③ 외국환은행(송금은행)은 수출업자(수취인) 거주지역에 있는 자신의 환거래은행을 지급은행으로 하는 송금수표를 발행하여 이를 수입업자(송금인)에게 교부한다.
④ 수입업자(송금인)는 교부받은 송금수표를 수출업자(수취인) 앞으로 우송하고 송금은행은 수출국의 외국환은행(지급은행) 앞으로 송금수표를 발행하였다는 발행통지서를 발송한다.
⑤ 수출업자(수취인)는 수입업자(송금인)로부터 우송된 송금수표를 지급은행에 제시한다.
⑥ 지급은행은 제시된 송금수표와 송금수표발행통지서를 대조·확인한 후 수출업자(수취인)에게 지급한다.
⑦ 수출업자는 계약에 약정된 물품을 선적하고 수입업자는 그 물품을 수령한다.

(2) 대금상환도 방식

대금상환도 방식은 물품 또는 서류가 인도될 때 또는 인도된 후에 그와 상환으로 대금을 지급하는 방식으로 물품의 인도와 동시에 대금을 지급하는 현물상환지급방식(COD)과 서류와 상환으로 대금을 지급하는 서류상환지급방식(CAD)으로 구분된다.

가) 현물상환지급방식

현물상환지급방식(cash on delivery ; COD)이란 수출업자가 물품을 선적하고 선적서류를 수입국에 있는 수출업자의 해외지점 또는 대리인이나 수입업자의 거래은행에 송부하고 수출물품이 수입국에 도착하면 수입업자가 직접 물품을 검사한 후에 물품과 상환으로 현금을 지급하는 방식을 말한다.

현물상환지급방식(COD)은 주로 도착지에서 직접 물품을 검사하기 전에는 품질 등을 정확히 알기 어려운 고가의 상품 또는 동일 상품이라도 상품의 색상·가공 방법·순도 등에 따라 가격차이가 있는 보석류나 귀금속류의 거래에서 활용된다.

이 방식은 수입지에 수출업자의 지점 등과 같은 대리인이 있는 경우 활용될 수 있다.

[그림 16] 현물상환지급방식(COD)의 대금결제과정

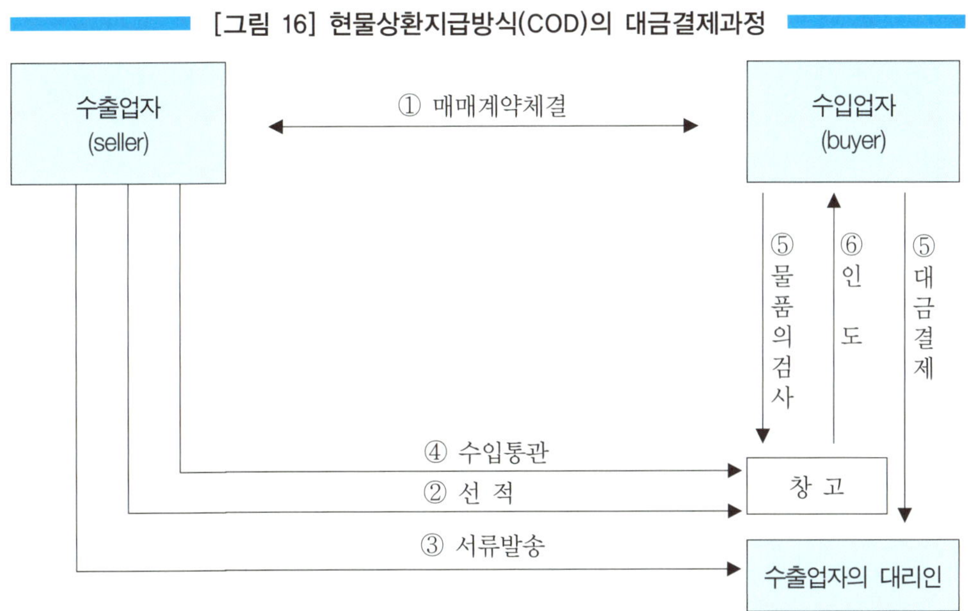

현물상환지급방식의 대금결제방식을 요약하면 다음과 같다.

① 수출업자와 수입업자는 매매계약을 체결하고 대금결제방법으로 현물상환지급방식(COD)으로 결제하기로 합의한다.
② 수출업자는 계약물품을 선적한다.
③ 수출업자는 수입국에 있는 자신의 대리인에게 선적서류를 우송한다.
④ 수입국에 있는 수출업자의 대리인은 물품을 수입통관한 후 창고에 입고시킨다.
⑤ 수입업자는 물품의 검사 후 물품을 인도받으면서 수출업자의 대리인에게 대금을 결제한다.
⑥ 수출업자의 대리인은 수입업자로부터 결제 받은 대금을 수출업자에게 송금한다.

나) 서류상환지급방식

서류상환지급방식(cash against documents ; CAD)이란 수출업자가 상품을 수출하고 선적을 증명할 수 있는 선하증권, 보험증권, 상업송장 등 선적서류를 수출지에 있는 수입업자의 대리점이나 거래은행에 제시하여 이들 서류와 상환으로 대금을 지급받는 방식을 말한다.3)

[그림 17] 서류상환지급방식의 대금결제과정

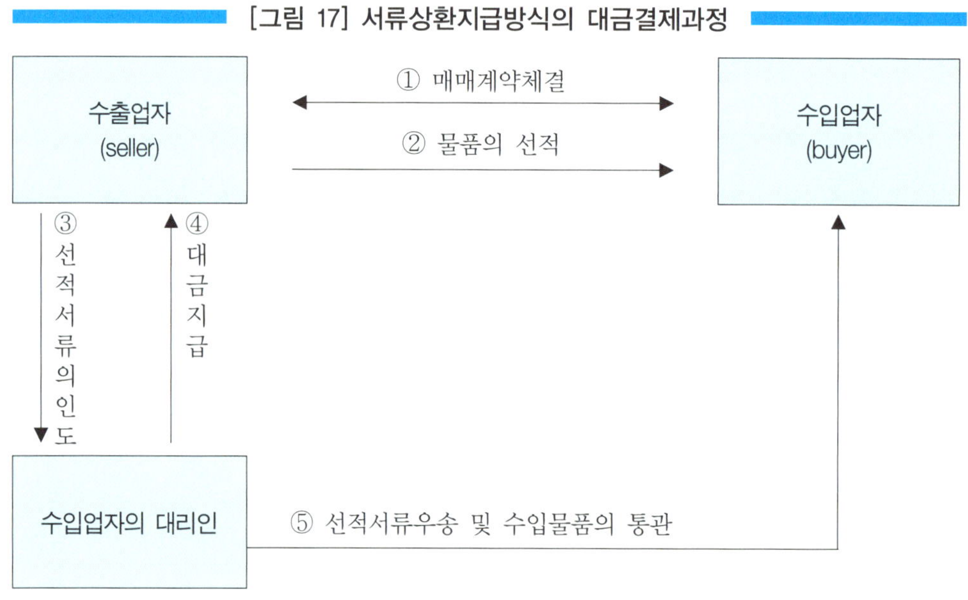

① 수출업자와 수입업자는 매매계약을 체결하고 대금결제방법으로 서류상환지급방식(CAD)으로 결제하기로 합의한다.
② 수출업자는 수출통관한 후 물품을 선적한다.
③ 수출업자는 수입업자의 대리인에게 선적서류를 인도한다.
④ 수출업자는 물품의 대금을 결제 받는다.
⑤ 수입업자의 대리인은 수입업자에게 선적서류를 발송하고 수입물품을 통관하도록 한다.

(3) 장부결제방식

장부결제방식(open account ; O/A)이란 장기적이고 지속적인 거래관계가 있는 수출업자와 수입업자간에 물품매매계약을 체결한 후 수출업자가 물품을 선적한 후 선적

3) 서류상환지급방식(CAD)은 추심방식의 대표적 형태인 지급인도방식(document against payment ; D/P)과 내용상으로는 유사하지만 지급인도방식은 환어음의 발행이 전제가 되는 환어음결제방식인데 반해 서류상환지급방식은 송금방식으로 분류된다.

서류 일체를 수입업자에게 송부하면 수입업자는 물품매매계약상에 정해진 선적일로부터 일정기간이 경과한 후 수출업자가 지정한 은행의 계좌로 대금을 송금하여 결제하는 선적통지부 결제방식이다.

이 방식은 서로 거래가 많은 회사들 간에 매 선적시마다 대금결제를 하려면 복잡하고 비용이 많이 들게 되므로 수출업자는 계속해서 물품을 선적하고 3개월이나 6개월 단위로 누적된 대금을 결제하게 된다.

이 방식은 경우에 따라 결산시기에 당사자간의 채권·채무를 상계한 후 차액만 결제할 수도 있는 청산결제방식, 또는 상호계산방식으로도 활용된다.

[그림 18] 장부결제방식의 대금결제과정

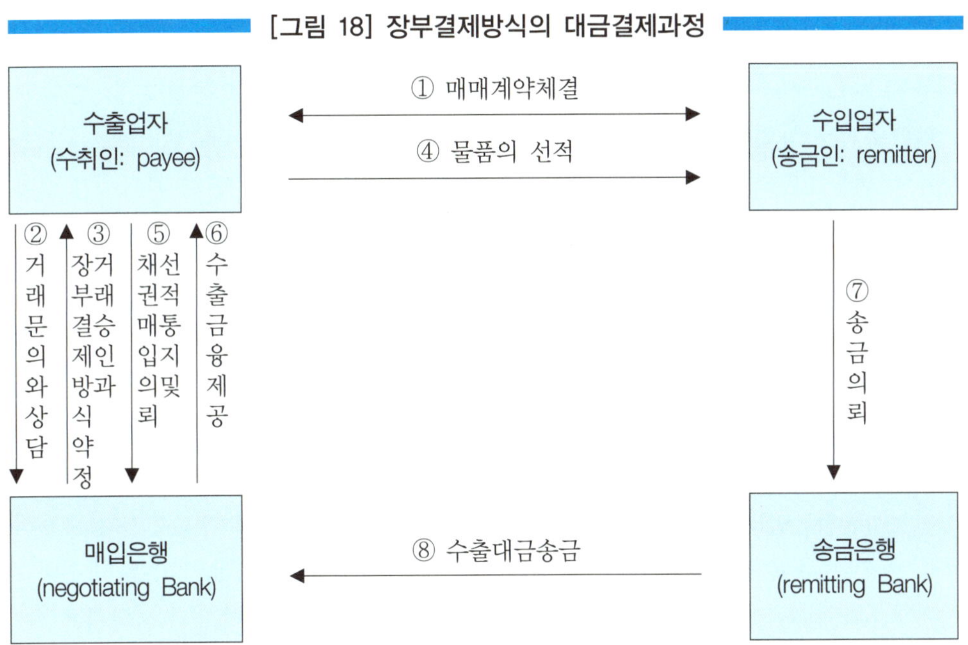

장부결제방식의 대금결제과정을 요약하면 다음과 같다.

① 수출업자와 수입업자는 매매계약을 체결하고 대금결제방법으로 장부결제방식으로 결제하기로 합의한다.
② 수출업자는 자신의 거래은행을 매입은행으로 하여 거래문의와 상담을 한다.
③ 매입은행은 거래승인과 아울러 장부결제방식의 거래약정을 체결한다.
④ 수출업자는 계약물품을 수출통관하고 선적한다.
⑤ 수출업자는 매입은행에 선적통지와 함께 채권매입의뢰를 한다.
⑥ 매입은행은 수출업자에게 수출금융을 제공한다.
⑦ 수입업자는 매매계약서상에 정해진 기일에 송금은행에 송금의뢰를 한다.
⑧ 송금은행은 매입은행에 수출대금을 송금한다.

2 추심결제방식

추심결제방식은 신용장과 더불어 국제무역에서 널리 사용되는 방식으로서 채권자인 수출업자가 채무자인 수입업자 앞으로 수출계약대금인 채권액에 상당하는 환어음을 발행하여 이를 외국환은행을 통하여 채무자에게 제시하여 수출대금을 청구하거나 또는 외국환은행에게 환어음 매입을 의뢰함으로써 수출대금을 지급받게 된다.

이 같은 추심(collection)은 채권자가 채권액을 회수하기 위하여 외국에 있는 채무자 앞으로 환어음이나 수표를 발행하여 대금결제 받는다는 점에서 송금의 순환과 대비시켜 역환이라고도 한다.

추심결제방식은 선적서류와 같은 상업서류가 첨부되는지 그렇지 않은지에 따라 화환추심(documentary collection)과 무화환추심(clean collection)으로 구분할 수 있다.

화환추심은 상업송장, 선적서류, 권리증서 등 상업서류(commercial document)가 첨부된 추심을 의미하며, 무화환추심은 상업서류가 첨부되지 않고 단지 환어음만의 추심의 경우로 보험료, 운임 및 수수료 등의 결제에 이용된다.

보통 수출대금의 결제에는 상업서류가 첨부되어야 하므로 화환추심이 이용된다.

화환추심은 결제시기에 따라 지급인도조건(document against payment ; D/P)과 인수인도조건(document against acceptance ; D/A)으로 구분된다.

(1) 지급인도조건

선적서류지불인도조건이라고도 불리는 이 지급인도조건(D/P)은 수출업자가 수출물품을 선적한 후 수입업자를 지급인으로 하는 일람출급화환어음(sight bill)을 발행하여 선적서류와 함께 자신의 거래은행(추심의뢰은행)에 추심을 의뢰하고 추심의뢰은행이 수입지의 환거래은행(추심은행)에게 환어음 대금을 추심의뢰하면 추심은행은 수입업자(지급인)에게 환어음을 제시하여 대금결제를 받음과 동시에 선적서류를 수입업자에게 인도하고, 당해 수출대금을 추심의뢰은행을 통해 수출업자에게 결제해주는 방식을 말한다.

지급인도조건은 환어음의 지급인인 수입업자가 선적서류를 수령하는 동시에 대금을 결제하는 일람출급의 지급인도방식이다. 따라서 수입업자는 대금지급을 하지 않고는 선적서류를 받지 못하므로 화물인도를 받을 수 없다.

수출업자는 일람불로 대금결제를 받기 때문에 인수인도조건(D/A)보다 훨씬 안전한 결제방식이라고 할 수 있으나 수입업자로 보면 신용장 결제방식보다 별로 유리한 것이 없다. 다만 수입업자의 경우 선적서류가 송부되어오는 기간 동안 금리의 혜택을 받는 것 정도이지만, 경우에 따라 화물도착 시까지 또는 화물도착 후 일정시일까지 그 대금의 결제를 연기해주는 예도 있다.[4)]

(2) 인수인도조건

인수인도조건(document against acceptance ; D/A)이란 선적서류인수인도조건이라고도 불리며, 수출업자가 수출물품을 선적한 후 수입업자를 지급인으로 하는 기한부화환어음(usance bill)을 발행하여 선적서류와 함께 자신의 거래은행(추심의뢰은행)에 추심을 의뢰하고 추심의뢰은행이 수입지의 환거래은행(추심은행)에게 환어음 대금을 추심의뢰하면 추심은행은 수입업자(지급인)에게 환어음을 제시하고, 이에 대해 수입업자가 환어음의 지불을 인수하는 약속으로 환어음상에 "Accepted"라고 쓰고 서명날인하면 추심은행이 관계 선적서류를 수입업자에게 인도해 주는 조건이다. 수입업자는 인도받은 선적서류로 화물을 찾아 판매한 후 그 대금으로 환어음의 만기일에 결제하면 추심은행은 이를 수출지의 추심의뢰은행에 송금하여 수출업자가 수출대금을 결제받는다.[5)]

(3) 추심과정

무신용장 방식인 지급인도조건(D/P)이나 인수인도조건(D/A) 결제방식은 거래당사자간의 매매계약에 의거하여 화환어음을 추심(collection)함으로써 수출대금을 결제하는 형태로서 결제과정을 구체적으로 살펴보면 다음과 같다.

---

4) 이를 편의상 D/P usance라고 하며, 일반적 형태의 지급인도조건을 D/P at sight라 하기도 한다.
5) 일반적으로 인수인도조건(D/A)으로 보아야할 지시나 환어음조건은 "Deliver document against acceptance", "D/A 90 D/S", "90 days after arrival of the steamer(or cargo)", "D/A 90 D/S B/L", "90 days after B/L date", "at 90 days sight", "90 days after date(of draft)" 등이며, 지급인도조건(D/P)으로 보아야할 지시나 환어음조건은 "deliver documents against payment", "D/P at sight", "90 days D/P", "at sight on arrival or vessel" 등으로 표시된다. 인수인도조건(D/A)이나 지급인도조건(D/P)의 명백한 지시가 없을 경우는 지급인도조건(D/P)으로 간주하여야 한다(박대위, 「무역실무」, 법문사, 1998, p. 392 참조).

[그림 19] 추심결제방식의 대금결제과정

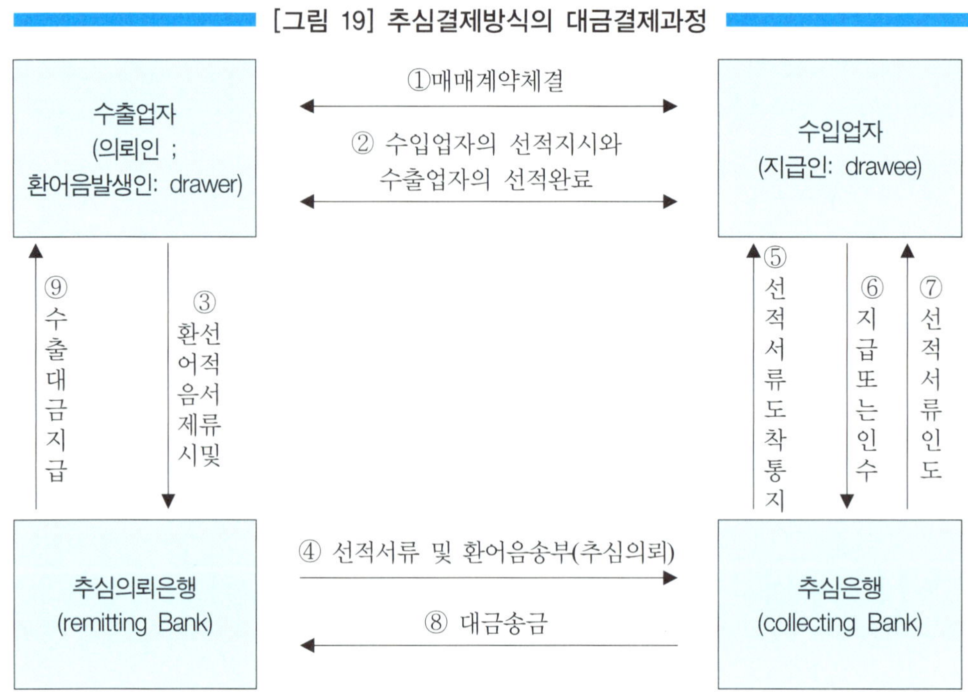

① 수출업자와 수입업자는 매매계약을 체결하고 대금결제방법으로 지급인도(D/P) 또는 인수인도(D/A)조건으로 결제하기로 합의한다.
② 수입업자는 수입에 필요한 모든 허가와 승인을 필한 후 수출업자에게 선적지시를 통지한다. 수출업자는 선적지시를 받는 대로 계약에 약정된 선적기일 내에 선적을 완료하고 선적서류를 구비한다.
③ 선적서류를 구비한 수출업자(추심의뢰인 ; 환어음 발행인)는 수입업자를 지급인으로 하는 화환어음을 발행하여 선적서류와 함께 자신의 거래은행(추심의뢰은행)에 제시하여 수입업자 앞으로 추심을 의뢰한다.
④ 수출업자로부터 추심의뢰를 받은 추심의뢰은행은 추심지시서(collection order)를 작성하여 수출업자가 제시한 선적서류와 함께 수입업자가 소재한 지역의 은행(추심은행) 앞으로 송부하여 추심을 의뢰한다.
⑤ 수입지의 추심은행은 수입업자에게 관계 선적서류와 화환어음이 도착했음을 통지한다.
⑥ 수입업자는 선적서류도착 통지에 따라 만약 지급인도조건(D/P)으로 계약을 체결했으면 일람불로 즉시 대금을 지급하거나, 또는 인수인도조건(D/A)으로 계약을 체결했다면 제시된 환어음에 "Accepted"라고 표기하고 서명을 한 후 은행으로부터 선적서류를 인도받는다.
⑦ 대금을 결제하는 수입상은 선적서류를 가지고 운송업자로부터 물품을 수령한다.
⑧ 추심은행은 수입업자로부터 지급받은 결제대금을 추심의뢰은행에게 송금한다.
⑨ 대금을 송금 받은 추심의뢰은행은 최종적으로 수출업자에게 당해 수출대금을 지급한다.

(4) 추심당사자

추심과정에 관여하는 당사자는 의뢰인, 추심의뢰은행, 추심은행, 지급인 등이 있다.

가) 의뢰인(principal)

의뢰인은 계약물품을 선적하고 거래은행에 수출대금의 추심을 의뢰하는 수출업자이다. 수출업자는 추심을 의뢰하면서 화환어음을 발행하기 때문에 발행인(drawer)이며, 또한 수입업자에 대해서 채권을 주장할 수 있는 채권자(creditor)이기도 하다.

나) 추심의뢰은행(remitting bank)

추심의뢰은행은 고객인 수출업자로부터 추심을 의뢰받은 수출국 소재의 은행을 말한다. 수출업자가 제시한 관계 선적서류와 화환어음을 수입업자가 소재한 수입지의 환거래은행 앞으로 송부하면서 추심을 의뢰한다.

다) 추심은행(collecting bank)

수출지의 추심의뢰은행으로부터 송부되어 온 선적서류와 추심지시서(collection order)를 수입업자에게 제시하여 수입대금을 징수하는 은행을 추심은행이라고 한다. 추심은행은 추심의뢰은행의 지시에만 따르며 환어음의 지급에 대해서는 하등의 책임을 지지 않는다.

라) 제시은행(presenting bank)

지급인에게 직접 관계 선적서류를 제시하는 추심은행을 제시은행이라고 한다. 추심은행은 제시은행이 되지만, 만일 추심은행이 수입업자의 거래은행이 아닌 경우에는 수입업자 거래은행으로 서류를 재송부하게 될 때가 많으므로 이 경우 제시은행은 추심은행이 아닌 수입업자 거래은행이 된다.

마) 지급인(drawee)

지급인은 추심지시서에 따라 환어음의 제시를 받게 되는 당사자, 즉 수입대금을 지급해야 할 채무자인 수입업자를 말한다. 수입업자는 지급인도조건(D/P)일 때에는 수입대금을 반드시 추심은행에 지급해야만 관계 선적서류를 인도받을 수 있지만, 만약 인수인도조건(D/A)일 경우에는 인수행위만으로도 선적서류를 인도받을 수 있다.

(5) 추심당사자의 의무와 책임

가) 추심관련은행의 의무와 책임

① 신의칙준수와 합리적 주의의무

추심관련은행은 추심업무의 수임자로서 신의칙원칙에 따라 합리적 주의를 기울여 성실히 추심업무에 임해야 한다.

② 서류 확인의 의무

추심관련은행은 접수된 서류가 추심지시서(collecting order)상의 기재와 일치하는지 여부를 확인하여야 한다. 만일 누락사항이 있을 경우에는 추심의뢰를 한 당사자에게 즉시 통지하여야 한다. 그러나 추심관련은행은 제출된 선적서류를 심사할 의무는 부담하지 않으며 단지 서류의 종류와 통수만 확인하고 전달한다.

③ 물품의 인수·보관의무의 면책

매매계약상의 물품은 추심관련은행의 사전동의 없이 당해 은행 앞으로 발송되어서는 안되며, 발송된 경우 은행은 물품인수의 의무가 없으며 물품을 발송하는 당사자가 물품의 위험과 책임을 진다. 추심은행은 추심관련물품의 보관이나 보험가입 등의 지시를 받은 경우에는 이를 따를 의무가 없다.

④ 타 은행 서비스비용에 대한 면책

추심의뢰은행이 추심의뢰인의 지시를 이행하기 위해 타 은행의 서비스를 이용하는 경우 그 위험과 비용은 추심의뢰인이 부담한다.

⑤ 서류에 대한 면책

추심관련은행은 서류의 형식(form), 충분성(sufficiency), 진정성(genuineness), 허위성(falsification) 또는 법적효력(legal effect) 등에 대해 책임을 지지 않는다. 또한 추심관련은행은 모든 통보, 서신이나 서류의 송달 중의 지연이나 훼손, 멸실 등에 대해 책임을 지지 않으며 전문용어 등의 번역상의 오류에 대해서도 면책된다.

⑥ 불가항력 상황에 대한 면책

추심관련은행은 천재지변, 소요, 폭동, 반란, 전쟁, 파업, 직장폐쇄 또는 기타 불가항력적 사태에 기인한 업무중단결과에 대해 책임이 없다.

나) 추심의뢰인의 의무와 책임

① 수출업자인 추심의뢰인은 추심관련은행이 자신의 지시사항을 이행하기 위해 타

은행의 서비스를 이용할 경우 발생하는 비용이나 위험을 부담한다.

② 추심에 관련된 수수료와 비용은 추심지시서(collecting order)에 기재된 대로 부담하면 되나 이에 대한 명시가 없을 경우에는 환어음발행인인 수출업자(의뢰인)가 부담한다.

③ 추심지시서상에 추심수수료 또는 비용이 지급인(수입업자) 부담으로 지시되어 있는 경우 지급인이 그 지시를 따르지 않는 경우에는 추심의뢰은행의 명백한 반대지시가 없는 한 추심은행은 수수료 또는 비용을 추심하지 않고 추심서류를 인도할 수 있다. 이 경우 추심수수료와 비용은 수출업자(의뢰인)가 부담한다.

④ 수출업자는 외국 법률 및 관습에서 오는 모든 의무와 책임을 부담하며, 이로 인해 추심관련은행이 손실을 입었을 경우에는 이를 보상하여야 한다.

(6) 추심결제방식의 효용

추심결제방식인 지급인도조건(D/P)과 인수인도조건(D/A)은 매매계약서에 따라 수출입 당사자간의 신용에 따라 이루어지는 거래이다. 따라서 은행의 지급보증이 따르지 않는다는 점에서 수출업자에게는 불리한 결제방법이다.

수출업자는 보다 확실하게 수출대금을 보장받기 위해 은행이 지급을 보증하는 신용장방식을 선호하는 것이 사실이지만, 신용장방식은 신용장의 개설에 따른 담보금의 적립 등 수입업자의 부담이 따르기 때문에 수입업자는 신용장방식보다 추심결제방식을 더 선호하게 된다. 결국 신용장방식이 수출업자에게 유리한 것이라면 추심결제방식은 수입업자에게 유리한 결제방식이라고 할 수 있다.

보다 자세하게 사용 당사자별로 추심결제방식의 효용성을 살펴보면 다음과 같다.[6]

가) 수입업자에게 주는 효용

첫째, 신용장방식은 수입업자를 대신하여 개설은행이 지급을 보증하지만 추심결제방식은 수입업자의 신용을 토대로 당사자 간의 계약에 의해 거래가 이루어지기 때문에 수입업자에게는 절대적으로 유리한 조건이다.

둘째, 신용장방식의 경우에는 개설은행은 신용장을 개설하기 전 수입업자로부터 충분한 담보금이나 채권보전조치를 미리 취해놓기 때문에 신용장을 개설하기 위한 담보금은 수입업자에게 상당한 부담이 된다.

그러나 추심결제방식은 수출업자의 신용공여로 거래가 성사되기 때문에 수입업자 입장에서 볼 때 담보금의 적립이나 이자부담이 없다. 따라서 해외에 담보할 만한 동

6) 이하 박대위, 「전게서」, pp. 315-316 참조.

산이 없거나 자금의 조달부담이 큰 해외의 현지 법인이나 해외지사 등이 본사와 거래할 때 그 활용가능성이 높다.

셋째, 추심결제방식의 수입업자는 자기자금 없이 수입을 할 수 있다. 특히 인수인도조건(D/A)으로 수입계약을 체결하면 수입업자는 수입 즉시 수입대금을 지급하는 것이 아니라 수입물품을 입수한 후 이를 판매한 대전으로 대금을 결제하기 때문에 자기자금 없이도 수입이 가능하다.

나) 수출업자에게 주는 효용

첫째, 추심결제방식은 수출업자에게는 수출대금의 확보가 완전히 보장되지 않기 때문에 신용장방식보다는 불리한 결제방식이다. 다시 말해 신용장방식에서 수출업자가 발행하는 화환어음은 개설은행을 지급인으로 하는 은행어음(bank bill)의 형태이므로 개설은행이 지급을 보증하지만, 추심결제방식에서 수출업자가 발행하는 화환어음은 개인어음(private bill)으로써 지급상의 모든 책임은 수입업자의 신용에 달려있다.

둘째, 추심결제방식은 수입업자가 선호하는 결제형태이기 때문에 수출업자는 이 방식을 수출시장개척을 위한 전략으로 활용할 수 있다. 특히 수출상품이 수입업자 우위의 시장(buyer's market)인 경우 수입업자에게 유리한 조건을 제시함으로써 거래선을 확보할 수 있다.

셋째, 추심결제방식에 의해 수출대금을 회수할 경우에는 원칙적으로 수입업자로부터 결제가 이루어져 추심이 완료된 후에야 그 대금이 수출업자의 계정에 입금된다. 우리나라는 수출업자의 자금부담을 덜어주고 추심결제방식에 의한 수출을 장려하기 위해서 추심 전 매입을 허용하고 있다. 따라서 수출업자는 관계선적서류와 환어음을 추심의뢰은행에 제시할 때 미리 수출대금을 찾을 수 있다.

우리나라에서는 수출업자의 환어음을 미리 매입해 준 추심의뢰은행이 입을 수 있는 손실을 수출보험제도를 통해 보상해주고 있기 때문에 우리나라 외국환은행들은 추심방식하에서 발행된 환어음에 대해서도 적극적으로 매입하고 있다.

3 국제팩토링방식에 의한 결제

(1) 국제팩토링의 정의와 특징

국제팩토링(international factoring)이란 팩터(factor)[7]가 수출업자와 수입업자 사이에 개입하여 수출업자에게는 수출대금의 지급을 보증하고 수입업자에게는 신용을 공여하는 형태의 결제방식을 말한다.

즉, 국제팩토링방식에서 수출국에 소재하는 수출팩터(export factor)는 수출업자에게 수출대금의 지급을 보증해줌과 아울러 전도금융의 형태로 미리 자금을 융자해줌으로써 수출상품의 생산 확보에 필요한 금융을 제공하여 수출업자의 자금부담을 경감시켜주는 기능을 한다.[8]

반면에 수입국에 소재하는 수입팩터(import factor)는 수입업자에 대한 신용조사 및 신용승인을 하고 수출채권을 양수받아 대금을 회수하여 송금하는 업무 등을 수행한다.

수입팩터의 신용조사결과에 따라 수출팩터는 수출업자에 대한 거래한도를 결정하므로 수입팩터의 신용조사기능은 대단히 중요하다. 수입업자는 팩터의 신용을 활용하여 기한부 조건으로 수입할 수 있으므로 자기자금이 없거나 신용이 낮은 경우에도 수입이 가능하다. 특히 담보력이나 자금력이 부족한 중소기업에게는 팩토링을 통한 금융서비스가 유용한 경우가 많다.

---

7) 팩터는 중세 이탈리아에서 처음 등장한 무역중개업이다. 팩터는 무역당사자간의 알선뿐만 아니라 제조업자가 구매자에게 상품을 외상으로 판매하면 제조업자의 외상매출채권을 매입하여 제조업자에게 상품대금의 지급을 보증하는 업무를 한다. 팩터는 지급보증대리인(*del credere* agent)라고도 한다. 팩터는 일정액의 판매수수료(sale commission) 외에 지급보증의 대가로써 지급보증수수료(*del credere* commission) 까지 추가로 수취한다.

8) 수출팩터는 신용장 매입은행과 비슷한 역할을 하지만 대금회수를 책임지고 수출업자에게 신용조사, 회계업무 등 보다 적극적인 경영서비스를 제공한다.

(2) 국제팩토링방식의 대금결제과정

[그림 20] 국제팩토링방식의 대금결제과정

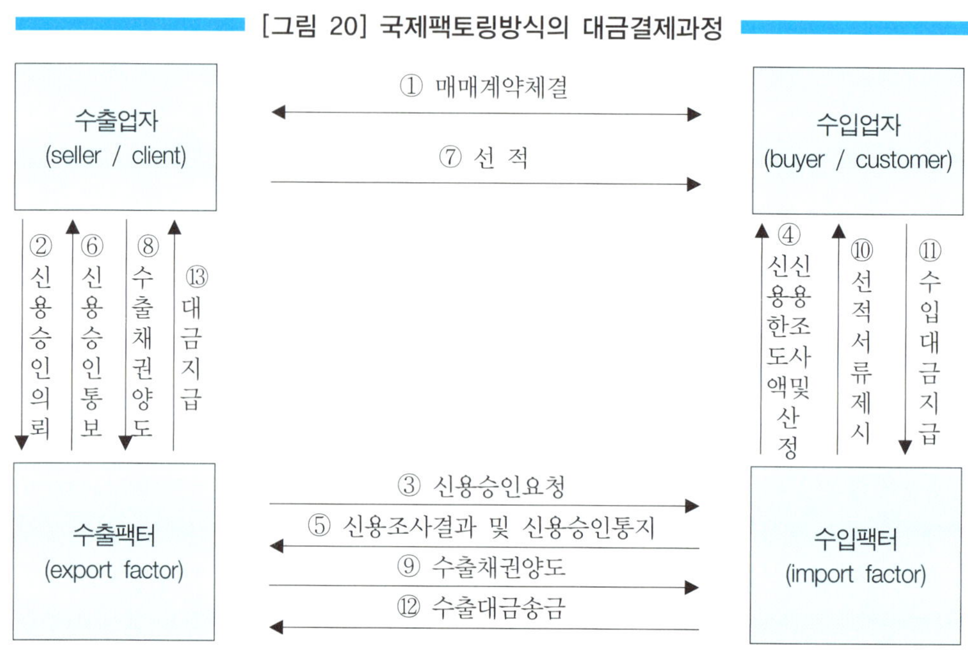

① 수출업자와 수입업자는 매매계약을 체결하고 대금결제방법으로 국제팩토링방식을 합의한다.
② 수출업자는 수출팩터의 소정양식인 신용승인신청서(credit approval request ; CAR)를 작성하여 수입업자에 대한 신용조사를 수출팩터에게 의뢰한다.
③ 수출팩터는 수입팩터에게 수출업자가 요청한 수입업자에 대한 신용조사를 의뢰한다. 동시에 수입팩터가 지급확약할 수 있는 신용한도를 요청한다.
④ 수입팩터는 수입업자의 신용상태를 조사하고 신용한도액을 산정한다.
⑤ 수입팩터는 수입업자에게 제공할 수 있는 신용한도액 및 신용상태에 관한 조사자료를 수출팩터에게 통지한다.
⑥ 수출팩터는 수입팩터의 통지에 따라 수출업자에게 신용승인을 통보한다.
⑦ 수출업자는 수입업자에게 매매계약에 약정된 물품을 선적한다.
⑧ 수출업자는 선적서류 일체를 구비하여 수출팩터에게 양도한다.
⑨ 수출팩터는 수출업자로부터 양도받은 선적서류 일체를 수입팩터에게 송부하고 수출물품에 대한 채권을 수입팩터에게 양도한다.
⑩ 수입팩터는 수입업자에게 선적서류 일체를 인도한다.
⑪ 수입업자는 수입물품을 찾아 만기일에 수입대금을 지급한다.
⑫ 수입팩터는 수입업자로부터 회수한 수입대금을 수출팩터에게 송금한다.
⑬ 수출팩터는 수출업자에게 수출대금을 지급하거나 또는 미리 지급한 융자금(전도융자금)이 있을 경우 이 대금을 상계한다.

(3) 국제팩토링방식의 효용

가) 수출업자에게 주는 효용

첫째, 수출대금의 회수를 수출팩터가 보증하므로 대금회수불능의 위험이 거의 없다고 볼 수 있다.

둘째, 수입업자의 신용상태를 수출팩터를 통해 사전에 파악할 수 있다.

셋째, 수출팩터의 지급보증과 수입업자에 대한 신용조사로 적극적인 신규거래의 시도가 가능하다.

넷째, 신용장이나 추심방식(D/A·D/P)에 비해 실무상의 절차가 간단하다.

다섯째, 수출팩터로부터 수출대금의 한도 내에서 전도금융을 이용할 수 있어 기한부 거래에 따른 자금부담을 경감시킬 수 있다.

여섯째, 수출팩터를 통해 다양한 경영서비스와 해외시장정보를 얻을 수 있다.

나) 수입업자에게 주는 효용

첫째, 수입팩터가 설정한 신용한도 내에서 계속적으로 신용구매가 가능하다.

둘째, 수입팩터의 지급보증으로 유리한 수입조건의 제시가 가능하며, 수입자금이 부족할 경우 수입팩터로부터 금융수혜를 받을 수 있다.

셋째, 수입팩터로부터 채무만기일 등의 회계서비스를 제공받을 수 있다.

넷째, 신용장이나 추심방식(D/A·D/P)에 비해 실무상 절차가 간단하고, 자금부담과 수수료비용의 부담을 경감시킬 수 있다.

4 포페이팅방식에 의한 결제

(1) 포페이팅의 개념과 의의

포페이팅(forfaiting)이란 현금을 대가로 자신이 갖고 있던 채권을 포기 또는 양도한다는 뜻의 프랑스어 ‘a forfait’에서 유래된 용어로 무역거래에서는 수출업자가 발행한 기한부환어음을 포피터(forfaiter)라는 은행이 소구권 없이 고정금리로 할인·매입해주는 금융거래를 말한다.

포페이팅방식에서는 수출업자가 거래은행인 포피터와 수입업자 거래은행인 보증은행(avalizing bank ; guaranteeing bank)이 개입하는데, 포피터는 수출국 소재의 신용장매입은행과 유사한 성격이며 보증은행은 수입국 소재의 신용장개설은행과 유사한 성격을 갖는다.

따라서 포피터는 수출업자가 발행한 연불환어음을 할인·매입하는 은행이 되며, 보증은행은 수입업자를 대신해 당해 연불환어음의 지급을 보증하고 지급보증서를 발급하게 된다.[9] 보증은행의 지급보증은 취소불능한 성격의 무조건적 보증이며 양도가능하다.

포페이팅을 이용하면 수입업자는 보증은행의 지급보증으로 규모가 큰 거래를 연불조건으로 체결할 수 있으며, 수출업자는 연불조건의 외상수출이라 하더라도 포피터로부터 일람불 조건의 수출과 마찬가지로 즉시 지급받을 수 있다.

(2) 포페이팅의 특징

포페이팅을 활용할 경우 수입업자가 가액이 큰 물품을 중장기 연불조건으로 수입하고자 한다면 수입업자는 자신의 거래은행으로 하여금 보증은행이 되어 수출업자가 발행한 환어음을 지급보증해 줄 것을 요청한다. 보증은행이 당해 환어음의 지급을 보증하면 수출업자 소재국의 포피터는 외상기간에 해당하는 이자를 고정금리로 할인하여 수출업자에게 지급하고 포피터는 만기일에 보증은행을 통해 대금을 지급받는다.

이 같은 포페이팅의 주요 특징을 살펴보면 다음과 같다.

첫째, 포페이팅은 수출업자가 발행하는 환어음을 할인·매입의 대상으로 한다.

둘째, 포페이팅은 규모가 큰 3년~5년 정도의 중장기 연불조건의 거래에 주로 활용된다.[10]

셋째, 포피터는 수출업자에게 소구권을 행사할 수 없다.[11]

넷째, 포피터는 주로 고정금리로 환어음을 매입한다. 따라서 수출업자는 환어음의 할인금리를 사전에 알 수 있어 자신의 금융비용을 물품의 원가에 반영할 수 있다.

---

9) 보증은행이 연불(기한부) 환어음을 보증할 때 환어음상에 'Aval'이라는 표현을 명기하는데 이는 보증은행이 환어음상의 수입업자의 채무를 보증한다는 것을 의미한다.

10) 포페이팅과 유사한 환어음 할인금융이나 국제팩토링은 주로 180일 이내의 소액거래에 사용된다.

11) 신용장거래에서 매입은행은 수출업자에게 할인·매입한 금액이 추후 개설은행으로부터 지급되지 않으면 수출업자에게 소구권을 행사하여 그 대금의 상환을 요구할 수 있지만 포페이팅에서는 포피터의 소구권 행사는 불가능하다.

[그림 21] 포페이팅방식의 대금결제과정

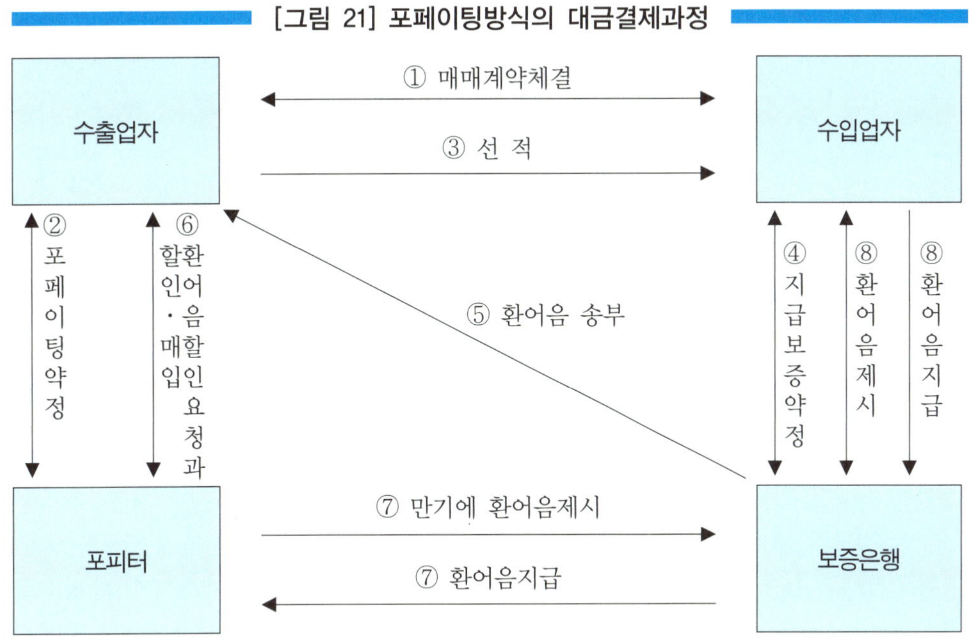

① 수출업자와 수입업자는 매매계약을 체결하고 대금결제방법으로 포페이팅방식을 합의한다.
② 수출업자는 포피터와 포페이팅 약정을 한다. 보증은행은 수입업자에게 지급보증약정을 한다.
③ 수출업자는 계약의 내용대로 수입업자에게 물품을 선적한다.
④ 보증은행은 별도의 지급보증서를 발급하거나 환어음에 'Aval'을 추가하여 환어음을 보증한다.
⑤ 보증은행은 보증이 첨부된 환어음을 수출업자에게 보낸다.
⑥ 수출업자는 지급은행이 보증한 환어음을 사전에 약정된 포페이팅계약에 따라 포피터에게 제시하여 할인·매입을 요청하고, 포피터는 환어음을 할인·매입하여 대금을 지급한다.
⑦ 포피터는 환어음의 만기일에 보증은행에게 지급을 요청하고, 보증은행은 지급보증에 따라 대금을 지급한다.
⑧ 보증은행은 포피터가 제시한 환어음을 수입업자에게 제시하여 수입업자로부터 대금을 회수한다.

신용장결제방식

1 신용장의 본질과 의의

신용장은 그 기원이 어떤 법률에 기인하여 발생된 것이 아니고 상인들에 의한 오랜 상관습에 따라 생성되었다는 특수성을 갖고 있다.

전통적으로 신용장은 수출업자와 수입업자, 그리고 이들 사이에서 엄격한 중립성을 견지하는 은행이라는 세 당사자가 상호간의 거래위험을 공평하게 분담한다는 점에서 가장 합리적인 대금결제수단으로 인정되어 오고 있다.

국제무역거래에서 대두되는 다양한 거래위험 중에서 수입업자의 신용상태의 변화에 따른 수출업자 측면의 대금회수불능의 위험(credit risk)과 수출업자의 계약위반에 따른 수입업자 측면의 상품입수불능의 위험(mercantile risk)을 효과적으로 제거하고자 하는 수출업자와 수입업자의 합리적 기대는 은행이라는 공공성을 띤 제3자를 국제무역거래에 개입시켜 은행을 결제과정의 중심점으로 구성시키는 신용장이라는 고안물(device)을 탄생시키기에 이르렀다.

오늘날 신용장은 수출업자에게는 대금지급을 보장하고, 수입업자에게는 물품입수의 원활화를 도모하는 주요한 대금결제방식으로 평가되고 있다.

(1) 신용장의 정의

신용장이란 국제무역거래에 있어 대금지불 및 상품입수의 원활을 도모하기 위해 수입업자의 거래은행(신용장개설은행)이 수입업자(신용장개설의뢰인)의 지시와 요청으로 개설한 신용장의 조건과 내용에 일치하는 서류들을 수출업자(수익자)가 신용장개설은행 또는 당해 은행이 지정한 은행에 제시하면 반드시 대금을 지급하겠다는 신용장개설은행의 약정증서를 말한다.

현행 제6차 개정 신용장통일규칙에 규정된 신용장의 정의에 따르면 신용장이란 그 명칭이나 표현에 관계없이 취소불능적인 약정으로서 신용장의 조건과 내용에 일치하는 서류가 제시되면 대금을 결제하겠다는 개설은행의 확약을 말한다고 규정하고 있다.12)

이 같은 신용장의 정의를 보다 구체적으로 살펴보면 다음과 같다.

첫째, 신용장거래에서는 반드시 적어도 세 당사자가 있어야 한다. 즉 신용장 개설은행, 신용장 개설의뢰인, 수익자이다.

둘째, 신용장은 그 쓰이는 국가나 지역마다 여러가지 다양한 명칭이나 용어가 사용될 수 있지만 신용장은 그 명칭이나 용어에 상관하지 않는다. 즉 중요한 것은 신용장이라는 명칭(name)이 아니고 그 안에 포함된 약정의 내용(content)에 있다는 것이다.

셋째, 신용장에 있어 개설은행의 약정이라 함은 신용장에 명시된 제반 조건과 내용에 일치하는 서류들을 제시하면 개설은행은 수입업자(개설의뢰인)의 신용상태와는 관계없이 반드시 대금지급할 것이라는 확약을 말한다.

넷째, 이러한 지급확약은 취소불능(irrevocable)하다.

다섯째, 개설은행이 직접 대금을 지급해 줄 수도 있으나 다른 은행에게 이 권한을 수권하여 지급하게 할 수 있으며, 타 은행의 대금지급행위에 대해서도 개설은행은 대금충당을 약정한다.

여섯째, 신용장은 신용장상의 특정조건과 내용의 충족을 조건으로 하고 있으므로 조건부 약정이라고 볼 수 있지만 일단 이들 신용장 조건과 내용이 완전히 충족되면 개설은행이 반드시 대금지급의 책임을 지는 절대적 약정이다.

(2) 신용장의 효용

신용장 결제방식이 세계적으로 널리 보급되고 이용된 데에는 여러 가지 유용한 기능이 인정되기 때문이다. 이미 언급한 바와 같이 무역거래는 국내거래와는 달리 거래의 당사자들이 서로 먼 거리에 위치해 있는 원격지간의 거래이기 때문에 수출업자의 입장에서는 선불을 받지 않고 자신의 물품을 수입업자에게 선적한다는 것은 극히 불안한 일이 아닐 수 없을 것이며, 수입업자의 입장에서도 물품을 입수하기 전에 대금을 수출업자에게 지불한다는 것 역시 대단히 불안한 일이다. 이러한 점에서 신용장이 이 같은 위험을 효과적으로 제거해 주는 기능을 갖고 있다는 것은 대단히 높은 효용

---

12) 제6차 개정 신용장통일규칙 제2조: “Credit means any arrangement, however named or described, that is irrevocable and thereby constitutes a definite undertaking of the issuing bank to honor a complying presentation.”

성이 아닐 수 없을 것이다.

나아가 신용장은 매매당사자들의 금융상의 부담을 경감시켜주는 기능도 갖고 있다. 수출업자는 물품을 선적하는 즉시 수출대금을 자신의 거래은행으로부터 지급받을 수 있으며, 수입업자는 자신의 거래은행인 개설은행의 금융으로 물품의 도착과 더불어 대금을 지불해도 된다.

이하에서는 수출업자와 수입업자가 신용장을 통해 누릴 수 있는 여러 효용들에 대해 살펴보도록 한다.

가) 수출업자의 효용

첫째, 신용장이 일단 개설되어 수출업자에게 내도되면 신용장 개설은행의 파산이나 불가항력의 경우를 제외하고는 반드시 대금결제를 받을 수 있다. 수출업자에게 있어 가장 큰 손실가능성은 수출이행 후 대금회수를 할 수 없게 되는 위험인데 신용장을 이용하면 신용장 개설은행의 지급확약에 따라 수출업자의 대금회수불능의 위험을 제거할 수 있다.

둘째, 신용장은 그것이 취소불능한 것이므로 일단 한번 발행되어 수출업자에게 통지되면 국내 사정이나 계약상품의 국제 시세에 따라 수입업자가 일방적으로 취소할 수 없다. 따라서 수출업자는 안심하고 계약상품의 제조와 가공에 전념할 수 있다.

셋째, 일단 신용장이 발급되면 그 후에 수입국의 외환사정이 악화되어 외환의 사용통제 또는 수입제한조치가 있다 해도 이미 개설된 신용장은 계속 유효하다. 더욱이 수입국 정부에서도 국제적 신용을 추락시켜 가면서까지 은행으로 하여금 지급거절을 시키는 것은 드문 일이다.

넷째, 수표나 어음에 의한 대금결제는 추심(collection)에 의하여 해결되므로 우편일수(mail date)만큼의 일정한 시일이 소요되지만 신용장에 의한 수출대금은 선적 후 제반 서류의 제시와 동시에 즉시 지급받을 수 있다. 신용장하에서 발행되는 환어음이 기한부 환어음이라 할지라도 해당 기간의 이자와 은행수수료만 공제하고 할인(discount)을 받아 즉시 대금회수도 가능하다.

다섯째, 지급도(D/P) 또는 인수도(D/A)와 같은 추심결제방식은 은행이 환어음을 매입 또는 할인을 해준다 해도 금액 전부를 지불하지 않고 수입업자가 어음대금을 완불할 때까지 수출대금의 20~30% 정도를 일종의 담보로 예치케 하는 것이 보통이다. 그러나 신용장에 의한 대금지불방식은 수출대금을 일시에 회수할 수 있다.

여섯째, 신용장이 수출업자에게 접수되면 수출업자는 우리나라의 경우에도 저율의 무역금융혜택을 받을 수 있어 수출에 따른 자금압박을 경감시킬 수 있다.

나) 수입업자의 효용

첫째, 신용도가 낮은 수입업자 또는 수출국에 잘 알려져 있지 않은 수입업자는 자신이 원하는 상품을 수입하기란 여간해서는 쉬운 일이 아니다. 그러나 신용장방식을 채택하게 되면 자신의 신용을 은행이 대체시켜주어 현저히 신용도가 높아지기 때문에 국제무역거래에 역동적으로 참여할 수 있을 뿐만 아니라 수출업자와의 계약시에도 자신에게 유리한 조건을 내세워 높은 이윤을 얻을 수 있다.

둘째, 수입업자에게 있어 국제무역에서 가장 큰 손실 가능성은 계약상품을 입수하지 못하는 위험이다. 그러나 신용장을 이용하면 수입업자는 계약상품의 입수를 확신시켜줄 수 있는 제반 조건과 내용에 일치하는 서류의 제시를 수출업자에게 요구할 수 있고, 수출업자는 그러한 서류의 제시 없이는 수출대금을 회수할 수 없다. 따라서 수입업자는 일단 신용장에 규정된 조건과 내용에 일치하는 서류를 통해 물품입수불능의 위험을 효과적으로 제거할 수 있다.

셋째, 신용장에는 최종 선적일과 유효기일이 명시되어 있으므로 수입업자는 계약상품의 도착일시를 예측하여 당해 상품의 재판매 또는 가공 등의 일정을 조정할 수 있다.

넷째, 수입업자는 신용장개설은행에 소정의 담보만 제공하면 상품대금의 전불 없이도 관계 선적서류를 인도받을 때 대금지급을 하게 되므로 그 기간 동안 은행금융을 받는 것과 동일한 효용을 누릴 수 있다. 더욱이 기한부 신용장으로 대금결제를 하면 수입상품을 판매한 대금으로 특정 기일 후에 은행에 대금을 충당할 수 있으므로 상당기간 대금지급을 유예받는 효과를 볼 수 있다.

2 신용장의 당사자

신용장거래에는 여러 관계 당사자들이 개입된다. 경우에 따라 이들은 선택적으로 개입하지만 이들 당사자 관계는 신용장거래의 양상에 따라 복잡한 계약의 형태로 얽혀질 수 있다. 이하에서는 신용장거래에 개입할 수 있는 여러 당사자들을 간략하게 살펴보기로 한다.

(1) 개설의뢰인

매매계약의 당사자인 수입업자는 신용장거래에서는 신용장의 개설 또는 발행을 의뢰하는 개설의뢰인(applicant)이 된다. 수입업자는 수출업자와 매매계약을 체결할 때 대금결제방식으로 신용장을 합의하면 개설의뢰인으로서 자신의 거래은행에게 수출업자 앞으로 신용장을 발행해 줄 것을 요청한다.

개설의뢰인은 importer, buyer의 명칭 외에도 수출업자가 발행한 환어음을 지급하는 궁극적인 당사자이므로 drawee, accountee 또는 account party 등으로 그 채무의 당사자가 되며, 신용장의 개설은행이 신용을 부여한다는 관점에서 accredited buyer로도 불린다. 또 화물의 수령인이라는 의미에서 consignee, 신용장개설의 책임자로서 opener, 신용장개설은행의 고객이라는 차원에서 customer 등으로 표현되기도 한다.

개설의뢰인은 신용장통일규칙에서는 applicant로, 미국통일상법전에서는 customer라는 용어로 사용되고 있다.

(2) 수익자

수익자(beneficiary)란 매매계약의 당사자인 수출업자를 말한다. 이는 신용장의 개설에 의해 그 혜택을 직접 공여 받는다 해서 명명되는 신용장거래상의 용어이다. 따라서 beneficiary는 곧 exporter, seller가 되며, 신용장하에서 환어음을 발행하여 대금을 받을 권리가 있다 해서 drawer, accountor라고도 한다. 또한 신용을 공여 받았다 해서 accreditee, 화물을 선적하므로 shipper, 하주이므로 consignor, 자신의 앞으로 신용장이 내도되므로 addressee, 그리고 내도된 신용장을 활용하므로 user 등으로 표현된다.

이러한 여러 명칭의 수익자 용어는 신용장통일규칙에서는 beneficiary로 일률적으로 표현된다.

수익자는 개설의뢰인의 요청과 지시로 개설된 개설은행의 신용장을 통지받으면 신용장에 규정되어있는 제반 조건과 내용에 일치하는 관계 선적서류들을 구비해야 하며 환어음을 발행하여 대금을 회수한다.

한편 수익자가 생산시설을 갖추지 못한 무역업자이거나 또는 관계 물품을 하청계약하여 타인에게 신용장의 혜택을 양도해야 하는 당사자일 경우에는 신용장을 양도하게 되므로 transferor라고도 하며 양도받는 자에 대해 first beneficiary가 되고 양도받는 자는 second beneficiary가 된다.

(3) 개설은행

자신의 고객인 개설의뢰인으로부터 신용장 개설의 지시와 요청을 받고 수출업자 즉 수익자 앞으로 신용장을 개설하는 은행을 말한다.

개설은행은 신용장을 개설한다 하여 opening bank, 신용장을 발행하므로 issuing

bank, 수입업자에게 신용을 부여한다 하여 드물게 credit writing bank 또는 grantor로도 불린다. 신용장통일규칙상의 명칭은 issuing bank로 되어 있으며, 미국의 통일상법전에서는 issuer로 표현되어 있다.

신용장개설은행은 수출업자가 발행하는 환어음을 지불할 것을 확약하는 당자자이며, 그러한 확약이 담긴 신용장을 개설하는 주체이므로 신용장거래의 핵심 당사자이자 신용장의 중심점이 된다.

우리나라에서는 외국환은행들은 신용장을 대외적으로 발급할 수 있으며, 미국과 같은 나라에서는 당국으로부터 신용장 발행의 권한을 수권받으면 어떠한 금융기관(financial institution)이라도 신용장을 개설할 수 있다.

(4) 통지은행

통지은행(advising bank ; notifying bank ; transmitting bank)이란 개설은행이 발행한 신용장을 수익자에게 통지 또는 전달해 주는 은행을 말한다.

통지은행은 일반적으로 수익자가 위치한 나라 또는 지역에 있는 수입국 개설은행의 본·지점이나 환거래취결은행이 되며, 전달해 주는 신용장에 대해서는 별도의 책임을 지거나 약정을 하지 않는다. 그러나 통지은행은 자신이 통지하는 신용장의 '외관상 진정성'(apparent authenticity)[13]을 확인하기 위해 합리적인 주의를 기울여야 할 의무는 있다.

통지은행이 전달해 주는 신용장의 진위성의 확인은 다음과 같은 두 가지 경우로 대별해 볼 수 있다.

첫째, 신용장이 우편으로 접수된 경우 통지은행은 서명부의 서명만 확인하고 수익자에게 전달한다.

둘째, 신용장이 전신이나 텔렉스, 또는 스위프트 시스템으로 접수된 경우 통지은행은 개설은행과 교환된 비밀번호(test key)나 암호(cipher)로 그 진위성을 확인하고 수익자에게 통지한다.

만일 통지은행이 외관상의 진정성(apparent authenticity)을 확인할 수 없는 경우에는 지체없이 이를 개설은행에 통보하여야 한다. 그럼에도 진정성의 확인 없이 수익자에게 통보하게 되면 이 사실을 수익자에게 인지시켜야 한다.[14]

---

13) '외관상 진정성'이란 통지하려는 신용장이 확실히 개설은행으로부터 개설된 것이지를 그 진위성을 확인하는 것을 말한다. 제6차 개정 신용장통일규칙 제9조 b)항 참조.

14) 제6차 개정 신용장통일규칙 제9조 d)항 참조.

(5) 확인은행

신용장의 중심점은 개설은행이다. 개설은행은 수익자가 신용장상에 명시된 제반 조건과 내용에 일치하는 관계 선적서류 일체를 제시하면 반드시 지급하겠다는 절대적인 약정의 당사자이다.

그러나 경우에 따라 개설은행이 수출지의 수익자에게 알려져 있지 않은 은행이거나 또는 그 명성의 신뢰성이 의심스러운 은행이라면 수익자는 이러한 신용장을 믿고 수출을 이행하기가 여간 불안한 일이 아닐 수 없을 것이다. 이러한 경우 수익자는 수입업자에게 재력있고 명성있는 은행으로 하여금 개설은행의 지급확약을 확인해줄 것을 요구할 수 있다. 이러한 요구에 따라 수입업자의 요청으로 신용장거래에 개입하는 은행을 확인은행(confirming bank)이라 한다.

확인은행이 하는 확인(confirmation)은 개설은행의 수익자에 대한 지급·인수·매입 확약의 재확약의 의미를 가지고 있기 때문에 확인은행의 개입은 또 하나의 개설은행의 존재와 동등한 결과가 된다.

확인은행의 유형에는 여러 가지가 있을 수 있는데 통상 수익자가 소재한 나라의 통지은행이 확인은행을 겸하는 경우가 대부분이며, 경우에 따라 수익자 거주국 내의 은행이 아닌 제3의 은행이 확인은행이 될 수 있다. 어떠한 유형의 은행이든 일단 그 은행이 확인을 하게 되면 개설은행의 지급확약에 대한 추가적인 확약의 형태로 인정되어 개설은행의 재력이나 존폐에 관계없이 확인은행은 수익자가 발행한 환어음의 지급·인수·매입의 책임을 지게 된다.[15)]

(6) 지급은행과 인수은행

신용장상에 명시된 제반 조건과 내용에 일치하는 관계 선적서류를 구비한 수익자는 개설은행으로 직접 이들 서류를 송부하여 대금을 지급 받을 수도 있지만 보통 이러한 방식보다는 수익자 자신이 위치한 국가 또는 지역에 소재한 개설은행의 환거래 취결은행에 서류와 환어음을 제시하는 것이 더욱 일반적인 관행이다.

수익자가 발행하는 환어음이 일람불환어음(sight draft)이면 이때 개입하는 수익자 소재지의 은행은 지급(payment)을 행하는 지급은행(paying bank)이 된다.

지급방식이 신용장에서 이루어질 경우 환어음의 발행은 거래관행상 불필요한 것이므로 신용장에 특별히 환어음의 발행을 규정해 놓고 있지 않는 한 지급방식에서는 환

15) 제6차 개정 신용장통일규칙 제8조 a)항 참조.

어음이 발행되지 않는 것이 일반적이다.

따라서 지급은 수익자가 제시한 신용장상의 관계 선적서류와 상환으로 이루어지며 개입하는 지급은행은 개설은행의 본점 내지 지점, 또는 개설은행의 환거래취결은행이 되고 법률적으로 개설은행의 대리인(agent)역할을 한다. 그러므로 지급행위의 궁극적인 책임은 개설은행으로 귀착된다.

대개 지급은행에게는 개설은행의 환계정이 있으므로 수익자에게 지급함과 동시에 개설은행 구좌에 차기하게 되어 대금상환을 받게 된다.16)

한편 지급방식과는 달리 수익자가 은행에 제시하는 환어음이 기한부환어음(usance draft)일 경우 이 기한부환어음을 인수(acceptance)하고 만기에 지급하는 은행을 인수은행(accepting bank)이라고 한다.

경우에 따라 수출대금을 서둘러 현금화 하려는 수익자에 대해서 인수은행은 환어음기간에 해당하는 만큼의 이자와 수수료를 공제하고 할인(discount)해 줄 수도 있다. 은행의 입장에서 할인이란 환어음을 대상으로 그 액면가치보다 낮은 금액으로 환어음을 매입(negotiation)하는 것을 의미한다. 차액은 주로 이자의 형태로 나타난다. 수익자의 입장에서는 현금을 미리 조달하기 위하여 표시된 금액보다 적은 금액으로 환어음을 매도하는 형태가 된다.17)

(7) 매입은행

매입(negotiation)이라는 것은 배서(endorsement)에 의해 타인에게 환어음의 금액을 이전시키는 행위를 의미하는데.18) 신용장거래에서 대금의 지불방식이 매입으로 되어 있을 때 이때 개입하는 은행을 매입은행(negotiating bank)이라 한다.

매입행위를 하는 은행은 신용장상에 명시된 개설은행의 지급확약을 전적으로 믿고 개설은행으로부터 수익자에게 매입해준 대금의 상환을 받을 것이라는 확신하에 자기자금으로 수익자에게 대금을 매입하여 준다.

따라서 매입은행은 환어음의 정당한 소지인(holder in due course)이 되며, 매입은행은 개설은행의 대리인(agent) 역할을 하는 지급은행과는 달리 매입행위에 대해 전적으로 자신이 책임을 지는 본인(principal)의 위치에 서게 된다. 개설은행은 자신이 발행한 신용장상의 지급확약에 따라 신용장조건과 내용에 일치하는 서류 및 환어음과

---

16) 박대위, 「신용장」, 법문사, 1994, p. 45.

17) Henry Harfield, *Bank Credit and Acceptaces,* The Ronald Press, 1974, pp. 121 ~ 124 참조.

18) John F. Dolan, *The Law of Letter of Credit,* Warren, Gorham & Lamont, 1991, Section 5,03,5-15.

상환으로 매입해준 매입은행에게 신용장대금을 상환해 주어야 한다.

매입은행은 자기의 자금으로 수익자에게 먼저 대금을 매입해주고 일정기간 후에 대금상환을 받게 되므로 그 기간 동안의 이자와 수수료를 수익자로부터 공제하게 된다.[19]

신용장거래에 개입하는 매입은행은 크게 두 가지의 유형이 있다.

하나는, 신용장이 개설될 때 당초부터 신용장개설은행에 의해 매입을 수권받아 지정된 매입은행이고,

다른 하나는, 특별히 신용장개설은행에 의해 지정받지 않고 수익자의 선택에 의해 자유롭게 개입하는 매입은행이다.

(8) 상환은행

신용장거래에서는 일반적으로 개설은행이 매입은행에 대해서 대금을 상환해 주므로 상환은행(reimbursing bank ; settling bank)이 되지만, 경우에 따라 신용장의 결제통화가 수입국이나 수출국 통화가 아닌 제3국의 통화일 때는 제3국에 위치한 개설은행의 예치환은행(depositary bank)이 신용장대금의 상환은행이 될 수 있다.

3 신용장에 의한 결제과정

신용장에 의한 대금결제과정은 아래와 같은 절차로 이루어진다.

① **매매계약의 체결**: 수입업자와 수출업자는 매매계약을 체결하면서 대금결제조건을 신용장방식에 의한다고 상호간에 합의한다.

② **신용장의 개설지시 및 요청**: 수입업자(신용장개설의뢰인)는 매매계약의 조건에 따라 자신의 거래은행(신용장개설은행)에게 수출업자를 수익자로 하는 신용장을 개설해 줄 것을 지시·요청한다.

③ **신용장의 개설과 통지 의뢰**: 개설은행은 신용장을 개설하고 통상 수익자 소재의 국가 내지 지역에 위치한 은행에 당해 신용장을 통지해줄 것을 요청한다. 경우에 따라 개설은행은 수출업자의 요구가 있을 경우 통지은행에 확인은행의 역할을 추가적으로 요청할 수 있다.

④ **통지은행의 신용장 전달**: 통지은행은 자신의 관례적인 방법에 따라 신용장의 진위

19) 박대위, 「전게서」, p. 46.

여부를 확인한 후 자신의 책임 없이 신용장을 수익자에게 통지한다.

⑤ **신용장의 내도와 계약물품의 선적**: 수익자 앞으로 신용장이 내도하면 수익자는 신용장상의 제반조건과 내용을 면밀히 검토한 후 상품을 선적할 준비를 갖춘다. 수익자는 신용장의 조건과 내용에 따라 계약상품을 선적하고 관계서류 및/또는 환어음들을 구비하여 신용장에 명시된 대로 지정된 지급·인수·매입은행에 관계서류를 제시한다.

⑥ **은행의 서류검토와 대금의 지급·인수·매입**: 수익자의 서류 및/또는 환어음의 제시를 받은 지급·인수·매입은행은 제출된 서류 및/또는 환어음이 신용장조건과 내용에 일치하는지 여부를 합리적 주의를 기울여 검토한 후 신용장의 조건에 따라 지급·인수·매입한다.

⑦ **서류의 송부**: 지급·인수·매입은행은 개설은행으로 관계서류 일체를 송부한다.

⑧ **개설은행의 서류검토와 대금상환**: 개설은행은 송부되어 온 서류를 면밀히 검토한 후 신용장조건과 내용에 일치한다고 판단하면 지급·인수·매입을 해준 은행에 대금을 상환한다.

⑨ **개설은행의 개설의뢰인으로의 서류인도**: 개설은행은 검토를 마친 제반 관계서류를 수입업자인 개설의뢰인에게 인도하고 개설의뢰인으로부터 대금의 충당을 받는다.

⑩ **계약물품의 입수**: 수입업자는 인도받은 운송서류를 운송회사에 제시하고 상품을 인도받는다.

이상과 같은 절차를 간단히 그림으로 표시하면 다음과 같다.

[그림 22] 신용장 결제방식에 의한 대금결제과정

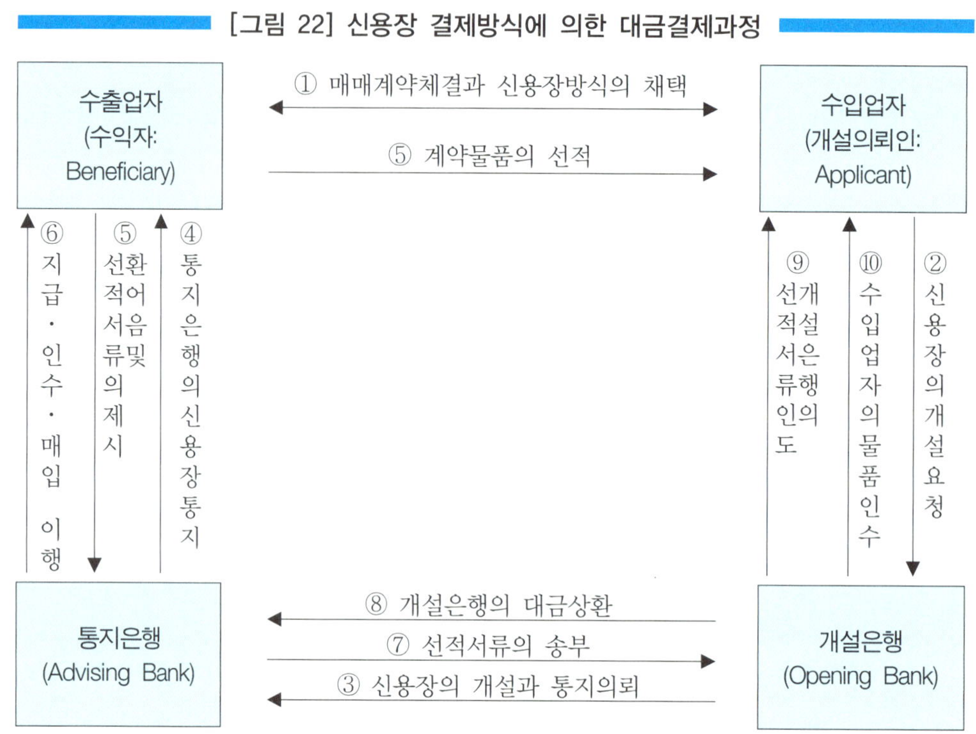

4 신용장의 종류

(1) 취소가능신용장과 취소불능신용장

가) 취소가능신용장(revocable credit)

취소가능신용장이란 그 신용장을 수익자의 동의 없이 개설은행이 수정하거나 취소할 수 있는 신용장을 말하며 이는 곧 개설은행과 수익자 사이에 있어서 법률상 구속력 있는 약정이 없는 신용장을 의미한다.

취소가능신용장하에서 수익자가 수출을 이행한다는 것은 극히 불안한 일이며 수익자의 거래은행도 취소가능신용장을 담보로 금융을 해 줄 수는 없을 것이다. 따라서 대부분의 국가에서는 취소가능신용장의 사용을 제한하고 있으며, 우리나라에서는 취소가능신용장으로는 수출승인도 받을 수 없다.

나) 취소불능신용장(irrevocable credit)

신용장에는 반드시 당해 신용장이 취소가능인지 취소불능인지의 여부를 명시하여야 한다. 그러나 만일 이러한 명시가 없으면 그 신용장은 취소불능신용장으로 간주된다[20]고 규정하고 있다.

취소불능신용장이라 함은 취소가능신용장과는 달리 개설은행과 수익자 또는 경우에 따라 확인은행이 합의하지 않는 한[21] 신용장을 취소하거나 변경할 권리가 없는 신용장을 의미한다.

(2) 확인신용장과 미확인신용장

확인(confirmation)이라 함은 개설은행의 지급·인수·매입확약에 대해 개설은행 이외의 또 다른 은행이 추가적으로 하는 재확약을 의미한다.[22]

따라서 확인신용장(confirmed credit)이란 개설은행 이외의 은행이 수익자가 발행하는 환어음의 지급·인수·매입을 재확약하고 있는 신용장을 말하며, 미확인신용장(unconfirmed credit)이란 이러한 확인이 없는 신용장을 말한다.

확인은행은 통상 수익자 소재국의 통지은행이 겸하는 경우가 보통이며, 경우에 따라 지급·인수·매입은행과 동일한 은행이 되기도 한다. 필요에 따라 수익자 거주국 내의 은행이 아닌 제3국에 있는 은행에 의하여 확인되는 경우도 있다.

3) 상환청구가능신용장과 상환청구불능신용장

상환청구가능신용장(with recourse credit)이란 신용장에 수익자가 발행한 환어음의 소지인에게 이러한 소구권을 인정한 신용장을 말하며, 상환청구불능신용장(without recourse credit)이란 소구권을 인정하지 않는 신용장을 말한다.

일반적으로 신용장거래에 개입하는 매입은행은 일단 수익자가 발행한 환어음을 매입하면 수익자에 대해 환어음의 소지인으로서 소구권을 가지게 된다. 따라서 만일 개설은행으로부터 당해 환어음의 지불거절을 받게 되면 당초의 환어음발행자인 수익자에 대해 상환청구를 할 수 있다.

우리나라에서는 상환청구불능신용장은 인정하지 않는다.

(4) 지급신용장과 매입신용장

지급신용장(straight credit)이라 함은 신용장상의 환어음소지인이나 배서인에 대한

---

20) 제6차 개정 신용장통일규칙 제3조.

21) 제6차 개정 신용장통일규칙 제10조에 따르면 취소불능신용장의 취소 및 변경의 당사자는 개설은행, 수익자 그리고 있는 경우 확인은행으로 규정되어 있다.

22) 제6차 개정 신용장통일규칙 제8조

확약은 없고 단지 수익자에게만 지급확약을 하는 신용장을 말한다. 다시 말해 지급신용장은 신용장에 의한 환어음의 매입을 예상하지 않고 있는 상태에서 수익자가 신용장 개설은행 또는 개설은행이 지정하는 은행에 환어음을 제시하면 지급하겠다고 확약하는 신용장을 말한다.

이와는 달리 매입신용장(negotiation credit)이라 함은 신용장하에서 발행되는 수익자의 환어음이 매입될 것을 예상하고 환어음 발행인인 수익자뿐만 아니라 그 환어음의 배서인(endorsers), 그리고 어음의 선의의 소지인(bona-fide holders)에게도 공히 개설은행이 지급을 확약하고 있는 신용장을 말한다.

(5) 자유매입가능신용장과 매입제한신용장

매입신용장(negotiation credit)은 크게 두 가지 형태로 구분할 수 있다.

하나는 소위 어느 은행에서나 매입이 자유로운 신용장(freely negotiable credit)과, 다른 하나는 개설은행이 매입이 가능한 은행을 선별하여 그 은행에서만 매입이 가능하도록 지정해 놓은 매입제한신용장(restricted credit)이다.

자유매입가능신용장은 보통신용장(general/open credit)으로, 매입제한신용장은 특정신용장(special credit)으로 명명되기도 한다.

자유매입가능신용장은 환어음의 발행자뿐만 아니라 배서인 및 선의의 소지자 모두에게 지급을 확약하는 매입신용장의 본질을 그대로 반영한 신용장으로써 수익자는 자신에게 가장 유리한 매입조건을 제시하는 은행을 선택적으로 활용할 수 있다.

(6) 일람불신용장과 기한부신용장

모든 신용장은 대금지불이 일람지급(payment), 인수(acceptance), 매입(negotiation), 연지급(deferred payment) 중 어느 방식에 의할 것인지를 명시하여야 한다.[23)]

일람불신용장(sight credit)이란 신용장에 의해서 발행되는 수익자의 환어음이 일람불어음(sight draft)이어서 은행이 일람지급하는 방식의 신용장을 말한다.

기한부신용장(usance credit)이란 환어음이 기한부어음(time draft)이어서 은행이 인수 후 만기일에 지급하는 방식의 신용장을 말한다.

신용장상에 지급(payment) 방식을 명시하게 되면 당해 신용장대금은 일람불(at sight)로 지급이 된다. 이때 개입하는 중간은행은 지급은행(paying bank)의 역할을 하게 된다.

---

23) 제6차 개정 신용장통일규칙 제6조 b)항.

인수(acceptance)라 함은 수익자가 발행한 환어음이 만기가 될 때 환어음 금액을 지급하겠다는 환어음지급인(drawee)의 서명된 약속을 말한다. 인수신용장은 이러한 인수의 약정이 대금의 지급방식으로 규정되어 있는 신용장을 말한다.

인수신용장은 수출업자입장에서는 환어음의 만기 시에 전액을 지불받든지 아니면 사전에 이를 할인(discount) 받을 수 있어 큰 불편이 없으며[24] 수입업자로서는 화물을 인도받은 후 환어음의 유예기간 동안에 수입품을 매각하여 환어음의 기한이 도래하면 대금상환을 할 수 있다는 편리함 때문에 많이 사용된다.[25]

한편 인수신용장은 만기일까지의 이자를 누가 부담하느냐에 따라 크게 다음의 두 가지 형태로 구분된다.

① shipper's usance credit: 수출자 신용방식인 이 기한부 인수신용장은 수출자인 수익자가 이자를 부담한다. 따라서 수익자는 환어음의 만기일에 환어음 금액 전액을 지급받는 대신 만기일 전에 이를 미리 인수은행으로부터 매입받기 위해서는 만기일까지의 이자를 공제한 금액을 할인받게 된다.

② banker's usance credit: 이 은행인수 기한부 신용장은 수출지에 소재한 인수은행이 만기일까지의 이자를 부담하는 주체가 된다. 따라서 수익자가 환어음의 만기일 전에 대금을 지급받기 위해 자기 지역에 소재한 인수은행 앞으로 발행한 환어음을 첨부하여 매입을 요청하면 인수은행은 당해 환어음이 기한부라 할지라도 일람출급방식으로 환어음 금액 전액[26]을 수익자에게 지급한다.[27]

(7) 화환신용장과 무담보신용장

화환신용장(documentary credit)이란 신용장개설은행이 수익자가 발행한 환어음과 함께 계약화물의 선적을 증명하는 제반 선적서류의 제시를 조건으로 지급·인수·매입하는 것을 확약하고 있는 신용장을 말하며 가장 일반적인 형태의 신용장이다.

이에 반해 무담보신용장(documentary clean credit)이란 관계 선적서류의 첨부 없이

24) 할인은 이자의 형태로 나타나며 그 나라의 통화가 강화냐 약화냐에 따라 이자율이 달라지므로 이자를 통한 이익도 획득할 수 있다.
25) 박대위, 「신용장」, 법문사, p. 106.
26) 수익자는 일람출급과 동일한 환가료(9일~10일간)만 지급한다.
27) 이러한 매입과정을 위해 신용장상의 환어음 관련문언은 다음과 같이 기재된다. "We hereby issue in your favor this documentary credit which is available by acceptance of your draft at 60 days after sight drawn on(accepting bank). You must negotiate the draft on at sight basis since discount charges are for account of buyer."

수익자가 발행한 환어음만의 제시로써 지급·인수·매입을 약정한 신용장을 말한다.

한편 무담보신용장과 clean신용장은 구별될 필요가 있다. 이 들은 모두 대금결제 시에 선적서류의 첨부가 필요 없는 신용장이긴 하나, 무담보신용장은 documentary clean, 즉 선적서류가 수반되어야 할 유형의 상품의 거래이지만 그 선적서류의 제시를 면제시킨 경우이며, clean신용장은 아예 선적서류가 발급조차 되지 않는 무형의 거래, 즉 운임·보험료·수수료 등과 같은 무역외 결제에 사용되는 신용장이다.

(8) 양도가능신용장과 양도불능신용장

신용장은 어느 특정인에게 일정 한도의 신용장상의 혜택을 공여하는 은행의 확약이므로 통상 수출업자인 수익자를 한정시켜 제3자가 임의로 사용할 수 없는 것이 원칙이다. 따라서 특정 수출업자 앞으로 개설된 신용장은 별다른 합의가 없는 한 모두 양도불능이라고 보는 것이 일반적이다.

그러나 양도가능신용장이란 신용장상에 명시적으로 "양도가능(transferable)"이란 표시[28)]가 되어있는 신용장으로서 수익자가 신용장금액의 일부 또는 전부를 제3자 즉 제2의 수익자에게 양도할 수 있는 권한을 부여한 신용장을 말한다.

신용장을 양도하는 데는 여러 가지 이유가 있겠으나 주로 다음과 같은 경우에 양도가 필요하다.

첫째, 제1수익자가 생산시설을 갖추지 않은 무역의 알선을 주목적으로 하는 중간상일 때,

둘째, 제1수익자가 직접 생산하여 공급하는 것보다 유리한 조건으로 하청생산계약을 체결할 수 있을 때,

셋째, 실제로 물품을 공급하는 생산업자가 직접 해외의 수입업자와 매매계약을 체결하기에는 지명도가 낮고 신용도가 높지 않을 경우, 또 특정품목의 수출창구가 일원화 되어 있어 자신의 명의로는 수출이 어려울 때 제2수익자의 명의를 빌려 대행식으로 양도받을 때 등이다.

(9) 전대신용장

수출업자가 수출을 이행하기 위해 소요되는 자금을 자기자금으로 충당할 수 없는

28) 이 용어의 표기가 없는 신용장은 모두 양도불능한 것으로 취급한다. 특히 제6차 개정 신용장통일규칙부터는 transferable과 유사한 용어들, 예컨대 assignable, fractional, divisible 등과 같은 용어는 허용되지 않음을 유의하여야 한다.

경우가 있을 것이다. 이러할 때 수출업자의 자금조달을 용이하게 하기 위하여 신용장 개설은행이 개설의뢰인의 요청에 따라 수출지에 소재하고 있는 거래은행에게 수출업자에 대한 전불금의 금융을 의뢰하게 된다.

이처럼 자금력이 부족한 수출업자에게 수출품의 제조, 가공, 집하 등에 소요되는 수출자금의 전불을 허용하는 신용장을 전대신용장(red clause credit ; packing credit ; advance payment credit)이라 한다.

(10) 회전신용장

일반적인 형태의 신용장은 신용장상에 금액과 유효기일이 정해져 있어 유효기일 내에 수익자가 신용장조건과 내용을 충족한 서류들을 은행에 제출하고 당해 신용장 금액에 해당하는 환어음을 발행하면 그 신용장의 유효성은 종결된다.

그러나 동일한 수출업자와 수입업자가 동일물품을 계속적으로 거래할 경우 매 거래 시마다 신용장을 개설한다는 것은 비효율적일 때가 많다.

회전신용장(revolving credit)이란 이처럼 일정한 기간 동안 일정한 금액의 범위 내에서 신용장금액이 자동적으로 갱신되도록 하여 매 거래 시마다 신용장을 개설하는 불편함을 해소시켜주는 신용장을 말한다.

(11) 연지급신용장

연지급신용장(deferred payment credit)이란 수익자가 신용장의 조건과 내용에 일치하는 서류를 개설은행이 지정한 연지급은행에 제시하면 신용장에 합의된 특정 만기일에 지급한다고 약정한 신용장[29]을 말한다.

연지급은 환어음이 발행되지 않는 기한부 지급방식이며, 연지급의 만기일은 신용장상에 기재하며 만기일은 주로 선하증권 발행일 후 일정 기간으로 표시된다.

연지급신용장은 수익자가 신용장상에 약정된 서류를 제출하였을 때 서류와 상환으로 즉시 지급받는 것이 아니라 신용장에서 약정한 기간이 경과한 후에 지급을 받게 되므로 통상적으로 선적이 이루어진 후 일정한 기간이 경과한 날 또는 서류가 제시된 후 특정한 일자에 지급된다.[30]

---

29) ICC, Document No. 470/391, 5조 a)항.

30) R. Eberth & E. P. Ellinger "Deferred Payment Credit: A Comparative Analysis of their Special Problems.", *Journal of Maritime Law & Commerce,* vol. 14. No. 3, July, 1983, p. 390.

(12) 할부선적신용장

신용장에 일정기간을 두어 매 기간별로 일정량을 선적하는 할부선적을 허용할 때 이를 할부선적신용장(instalment shipment credit)이라 한다. 할부선적신용장하에서 수출업자는 물품을 일괄하여 전량을 선적할 수 없고, 또 몇 회분을 모아서 선적하는 것도 허용되지 않으며 반드시 명시된 기간에 해당 일정량의 화물이 선적되어야 한다. 만일 어느 한 할부선적분에 대하여 선적을 이행하지 못하면 당해 선적분은 물론 그 이후에 있을 모든 선적분에 대해서 신용장은 그 효력을 상실한다.[31)]

(13) 연계신용장·기탁신용장·토마스신용장

국가 간에 무역불균형을 해소할 목적으로 수출과 수입을 연계한 무역거래, 즉 물물교환(barter trade), 구상무역(compensation trade), 대응구매(counter purchase) 등의 연계무역 시에는 외화의 흐름을 불필요하게 하는 특수한 목적의 신용장이 사용되는 것이 보통이다.

연계무역에 따른 대금결제 시에는 일반적으로 다음과 같은 종류의 신용장이 사용된다.

가) 연계신용장

연계신용장(back to back credit)은 어느 한 나라에서 일정액의 수입신용장을 개설할 경우 수출국에서 동액의 수출신용장을 개설해야만 그 수입신용장이 유효해 지는 신용장을 말한다. 즉 두 나라의 무역업자가 서로 수출한 금액만큼 수입하는, 또는 수입한 금액만큼 수출하는 형태의 신용장이다.

나) 기탁신용장

기탁신용장(escrow credit)이란 수출업자가 계약상품을 수출한 후 수입업자로부터 즉시 수출대금을 지급받는 것이 아니라 수출업자 자신의 명의로 된 기탁계정(escrow account)에 기탁하여둔 채 추후에 수출업자가 수입업자로부터 대응하여 특정물품을 수입할 때 그 수입대금으로 상쇄시켜 나가도록 규정한 신용장을 말한다.

---

31) 제6차 개정 신용장통일규칙 제32조.

다) 토마스신용장

토마스신용장(TOMAS credit)은 연계신용장의 일종이지만 수출업자와 수입업자 양 당사가가 동시에 동액의 신용장을 개설하는 형태가 아니라 어느 한 쪽이 먼저 신용장을 개설하고 상대방이 일정기간 후에 동액의 신용장을 개설하겠다는 보증서를 발행하는 것을 조건으로 개설된 신용장을 말한다.[32)]

본디 TOMAS란 용어는 최초로 이러한 방식을 사용하여 중국과 거래를 성사시킨 일본 수출업자의 전신약호에서 유래되었다.

(14) 내국신용장

내국신용장(local credit)이란 외국의 수입업자로부터 수출신용장을 받은 국내의 수출업자가 완제품을 다른 제조업자 또는 공급업자로부터 공급받거나 또는 해당 수출품을 생산·가공·조립하는데 소요되는 원자재 또는 부분품을 국내의 업자로부터 조달하고자 할 때 자신의 거래은행에게 원신용장(original credit ; prime credit ; master credit)을 견질로 하여 국내의 납품업자 또는 하청업자를 수익자로 하는 제2의 새로운 신용장을 개설해 주도록 요청하여 개설된 신용장을 말한다.

내국신용장은 Local Credit이라는 용어 외에 국내에서 개설된다하여 Domestic Credit, 원신용장에 부수하여 개설되므로 Secondary Credit, Subsidiary Credit, 원신용장을 견질로 하기 때문에 Back-to-Back Credit이라고도 부른다.

내국신용장의 개설의뢰인은 원신용장 하에서의 수익자, 즉 수출업자가 되며 개설은행은 그 수출업자의 국내거래은행이 된다. 내국신용장에서의 수익자는 원신용장의 수익자에게 물품을 공급 내지 조달해주는 국내의 납품업자 또는 생산업자가 된다.

(15) 보증신용장

보증신용장(standby credit)이란 보증신용장의 개설은행이 외국의 은행으로 하여금 특정인에게 자금을 대여하도록 하고 일정기간이 도래한 후 그 특정인이 채무의 상환을 이행하지 않았을 경우 채권자인 외국의 은행에게 주채무자인 특정인(개설의뢰인)을 대신하여 대금을 지급하겠다는 약속증서를 말한다.

보증신용장은 수출입상품의 대금결제를 목적으로 하는 외환신용장이 아니고 금융조달을 위한 담보 또는 지급보증을 위해 사용되는 특수 목적의 채무보증신용장이다.

---

32) 어느 한 당사자를 중심으로 수출신용장을 먼저 받으면 이를 TOMAS Credit이라 하고, 수입신용장을 먼저 개설하게 되면 이를 Reverse TOMAS Credit이라 한다.

예를 들어 해외에 나가있는 우리나라 특정기업의 지사 내지 자회사는 담보가 적어 현지국에서 융자 혹은 신용공여를 받으려 할 때, 현지국 은행은 담보력이 미약한 이 지사 내지 자회사에게 자금을 대여해 주지 않으려 할 것이다.

이러한 경우 해외의 지사 내지 자회사는 본사에 요청하여 본사의 거래은행이 개설은행이 되어서 현지국의 은행을 수익자로 하는 보증신용장을 개설해 주면 현지국 은행은 이 보증신용장을 담보로 하여 그 지사 내지 자회사에 융자 혹은 신용공여를 해 주게 된다.

만일 이 지점 내지 자회사가 지정된 일정기간 내에 채무를 이행하지 않거나 부도를 내면 보증신장하의 수익자인 현지국 융자은행은 보증신용장 개설은행 앞으로 발행한 무담보환어음(clean draft)과 지사 내지 자회사(즉 채무자)의 채무불이행진술서를 첨부하여 이를 보증신용장 개설은행에게 제시함으로써 대금의 지급을 받을 수 있다.

제 15 장

수출절차와 수입절차

Ⅰ 수출절차

1 수출계약의 체결

수출절차를 광의로 해석하면 수출업자가 수입업자에게 처음 거래를 제의(inquiry)하는 단계로부터 청약(offer)과 승낙(acceptance) 단계를 거쳐 계약물품을 선적하고 은행에서 수출대금을 받은 후 수입업자에게 선적서류를 보내주는 단계까지를 포함한다. 이하에서는 수출계약이 이루어지고 수입업자가 개설한 신용장이 내도된 후에 거쳐야 하는 수출승인, 수출통관, 선적 및 수출대금결제에 이르는 일련의 절차를 설명하기로 한다.

2 신용장의 내도와 확인 / 선수출계약서 등의 확인

(1) 신용장의 내도와 확인

상대국의 거래선인 수입업자는 계약이 체결되면 계약내용에 따라 자신이 거래하는 은행을 통해 수출업자에게 신용장을 개설한다. 개설된 신용장은 대개 수출업자 소재지에 사업장을 둔 통지은행을 통해 전달된다.

수입업자가 항공우편으로 신용장을 개설하면 나라에 따라 다르겠지만 대개 10일 ~ 15일 후면 통지은행으로부터 수출업자로 신용장이 내도된다. 지금은 SWIFT시스템을 통해 대부분 신용장이 개설되고 있어 항공우편으로 개설된 신용장에 비해 상당히 빠른 시간에 신용장이 내도된다.

수출업자는 신용장 원본을 접수하면 다음과 같은 사항을 자세히 검토하여야 한다.

① 신용장과 매매계약서와의 대조

신용장은 수출입 당사자 간의 매매계약서에 입각하여 외국환 은행을 통해 개설되는 것이므로 경우에 따라 매매계약서 상의 조건과 다르게 신용장이 개설될 수도 있다. 따라서 규격·단가·보험조건·포장방법·선적기일·분할선적·환적조건 등에 상이한 점이 있는지 면밀히 검토하여야 한다. 만일 상이한 점이 있는 경우에는 지체 없이 신용장 내용을 변경하도록 신용장개설의뢰인인 수입업자에게 요구해야 한다.

② 신용장 조건과 내용의 확인

신용장거래에서 수출업자가 수출대금을 결제받기 위해서는 반드시 신용장에서 요구하는 조건을 충족시킨 서류를 제시해야만 한다. 따라서 수출업자는 신용장의 제반 조건들 속에 신용장의 효력에 대한 특별한 유보조건들이 있는지, 각 조건들이 이행 가능한 것인지 등을 확인하여야 한다.[1)]

③ 개설은행의 신용도 등의 확인

수출업자가 대금결제방식으로 신용장을 선택한 이유는 신용장개설은행의 신용을 믿고 있기 때문이다. 그러나 만일 신용장개설은행의 신용도가 낮다면 추후 대금지급에 문제가 생길 수 있다. 수출업자는 개설은행의 신용을 믿을 수 없는 경우에는 보다 공신력 있는 은행을 확인은행(confirming bank)으로 할 수 있도록 조처해 놓을 필요가 있다. 또 대금을 상환해 줄 결제은행(reimbursing bank)이 제3국에 있을 경우에는 결제은행과 자신의 매입은행 간에 업무협약관계도 확인해 둘 필요가 있다. 나아가 내도된 신용장상에 개설은행의 지급확약문언이 있는지, 은행의 서명은 틀림없는지, 당해 신용장거래에 신용장통일규칙에 따른다는 준거문언이 포함되어 있는지 확인하여야 한다.

(2) 선수출계약서 등의 확인

수출대금을 무신용장 방식으로 결제하기로 계약을 체결하면 위에서 설명한 과정은 필요 없이 곧바로 수출용 원자재를 확보하여 수출물품을 생산하면 된다. 그러나 다음과 같은 점을 확인할 필요가 있다.

---

1) 신용장에 특수한 조건을 붙여 그 조건이 이행되어야만 신용장이 유효해지는 신용장을 조건부 신용장(conditional L/C)이라 한다. 조건부 신용장의 대표적인 조건들의 예를 들면 다음과 같다. ① 수출국에 주재하고 있는 수입국 공관장의 확인을 요구하는 경우 ② 개설의뢰인이 지정하고 있는 자의 확인서명을 받은 물품검사증명서를 제출서류에 첨부하도록 요구하는 경우 ③ FOB거래조건인데도 수출업자에게 해상보험계약의 체결을 요구한다든지, 또는 CIF 계약인데도 도착항에서의 물품검사증을 요구하는 경우 등이 이에 해당한다.

① 화환추심어음 방식의 경우

결제방식이 인수도방식(D/A), 지급도방식(D/P) 등과 같이 화환추심어음 방식일 경우 수출업자는 수입업자와 선수출계약서를 작성한 후 계약에서 합의·약정된 기일 내에 물품을 선적하고 관련 선적서류 일체를 수입업자에게 인도하여야 한다. D/A, D/P 계약서에 따른 수출계약서에서 합의된 기간 내의 선적은 수출업자의 절대적 의무이자 추후 권리주장의 근거가 된다.

② 송금방식의 경우

송금방식의 경우일 때 수출업자는 수출에 필요한 준비를 완료한 후 이를 수입업자에게 통보하면 수입업자는 수출대금을 송금하게 된다. 이 경우에도 매매계약에 합의된 선적기일은 수출업자 의무의 핵심이 되므로 반드시 합의된 선적기일을 확인한 후 수출물품의 생산계획을 수립해두어야 한다.

3 수출승인

물품의 수출은 원칙적으로 자유롭게 할 수 있지만 국민의 보건이나 안보, 무역정책상 특별한 관리가 요구되는 물품에 대해서는 개개의 수출거래별로 산업통상자원부장관의 승인을 얻어야 한다. 그러나 수출절차의 간소화와 무역업무의 효율화를 위해 전략물자의 수출과 특정 거래형태의 수출, 산업설비수출과 같이 특수성을 갖는 물품을 제외하고는 승인권한을 해당 물품의 관련기관 및 단체의 장에게 위탁하고 있다.

우리나라에서는 수출대상 물품이 대외무역법에 의한 수출입공고상으로 수출금지품목이나 수출제한품목일 경우에는 해당기관이나 단체로부터 수출승인을 받아야 수출할 수 있으며, 통합공고상으로 수출이 규제되고 있는 품목인 경우에는 해당기관으로부터 수출요건 확인을 받는다. 해당물품이 2개 이상의 법령에 관련되어 요건기관이 2개 이상이면 요건기관마다 확인을 다 받아야 수출할 수 있다. 수출입공고나 통합공고에 의한 제한이나 규제대상품목이 아닌 대부분의 품목들은 수출승인이나 수출요건 확인이 필요 없다.

4 수출용 원자재의 조달

수출용 원자재를 조달하는 방법은 해외의 원자재 공급자와 계약을 체결하여 수입하는 경우와 국내에서 구매하는 경우의 두 가지로 구분할 수 있다. 해외에서 원자재를 수입하는 경우에는 수입통관절차를 거쳐야 하고 국내에서 원자재를 조달할 경우에는 내국신용장에 의한 구매와 구매확인서에 의한 조달방법이 있다.

(1) 내국신용장에 의한 구매

내국신용장(local L/C)이란 외국의 수입업자로부터 수출신용장[2]을 받은 국내 수출업자가 국내원자재 공급업자에게 대금지급을 보증하기 위해 수출신용장에 의한 신용장대금을 담보로 하여 원수출신용장의 통지은행 또는 자기의 거래은행에 의뢰하여 별도로 원자재공급자를 수익자로 하여 발행하는 국내신용장을 말한다.[3] 따라서 내국신용장의 개설의뢰인은 수출신용장 상의 수출업자가 되고 내국신용장의 개설은행은 통상 수출신용장의 통지은행이나 수출업자의 거래은행이 된다.

내국신용장을 받은 원자재 공급업자는 내국신용장에 명시된 기일 내에 개설의뢰인(원수출신용장의 수출업자)에게 계약된 원자재를 공급하고 수령증을 교부받아 자기 거래은행에 가서 매입을 하면 그 서류가 내국신용장 개설은행으로 추심되어 재매입되어 대금지급이 이루어진다.

내국신용장하의 수혜자(원자재 공급업자)는 원자재를 수출업자에게 인도해 주고 나면 그 이후에 해당 원자재를 인수한 수출업자가 수출이행을 제대로 했는지 여부나 원수출신용장하에서 수출업자가 제대로 대금을 지급받았는지 여부에 관계없이 원자재 공급업자는 대금의 지불을 받게 된다.

내국신용장의 개설의뢰인인 수출업자는 원자재 구매시 필요한 자금을 무역금융제도를 통해 융자받을 수 있으며, 은행이 공급대금의 지급을 보증하고 있으므로 별다른 어려움 없이 원자재를 확보할 수 있다.[4] 그리고 내국신용장의 수혜자(원자재 공급업자)도 비록 국내에서 원자재를 판매하지만 수출실적으로 인정되어 무역금융을 활용할 수 있고 관세환급의 대상이 된다. 또한 수출품에 해당하는 부가가치세 영세율이 적용되어 조세부담이 없다.

---

2) 이를 local L/C에 대응하는 용어로 Master L/C라 한다.

3) 내국신용장을 받은 제1수익자는 자기가 공급해 주어야 하는 자재를 생산하는데 필요한 원료 공급자에게 제2, 제3의 내국신용장도 거래은행을 통해 발급해 줄 수 있다.

4) 내국신용장에 의하여 조달한 원자재의 결제자금을 무역금융으로 지원한 경우에는 당해 원자재의 수출이행 여부를 관리할 필요가 있어 내국신용장 개설의뢰인(수출업자)에게 일정한 대응수출의무를 부여하고 있다.

(2) 구매확인서에 의한 원자재 조달

구매확인서라 함은 외화획득용 원료를 국내 생산업자 또는 공급업자로부터 구매하고자 하는 경우 내국신용장 취급규정에 준하여 외국환 은행장이 발급하는 증서를 말한다. 구매확인서는 내국신용장 발급규정상의 제한, 즉 무역금융한도 부족, 비금융대상 수출신용장 등으로 내국신용장을 개설받을 수 없어 원자재의 공급을 받기 어려운 수출업자를 지원하기 위해 마련된 제도이다.

구매확인서는 구매자(수출업자)의 의뢰에 따라 거래 외국환은행장이 수출업자와 공급업자 앞으로 발급하며, 이를 기초로 하여 2차 구매확인서(부구매확인서)가 발급될 수 있다. 특히 외화획득용 원료 또는 물품의 제조·가공 과정이 여러 단계인 경우에는 각 단계별로 순차적으로 발급될 수 있다.

수출업자는 구매확인서를 발급받더라도 내국신용장의 경우와 마찬가지로 수출실적으로 인정받을 수 있고, 부가가치세의 영세율 적용 및 관세환급 등의 혜택을 동등하게 받을 수 있다.[5)]

5 생산 공장과 생산계약 체결

자가생산시설이 있는 무역업자는 이 단계가 필요 없으나 생산시설이 없이 수출거래를 하는 순수한 의미의 무역업자라면 하청공장들과의 생산계약은 중요한 의미가 있다. 왜냐하면 대개의 하청공장들은 직접 외국의 수입업자와 거래를 할 정도만큼 여건을 갖추지 못한 무역업자들이 많으므로 무역업자 측면에서 볼 때 여러 가지 면에서 관리와 감독을 할 필요가 있기 때문이다. 특히 상품제조의 기술과 재정적 능력에 대한 검토는 필수적이다.

6 운송계약 체결

신용장상에 명시된 선적기일에 맞춰 수출물품의 제조 또는 조달이 완성 단계에 다

5) 그러나 내국신용장은 원신용장거래와 마찬가지로 신용장의 독립성원칙에 따라 개설은행이 대금지급에 대해 모든 책임을 지지만, 구매확인서 발급은행은 공급물품의 대금결제에 대해서는 공급업자에게 책임을 지지 않는다.

다르면 수출업자는 선적기일 내에 당해 수출물품을 선적할 수 있도록 운송계약을 체결하여야 한다.

운송계약에는 화물의 성질 및 수량에 따라 선박의 일부 또는 전부를 용선하는 계약을 체결하는 부정기선에 의한 운송계약과 완제품 형태의 포장단위화물을 정기선에 싣는 개품운송계약이 있다.

운송계약은 수출업자가 직접 체결할 수도 있고 운송주선인(freight forwarder)에게 운송 및 선적일체를 의뢰할 수도 있다. 수출업자가 직접 개품운송계약을 체결할 경우에는 먼저 선박회사 소정의 양식인 선적신청서(shipping request ; S/R)에 수출품목, 중량, 수량 등 선적사항을 기재하여 이를 선박회사에 송부하여 서명을 받는다.

선적신청서는 수출업자인 송하인(하주)이 선박회사에 선박의 예약을 요청하는 일정의 청약서(offer)이고 이에 대한 승낙(acceptance)으로 선박회사는 선적예약서(booking note)를 발급하게 된다.

7 해상보험계약 체결

가격조건을 본선인도조건(FOB) 또는 운임포함인도조건(CFR)으로 매매계약을 체결하였다면 수출업자는 부보의 의무가 없지만 운임·보험료포함인도조건(CIF)으로 매매계약을 체결했으면 수출업자는 보험자와 적절한 해상보험계약을 체결하여야 한다.

수출업자는 보험자를 물색하고 물품의 성질과 담보조건 등을 고려하여 보험회사 소정의 보험청약서(application form)양식에 해당사항을 기재하고[6] 소요되는 보험료를 지불하여야 한다. 특히 선박명과 출항 예정일은 선하증권의 기재사항과 일치하도록 주의하여야 한다. 추후 기재사항에 변경사항이 생기면 이를 즉시 보험회사에 통고하고 보험회사는 변경사항을 접수하는 즉시 배서(endorsement)로써 기재사항을 수정하고 필요한 때에는 보험료를 반환하거나 또는 추징한다.

보험조건의 선택은 반드시 매매당사자간에 계약시 합의한 조건으로 해야 한다. 만일 계약서의 내용이나 신용장의 조건과 실제 부보한 보험조건이 상이할 경우에는 추후 수출대금을 지급받을 수 없게 된다.

부보할 때 또 한 가지 유의할 것은 보험계약자의 고지의무이다. 보험자는 보험계약

6) 보험청약서에 기재하는 사항은 ① 피보험자명 ② 선박명 및 출항 예정일 ③ 출발항명 및 도착항명 ④ 환적이 있을 경우 환적항명 ⑤ 피보험목적물(화물)의 수량·품명 및 명세 ⑥ 적하표시 및 번호 ⑦ 송장금액 및 보험금액 ⑧ 보험조건 ⑨ 신용장 번호 등이다.

자의 성실한 정보제공에 따라 위험을 평가하여 보험을 인수하고 보험료를 결정하기 때문에 보험계약자는 신의칙에 의거하여 보험자에게 중요한 사실(material fact)에 대해 성실하게 고지해 주어야 한다.[7)]

8 검사 및 검역

생산공장에서 수출품의 생산이 완료되어 선적되기 전에 대개의 물품은 일련의 검사를 받아야 하는데, 대부분의 수출물품에 대하여는 검사생략을 원칙으로 하고 있다.

우리나라는 종전에는 우리나라 수출물품의 대외 신인도를 높이기 위해 「수출검사법」과 그 이후 「수출품 품질향상에 관한 법률」에 의해 정부의 강제적인 수출검사를 통과해야만 수출이 가능하였지만, 현재는 이 법률이 폐지되어 수출 전 이루어지는 정부의 강제적 수출검사는 하지 않는다.

그러나 만일 매매당사자간에 특별히 합의하여 수출국에서 검사를 하고자 한다면 검사는 선적 전에 이루어지게 된다. 특히 현 Incoterms에서도 규정되어 있듯이 PSI (pre-shipment inspection ; 선적 전 검사)를 매매당사자간에 합의한 경우에는 매수인의 검사비용 부담으로 매수인이 지정한 검사기관에 의해 반드시 선적 전에 검사가 이루어져야 한다.

한편 물품의 검사도 중요하지만 산 동물이나 돈모·모피 등의 수출에는 선적하기 전 일정한 기간 동안의 검역기간을 거쳐야 한다. 특히 선진국들은 비관세장벽으로 여겨질 만큼 자국민의 생명과 안전을 위해 이 검역규칙이 까다로워 상당히 엄격하기 때문에 주의가 필요하다.

9 수출통관

우리나라 물품을 외국에 수출하기 위해서는 국내의 법령이 정하는 바에 따라 소정의 절차를 이행하여야 하는데, 이 절차 중 최종적으로 거쳐야 할 단계가 관세법상의 규정에 의한 수출통관절차이다.

수출통관절차라 함은 광의로는 수출하려는 상품을 제조공장 또는 제품창고에 장치하고 세관에 수출신고를 한 후, 필요한 경우 검사를 거쳐 수출신고수리를 받아 물품

---

7) 이에 대한 보다 자세한 내용은 *supra,* 「해상보험」 참조.

을 선박 또는 항공기에 적재하는 것까지의 절차를 말하며, 협의로는 수출신고에서부터 수출신고가 수리되기까지의 세관절차를 의미한다.

(1) 수출신고

종래에는 수출신고를 하기 위해서는 물품의 제조를 완료한 후에 보세구역에 반입 및 장치하고 세관에 수출신고를 하도록 하였으나 현재는 수출업자가 원하는 임의의 장소에 장치한 상태에서 수출신고를 할 수 있으며, 경우에 따라 물품전부를 제조·가공하기 전에도 수출신고가 가능하다.

수출신고는 수출물품의 하주 또는 하주에게 물품을 제조하여 공급한 자(완제품 공급자)가 할 수 있으나 대부분 관세사, 관세사(합동)법인, 통관취급법인에 위탁하여 처리하고 있다.

수출신고는 EDI방식 또는 인터넷에 의한 무서류신고를 원칙으로 하고 있다.[8)] 따라서 수출신고인은 전자사서함을 이용하여 수출통관 EDI시스템과 접속하거나 수출신고 홈페이지에 인터넷으로 접속하여 신고를 한다. 만일 EDI방식 수출신고에 필요한 전송설비를 갖추지 못한 영세한 중소무역업체는 무역협회 또는 주요 세관에서 운영하는 수출신고지원센터를 통하여 수출신고를 할 수 있다.

수출신고의 효력발생 시점은 관세청 통관시스템에서 신고번호가 부여된 시점으로 한다. 만일 통관시스템에 기록된 내용과 종이 신고서에 기록된 내용이 상이할 때에는 통관시스템에 기록된 것을 원본으로 한다.

(2) 수출신고·검사

수출신고가 세관에 접수되면 세관공무원은 ① 대외무역법령 및 기타 법령에 의한 조건의 구비여부 ② 수출물품에 대한 품목분류번호의 정확성 ③ 기타 수출물품통관을 위하여 필요한 사항을 심사한다.

한편 세관에서는 경우에 따라 실제 수출되는 물품이 수출신고 된 물품과 동일품인가의 여부를 확인할 수 있는데 이를 물품검사(검정)과정이라고 한다. 이는 위장수출의 방지, 불법수출의 방지 및 관세 등 환급의 정확성을 기하려는데 목적을 두고 수출품의 규격, 수량 등에 대해 확인하는 과정을 말한다. 그러나 물품검사는 늘어나는 수출물동량에 대비한 신속한 통관 등을 감안하여 우범물품선별기준에 의하여 선별된 물품 등 현품확인검사를 할 필요가 있는 물품에 대해서만 물품검사를 하고 대부분의

8) 이를 서류 없는(paperless) 수출신고라 하여 P/L신고라고 한다.

물품에 대해서는 원칙적으로 생략하도록 하고 있다.

(3) 수출신고수리

수출신고의 심사 결과 관세법령 등에서 규정한 제반 요건을 구비한 경우 당해 수출신고를 수리하고 수출신고필증을 교부하게 된다.

관세사 등 신고인은 무서류신고(P/L)를 한 경우에는 세관장으로부터 수출신고수리된 사실을 전산으로 통보받아 통보된 내용과 일치하는 수출신고필증을 발행하여 수출신고를 의뢰한 하주에게 교부한다. 그러나 직접 서류를 제출하여 수출신고 된 건에 대해서는 수출신고수리인과 신고서처리담당자의 인장을 날인한 후 수출신고필증을 신고인에게 교부한다.

수출신고가 수리된 물품은 신고수리일로부터 30일 이내에 선박 또는 항공기에 적재하여야 한다.

10 화물의 선적

수출신고필증을 교부받은 물품은 선적지로 직송되어 선적이 시작된다. 선적은 수출항의 오랜 관습이나 선박회사의 편의상 혹은 화물의 종류, 성질, 포장 등에 의해서 화물의 수하방법의 차이가 있지만 송하인이 직접 본선에 인도하는 일은 거의 없고 선박회사의 지정 선적업자로 하여금 미리 수하장소를 지정하여 여러 하주로부터 다양한 화물을 적부에 편리하도록 분류해가면서 받아들인다.

(1) 화물의 척량검사

화물이 선적업자의 집하장소에서 세관의 보세구역에 반입되면 등록검량업자에 의해서 화물의 용적과 중량에 대한 검사를 받아 용적중량증명서(certificate of measurement / weight)를 발급받는다.

(2) 화물의 검수

화물의 용적중량증명서가 발급되고 수출신고가 수리되면 본선에 화물을 적재하기 전에 부두에서 하주와 선주 대리인들의 입회하에 검수인(tallyman)에 의하여 화물의 수량을 검수받게 된다.

(3) 본선적재와 본선수취증

선적될 화물과 함께 선박회사가 선장 앞으로 선적을 지시하는 선적지시서(shipping order ; S/O)를 제출하면 선박운항책임자인 일등항해사(chief mate)는 선적지시서(S/O)와 대조해가면서 화물을 수취하여 선창 내에 적부시킨다. 이 때 화물을 수취한 증거서류로 본선이 수취서를 발행하는데 이를 본선수취증(Mate's Receipt ; M/R)이라 한다. 선적시 선적화물에 누손·손상 및 개수 등에 이상이 없으면 무사고 본선수취증(clean M/R)을 발급하고, 만일 이상이 있으면 비고란에 이 사실을 기재하여 사고부 본선수취증(foul M/R 또는 dirty M/R)을 발급한다.

(4) 선하증권의 발급

본선수취증이 발급되면 하주는 배서된 수출신고필증과 본선수취증을 선박회사에 제출하여 본선수취증과 상환으로 선하증권(Bill of Lading)을 발급받는다. 그러나 하주의 요청이 없는 한 본선수취증은 하주에게는 발급되지 않고 선박회사 내부적으로 처리되어 이에 근거하여 선하증권이 발급된다. 따라서 사고부 본선수취증이 발급된 경우에는 선하증권 역시 사고부 선하증권(foul B/L 또는 dirty B/L)이 발급된다. 사고부 선하증권은 대금결제를 해주는 은행에서 절대로 수리하지 않으므로 하주는 문제가 된 화물에 대한 책임은 모두 본인이 부담하겠다는 각서인 파손화물보상장(letter of indemnity ; L/I)을 선박회사에 제공하고 무사고 선하증권(clean B/L)을 발급받아야 한다.

한편 본선 선적이 끝나면 선박회사는 당해 선박의 출항 후 다음날까지 선하증권상의 수출물품 목록을 기재한 적하목록(manifest ; MF)을 출항지 세관장에게 전자문서로 전송하여 선적완료사실을 신고해야 한다. 또한 선적항의 선박회사는 선박의 출항과 함께 당해 적하목록(MF)을 작성하여 목적항의 선박대리점에게 알려준다. 이 적하목록에는 운송기관의 명칭, 선하증권번호, 도착지, 출항지, 하인, 포장의 개수 및 종류, 화물의 품명 및 수량, 송하인의 성명(상호) 등이 기재되어 있어 이 적하목록에 의하여 추후 수입항에서 화물인도지시서(delivery order ; D/O)가 발급된다.

11 수출대금의 회수

수출통관과 선적을 필하게 되면 수출업자의 의무는 거의 모두 종결되었다고 볼 수 있으며 남은 것은 매입은행 또는 자신의 거래은행으로부터 수출대금을 회수하고 선적서류를 수입업자에게 송부해주는 절차만 남는다.

여기서 선적서류라 함은 수출화물의 선적을 증명하는 제반서류들로써 수출지에서는 이들 서류의 제시로 수출대금을 받을 수 있고, 수입지에서는 이들 서류와 상환으로 화물을 인수받을 수 있는 중요한 서류들을 말한다.

선적서류는 선하증권이나 상업송장 또는 경우에 따라 보험서류와 같은 반드시 필요한 필수서류와 그 외 원산지증명서, 검사증명서 등과 같은 부속서류로 구분된다.[9)]

(1) 선하증권(Bill of Lading ; B/L)

선하증권은 화물을 선적했다는 가장 중요한 증거서류인 동시에 유통될 수 있는 유가증권이며 화물의 소유권증서(document of title)이기 때문에 이 증거서류가 없으면 다른 서류가 아무리 많고 잘 갖추어져 있어도 수출업자는 대금을 받을 수 없을 뿐만 아니라 화물 도착지에서 화물을 찾을 수도 없다.

선하증권과 같은 성격을 지닌 것으로써 복합운송에서 사용되는 복합운송증권(multi-modal transport document ; MTD), 항공운송으로 보내는 경우의 항공화물운송장(air waybill ; AWB), 또 우편소포로 보냈을 경우의 우편수취증(post receipt) 등이 있다. 한편 항공화물운송장(AWB)은 선하증권과 같은 국제협약이 없어 법적 한계가 불분명하고 사본 한 장으로 화물을 찾을 수 있는 수취증에 불과하여 이의 사용에는 상당한 주의가 필요하다.

(2) 상업송장(Commercial Invoice)

상업송장은 수출업자가 외국의 수입업자 앞으로 작성해 보내는 선적화물의 상세한 명세서이며, 가격조건이나 대금산정의 기초가 되는 계산서이다. 상업송장은 수출업자가 화물을 선적하고 외국환은행에 화환어음을 제시할 때에 청구서의 역할도 하게 된다.

수입업자의 입장에서 보면 상업송장은 선적화물의 명세를 자세히 기재하였기 때문에 화물이 수입업자에게 도착하기 이전에 상업송장의 명세에 의해서 물품을 판매할 수 있으며, 물품이 도착하면 상업송장과 도착화물을 대조해 봄으로써 실제로 계약한 물품이 수입되었는지 일치여부를 조사하는 근거도 된다. 나아가 상업송장은 수입신고서와 함께 상업송장을 매입서로서 제출하여 관세를 산정하는 근거서류가 된다.

상업송장은 무역거래에서 대단히 중요한 기능을 하므로 좀 더 구체적으로 살펴보도록 한다.[10)]

---

9) 보험서류는 CIF조건 또는 CIP조건의 계약에서는 필수서류로 분류되나, 그 외의 조건에서는 수출업자가 준비할 필요가 없는 서류이다.

첫째, 상업송장은 구매서의 역할을 하므로 매매당사자의 이름과 주소, 발행일자와 매수인의 주문참조번호, 계약상품의 정확한 규격 및 개수, 포장상태 및 하인 등이 표시되어야 한다.

둘째, 상업송장은 운임·보험료포함인도(CIF)조건이나 운임포함인도(CFR)조건의 경우에는 선하증권이나 보험증권이 계약과 일치되었음을 증명하는 서류이자 매매계약의 존재 및 이행의 사실을 입증하는 유력한 증거자료가 된다.

셋째, 상업송장은 계약물품의 순단가, 부대비용, 할인료, 지불방식, 지불시기 등을 정확히 표기한 매매계산서 및 대금청구서의 역할을 한다.[11] 따라서 상업송장상의 금액은 환어음의 발행금액과 일치하여야 한다. 또한 신용장이나 인수도(D/A)조건, 지급도(D/P)조건에 의해 환어음이 발행되지 않는 경우에는 상업송장 자체가 대금지불청구서의 기능을 한다.

넷째, 상업송장은 모든 무역금융의 필수서류이다. 오늘날 무역결제는 대부분이 환어음에 의하여 이루어지며 수출지 은행에서 환어음을 매입할 때나 수입지 은행에서 대도(trust receipt; T/R)로 수입화물을 인도할 때 화환어음의 담보물권이 되는 선적서류에는 반드시 이들 담보물의 명세서 및 계산서의 역할을 하는 상업송장이 포함되어야 한다. 만일 무역금융을 이용하려할 때 상업송장이 없으면 담보물의 명세를 알 수 없어 환어음의 매입이나 대도(T/R)의 활용이 불가능하다.

다섯째, 상업송장은 수입시에 수입상품의 정확성 및 진실성을 입증하기 위한 세관신고의 증명자료가 된다. 수입국에서의 관세가 종가세 기준인 경우 상업송장상의 가격이 정확히 기재되어 있지 않다든지, 또는 관세부과가 종량세 기준인 경우 중량이나 수량이 정확히 기재되어있지 않으면 탈세의 혐의 또는 필요 이상의 관세를 물게 된다.[12] 따라서 상업송장은 수입통관시 과세표준액산정에 가장 중요한 자료가 되므로 정확히 작성되어져야 한다.

끝으로 상업송장[13]을 작성하는데 주의할 점은 다음과 같다.

---

10) 이하 박대위, 「전게서」, pp. 393 ~ 394 참조.

11) FOB계약에서는 본선적재시까지의 비용을, CFR계약에서는 상품가격과 운임선불의 비용을, 그리고 CIF계약에서는 보험료까지 포함하여 수입업자에게 받아야 할 총금액을 표시한다.

12) 실제 계약가격보다 높게 송장에 기재할 때는 외화도피가 되며, 낮게 기재할 때는 관세포탈이 된다.

13) 상업송장은 그 작성시기와 용도에 따라서 견적송장(proforma invoice)과 선적송장(shipping invoice)으로 구분된다. 견적송장은 수입업자가 자기 나라의 수입허가를 얻기 위해서 수출업자에게 요구하는 서류로써 당해 상품의 가격을 견적해주게 되는 송장이다. 견적송장상에 표시된 가격은 수입업자가 신용장을 개설할 수 있도록 편의상 형식을 갖추는 것에 불과하며 어떤 법적 구속력을 갖는 것은 아니다. 이에 비해 선적송장은 실제로 선적된 화물의 내용과

① 상업송장금액이 신용장 총액을 초과하지 말아야 한다.
② 계약된 선적조건에 인정되지 않은 비용은 포함하지 말아야 한다.
③ 해상운임을 표시할 때는 선하증권상의 전 항로를 포함해야 한다.
④ 상품내용에 대한 명세는 신용장상의 명세와 완전히 일치하여야 한다.
⑤ 선적상품에 대한 하인(shipping marks)은 선하증권상의 그것과 똑같아야 하며, case, carton, box, bag 등의 포장단위의 용어 표시도 일치해야 한다.

(3) 보험증권(insurance policy)

무역거래가 CIF 또는 CIP로 계약된 경우 보험증권은 필수 서류의 하나가 된다.

간혹 보험증권 대신에 보험증명서(insurance certificate)나 부보각서(cover note)가 사용되는 경우가 있는데 이는 구별될 필요가 있다.

보험증명서란 동일한 거래선 간에 동일한 물품을 일정 기간동안 계속해서 선적하는 포괄적 매매계약(master contract)을 체결한 경우, 수출업자는 매 선적시마다 개별적인 보험을 들지 않고 사전에 포괄예정보험(open cover)을 부보하여 개별적인 선적이 있을 때마다 그 때의 개별 선적품에 보험의 효력이 있음을 증명하는 증명서를 말한다.

제4차 개정 신용장통일규칙까지는 보험증권 대신으로 보험증명서가 수리될 수 없었으나 제5차 개정 신용장통일규칙부터 특별히 신용장에서 금지하고 있지 않는 한 보험증명서도 적격 보험서류로 간주하여 이를 수리하도록 개정되었다.

반면 부보각서란 보험중개업자(insurance broker)가 보험료와 상환으로 자기 명의로 발행하는 보험계약승낙서로써 매매당사자간에는 보험증권의 대체 서류로써 인정될 수는 있을지언정 은행이나 그 외 제3자에 대해서는 그 효력을 강요할 수는 없는 단순한 보험료 납부영수증에 불과하다. 따라서 부보각서는 특별히 신용장에서 허용하고 있지 않는 한 유효한 보험서류로 인정되지 않음을 유의하여야 한다.

(4) 포장명세서(packing list)

일반적인 무역거래에서 상업송장·선하증권 다음으로 많이 요구되는 서류가 이 포

가격을 명시한 것으로써 진정한 의미의 상업송장이라 할 수 있다.

선적송장은 그 목적에 따라 수출송장(export invoice), 위탁판매송장(consignment invoice), 매입위탁송장(indent invoice), 견본송장(sample invoice) 등으로 구분된다. 여기서 수출송장이란 수출하는 경우 사용하는 송장이며, 위탁판매송장이란 위탁자(수출업자)가 수탁자(수입업자)에게 위탁판매하는 경우 작성하는 송장이며, 매입위탁송장은 수입업자로부터 매입위탁을 받은 수출업자가 수입업자의 매입대리인으로서 물품을 선적할 때 작성하는 송장이다. 견본송장은 수출업자가 견본을 송부하는 경우 견본의 명세와 가격을 작성하는 송장이다.

장명세서이다. 포장명세서는 상업송장의 부속서류로서 여기에는 선적화물의 포장 단위별 명세와 단위별 총중량(gross weight)·순중량(net weight)이 기재된다. 그리고 화물을 타 화물과 외관상 식별하기 위해 하인(shipping mark)을 표시하고 각 하인 밑에 총 포장품의 개수를 표시한다. 포장명세서에는 각 상자의 용적도 표시하여 선박회사와 운송계약을 체결할 때 일차적인 기준이 된다.[14)]

(5) 원산지증명서(certificate of origin)

원산지증명서는 수출물품이 수출국가에서 생산, 가공, 재배, 사육된 것임을 증명하는 서류이다. 오늘날 대개의 국가들은 관세부과나 수입통계, 그리고 무역관리상의 이유 등으로 수입통관시에 원산지증명서를 요구하고 있다.

그 용도에 따라 다음과 같은 원산지증명서가 주로 발급된다.

① Certificate of Origin(CO)

가장 많이 쓰이는 양식으로써 인쇄된 양식에 해당되는 내용만 기재·서명하여 상공회의소에 제출하면 곧 발급된다. 일반관세 적용 대상국에 수출할 때에 쓰이며 가장 보편화된 양식이다.

② Gereralized System of Preference Certificate of Origin(GSPCO)

이 원산지증명서는 UNCTAD의 일반특혜제도에 위한 특혜관세의 적용을 받기 위해 발급된다. 현재 일반특혜관세(GSP)를 공여하는 국가는 EU 15개국, 미국, 일본, 캐나다, 노르웨이, 스위스, 호주, 뉴질랜드, 불가리아, 체코, 헝가리, 폴란드, 러시아 그리고 1996년에 OECD에 가입한 한국 등이다.

③ GSTD 원산지증명서

GSTD(global system of trade preference among developing countries)는 남남협력의 일환으로 비동맹 77그룹 개도국간에 상호 무역장벽완화 및 철폐를 통한 무역·생산 및 고용증대를 목적으로 한 UNCTAD 주관하의 무역협정을 말한다. 이 개도국간 특혜관세제도의 적용을 받기 위해서 발급되는 원산지증명서가 GSTP 원산지증명서이다.

④ FTA 원산지증명서

이 원산지증명서는 FTA 체결국가간 관세의 부과, 징수 및 감면, 그리고 수출입물품의 통관 등을 할 때 협정에서 정하는 기준에 따라 물품의 생산, 가공, 제조 등이 이

---

14) 이 포장명세서를 작성할 때는 일반적으로 공장에서 포장하면서 작성되지만 더 정확하고 편리하게 하려면 포장명세서부터 먼저 작성하고 포장명세서에 따라서 공장에서 포장하게 한다.

루어진 것을 증명하는 원산지증명서이다.

(6) 검사증명서(certificate of inspection)

검사증명서는 수출물품이 매매계약에서 정하고 있는 품질조건이나 규격에 합치하고 있는지 여부를 수출국의 공적검사기관이 검사하고 발행하는 것으로써 수입업자의 요구에 의해 발행된다.

(7) 용적중량증명서(certificate of measurement and/or weight)

용적중량증명서는 공인된 전문검량업자(public weigher)가 개개의 물품 및 물품 전체의 총중량과 용적을 계량하고 발급해 주는 서류이다. 이 서류는 선내적부, 하역료, 보관료 계산, 운임 계산의 기초가 된다.

수입국 세관의 요청에 의하든지 또는 물품매매의 기준이 선적시의 기준이 되는 경우에는 선적지에서 공인검량업자에 의해 발행된다.

(8) 검역증(certificate of quarantine) 및 위생증명서(certificate of health or sanitary certificate)

검역증은 주로 동식물의 수출에 전염성 균이 묻어 들어가는 것을 막기 위하여 당해 물품을 고립된 일정한 장소에 일정기간 동안 장치하여 두어 검역을 한 후 발급해 주는 서류이다.

위생증명서란 주로 식료품·화장품·약품 등을 미국 같은 나라에 수출할 경우 FDA(Food and Drug Administration)가 정한 기준에 합치된다는 증명서이다.

12 관세 환급 및 기타

환어음 등을 발행하여 수출업자가 수출대금을 회수하게 되면 이상과 같은 일련의 절차를 거쳐 사실상 수출절차는 완료가 된 것이며, 남은 것은 수출용원재료를 수입할 때 납부한 세금의 환급, 수출물품의 확보를 위해 은행으로부터 융자받은 무역금융의 상환, 기타 대외무역법상의 사후관리를 받아야 하는 경우 필요한 제반 의무의 이행 등 부수적인 절차뿐이다.

Ⅱ 수입절차

수입이란 외국에서 생산 및 가공된 물품을 우리나라 세관을 통과하여 들여오는 과정을 말한다. 이는 크게 나누어 일반 수입과 수출용원자재 수입으로 분류할 수 있다.

같은 물품의 수입일지라도 외화획득을 위하여 사용되는 원자재를 수입할 때는 일반자재 수입보다 우선적으로 허가되며 무역·금융·행정 및 세제 면에서 여러 가지 혜택이 주어진다. 특히 원자재 수입은 일반 수입에 비해서 다음과 같은 특혜를 받는다.

첫째, 원자재는 관세와 특별소비세를 포함한 내국세를 물지 않는다. 즉 수출용원자재에 대해서는 관세환급특례법에 의거하여 환급제도 또는 사후 정산제도를 통해 수입시에 부과하는 관세 등 제반 세금의 부담을 면제시켜 주고 있다.

둘째, 일반수입의 경우에는 수출입공고, 수출입별도공고 등에 의거하여 수입승인대상품목으로 지정되어 수입이 제한될 수 있으나, 해당 수입승인대상품목으로 지정된 물품을 외화획득용 원료·기재로 수입하고자 하는 경우에는 예외적으로 별도의 제한 없이 산업통상자원부장관이 위탁한 관계행정기관 또는 단체의 장의 승인을 받아 수입이 가능하다.

셋째, 수출물품의 제조·가공에 소용되는 자금부담을 완화시켜주기 위하여 수출용원자재의 수입 및 국내 구매시에는 금융혜택이 주어진다.

이러한 세 가지 경우를 제외하고는 원자재 수입은 일반자재의 수입의 경우와 거의 같다고 볼 수 있으므로 이하에서는 일반 수입을 위해 거쳐야 하는 단계들에 대해서만 설명하도록 한다.

1 수입승인

물품의 수입 역시 수출과 마찬가지로 원칙적으로 자유롭게 할 수 있지만 수출입공고 등에서 고시하는 소수의 특정 물품에 대해서는 산업통상자원부장관이 위탁한 해당 물품관련기관 또는 단체의 장의 승인을 받아야 한다. 수입승인절차도 수출승인절차와 같은데, 중요한 수입승인 및 허가요령을 요약하면 다음과 같다.

① 수입하고자 하는 자가 승인을 얻을 수 있는 자격이 있어야 하며, 수입하고자 하는 물품이 수출입공고 등과 대외무역관리규정에 의한 제한요건을 충족하는 물품이어야 한다.
② 수입대상지역이 관계 법령에 의하여 금지 또는 제한된 지역이 아니어야 한다.
③ 수입하는 물품의 품목분류번호의 적용이 합당하여야 한다. 즉 품목분류에 있어 세계 공통의 6단위는 HS기준에 의하되, 그 세분류는 관세율표상의 품목분류에 따라 10단위로 분류되어야 한다.
④ 기타 대외무역법 및 동 시행령, 대외무역관리규정에서 정하는 요건에 합당하여야 한다.
⑤ 수입승인의 유효기간은 승인한 날로부터 1년이다. 다만 산업통상자원부장관은 국내의 물가안정, 수급조정, 물품의 인도조건 기타 거래상 특성에 따라 필요하다고 인정하는 경우에는 1년 이내 또는 20년 범위 내에서 유효기간을 단축 또는 초과하여 설정할 수 있다.

2 수입신용장의 개설

(1) 수입보증금의 적립

수입업자는 수입승인을 받으면 유효기간 내에 외국환은행을 통해서 수입신용장을 개설하여야 한다.

외국환은행 입장에서 보면 신용장을 개설해준다는 것은 수입업자에 대한 일종의 여신이며 위험부담이 따르게 되므로 외국환은행은 신용장을 개설하기 전에 수입업자 및 수출업자의 신용상태와 해당 수입상품의 시장성 등을 고려하고 충분한 담보를 확보하고 나서 신용장을 개설한다.

외국환은행이 수입대금의 결제를 위해서 담보금의 형태로 수입업자로부터 징수하는 수입보증금은 수입에 관한 신용장개설의뢰시 내국지급수단으로 적립하도록 되어 있으며 구체적인 적립금액은 각 외국환은행마다 거래기업의 신용상태 및 규모, 그리고 당해 수입거래의 특성에 따라 달리 적용하고 있다. 만일 신용장방식에 의하지 않고 수입할 경우에는 수입에 관한 수입승인신청시에 적립한다.

(2) 수입신용장의 개설

신용장은 신용장개설의뢰서에 기재된 내용대로 발행되므로 개설의뢰서(또는 개설신청서 ; application form)의 모든 사항은 간단하고도 명료하여야 하며, 정확한 상품의 입수를 보장받기 위해서는 수입업자가 원하는 모든 조건을 완벽하고 빠짐없이 기재하여야 한다.

한편 신용장개설의뢰서에 모든 필요사항을 기재하고 수입승인서와 Firm Offer(확정청약서)[15] 또는 수입계약서를 첨부하여 외국환은행에 제출하면 외국환은행은 소정의 신용장개설수수료와 전신료 등을 징수하고 신용장을 수출업자(수익자) 앞으로 개설한다. 수입업자는 신용장이 개설되는 즉시 수출업자(수익자)에게 신용장 번호, 금액, 선적기일 및 유효기일을 알려줄 필요가 있다.

3 수입품의 입수

(1) 선적서류의 인수

수출국에서 선적이 완료되면 해외의 수출업자(수익자)는 선적에 관한 중요사항(선박명, 출항일, 도착 예정일 등)을 통지해 옴과 아울러 선적서류의 사본을 송부해 온다. 수입업자는 선박의 도착 예정일이 판명되면 사전에 미리 하역업자를 지명하여 하역계약을 해두는 것이 바람직하다.

선적서류의 원본은 수출국의 외국환은행(Nego은행)으로부터 수입국의 개설은행 앞으로 오며 개설은행은 당해 선적서류 원본을 신용장조건과 대조하여 적격성 여부를 심사한 후[16] 수입업자에게 통고해 준다.

수입업자는 선적서류인수증과 상환으로 선적서류를 입수하는데, 만일 내도된 선적서류의 내용이 신용장의 조건과 상이할 때에는 개설은행이 인수동의 여부를 문의해 오므로 내용을 잘 알아보고 동의하여야 한다.

---

15) 대외무역법상의 용어로는 물품매도확약서이다. Firm Offer는 유효기간 내에 승낙되면 그 자체가 계약서의 역할을 하므로 따로 수입계약서를 첨부할 필요가 없다. 그러나 Free Offer(불확정청약)로 거래가 성사된 때에는 별도로 매매계약서를 따로 체결하게 되므로 이때에는 수입계약서를 첨부해야 한다.

16) 선적서류 등의 검토기간은 개설은행에 서류가 접수된 다음날부터 5일간의 은행영업일 만큼이다. 제6차 신용장통일규칙 제14조 (b)항.

수입업자의 선적서류 인수방법에는 크게 ① 수입업자가 은행으로부터 화환어음이 제시된 때에 그 화환어음을 인수하고 만기일에 지급한 후 선적서류를 수취하는 방법 ② 인수한 화환어음의 만기일 또는 기일 전에 화환어음 대금을 할인받아 지급하고 선적서류를 수취하는 방법 ③ 일람불화환어음이면서도 지급일에 앞서 선적서류를 받는 서류대여 인도방법(T/R 필요) ④ 은행보증에 의한 화환어음을 선취하는 방법(L/G의 발급신청 필요)이 있다.

(2) 대도(trust receipt ; T/R)에 의한 선적서류 인수

수입업자가 일람출급조건이나 지급도조건(D/P)으로 화물을 수입하였으나 은행으로부터 그 수입화물에 대한 선적서류를 인수할 자금이 없을 경우, 수입업자가 수입대금을 지급하지 않고 개설은행으로부터 선적서류를 인도받으면서 추후 수입화물을 찾아 현금화 한 후 개설은행에 대금을 갚겠다고 서약하는 증서를 대도(T/R)라 한다.

기한부 환어음조건의 신용장거래 또는 인수도조건(D/A)의 추심거래의 경우에는 수입업자는 환어음을 인수하고 선적서류를 인도받아 수입화물을 찾은 후 이를 처분하여 그 판매대금으로 환어음의 만기일에 수입대금을 결제할 수 있다.

그러나 일람출급조건의 거래일 경우에는 수입업자가 환어음 대금을 결제하지 않으면 선적서류를 인도받을 수 없기 때문에 수입업자 측면에서 볼 때 기한부환어음인 경우와 같은 이익을 누릴 수 없다. 이러한 문제를 해결하기 위해 대도(T/R)가 이용된다.

대도(T/R)의 활용으로 수입업자는 환어음대금의 결제 이전이라도 화물을 처분할 수 있고, 개설은행은 자기 소유하에 있는 수입화물을 수입업자에게 대도하여 그 화물을 적기에 처분케 함으로써 그 판매대금을 수입대금으로 결제할 수 있도록 유도할 수 있다. 개설은행 측면에서 보면 중요한 것은 수입결제자금이지 화물 그 자체가 아니므로 은행은 그 화물에 대한 담보권을 상실하지 않으면서 수입업자에게 화물을 인수할 수 있도록 해주는 것이 대금회수에 보다 더 효과적이다.[17)]

우리나라의 경우 수출용원자재의 수입시 이 제도를 많이 활용하고 있다. 즉 외화획득용 원료를 수입할 때는 신용장개설담보금의 적립 없이도 신용장이 개설될 수 있다. 이 경우는 완전히 개설은행의 자금으로 수입되는 것이지만 이 원료가 가공되면 반드시 수출될 수 있기 때문에 신용장개설담보금 없이도 개설은행이 수입신용장을 개설해주는 것이다. 이러한 경우 외화획득용 원료 수입업자(완제품 수출업자)는 대도를

---

17) 수입업자는 대도물품을 제3자에게 담보로 제공할 수 없다. 수입업자는 대도물품을 매도할 경우에는 금액, 물품의 인도, 대금의 영수방법 등에 관하여 미리 은행의 동의를 받아야 한다.

개설은행에 제출하고 수입대금의 입금 없이 선적서류를 인수하고 원료를 입수한 후 이를 가공하여 수출하고 그 수출대금으로 외화획득용 원료 수입신용장개설은행에 수입대금을 결제한다.

(3) 화물선취보증서(letter of guarantee ; L/G)에 의한 화물 인수

경우에 따라서는 수입화물은 이미 도착했으나 선적서류의 원본이 아직 수입지에 도착하지 않은 상황이 있을 수 있다. 예컨대 일본과 같이 가까운 곳에서 선적되는 화물은 항해 기일이 짧아 하루 만에 부산에 도착하지만 선적서류는 일본의 외국환은행(Nego은행)을 거쳐 우체국을 통해서 우리나라 개설은행에 도착, 다시 수입업자에게 인도되려면 상당한 시일이 걸린다. 이럴 경우에는 선박회사로부터 화물도착통지서(arrival notice ; A/N)를 입수하여 선적서류의 사본과 함께 개설은행에 제출함과 동시에 화물선취보증서(L/G)의 발급을 신청하여 화물선취보증서가 발행되면 이 보증서를 선박회사에 제출하고 화물인도지시서(delivery order ; D/O)를 발급받아 화물을 인수받게 된다.[18)]

화물선취보증서(L/G)는 형식상으로는 수하인인 수입업자가 선박회사 앞으로 발행하는 것으로써 인도받을 화물의 명세를 기재하고, 화물선취에 관한 약정을 하고 여기에 은행은 단지 보증인의 자격으로 서명하는데 불과하지만, 여타의 다른 약정증서상의 보증인과는 달리 화물선취보증서(L/G)상의 보증인인 은행의 존재가 본질적인 효력발생의 핵심 당사자가 되기 때문에 실질적으로는 은행이 발행하는 증서로 간주하고 있다.

화물선취보증서(L/G) 발행의 목적은 수입화물이 국내 항구에 도착하였으나 관계 선적서류가 아직 도착하지 않아 화물의 인도가 불가능할 경우 수입업자에게 당해 화물선취보증서(L/G)를 발행해 주어 화물을 인도받을 수 있도록 해주는데 있다.[19)]

(4) 수입대금의 결제

수입업자는 선적서류를 인도받음과 함께 이와 상환으로 개설은행에 수입대금을 지급해야 한다. 만일 기한부조건으로 수입한 경우에는 수입대금을 당장 지급할 필요는 없으므로 선적서류인수증만 제출하고 선적서류를 인수할 수 있다. 수입업자는 추후

---

18) 이미 「수출절차」의 선하증권 발급 편에서 설명한 바와 같이 선적항의 선박회사의 적하목록(MF)이 목적항의 선박대리점에 송부되면 이 적하목록(MF)에 따라 수입항에서 화물인도지시서(D/O)가 발급된다.

19) 박대위, 「전게서」, p. 431 참조.

환어음 만기일에 이자를 추가하여 수입대금을 결제하면 된다.

수입업자가 선적서류를 인수하기 위해 수입대금을 지급할 때는 수입환어음 결제율이 적용된다. 수입환어음 결제율은 전신환매도율에 우편일수만큼의 금리를 가산한 것이다.[20)]

전신환매도율은 외국환은행이 고객에게 전신환을 매도할 때 적용하는 율이다. 개설은행이 달러 표시의 수입환어음을 수입업자에게 제시하는 것은 곧 외국환(수입환어음)을 수입업자에게 매도하는 것과 마찬가지이므로 수입시에는 전신환매도율이 적용된다. 따라서 우리나라의 수입업자는 원화를 개설은행에 지급하고 달러표시의 환어음을 사가는 셈이 된다.

이미 수출국의 수출업자는 선적을 이행한 후 자신의 외국환은행(Nego은행)으로부터 수출대금을 받았으며, 이 Nego은행은 수출국 또는 제3국에 있는 개설은행의 예치환거래은행(reimbursing bank)에 예치되어 있는 개설은행의 구좌에서 이 Nego금액을 즉시 인출하여 충당 받는다. 이후 개설은행은 수출국의 Nego은행으로부터 선적서류가 송부되어와야만 수입업자로부터 당해 선적서류와 상환으로 대금을 받을 수 있으므로 선적서류 우송기간의 우편일수이자(mailday's interest)에 해당하는 환가료를 수입업자에게 받게 된다.

4 수입통관

외국물품이 선박 또는 항공기에 의하여 국내에 반입되면 그때부터 그 물품은 관세법의 구속을 받게 된다. 그 물품이 내국물품화 되기 위해서는 일련의 절차를 거쳐야 하는데 이 절차를 통관절차(customs clearance formality)라 한다.

우리나라는 1996년부터 전자문서교환(EDI) 수입통관자동화시스템을 운영하여 수입통관절차가 매우 간소화되었다. 즉 수입물품을 적재한 선박이 입항하면 부두를 배정받아 물품을 하역하고, 수입업자는 해당 세관에 수입신고를 해야 한다. 수입물품을 확인하거나 검사할 필요가 있으면 보세구역 등에 물품을 장치하고 수입신고 서류심사와 물품검사를 통과하면 수입신고가 수리된다. 수입신고가 수리되면 수입물품에 대한 관세 및 내국세를 납부한 후 물품을 국내로 반입할 수 있다. 우리나라의 통관제도는 수출입신고제이므로 납세의무자인 수입업자는 수입신고 수리 후 15일 이내에 관세 및 내국세를 납부하도록 되어 있어 통관절차와 과세절차가 분리되어 있다.

---

20) 이하 박대위·구종순, 「무역실무」, 법문사, 2012, p. 363 참조.

(1) 적하목록의 제출

수출국의 선박회사 또는 항공사는 선박 또는 항공기에 화물을 선적하면 수입국의 선박회사 또는 항공사의 대리점에 선적한 물품의 적하목록(manifest ; MF)을 송부한다. 이들 운송회사 또는 그 대리점들은 해상운송의 경우 화물이 목적항에 도착하기 24시간 전까지, 항공운송의 경우는 항공기가 착륙하기 2시간 전까지 입항 예정지 세관장에게 수입화물의 적하목록을 제출해야 한다. 이 적하목록에는 운송기관의 명칭, 선하증권 번호, 도착지, 출항지, 하인, 포장의 개수 및 종류, 화물의 품명 및 수량, 수하인 및 송하인의 성명과 상호 등이 기재되어 있다. 중국, 일본 등 근거리에서 입항하는 경우 적하목록의 제출 시기는 선박 또는 항공기가 입항 할 때까지 이다. 그리고 혼재화물의 경우는 운송주선업자(freight forwarder)가 적하목록을 작성한다.

적하목록은 운송수단(선박, 항공기 등)에 적재된 화물의 총괄목록으로 하선·운송·보관·통관의 각 단계별로 화물의 총량관리를 위하여 최초로 작성된 화물정보이며, 화물관리에 있어서 없어서는 안 될 중요한 문서이다.

(2) 수입화물의 하역

선박 또는 항공기가 입항하면 운항선사는 각 선하증권(Master B/L) 단위별로 작성된 적하목록을 기준으로 부두 등 하선장소를 배정하여 세관장에게 하선신고서를 제출하여야 한다.

하선장소는 컨테이너 화물인 경우는 부두 내 혹은 부두 밖의 CY이며, 거대화물(bulky cargo) 또는 기타 화물들은 부두 내이다. 수입물품이 하역되면 물품의 검수가 이루어지는데, 하선신고를 한 자는 화물이 적하목록과 상이할 때에는 하선작업 후 다음날까지 전자문서로 작성된 하선결과보고서를 작성하여 세관장에게 제출하여야 한다. 만일 운항선사와의 계약에 따라 검수(검정)업자가 화물을 검수한 경우에는 검수(검정)업자가 전자문서로 작성된 하선결과보고서를 세관장에게 제출한다.

5 보세구역 장치 및 보세운송

수입화물이 본선으로부터 하역되면 보세구역에 반입되어 장치되어야 한다. 이 시점으로 부터 당해 수입화물은 우리나라 보세제도에 실질적으로 적용을 받게 된다.

보세제도란 관세징수권을 확보하여 통관질서를 확립하고, 통관업무를 효율적으로 수행하기 위해 수입신고가 수리되기 전의 외국물품을 세관장의 관리하에 두는 제도를 말한다. 우리나라의 보세제도는 보세구역제도와 보세운송제도 두 가지로 구분된다.

(1) 보세구역제도

보세구역은 수입신고가 수리되기 전의 상태인 외국물품, 즉 보세화물을 반입, 장치, 가공, 건설, 전시 또는 판매하는 구역을 말하는데, 이는 지정보세구역, 특허보세구역, 종합보세구역으로 구분된다.

① **지정보세구역**: 국가, 지방자치단체, 공항시설 또는 항만시설을 관리하는 법인이 소유하거나 관리하는 토지·건물·시설 중에서 세관장이 지정한 구역으로써 다음의 두 가지 형태가 있다.

㉠ 지정장치장: 통관을 하려는 물품을 일시장치하기 위한 장소로써 세관장이 지정하는 구역이다.

㉡ 세관검사장: 통관을 하려는 물품을 검사하기 위한 장소로써 세관장이 지정하는 지역을 말한다.

② **특허보세구역**[21]: 개인이 소유 또는 관리하는 토지·건물·시설 등에 대해서 세관장의 특허를 받아 개인이 설치·운영하는 보세구역을 말한다. 이에는 보세창고, 보세공장, 보세전시장, 보세건설장, 보세판매장이 있다.

㉠ 보세창고(bonded warehouse): 외국으로부터 보세상태로 반입된 화물이 통관을 위해 장치하는 구역인데 이 화물을 개장, 분할, 구역 등 보수작업을 거친 후 제3국으로 다시 수출하거나 상거래시기에 맞추어 반출하려는 경우에 주로 이용된다.

㉡ 보세공장(bonded factory): 외국물품을 원료 또는 재료로 하거나 또는 외국물품과 내국물품을 원료 또는 재료로 하여 제조·가공하기 위한 구역이다. 보세공장은 가공무역을 진흥시키기 위해 외국으로부터 원재료를 들여와 이를 보세상태로 공장에 반입하여 제조·가공한 후 다시 외국에 수출하거나 또는 내수용으로 국내 수입하기 위해 운영한다.

㉢ 보세전시장(bonded exhibition): 박람회·전람회·전시회 등의 운영을 위하여 외국물품을 장치하거나 전시할 수 있는 구역을 말한다.

---

21) 특허보세구역은 설치 운영의 형태에 따라 영업용 보세구역과 자가용 보세구역으로 나뉜다. 전자는 타인의 화물을 장치하기 위한 보세구역이고, 후자는 운영자 자신의 화물을 장치하기 위한 보세구역이다.

㉣ 보세건설장(bonded construction work site): 산업시설의 건설에 사용되는 외국물품 상태의 기계류, 설비품이나 공사용 장비를 장치·사용하여 해당 건설공사를 할 수 있는 구역이다.

㉤ 보세판매장(bonded store): 외국으로 반출하거나 「외교관용 물품 등의 면세」 규정에 따라 관세의 면제를 받을 수 있는 자가 사용하는 것을 조건으로 외국물품을 판매할 수 있는 구역이다.

③ 종합보세구역: 보세창고, 보세공장, 보세전시장, 보세건설장 또는 보세판매장의 기능 중 둘 이상의 기능을 종합적으로 수행할 수 있는 보세구역을 말한다. 종합보세구역은 주로 외국인투자지역, 산업단지, 외국인투자기업전용 산업단지, 집배송센터 및 공동집배송단지, 유통단지 중에서 무역진흥에의 기여정도, 외국물품의 반입·반출물량 등을 고려하여 관세청장의 직권으로(또는 관계 중앙행정기관의 장이나 지방자치단체의 장, 그 밖에 종합보세구역을 운영하려는 자의 요청으로) 지정한다.

(2) 보세운송제도

보세운송이란 외국물품을 국내 보세구역 간에 이동하는 것을 말하는데 세관장에게 이를 신고하여야 한다. 보세운송구간은 개항, 보세구역, 타소장치[22]의 허가를 받은 장소, 세관관서, 통관역[23], 통관장[24] 및 통관우체국이다.

만약 수입업자가 내륙에 위치해 있는 자신의 공장에 수입화물을 장치한 후 관할 세관에서 통관하고자 한다면 수입항만에서 내륙공장까지 수입화물의 보세운송을 활용할 수 있다. 예를 들어 인천항으로 도착한 수입물품을 서울에 공장을 가진 수입업자가 당해 수입물품을 반출하려면 인천세관에서 통관하여 서울로 운송해 와야 하는데 이 경우 인천 보세장치장에서의 반입·반출비용, 창고료 등이 소요되고, 통관서류를 인천 세관에 갖고 가서 수입통관절차를 거쳐야 한다. 그러나 당해 수입물품을 인천항에서 직접 서울의 자가용 보세구역(자가용 보세장치장)인 자신의 공장까지 보세운송하고 서울세관에서 통관하면 위의 비용을 줄일 수 있을 뿐 아니라 신속한 통관이 가

22) 수입하고자 하는 외국 수입화물은 원칙적으로 보세구역에 반입하여야 하지만 거대 중량화물, 검역화물, 압수화물, 우편화물 등 특수한 수입화물인 경우에는 세관장의 허가를 받아서 보세구역이 아닌 다른 장소에 타소장치 할 수 있다.

23) 통관역은 국외와 연결하며 국경에서 근접한 일반 수송용 철도역 중에서 관세청장이 지정하는 곳이다.

24) 통관장은 관세통로에 근접한 장소 중에서 세관장이 지정한 곳이다.

능하다.

보세운송을 하려면 하주, 보세운송업자, 관세사 등 보세운송신고인이 세관에 적하목록을 제출하고 물품이 하역된 이후 보세운송신고서에 적하목록 사본을 첨부하여 보세운송신고를 해야 한다. 재보세운송물품, 검역물품, 불법 수출입 방지를 위하여 세관장이 지정한 물품 등은 세관장으로부터 승인을 받아야 한다.

한편 수입화물의 입항 전 또는 하선 전에 수입신고가 되거나 보세운송신고가 된 화물은 보세구역에 반입함이 없이 부두 또는 공항 내에서 보세운송 또는 통관절차와 검사절차를 수행한다.

6 수입신고

외국물품을 수입하기 위해서는 해당 물품의 품명, 규격, 수량, 가격 등을 세관장에게 EDI 방식 또는 인터넷 방식으로 국가관세종합정보망의 전산처리설비를 이용하여 무서류신고(P/L신고)함을 원칙으로 한다. 수입신고를 하는 시점에 수입과 관련된 적용법령, 과세물건, 납세의무자 등이 확정된다. 수입신고는 하주가 직접 하거나 관세사, 관세사 법인 또는 통관취급 법인의 명의로 해야 한다. 수입신고시에는 수입신고서에 선하증권 또는 항공화물운송장 사본, 원산지증명서(해당물품에 한함), 기타 필요한 승인서류 등을 세관에 제출하여야 한다. 수입신고의 효력발생 시점은 전송된 신고 자료가 통관시스템에 접수된 시점을 원칙으로 한다.

(1) 수입신고의 시기

현행 수입신고는 수입신고시기에 따라 다음과 같은 네 가지 유형으로 구분된다.

① **출항 전 수입신고**: 항공기로 수입되는 물품이나 또는 일본, 중국, 대만, 홍콩 등에서 선박으로 수입되는 물품은 출항한 후 입항하기까지 운송시간이 짧아 출항 후 수입신고하는 것이 곤란하다. 이런 경우 선박 또는 항공기가 물품을 적재한 항구 또는 공항에서 출항하기 전에 수입신고를 할 수 있다. 컨테이너화물은 한 컨테이너에 1인하주의 화물만 적재한 FCL화물인 경우만 적용된다.

② **입항 전 수입신고**: 수입하려는 물품의 신속한 통관을 위해서 수입물품을 선적한 선박 또는 항공기가 물품을 적재한 항구 또는 공항에서 출항한 후 입항하기 전에 수입신고하는 것을 말한다. 여기서 입항하기 전이라 함은 수입화물의 하선신

고 시점을 기준으로 한다. 컨테이너화물은 FCL화물인 경우에 한하여 입항 전 수입신고가 가능하다. 수입물품을 적재한 선박이 우리나라에 입항하기 5일전, 항공기의 경우는 1일전부터 수입신고를 할 수 있다.[25)]

③ **입항 후 보세구역 도착 전 수입신고:** 수입물품을 적재한 선박 또는 항공기가 입항하여 하선신고한 후 당해 수입물품이 반입될 보세구역(부두 밖 컨테이너 보세창고 및 컨테이너 내륙통관기지를 포함)에 도착하기 전에 수입신고하는 것을 말한다.

④ **보세구역 장치 후 수입신고:** 수입물품을 보세구역에 장치한 후 관할 세관에 수입신고를 하는 것을 말한다.

(2) 수입신고서 심사

수입신고서를 접수한 세관은 통관시스템에 조회하여 수입화물의 선별검사시스템(cargo selectivity system ; C/S)[26)] 결과, 그리고 통관검사 및 검사에 특별한 주의를 요하는 사항이 있는지 여부를 확인하여 수입신고서를 처리한다. 수입신고서를 처리하는 방법은 ① 물품검사 및 심사, ② 심사, ③ 전자통관심사 중 하나의 방법으로 처리된다.

전자통관심사란 일정한 기준에 해당하는 성실업체가 수입신고하는 특정물품에 대하여 통관시스템에서 전자적 방식으로 심사하는 것을 말한다. 전자통관심사는 종합인증우수업체(authorized economic operator ; AEO)로 공인받은 수입업체가 수입하는 물품으로써 해당 수입물품과 관련된 ① 신고인(관세사), ② 물류업체(화물운송주선업자, 선박회사·항공사, 하역업자, 보세운송업자), ③ 보세구역 운영인·화물관리인, ④ 해외공급자(우리나라가 상호 인정한 상대국가의 종합인증우수업체)가 모두 종합인증우수업체로 공인받은 경우에 적용하는 것을 원칙으로 한다.

---

25) 다음과 같은 물품은 출항 전 수입신고 및 입항 전 수입신고가 불가능하다.
① 세율이 인상되거나 새로운 수입요건을 갖추도록 요구하는 법령이 적용되거나 적용될 예정인 물품
② 농·수·축산물이나 그 가공품으로서 수입신고하는 때와 입항하는 때의 물품의 관세율표 번호 10단위가 변경되는 물품
③ 농·축·수산물이나 그 가공품으로서 수입신고하는 때와 입항하는 때의 과세단위(수량이나 중량)가 변경되는 물품.

26) C/S란 우범화물 자동선별시스템이라고도 하는데 수출입 되는 물품 중에서 전산에 미리 등록된 기준에 따라 우범 가능성이 높다고 예상되는 물품을 골라 집중적으로 검사함으로써 검사의 효율을 높이는 검사관리기법을 말한다. 교역량의 증가로 수입통관물량은 지속적으로 증가하고 있으나 세관인력을 증원하는 데에는 한계가 있을 뿐만 아니라, 전체 수입화물을 모두 다 검사하는 것은 매우 불합리하고 비효율적이어서 이에 대한 대안으로 도입되었다.

(3) 물품검사

수입신고가 완료되면 세관에서는 수입신고서의 형식적 요건과 법률적 수입요건, 신고시 제출서류완비 여부 등만 확인하고 수입신고를 수리하는 것이 원칙이다. 그러나 다음과 같은 경우, 즉

① 수입신고 된 물품이외에 은닉된 물품이 있는지 여부,
② 수입신고사항과 현품이 일치하는지 여부,
③ 수입신고자료 접수시 통관시스템에 의하여 물품검사로 선별된 경우(C/S 선별물품),
④ 수입신고서 처리방법 결정시 세관공무원에 의하여 물품검사로 선별된 경우,
⑤ 수입신고 전 물품반출신고 물품일 경우,

위와 같은 경우일 때에는 수입물품을 직접 확인하는데 이를 물품검사라 한다.

수입신고를 한 물품이 검사대상으로 선정되면 수입업자는 수입물품을 세관에서 검사할 수 있는 장소로 반입하여야 하는데, 검사장소는 선박 내, 부두 내 검사장소, 입항지 보세창고, 일반 보세창고 등인데 수입물품 및 수입신고시기에 따라 달라진다. 검사방법에는 전량검사, 발췌검사, 분석검사, 과학장비에 의한 검사가 있다.

한편 출항 전 신고 및 입항 전 신고 물품으로서 곡물, 원유, 광물 등 선상에서 검사가 가능하다고 세관장이 인정한 물품은 선상에 적재한 상태로 검사가 가능하고, 정부에서 직접 수입하는 군수품과 물자수급계획상 긴급도급물품 역시 선상검사가 가능하다. 또한 출항 전 또는 입항 전 신고한 컨테이너물품으로서 부두직통관 지역으로 반입된 물품의 검사장소는 부두 내이다. 출항 전 또는 입항 전 신고물품 중 검사대상으로 선정된 물품의 검사장소는 입항지 보세창고이며 수입물품이 장치된 일반보세창고도 검사장소로 인정된다.

물품검사와 현품확인은 구별되어 이해할 필요가 있다. 현품확인은 심사과정 중 수입신고시 및 제출서류만으로는 각종 표시, 용도, 기능 또는 성분 등을 확인할 수 없어 견품을 채취하여 현품을 관찰·시험·분석하는 것을 말하는데 반해, 물품검사란 수입신고된 물품이외에 은닉된 물품이 있는지 등 위의 다섯 가지 요건에 해당하여 정밀조사하는 것을 말한다. 물품검사는 2인 이상 복수검사를 실시하여 정밀조사하는 심리측면의 조사라고 할 수 있으며, 현품확인은 수입신고 수리 후에 하는 것이 원칙이다.

7 수입신고 수리

관세법의 규정에 따라 수입신고가 적법하고 정당하게 이루어지면 세관장은 수입신고를 지체 없이 수리하고 수입신고인에게 수입신고필증을 교부해야 한다.

(1) 신고 수리

세관장은 수입신고한 내용을 심사한 후 다음과 같이 신고 수리하는 것을 원칙으로 한다.

① 출항 전 신고 또는 입항 전 신고물품은 적하목록 심사가 완료된 때(다만 수입신고 전에 적하목록 심사가 완료된 때에는 수입신고 심사가 완료된 때)
② 보세구역 도착 전 신고물품은 보세운송 도착이 보고된 때(하역 절차에 따라 하역장소로 반입된 때에는 반입보고 된 때)
③ 세관장이 검사대상으로 선별하거나 관리 대상 화물로 선별한 경우에는 해당 물품검사가 종료된 때 신고 수리한다.

(2) 담보제공

세관장은 관세법 제 248조 제2항과 「관세 등에 대한 담보제공과 정산제도 운영에 관한 고시」에 따라 관세 등에 상당하는 담보를 제공하여야 하는 물품에 대하여는 담보가 제공된 경우에 수입신고를 수리한다.

수입신고가 수리되기 위해 관세를 납부해야 할 물품에 대해서는 관세를 이미 납부하였거나 관련 법령에 의해 담보제공을 면제받은 경우 외에는 관세에 상당하는 담보가 제공되어야 한다.

(3) 신고필증 교부

세관장이 수입신고를 수리한 때에는 「세관특수청인에 관한 규정」에 따른 세관특수청인을 전자적으로 날인한 신고필증을 교부한다. 그러나 다음과 같은 경우, 즉 ① 부득이한 사정으로 신고필증을 전자적으로 교부할 수 없는 경우에는 수입신고서에 세관특수청인을 직접 찍어서 교부하고, ② 신고물품의 규격수가 50개를 초과하여 전산으로 입력하지 않고 신고서와 신고필증에 상세내용을 별도의 붙임서류로 첨부하여 신고하는 경우에는 세관특수청인을 전자적으로 날인한 신고필증과 붙임서류의 경계

면에 신고서 처리 담당자 인장을 찍어서 교부한다.

세관장에 의하여 교부된 신고필증이 통관시스템에 보관된 전자문서의 내용과 상이한 경우에는 통관시스템에 보관된 전자문서의 내용을 원본으로 한다.

신고수리의 효력발생 시점은 통관시스템을 통하여 신고인에게 신고수리가 되었음을 통보한 시점으로 하지만, 수작업으로 신고수리한 때에는 신고인에게 신고필증을 교부한 시점으로 한다.

(4) 수입신고의 취하와 각하

수입신고의 취하란 신고인의 요청에 따라 수입신고사항을 취소하는 것을 말한다. 수입신고는 정당한 사유가 있는 경우 세관장의 승인을 얻어 취하할 수 있다. 그러나 운수기관, 관세통로 또는 관세법에서 규정된 장치장소에서 물품을 반출한 후에는 취하하지 못한다.

이에 반해 수입신고의 각하란 세관장이 직권으로 해당 수입신고를 거절하거나 취소하는 것을 말하는데, 예컨대 수입신고 시 요건을 갖추지 못하였거나 사위 또는 기타 부정한 방법으로 수입신고 된 경우 세관장은 수입신고를 각하할 수 있다.

8 관세의 납부

(1) 관세의 부과

수입신고한 물품의 하주는 그 물품에 대한 관세의 납세의무자가 된다.

관세납부는 신고수리 전 납부(사전납부)와 신고수리 후 납부(사후납부)로 나뉜다.

사후납부는 신용담보 및 포괄담보 업체로서 담보면제 된 경우와 각 신고건별로 개별담보를 제공한 경우에 수입신고 수리 후에 관세를 납부케 하는 제도이다. 납세의무자는 납세신고 수리일로부터 15일 이내에 세관장에게 납부하여야 한다. 이 경우 세관장은 관세에 상당하는 담보의 제공을 요구할 수 있다.

사전납부란 수입신고가 수리되기 전에 납세의무자가 해당 세액을 납부하는 것을 말한다.

수입물품에 대한 관세 등의 징수는 신고납부를 원칙으로 하며, 관세의 납세의무자는 수입신고를 할 때 과세표준, 세율 및 납부세액을 세관장에게 신고하여야 하며 세관장은 납세신고에 대한 확인·심사를 한 후 신고납부서를 교부하여 납세의무자로 하여금 납부토록 하고 있다.

① 과세물건: 수입물품에는 관세를 부과하므로 과세물건은 수입물품이 된다. 관세는 수입신고를 할 때에 당해 물품의 성질과 그 수량에 의하여 부과된다.
② 납세의무자: 국가에 대하여 관세를 납부할 법률상의 의무를 부담하는 자로서 수입신고한 물품에 대하여는 원칙적으로 그 물품을 수입한 하주가 납세의무자가 된다.

(2) 과세표준

과세표준이란 세액결정의 기준이 되는 과세물건의 가격 또는 수량을 말한다. 종가세가 적용되는 물품의 경우에는 그 가격이 과세표준이 되며, 종량세의 경우에는 그 수량이 과세표준이 된다.

과세표준과 관련하여 수입물품의 수량은 세관검사시에 쉽게 확인할 수 있으나 그 가격은 시장여건에 따라 수시로 변동하고 있고, 게다가 수많은 종류의 상품들의 실제 가격을 정확히 알아낸다는 것은 대단히 어려운 일이다. 이러한 점을 감안하여 현행 관세법에서는 과세가격에 대해 그 30조에서 과세가격 결정의 원칙을 규정하고 있다.

① 수입물품의 과세가격은 우리나라에 수출하기 위하여 판매되는 물품에 대하여 구매자가 실제로 지급하였거나 지급하여야 할 가격에 다음 각 호의 금액을 더하여 결정한 거래가격으로 한다.
   ㉠ 구매자가 부담하는 수수료와 중개료(다만 구매 수수료는 제외)
   ㉡ 해당 수입물품과 동일체로 취급되는 용기의 비용과 해당 수입물품의 포장에 드는 노무비와 자재비로서 구매자가 부담하는 비용
   ㉢ 구매자가 해당 수입물품의 생산 및 수출거래를 위하여 대통령령으로 정하는 물품 및 용역을 무료 또는 인하된 가격으로 직·간접적으로 공급한 경우에는 그 물품 및 용역의 가격 또는 인하 차액을 해당 수입물품의 총생산량 등 대통령령으로 정하는 요소를 고려하여 적절히 배분한 금액
   ㉣ 특허권, 실용신안권, 디자인권, 상표권 및 이와 유사한 권리를 사용하는 대가로 지급하는 것으로서 대통령령으로 정하는 바에 따라 산출된 금액
   ㉤ 해당 수입물품을 수입한 후 전매·처분 또는 사용하여 생긴 수익금액 중 판매자에게 직접 또는 간접으로 귀속되는 금액
   ㉥ 수입항까지의 운임·보험료와 그 밖의 운송과 관련되는 비용으로서 대통령령

으로 정하는 바에 따라 결정된 금액, 다만 기획재정부령으로 정하는 수입물품의 경우에는 이의 전부 또는 일부를 제외할 수 있다.

② 제①항 각호 외의 부분 본문에서 '구매자가 실제로 지급하였거나 지급하여야 할 가격'이란 해당 수입물품의 대가로서 구매자가 지급하였거나 지급하여야 할 총금액을 말하며, 구매자가 해당 수입물품의 대가와 판매자의 채무를 상계하는 금액, 구매자자가 판매자의 채무를 변제하는 금액, 그 밖의 간접적인 지급액을 포함한다. 다만 구매자가 지급하였거나 지급하여야 할 총금액에서 다음 각 호의 어느 하나에 해당하는 금액을 명백히 구분할 수 있을 때에는 그 금액을 뺀 금액을 말한다.

㉠ 수입 후에 하는 해당 수입물품의 건설, 설치, 조립, 정비, 유지 또는 해당 수입물품에 관한 기술지원에 필요한 비용

㉡ 수입항에 도착한 후 해당 수입물품을 운송하는 데에 필요한 운임·보험료와 그 밖에 운송과 관련되는 비용

㉢ 우리나라에서 해당 수입물품에 부과된 관세 등의 세금과 그 밖의 공과금

㉣ 연불조건의 수입인 경우에는 해당 수입물품에 대한 연불이자

한편 위의 금액을 가감함에 있어서는 객관적이고 수량화 할 수 있는 자료에 근거해야 하는데 이러한 자료가 없는 경우에는 차선책으로써 동종·동질물품[27]의 거래가격, 유사물품[28]의 거래가격, 국내 판매가격, 산정 가격을 순차적으로 적용하여 과세가격을 결정하고 이마저 불가능하면 상기의 원칙과 부합되는 합리적 기준에 따라 대통령령이 정하는 바에 의하여 과세가격을 결정한다. 따라서 납세의무자는 수입신고를 할 때에 해당 물품의 송장 등 가격결정에 관계되는 자료를 첨부하여 세관장에게 수입물품의 가격에 관한 신고를 해야 한다.

종가세의 경우 이상과 같이 수입물품의 실제거래가격이 결정되면 여기에 과세환율을 곱하여 감정가격을 구하고, 다시 감정가격에 관세율[29]을 곱한 금액을 산출하여 최

---

27) 동종·동질물품이라 함은 당해 수입물품의 생산국에서 생산된 것으로서 물리적 특성, 품질 및 소비자의 평판 등을 포함한 모든 면에서 동일하되, 단지 외양에 경미한 차이가 있는 물품을 말한다.

28) 유사물품이라 함은 당해 수입물품의 생산국에서 생산된 것으로서 모든 면에서 동일하지는 않더라도 동일한 기능을 수행하고 대체 사용이 가능할 수 있을 만큼 비슷한 특성과 비슷한 구성요소를 가지고 있는 물품을 말한다.

29) 관세율을 결정함에 있어서 과세표준에 적용되는 비율이 관세율이다. 현행 관세율표에는 수입물품의 품목별로 종가세인 경우에는 백분율(%)로, 종량세의 경우에는 단위당 금액으로 관세율이 표시되어 있다.

종 관세액을 결정한다.

(3) 관세의 납부

관세의 징수 행위는 납부와 영수로써 완료되는데, 관세를 거두어들이는 국가 측면에서 보면 수납이 되고, 납세의무자가 측에서 보면 납부가 된다.

납세신고 또는 납세의 고지에 의하여 납세의무자가 자진하여 관세를 납부하고 이를 수납기관이 영수하는 것을 임의징수라고 하며, 국가가 재정권력에 의하여 강제적으로 수납하는 것을 강제징수라고 한다.

세관은 과세물건인 수입물품을 관세채권의 담보물로써 보세구역에 장치하고 있으며, 또 관세는 다른 공과금 및 채권에 우선하기 때문에 강제징수되는 경우는 드물다고 볼 수 있다. 그러나 담보제공이 없거나 징수한 금액이 부족한 때에는 강제징수가 이루어진다.

관세는 신고납부인 경우 신고수리일로부터 15일 이내에 통관시스템에서 부여한 납부서 번호와 세액을 기재한 납부서와 함께 국고수납은행이나 우체국에 납부하여야 한다.

부과고지인 경우 고지를 받은 날로부터 15일 이내에 해당 세액을 역시 국고수납은행이나 우체국에 납부하여야 한다. 납세의무자가 즉시 관세를 납부하지 않더라도 이를 강제징수하지 않는 것은 이미 위에 언급한 바와 같이 관세납부 없이는 물품을 반출하여 사용할 수 없기 때문이며, 또 충분한 관세담보가 되어있기 때문이다. 그러나 조건부감면세, 관세분할납부, 보세운송, 수입신고서 수리 전 반출 등 관세채권의 확보가 어려운 경우에는 관세 상당액의 금전, 국가나 지방자치단체가 발행한 채권 및 증권, 은행지급보증, 납세보증보험증권 등의 담보물을 별도로 받아두었다가 납부기한 내에 관세를 납부하지 않을 때는 관세에 충당할 수 있도록 되어있다. 또한 신속한 통관을 위하여 필요하다고 인정되는 경우로써 관세청장이 정하는 기준에 따라 납세담보제공 후 사후에 관세를 납부할 수 있다.

9 물품의 반출

(1) 반출신고와 물품 반출

외국물품이 선박 또는 항공기에 의해 우리나라에 반입되어 관세법의 구속을 받던 것이 수입신고필증이 교부됨으로써 내국물품화 되고, 관세의 납부와 함께 세관장에게 반출신고를 하면 당해 물품은 언제든지 보세구역에서 반출될 수 있다.

수입신고인은 수입신고필증(fax 또는 copy)을 보세구역에 송부하면 보세구역에서는 신고수리여부를 전산조회한 후 물품을 반출시킨다. 보세구역에 반입된 물품이 수입신고가 수리된 때에는 원칙적으로 그 수리일로부터 15일 이내에 해당 보세구역에서 반출하여야 한다.

특허보세구역운영인, 지정보세구역 화물관리인, 보세구역 외 장치의 허가를 받은 자 또는 검역물품의 관리인 등의 운영인은 수입신고 수리된 물품의 반출요청을 받은 때에는 세관화물정보시스템의 반출승인정보를 확인한 후 반출 전에 반출신고서를 전자문서로 제출하여야 한다. 다만 자가용보세창고에 반입되어 수입신고수리 된 화물은 반출신고를 생략한다.

(2) 수입신고수리 전 반출

경우에 따라서는 수입신고인의 책임 밖의 사유에 의하여 수입신고필증이 적기에 교부되지 못하게 될 수 있어서 이로 인해 시장기회를 잃거나 물품의 적기사용을 못할 수 있으며, 부당하게 창고료를 지불해야 할 상황이 있을 수 있다. 이 같은 상황에서는 수입신고수리 전이라도 관세 상당액을 담보로 제공하고 세관장의 승인을 얻으면 물품을 보세구역으로부터 반출할 수 있으며, 이 때 반출된 물품은 내국물품으로 본다. 신고수리 전 반출승인을 얻은 경우에는 그 승인일을 수입신고수리일로 본다.

일반적으로 수입신고수리 전 반출이 허용될 수 있는 요건은 다음과 같다.

① 완성품의 세번으로 수입신고수리 받고자 하는 물품이 미조립 상태로 분할선적 수입된 경우(다만, 2개 이상의 세관에 수입신고 된 경우에는 신고세관별로 당해 세관에 신고된 물품에 대해 품목분류 한다.)

② 조달사업에 관한 법률에 의한 비축물자로 신고된 물품으로서 실수요자가 결정되지 아니한 경우

③ 사전 세액심사 대상물품[30](부과고지 물품을 포함한다)으로서 세액결정에 오랜

---

30) 세액심사는 원칙적으로 사후에 하나 관세채권의 확보가 곤란하거나 수입신고를 수리한 후에 심사하는 것이 부적당하다고 인정되는 경우에는 수입신고를 수리하기 전에 세액심사 한다. 다음과 같은 경우가 이에 해당한다.

① 물품의 가격변동이 큰 물품, 기타 수입신고수리 후에 세액을 심사하는 것이 적합하지 아니하다고 인정하여 관세청장이 정하는 물품

② 법률 또는 조약에 의하여 관세 또는 내국세를 감면 받고자 하는 물품

시간이 걸리는 경우

④ 품목분류 또는 세율결정에 오랜 시간이 걸리는 경우

⑤ 수입신고시 관세법 시행령 제236호 제1항 제1호에 따라 원산지증명서를 세관장에게 제출하지 못한 경우

(3) 수입신고 전 즉시 반출 제도

반복 수입되는 원자재 등에 대해서 기업 생산활동의 원활화를 지원할 필요가 있는 경우 수입통관 전에 간단한 반출신고만으로 물품을 반출하여 사용하고 나중에 수입신고를 하는 특별통관절차를 말한다.

현재 수입통관절차는 신고서, 가격자료, 선하증권 등 첨부서류를 갖추어 수입신고를 한 후 신고수리가 되어야 물품을 반출할 수 있어 긴급히 사용해야 할 원자재 등의 경우에 관련서류가 준비되어 있지 않으면 통관이 되지 않으므로 품명, 규격, 수량 등 간단한 사항만 기재하여 반출신고를 하고 그날로부터 10일 이내에 수입신고를 하는 제도이다.

적용대상물품 및 사유는 다음과 같다.

① 최근 2년간 관세 등의 체납이 없고 최근 3년 동안 수출입실적이 있는 제조업자 또는 외국인 투자자가 수입하는 시설재 또는 원부자재

② 담보제공이 생략되는 물품

③ 기타 관세 등의 체납우려가 없는 경우로써 관세청장이 정하는 물품.

---

③ 관세를 분할 납부하고자 하는 물품

④ 관세를 체납하고 있는 자가 신고하는 물품

⑤ 불성실 신고인이 신고하는 물품.

찾아보기

| ㄱ |

ㄴ

ㄷ

ㄹ

| ㅁ |

| ㅂ |

| ㅅ |

| ㅇ |

| ㅈ |

| C |

| D |

| L |

| M |

| N |

| O |

| P |

| R |

| S |

저자 약력

김 기 선(金基宣)

- 서강대학교 경영학과 졸업(경영학학사)
- 서강대학교 대학원 무역학과 졸업(경영학석사)
- 서강대학교 대학원 무역학과 졸업(경영학박사)
- 행정고시(국제통상직) 출제 및 선정위원
- 7급 국가고시(관세직) 출제 및 선정위원
- 관세사 출제 및 선정위원
- 대한상사중재원 중재인
- 한국지역발전학회 회장
- 한국무역상무학회 이사
- Southeast Missouri State University, Visiting Scholar
- IBC 선정 2013, 2017 World Top 100 Educator
- 현) 국립 군산대학교 무역학과 교수

이 양 승(李陽承)

- Uinversity of Kansas, 경제학박사
- University of Alberta, 연구원 및 강사
- 한국건설산업연구원 산업정책실 연구위원
- 현) 국립 군산대학교 무역학과 교수

무역학개론

초 판 1쇄 인쇄 —— 2018년 2월 15일
초 판 1쇄 발행 —— 2018년 2월 20일
지은이 —— 김 기 선 · 이 양 승
펴낸이 —— 전 두 표
펴낸곳 —— 도서출판 두남
서울시 강동구 성내로6길 34-16 두남빌딩
신 고 : 제25100-1988-9호
TEL : 02) 478-2065~7, 2311
FAX : 02) 478-2068
E-mail : dunam1@unitel.co.kr
http://www.dunam.co.kr

정가 32,000원

ISBN 978-89-6414-781-8 93320